KB070193

개정 3판

사회복지행정론

나남신서 · 1859

사회복지행정론

1993년 9월 5일 초판 발행
1999년 8월 25일 초판 9쇄
2000년 8월 25일 개정판 발행
2006년 3월 5일 개정판 11쇄
2006년 9월 5일 개정 2판 발행
2015년 9월 5일 개정 2판 16쇄
2016년 3월 5일 개정 3판 발행
2020년 4월 10일 개정 3판 3쇄

저자 최성재 · 남기민
발행자 趙相浩
발행처 (주) 나남
주소 10881 경기도 파주시 회동길 193
전화 (031) 955-4601 (代)
FAX (031) 955-4555
등록 제 1-71호 (1979. 5. 12)
홈페이지 www.nanam.net
전자우편 post@nanam.net

ISBN 978-89-300-8859-6
ISBN 978-89-300-8001-9(세트)

책값은 뒤표지에 있습니다.

나남신서 · 1859

개정 3판

사회복지행정론

최성재 · 남기민 지음

Social Welfare Administration

4th Edition

by

Choi, Sung-Jae
Nam, Ki-Min

nanam

개정 3판을 내면서

개정 2판을 낸 지 9년 6개월이 다 되어 간다. 그간 저자들은 오랜 대학교수 생활을 마치고 정년퇴임을 하였다. 물론 퇴임 후에도 여전히 대학 캠퍼스에서 학생들을 가르치고 넓은 의미의 사회복지 조직 책임자로서 일정한 역할을 수행하면서 바쁘게 지내고 있다.

우리 사회는 너무나도 빠르게 변화하고 있다. 이에 따라 사회복지 행정도 크게 영향을 받아 그 영역이 확장되었을 뿐만 아니라 새로운 이론과 지식의 접목이 필요하게 되었다. 또한 그간 사회복지 제도의 변화가 잇따르면서 기존의 내용을 일부 수정 및 보완해야 한다는 요청 때문에 더 이상 개정을 미룰 수 없었다. 이번 개정 3판에서는 개정 2판의 기본 틀을 유지하면서 일부 목차의 제목을 변경하고 책의 내용을 수정하거나 보완하였다.

먼저 제 1장 '사회복지 행정의 의의'를 '사회복지 행정의 기초'로 제목을 변경하고 사회복지 행정의 기능을 추가하였다. 그리고 이와 같은 사회복지 행정의 기능을 개방체계적 관점에서 바라보고 간략히 설명하였다. 제 2장 '사회복지 행정의 역사' 중 '미국의 역사'에서는 기존의 4단계 구분을 5단계로 보다 세분화하여 최근의 변화 추세에 맞추어 그 내용을 삭제하거나 보완하였으며, '한국의 역사'에서는 기존의 4단계 구분을 그대로 두고 최근의 변화 추세에 맞추어 그 내용을 삭제하거나 보완하였다. 제 3장 '사회복지 행정의 기초이론'은 '사회복지 행정의 이론'으로 제목을 변경하고 기타 이론들로 최근 사회복지 행정학계에서 자주 소개되는 학습조직 접근, 조직문화 시각을 추가하였다. 제 4장 '사회복지 서비스 전달체계'는 최근 변경된 전달체계 내용을 보완하여 수정하였다. 제 7장 '지방분권과 사회복지 서비스의 역할분담'에서는 일부 내용을 삭제하거나 보완하였다. 제 15장 '의사전달'은 '의사소통과 갈등관리'로 제목을 변경하고 기존의 내용에 갈등관리를 추가하였다. 기존의 '의사전달'보다는 '의사소통'이라는 개념이 그 내용의 흐름에 더 잘 부합하는 것으로 저자들은 의견의 일치를 보았다. 또한 사회복지 조직에서 의사소통과 갈등은 상호 밀접한 관계에 있기 때문에 의사소통과 갈등관리를 묶어 이 장에서 함께 다루었다. 제 16장 리더십에서는 리더십의 개념을 일부 보완하고 리더십이론으로 기존의 전통이론(특성이론, 행동이론, 상황이론)에 신조류이론을 추가하였다. 다양한 신조류이론이 있으나 이 장에서는 대표적인 신조류이론으로 변혁적 리더십이론, 서번트 리더십이론을 소개하였고, 사회복지 조직 관리자의 리더십 유형모형으로 소개했던 기존의 경쟁가치 모형을 신조류이론에 포함시켰다.

1993년도에 이 책의 초판이 출간된 이후 거의 22년 6개월에 이른 지금까지 변함없이 다수의 대학에서 이 책이 교재로 활용되며 독자들로부터 꾸준한 호응을 받는 것은 저자들에게 분에 넘치는 일이다. 이번에도 독자들의 호응에 보답하는 마음으로 새로운 경향을 반영하고 내용에 충실을 기하려고 노력하였으나, 충분치 못하여 아쉬운 마음을 금할 길이 없다. 개정 3판에 대한 독자 여러분의 아낌없는 비판을 기대한다.

그간 집필과 사회활동을 계속할 수 있도록 저자들의 건강을 지켜 주신 하나님께 감사드리고 늘 기도로 뒷받침해 주는 가족에게 고마움을 전한다. 끝으로 개정 3판을 낼 수 있도록 성원하며 도움을 준 나남출판의 조상호 회장님과 방순영 이사님 그리고 편집과 교정작업 등에 수고가 많았던 직원 여러분께 심심한 감사의 뜻을 표한다.

2016년 2월

최성재 · 남기민

개정 2판을 내면서

2000년 개정증보판을 출간한 때가 엊그제 같은데 어느덧 6년이 흘렀다는 사실에 세월의 무상함을 느낀다. 21세기에 들어와 사회복지 행정을 둘러싼 사회복지 환경이 급변하고 있다. 지방분권화가 추진되면서 사회복지 서비스의 중심축이 중앙으로부터 지방으로 이동하고 있고 전달체계의 개편도 급속하게 이루어지고 있다.

이상과 같은 사회복지 환경의 변화에 따라 한국 사회복지 행정은 어느 때보다도 전달체계의 적정관리와 민관 파트너십, 그리고 책임성 요구와 기대에 따른 새로운 행정지식과 기술의 요청에 직면하고 있다. 개정 2판에서는 이와 같은 시대적 요청을 반영하여 새로운 이론과 지식 및 기술을 추가하였다. 또한 사회복지제도의 변화에 맞추어 기존의 내용을 부분적으로 수정하였고 중복된 부분이나 사회복지 행정의 핵심적 내용이 아니라고 판단되는 부분은 과감하게 삭제하였다. 결과적으로 2개의 장을 삭제하고 3개의 장을 새로 추가하여 총 17개의 장으로 재편하였다.

제 2장 사회복지 행정의 역사에서는 2000년 이후 한국의 역사를 도전의 단계로 보고 사회복지 환경의 변화와 그에 따른 한국 사회복지 행정의 과제를 제시하였다. 제 3장 사회복지 행정의 기초이론에서는 모형이라는 용어를 이론으로 통일하였고 기타 이론들로 목표관리, 상황적합이론, 총체적 품질관리에 관한 내용을 새로 포함시켰다.

제 4장에서는 현재 시·군·구 단위에서 주민생활국 중심으로 개편되고 있는 사회복지 서비스 전달체계를 소개하고 이용시설과 생활시설의 조직기구표도 새롭게 수정하였다. 제 5장에서는 법인과 사회복지 조직에 관한 설명을 새로 추가하였고, 제 6장은 이론적·기술적 차원의 논의이기 때문에 특별히 수정하지 않았다.

제 7장 지방분권과 사회복지 서비스 역할분담에서는 기존의 제 16장 사회복지 역할분담의 내용을 축약하여 이를 지방분권에 접목시켰다. 그리고 기존의 제 8장에 해당하는 정책결정은 완전히 삭제하고 기존에 제 7장이었던 기획과 의사결정을 제 8장으로 옮겼다.

제 9장에서는 최근 사회복지 행정에서 가장 중요시되는 프로그램 설계를 새로운 장으로 마련하였다. 특히 여기에서는 프로그램 설계의 단계를 9단계로 구분하여 구체적으로 살펴보았다. 제 10장 인사관리에서는 기존의 직원개발을 위한 욕구조사의 내용을 삭제하였고 직무수행평가에서의 측정도구에 관한 설명을 다소 쉬운 말로 풀어쓰려고 노력하였다. 제 11장 재정관리에서는 최근에 개정된 관련 법규의 내용을 수정하였고, 제 12장 사회복지 조직의 마케팅은 새롭게 추가한 장인데 사회복지 조직의 서비스와 모금을 비영리조직 마케팅으로 접근하는 새로운 경향을 반영하였다. 제 13장 정보관리도 새로 추가한 장으로 전산화에 의한 정보관리의 중요성을 부각시키고 문서에 의한 정보관리도 정

부기관의 문서관리 규성에 따라 다루었다. 제 14장 수퍼비젼과 컨설테이션은 특별한 수정이 필요하지 않았다.

제 15장 의사전달은 기존의 제 11장 의사전달 내용을 그대로 옮겼으며 기존의 제 15장에 해당하는 사회복지 조직의 책임성과 변화는 삭제하였다. 제 16장 리더십에서는 기존의 한국 사회복지 조직에서의 리더십 내용을 삭제하고 대신 사회복지 조직관리자의 리더십 유형모형을 새로 포함시켰다. 마지막 제 17장 욕구조사와 평가조사에는 비용효과분석과 비용편익분석을 좀더 상세하게 설명하였다.

유난히 기승을 부렸던 삼복더위와 싸워가며 저자들은 수시로 연락을 취하며 내용에 충실을 기하려고 노력하였으나 개정을 마치고 나니 충분하지 못하여 아쉬운 마음을 금할 길이 없다. 특히 제 1장 사회복지 행정의 의의 부분은 대폭 수정하려고 했으나 시간과 그 밖의 여러 가지 조건이 여의치 못하여 기존의 내용을 그대로 옮겼고, 다음 개정 3판에서 수정・보완하기로 하였다. 1993년도에 이 저서의 초판이 출간된 이후 거의 13년에 이른 지금까지 독자 여러분들께서 이 저서를 꾸준히 애용해 주심을 감사드리면서 더 좋은 책이 될 수 있도록 지속적으로 노력할 것을 다짐해 본다.

끝으로 개정 2판을 낼 수 있도록 동기를 부여하고 적극적으로 지원해 주신 나남출판의 조상호 사장님과 방순영 부장님 그리고 삼복더위에 원고를 정리하고 편집하느라 수고하신 이미경 씨를 비롯한 직원 여러분께 진심으로 감사의 뜻을 표한다.

2006년 8월

최성재・남기민

개정증보판을 내면서

《사회복지행정론》을 출간한 지 벌써 7년이라는 시간이 흘러갔다. 이제 2000년대를 맞아 한국 사회복지 행정은 급변하는 정치 · 경제 · 사회적 환경에 대응하여 이에 적절히 대처하도록 시대적 도전에 직면하고 있다. 그간에 다양한 사회복지 조직들이 많이 생겨났고 사회복지 행정의 필요성과 그에 따른 학생들과 전문인들의 관심이 큰 폭으로 증가하고 있다.

그동안 초판의 내용에 대하여 많은 분들이 논평을 해주셨고 사회복지 제도의 변화로 시대에 맞지 않은 부분들이 많이 있었으나 이제 와서 개정증보판을 내게 된 것은 전적으로 저자들의 게으름의 소치라 생각되며 독자 여러분들께서 크게 양해해 주시기 바란다. 개정증보판에서는 초판의 오자, 탈자 및 시대에 뒤떨어지거나 맞지 않는 내용들을 수정하고 새로운 내용들을 보완하였으며 통일된 용어를 사용하려고 노력하였다.

제 2장 사회복지 행정의 역사에서는 그간 미국과 한국의 발전과정 부분을 보완하였고, 제 4장 사회복지 서비스 전달체계에서는 우리나라 사회복지 서비스 전달체계의 변화된 내용들을 수정하였다. 제 9장 인사관리에서는 직원유지에 관한 내용을 새로이 포함시켰으며, 기존의 지방자치와 사회복지에 관한 장을 삭제하고 제15장 사회복지조직의 책임성과 변화, 그리고 제16장 사회복지의 역할분담을 새롭게 포함시켰다. 앞으로 해를 거듭할수록 《사회복지행정론》의 내용에 충실을 기하도록 노력하겠으며 시대의 변화에 맞게 새로운 부분을 보완해 나갈 계획이다. 독자 여러분들의 기탄없는 논평과 제언을 고대한다.

끝으로 개정증보판의 색인작업을 정성껏 도와준 서울대학교 사회복지연구소의 김수완 특별연구원에게 사의를 표한다. 그리고 발간을 적극 지원해 주신 나남출판의 조상호 사장과 원고의 정리와 편집에 수고하신 방순영 부장에게 깊은 감사를 드린다.

2000년 8월

최성재 · 남기민

머리말

현대사회에서 다수인을 위한 계획적인 활동은 거의 모두 조직의 구조 속에서 이루어진다. 현대사회에서 사회복지 활동은 사적이고 비계획적인 활동이 아니라 사회 다수인의 복리증진을 위한 공적이고 계획적인 활동이며, 국가에 의해 제도화한 활동이므로 조직을 떠나서는 그 존재의의를 생각할 수 없다. 그리고 사회복지 조직은 그것이 공공조직이든 민간조직이든 사회로부터 시민의 복리증진을 위하여 인가받은 조직이기 때문에 주어진 자원을 최대한도로 활용하여 복리증진의 목표를 달성해야 할 책임을 지고 있다.

따라서 사회복지 활동을 위해 조직체계를 만들고 구체적인 조직체에서 사회복지 서비스를 전달(제공)하는 데 관여하고 책임지는 이들은 사회복지 조직이라는 특수성을 고려한 전문지식과 기술을 갖고 임하지 않으면 사회복지 서비스를 효과적이고 효율적으로 제공할 수 없을 것이다.

우리나라에서 사회복지 또는 사회사업 교육의 현장에서 줄곧 사회복시행정을 가르쳐 왔지만 사회복지 교육현장에서조차도 사회복지행정에 대한 인식이 아직도 높지 못한 실정이고 사회복지 실무현장에서도 마찬가지인 것으로 보인다. 이렇게 사회복지행정에 대한 인식이 저조한 데는 사회복지행정의 특성에 기반을 두어 한국적 현실을 고려한 교육서가 거의 없었다는 것도 중요 원인 중의 하나라고 본다.

그간 몇몇 교육서들이 출판되기는 하였지만 지나치게 행정학적인 접근에서 쓰여 실제로 사회복지 조직의 특성을 뚜렷이 살리지 못한 것이 있는가 하면 사회복지학적 관점에서 쓰였더라도 사회복지의 중요성에 대한 강조점이 약하거나 한국적 현실을 충분히 감안하지 못한 점이 많아 상당한 불만을 가져왔다. 이에 저자들은 지난 10년 동안 대학에서 사회복지 행정을 가르친 경험과 사회복지 조직이라는 실무현장의 책임자들과 접촉하고 때로는 상당히 깊숙이 사회복지 조직의 관리·운영을 관찰해 보는 기회를 가졌고, 이러한 연구와 경험에 기반을 두어 한국의 현실에 보다 적합한 지식이 될 수 있는 교육서로서 이 책을 집필하게 되었다.

이 책을 통해 저자들의 의도와 생각을 모두 나타낼 수는 없으며, 앞으로의 연구를 통해 미비점을 계속 보완할 생각이다. 독자 여러분들의 기탄없는 평가와 제언을 고대한다. 다만 이 책이 어떠한 면에서든지 발전의 초기단계에서 나름대로 일조할 수 있기를 바라는 마음 간절하다.

마지막으로 이 책의 원고정리를 정성껏 도와주고 내용에 대해서도 의견을 제시해 준 서울대학교 사회복지연구소의 특별연구원인 이인재 박사와 김성한 선생에게 심심한 사의를 표한다. 그리고 이 책의 발간에 재정적 지원을 해준 럭키금성복지재단과 나남출판사의 조상호 사장을 비롯한 직원 여러분들에게도 깊은 감사를 드린다.

1993년 8월 저자

개정 3판

사회복지행정론

차 례

· 제 1 장 ·

사회복지 행정의 기초

현대 사회에서 사회복지는 조직적이고 계획적인 원조계획과 활동이므로 공식적인 조직을 통하여 이루어진다. 사회복지 서비스는 조직의 맥락에서 계획되고 전달(실천) 되기 때문에 사회복지 행정은 일반조직의 행정과 같은 공통성을 지니면서 자체의 특성을 지닌다. 이 장에서는 먼저 사회복지 행정이 이루어지는 조직체인 사회복지 조직의 특수성을 살펴보고 사회복지 행정의 개념 및 범위를 협의와 광의로 나누어 검토하기로 하겠다. 그리고 사회복지 행정이 현대 산업사회에서 왜 필요하며 중요한가를 살펴보고 사회복지 행정이 다른 행정과 같은 점은 무엇이고 다른 점은 무엇인가를 살펴보기로 하겠다. 이어서 사회복지 행정의 밑바탕을 이루는 일반적인 가치를 인간중심적 접근에서 분석하고, 사회복지 행정의 기능을 개방체계적 관점에서 살펴보며, 마지막으로 사회복지 행정가가 수행해야 할 관리행동을 설명하기로 하겠다. 이 장은 이 책의 서론 부분에 해당하며 이 책의 전반적인 방향의 기초를 이룬다.

1. 사회복지 조직의 특수성

사회복지 조직(*social welfare organization*)은 클라이언트에게 사회복지 서비스를 직접 제공하거나 사회복지 서비스를 계획함으로써 인간 또는 사회문제를 해결 내지 완화시키는 기능을 수행하는 조직으로서 여기에는 사회복지 서비스와 밀접하게 관련된 공사(公私)의 모든 조직이 포함된다.

사회복지 조직은 다른 관료제 조직들과 적어도 두 가지 면에서 구별된다. 첫째, 사회복지 조직은 자신의 속성을 발전시키고자 하는 클라이언트와 직접 접촉을 하며 활동을 한다는 것이다. 클라이언트는 어떤 의미에서 사회복지 조직의 원료(*raw material*)가 되는 것이다. 둘째, 사회복지 조직은 서비스를 제공받는 클라이언트의 복지를 유지하고 증진시키도록 사회로부터 위임을 받았고 따라서 그 존재가 정당화된다는 것이다(Hasenfeld, 1983: 1).

물론 사회복지 조직도 조직에 따라 그 기능이 다르고 서비스를 받는 클라이언트 대상층이 다를 수 있겠지만 사회복지 조직이라 할 때 다른 유형의 공식조직과 구별되는 특성을 좀더 구체적으로 살펴보면 다음과 같다(Hasenfeld & English, 1974: 8~23; Hasenfeld, 1983: 9~11).

첫째, 사회복지 조직의 원료가 인간이라는 것이다. 다른 관료조직과는 대조적으로 사회복지 조직의 원료는 가치중립적이 아니며 문화적 가치를 부여받고 사회적·도덕적 정체성을 지니고 있는 인간들이라는 것이다. 따라서 사회복지 조직이 사용하는 서비스 기술은 그 사회의 지배적인 가치에 의해 제약을 받을 뿐만 아니라 도덕적으로 정당화되어야 한다. 그리고 사회복지 조직의 클라이언트들은 또한 조직에 의해 무시될 수 없는 분명한 사회적 배경을 가지고 있기 때문에 이와 같은 사회적 배경은 조직의 활동에 영향을 미친다. 따라서 때로는 서비스 목적 달성에 장애가 될 수 있는 클라이언트의 사회적 배경을 차단하는 장치가 마련되어야 한다. 또한 모든 사회복지 조직은 그 서비스 기술이 비효과적인 것이 되지 않도록 하기 위해서 자율적으로 행동하는 존재인 클라이언트를 자발적으로 유도할 수 있는 동조방안(*compliance system*)들을 마련해야 한다.

둘째, 사회복지 조직의 목표는 불확실하며 애매모호하다. 조직의 원료가 생명이 없는 대상물인 기업조직과는 달리 사회복지 조직은 목표와 관련하여 과업환경 및 직원들의 합의를 찾기가 쉽지 않다. 사회복지 조직에서는 목표의 정의가 주로 어떤 가치, 규범 및 이념과 관련되어 있다. 즉 과업환경은 사회복지 조직의 클라이언트와 이해관계를 갖고 있는 다양한 사회집단 및 기타 공식조직으로 구성되어 있으며 이들은 다 나름대로의 특별한 가치체계를 갖고 조직의 목표가 설정되기를 기대하고 있는데 사회복지 조직이 이들의 기대를 모두 다 수용하려다 보니 목표설정이 불확실하고 애매모호하게 되기 쉽다. 또한 조직의 목표와 관련하여 내부적으로 직원들 간에 합의를 이끌어 내기가 어렵다. 각기 다른 전문적·사회적 배경을 갖고 있는 직원들은 클라이언트에 대해 갖고 있는 가치 및 이념체계가 다 다를 수 있고 따라서 목표설정과 관련하여 직원들 간의 내부적인 합의를 찾기가 쉽지 않다. 내부적 합의의 어려움은 조직의 서비스 기술이 다양하고 복잡할수록 더 커진다.

셋째, 사회복지 조직의 기술은 불확실하다. 조직의 기술은 조직의 원료를 미리 정해진 방식에 따라 현재의 상태에서 다른 상태로 변화시키기 위해 마련된 일련의 절차를 말한다. 사회복지 조직이 조직의 성과를 높이기 위해 직원들에게 무엇을, 언제, 어떻게 할 것인가를 제공해주는 확실한 기술이 미비한 이유로 다음과 같은 것을 들 수 있다.

① 인간은 아주 복합적인 존재이며 그 속성이 사람마다 다르다. 따라서 사회복지 조직의 원료로서 인간은 변동적이고 불안정하다.

② 인간이 어떻게 기능하고, 인간을 어떻게 변화시켜야 하는가에 대한 지식은 단편적이고 불완전하다.

③ 사회복지 조직이 변화시켜야 할 인간의 속성들 가운데 관찰 또는 측정될 수가 없는 것이 많다. 결과적으로 사회복지 조직은 명료하지 않고 잘 알 수 없는 요소들로 이루어져 결과를 예측하기 어려운 서비스 기술을 가지고 운영되고 있다.

넷째, 사회복지 조직에서의 핵심적 활동은 직원과 클라이언트의 관계로 구성되어 있다. 직원과 클라이언트의 관계는 조직이 클라이언트를 다루고 클라이언트의 욕구를 평가하고 결정하며 클라이언트를 변화시키기 위해서 일하고 바람직한 결과를 달성하는 수단이 된다. 즉 모든 사회복지 조직의 중요한 업무는 클라이언트와 직원 간의 일련의 관계 속에서 이루어진다. 실제로 조직에서 클라이언트의 처리과정과 대우는 직원과 클라이언트 간의 거래관계의 구조와 내용에 따라 영향을 받으며 특히 클라이언트가 제공하는 정보와 그에 대한 직원의 반응에 따라 영향을 받는다. 그러므로 직원-클라이언트 관계의 성격과 질은 조직이 성공하느냐 실패하느냐를 가늠하는 중요한 요인이 된다. 이와 같이 직원-클라이언트 관계가 핵심적 활동이기 때문에 사회복지 조직에서는 항상 클라이언트와 접촉하는 일선 직원들의 지위와 역할은 대단히 중요하고 많은 재량권을 행사하게 된다.

다섯째, 사회복지 조직들은 전문성을 갖고 있는 직원들에 점점 더 크게 의존한다. 사회복지 조직이 그 서비스를 효과적으로 제공하기 위해서 전문성을 갖고 있는 직원들에게 의존할 필요성은 두 가지로 요약된다. 그 하나는 사회복지 조직이 다루어야 할 인간문제들의 성격과 복잡성 때문에 과학적이고 이론적이고 실천적인 전문지식을 필요로 하는 것이고, 다른 하나는 사회복지 조직의 서비스욕구, 즉 클라이언트의 복지증진을 위해 이상적인 서비스에 투철한 사명감과 책임감을 갖고 있는 직원이 필요한 것이다. 그러나 사회복지 조직들은 조직에 따라 전문직원의 수가 상당히 다르며 이 전문직원들이 조직 내에서 차지하고 있는 역할과 지위도 상당히 차이가 있다. 사회복지 조직에서 전문직원들의 수와 지위를 결정해 주는 중요한 요소들은 서비스목표에 대한 조직의 책임감, 클라이언트의 잠재성, 개별성, 다양성 등을 인정해 주는 조직의 태도, 조직의 서비스기술 수준 등이다.

여섯째, 사회복지 조직에는 그 효과성을 신뢰성 있고 타당성 있게 측정할 척도가 부족하다는 것이다. 따라서 그 효과성 측정에 어려움을 겪게 되고 다른 조직에 비해 조직의 변화와 혁신에 저항하게 된다. 사회복지 조직이 효과성 측정에 있어 어려움을 겪는 원인으로 조직 목표의 다양성과 모호성, 서비스 기술의 불확실성, 그리고 인간 속성의 관찰과 측정의 본질적인 어려움 등을 들 수 있다. 이와 같이 조직의 평가가 제대로 이루어지지 못함으로 인해서 사회복지 조직은 사실과 달리 조직의 성공을 주장하게 되고 그 지배적인 서비스 이념을 강화하게 된다. 그러나 서비스에 대한 책임성의 요구가 증가되면서 효과성 측정이 제대로 이루어지지 못하는 경우 조직의 정통성 문제가 제기된다. 그리하여 사회복지 조직들은 간접적 효과성 척도를 사용하여 효과성을 측정하기도 하나 이 척도는 그 본질적인 한계로 인해 조직의 효과성 문제에 분명한 해답을 제공하여 주지 못하고 있다.

2. 사회복지 행정의 개념 및 범위

사회복지 행정(*social welfare administration*)은 학자에 따라 다양하게 개념정의가 되고 있는데 크게는 협의의 개념과 광의의 개념으로 구분된다. 협의의 개념에서는 행정을 하나의 실천방법으로 보고 있는데 이러한 의미에서의 사회복지 행정은 사회복지 조직의 목표달성을 용이하게 하기 위해 관리자에 의해 수행되는 상호의존적인 과업과 기능 및 관련활동 등의 체계적 개입과정을 말한다. 한편 광의의 개념에서는 행정을 조직의 모든 활동과정에 다양하게 기여하는 조직구성원들의 협동적·조정적 노력으로 보고 있는데 이러한 의미에서 사회복지 행정은 사회복지정책을 사회복지 서비스로 전환시키는 데 필요한 사회복지 조직에서의 총체적인 활동을 말한다(Patti, 1983: 25).

협의의 사회복지 행정은 주로 사회복지 조직 관리자의 활동과 관련되어 있으며 목표설정, 프로그램 기획, 자원의 동원과 유지, 성과의 평가와 같은 과업활동에 사회사업적 지식, 기술, 가치 등을 의도적으로 적용하며 사회복지 조직의 특수한 목적과 특징에 의해 영향을 받는다. 광의의 사회복지 행정은 사회복지 조직에서의 총체적 활동을 말하는 것으로 목표달성의 책임이 조직의 모든 구성원들에게 공유되며 따라서 사회복지 조직 내의 모든 활동은 그것이 개인적 차원이든 조직적 차원이든 행정과정에서 매우 중요하다는 것을 강조함으로써 행정의 개념을 보다 민주화하고 있다.

그러나 이상의 사회복지 행정의 두 개념은 엄격하게 구별되기보다는 미시적 관점 및 활동으로부터 거시적 관점 및 활동에 이르는 연속선상에 놓여 있으며 이론과 지식과 기술이 연속선상에 중첩된다.

협의의 사회복지 행정은 일명 사회사업 행정(*social work administra-*

tion)으로도 불리는데 이는 개별 사회사업(*casework*), 집단 사회사업(*group work*), 지역사회 조직사업(*community organization*)과 같은 사회사업 3대 방법들과 같은 하나의 실천방법으로 보는 것이다. 사회사업은 변화 대상체계(클라이언트 체계)에 대하여 계획된 개입활동을 통하여 변화를 이루어 가는 과정이라 할 수 있다. 개별 사회사업에서는 개인과 가족에 대하여, 집단 사회사업에서는 집단 속의 개인을 대상으로, 지역사회 조직사업에서는 지역사회를 대상으로 변화를 초래하는 것과 마찬가지로 사회사업 행정은 사회사업 서비스를 계획하여 전달하는 사회사업 조직(기관)을 대상으로 변화를 이루어 가는 과정이라 할 수 있다. 즉 사회사업 행정도 사회사업 조직의 구성원에게 계획된 개입을 하여 사회복지 서비스를 촉진시키고 이를 잘 전달하도록 하는 과정이라는 의미에서 사회사업의 한 주요한 방법이라 보는 것이다(Schwartz, 1970: 26~27; Skidmore, 1990: 12). 다시 말하면 사회사업 행정은 사회사업 조직의 운영 및 기능을 촉진시키고 조직을 통한 사회사업 실천활동을 증진시킴으로써 직접적으로는 사회복지 조직의 일부인 변화체계(사회사업 기관)의 활동에 변화를 초래하고, 간접적으로는 클라이언트 체계인 가족, 개인, 소집단 및 지역사회의 성장과 행동에 변화를 초래하기 때문에 사회사업 행정은 사회사업의 한 개입방법이라 할 수 있다.

그리고 또한 사회사업 행정은 개별 사회사업, 집단 사회사업, 지역사회 조직사업과 같은 지식과 기술들을 조합하여 이루어진 실천방법이라는 주장도 있다(Hanlan, 1978: 53~54). 이러한 주장에 의하면 사회사업 행정의 기본 가정도 3대 방법들의 고유한 가정으로부터 나오고, 그 목표도 분명히 사람들의 사회적 기능의 향상이라는 광범위한 사회사업의 목표 내에 들어 있고, 개입도 개인 및 집단행동에 초점을 두며, 임상기술과 같은 사회사업 방법의 개입이 따르게 된다. 이와 같이 협의의 사회복지 행정은 사회사업 실천이라는 맥락 속에서 그 개념이 정의된다.

한편 광의의 사회복지 행정도 사회사업 3대 방법들의 지식과 기술적 기초로서 이루어졌다는 것을 부정하는 것은 아니지만 광의의 개념은 협의의 개념보다 사회복지 조직의 관리에 사회과학적 지식을 좀더 많이 활용하고 있음을 강조한다. 개념의 연속선상에 놓고 볼 때 광의의 개념은 고유한 사회사업적 지식과 개인 및 집단행동뿐만 아니라 이에 대한 관심으로부터 좀더 벗어나서 사회복지 행정의 영역에 오늘날의 발전하는 사회과학 지식을 취사선택하여 접목시키고 있는 것이다. 이에 관련된 가정도 사회사업 방법 및 실천에 고유한 가정을 받아들이기보다는 사회사업과 사회과학 지식을 조화시키는 것이며 사회과학 지식을 사회사업 전문직의 목표 및 과업에 적용시키는 것이다. 그 주요한 목표는 사람들의 사회적 기능을 향상시키는 것이며 개입도 임상기술과 같은 사회사업 방법보다 사회과학적 관리과업에 더 많이 관련되어 있다(Hanlan, 1978: 54~55).

오늘날 우리 사회에 각종 다양한 공사(公私)의 사회복지 조직이 생겨나면서, 또한 사회과학이 지속적으로 발전해 가면서 사회복지 행정의 범위는 계속 확대되어 가고 있으며 사회복지 조직에 근무하는 직원들은 모두 행정과정에 관여하고 활동하고 있다. 이와 같은 추세에 따라 이 책에서 다루고자 하는 사회복지 행정의 범위는 협의의 사회복지 행정을 포괄하면서 광의의 사회복지 행정을 지향하고자 노력하였다.

3. 사회복지 행정의 필요성 및 중요성

행정이 없는 세상은 거의 상상조차 할 수 없다. 인간이 활동하는 곳엔 행정이 있기 마련이다. 조직에서 우리는 시간의 대부분을 행정활동으로 보내게 되는 행정직을 맡지 않도록 선택할 수는 있으나 전혀 행정을 피하는 것을 선택할 수는 없다. 우리는 우리의 사적인 일을 처리하는 데 있어서도 행정이 필요한데 하물며 사회복지 조직의 전문적인 업무를 처리하는 데 있어서 행정의 필요함은 더 말할 나위가 없다.

일반적으로 사람들은 거의 준비 없이 그리고 공식적인 지침 없이 개인적인 행정활동을 하게 되며 시행착오를 통해서, 그리고 친구나 친척과의 비공식적인 학습을 통해서 행정을 배우게 된다. 지금까지 사회복지 조직에서의 많은 행정활동들이 위와 같은 방식으로 시행착오를 범하면서 주먹구구식으로 수행되어 왔다. 사람들은 사회복지 조직에서의 행정의 중요성과 필연성을 인식하지 못하였고 따라서 행정활동을 수행하기 위해 자신들을 준비시키지 못했다. 사람들은 행정지식 없이 행정결정을 내렸고 결과적으로 그들의 행정은 실패에 이르게 되었다. 그리고 실패할 경우 종종 그들은 실패한 이유를 알기 위해 어디서부터 어떻게 접근해야 할지조차 알지 못하였다.

그러나 최근 우리 사회에 각종의 사회복지 조직이 늘어나면서 조직을 유지 발전시켜 나가기 위한 행정의 중요성에 대하여 인식하기 시작하였다. 한 예로 기획(*planning*), 조직화(*organizing*), 인사(*staffing*), 통제(*controlling*), 지도(*leading*)와 같은 행정기능이 없는 사회복지 조직을 가정해 볼 때 조직에 어떤 현상이 나타날 것인가? 아마도 다음과 같은 극적인 결과가 나타날 것으로 예상된다(Weinbach, 1990: 19~20).

① 클라이언트와 직원들은 기분 내키는 대로 나타나기도 하고 사라지기도 할 것이다.
② 직원들은 매일 업무를 시작할 때 하고자 하는 것을 결정할 것이며 그들의 업무는 다른 직원들의 활동과는 어떤 유기적인 관련 없이 이루어질 것이다.
③ 아무도 자신의 업무 또는 다른 사람의 업무에 대해 책임을 지지 않을 것이다.
④ 아무도 다른 사람의 업무 또는 어떤 프로그램 및 서비스를 평가하지 않을 것이다.
⑤ 아무도 지역사회 내에서 조직의 현재의 역할에 대해 알지 못할 것이고 조직의 미래에 대해서도 관심을 갖지 않을 것이다.
⑥ 아무도 다른 직원과 어떤 정보를 함께 나누려 하지 않을 것이다.
⑦ 어떤 확실한 지도자도 없을 것이며 또한 직원들에 대한 분명한 역할 기대도 없을 것이다. 모든 결정은 일방적이 될 것이다.
⑧ 행동을 지도할 목표도 사명도 없을 것이다. 모든 행동은 제멋대로가 될 것이다.
⑨ 직원들의 지식과 기술을 향상시키는 것을 도울 어떤 수단(*vehicle*)도 없을 것이다.
⑩ 과업의 위임도 전혀 없을 것이다.

사회복지 조직에서 이상과 같은 현상이 나타난다면 사실상 그것은 이미 조직이 아니다. 이와 같이 행정이 없다면 사회복지 조직은 존재할 수가 없는 것이다. 따라서 사회복지 행정은 필요 불가결한 것이고 필연적인 것이며 사회복지 조직을 사람들이 그 안에 목적 없이 모여서 제멋대로 활동하는 단순한 건물과 같은 존재로 만들지 않으려는 노력의 과정이 바로 사회복지 행정인 것이다.

특히 사회복지 조직에 의해 제공되는 서비스는 사회복지 조직에서 행정이 어떻게 이루어지느냐에 따라 결정적으로 영향을 받는다. 이와 같이 서비스와 행정 간의 불가분의 관계 때문에 사회복지 조직의 서비스의 질은 사회복지 행정의 질에 크게 좌우된다고 볼 수 있다(Trecker, 1977: 25). 특히 현대 산업사회에서 각종 사회문제의 발생으로 인해 충족되지 않은 사회적 욕구가 증가하면서 사회복지 조직으로부터의 서비스 기대가 그 어느 때보다도 높아져 가고 있는 만큼 효과적인 서비스를 위해 사회복지 행정이 중요하다는 인식이 학계와 사회복지 실무자들에게 보편화되어 가고 있는 실정이다.

4. 사회복지 행정과 다른 행정의 비교

행정은 사회복지 행정뿐만 아니라 기업 행정, 정부 행정, 교육 행정 등 행정이 이루어지는 조직에 따라 여러 가지 형태로 존재한다. 즉 행정이 기업조직에서 이루어지면 기업 행정, 정부조직에서 이루어지면 정부 행정, 교육조직에서 이루어지면 교육 행정, 그리고 사회복지 조직에서 이루어지면 사회복지 행정으로 일컬어진다. 우리 사회에서는 일반적으로 행정 하면 공공행정으로 인식되고 있으나 영국, 프랑스의 경우는 행정(*administration*)을 관리(*management*)라는 용어와 동일한 뜻으로 사용하는 경향이 있다(안해균, 1982: 57). 이 책에서도 행정을 관리와 동일한 뜻을 가진 용어로 보고 혼용하여 사용하고자 한다. 행정이라고 할 때는 그것이 무슨 행정이든 공통되는 동일한 점이 있겠지만 다른 한편 행정은 그것이 이루어지는 조직의 특성에 따라 상이한 특징을 가지고 있다고 보겠다. 앞에서 살펴본 바와 같이 사회복지 조직은 나름대로의 독특한 특수성을 가지고 있기 때문에 사회복지 행정 역시 다른 행정과 구별되는 여러 가지 특성을 가지고 있다고 볼 수 있다. 그러면 사회복지 행정이 다른 행정과 어떤 점에서 같고 또 어떤 점에서 다른가를 살펴보기로 한다(Spencer, 1959: 21~22).

1) 공통점

① 행정은 주로 문제의 확인, 문제의 제 측면 연구, 해결가능한 계획의 개발, 계획의 수행, 효과성 평가 등을 포괄하는 문제해결 과정이다.
② 행정은 상호 관련되고 상호 작용하는 부분들이 모여서 이루어진 체계이다.
③ 행정은 대안선택에서 가치판단을 사용한다.
④ 행정은 개인 및 집단이 좀더 효과적으로 기능하도록 해주는 바의 가능케 하는 과정(*enabling process*)으로 간주된다.
⑤ 행정은 상당히 미래와 관련되어 있다.
⑥ 행정은 지식과 기술의 판에 박힌 활용이라기보다 창의적인 활용으로 이루어지고 있다.
⑦ 행정은 최적 효율과 상품 또는 서비스의 생산을 쉽게 하기 위해 프로그램, 서비스 및 직원들을 조직화시키는 것에 관심을 두고 있다.
⑧ 행정은 크건 작건 공의(*public will*)를 실행에 옮기는 것과 관련되어 있다.
⑨ 행정은 관리운영의 객관화와 인적 자원의 활용 간에 적절한 균형

을 유지한다.

⑩ 행정은 개개 직원들의 지위와 인정에 관심을 갖고 조직의 목표, 가치 및 방법에 직원들이 적극적으로 일체감을 가질 필요성에 관심을 갖는다.

⑪ 의사소통, 직원간의 집단관계, 행정에의 참여 등은 행정의 주요한 영역이다.

2) 차이점

① 사회복지 조직에서 행정은 지역사회 내의 인지된 욕구를 충족시킬 수 있도록 돕기 위해 존재하는 것이다.

② 행정을 통해 사회복지 조직에 의해 제공되는 서비스는 크게 3가지 범주로 분류되는데 그것들은 ⅰ) 손상된 사회적 기능의 회복 ⅱ) 좀더 효과적인 사회적 기능을 위해 사회적 · 개인적 자원의 제공 ⅲ) 사회적 역기능의 예방 등이다.

③ 사회복지 행정이 이루어지는 장(場)인 전형적인 사회복지 조직은 일반적으로 지역사회를 대표하는 이사회를 갖고 있다.

④ 사회복지 조직의 크기, 범위, 구조 및 프로그램 형태는 광범위하고 다양하다.

⑤ 사회복지 행정가는 사회복지 조직의 내부운영을 지역사회와 관련시킬 책임을 갖고 있다.

⑥ 자원활용에 관하여 부단히 선택을 내릴 필요성이 있다.

⑦ 사회복지 조직은 조직의 생존을 위해 자원의 적자운영을 피해야 한다. 조직의 최적기능을 산출하고 유지하며 보호할 주요한 책임은 사회복지 행정가에게 부여된다.

⑧ 사회복지 조직에 의해 수행되는 서비스는 전문 사회사업적 성격이 점차로 증대하고 있다.

⑨ 모든 직원들이 행정과정에 참여하고 어느 정도까지는 전체 조직사업에 영향을 미친다.

5. 사회복지 행정의 일반적 가치

사회복지 행정가가 취하는 모든 결정과 행동에는 행정가의 신념, 태도 및 가치가 그 속에 깃들여져 있으며 그것이 의식적인 과정이든 또는 무의식적인 과정이든 이와 같은 본질적인 가치의 문제가 사회복지 행정에서 다루어져야 한다. 사회복지 행정의 특성을 탐색하는 데 있어 제기되는 질문은 어떤 일반적인 가치가 사회복지 행정의 기초를 이루고 있는가 하는 것이다. 이와 같은 일반적인 가치와 관련된 5가지 기본적인 쟁점사항을 살펴보기로 한다(Weiner, 1990: 15~21).

1) 인간: 사물인가? 또는 살아 있는 존재인가?

현대 사회에서 우리들은 살아 있는 존재(*beings*)보다도 사물(*things*)을 중시하는 정치, 사회, 경제이론에 둘러싸여 있다는 사실에도 불구하고 사회복지 행정의 특징을 이루는 기본적이고도 일반적인 가치 중의 하나는 인간은 특수한 살아 있는 존재라는 것이다. 이와 같은 가치에는 ① 개개인의 인간을 하나의 가치 있고 독특한 실체로서 양육함, ② 사물지향적 가치보다 존재지향적 가치의 우세, ③ 인간 자신을 하나의 살아 있는 존재로서 다루도록 하며 자신을 포함한 모든 인간이 사물로서 취급되는 것을 반대하는 인간상의 지향이라는 함축적인 가치가 내포되어 있는 것이다. 이상의 가치들은 추상적인 가치가 아니며 모든 사회의 쟁점과 사람들의 생각 속에 실제로 스며 나오는 것들이다.

인간을 사물이 아니라 독특한 존재로서 강조하는 가치 및 철학의 핵심 속에는 '나와 너라는 생각'이 자리잡고 있다. 우리는 때로 우리가 관계하는 다른 사람에게 인간다운 면을 보여주는 개인적인 관계를 맺고 교제하는데 이런 상황에서는 나와 너의 관계(*I*-*Thou relationship*)가 존재한다. 한편 때로는 우리는 대인관계에서 이와 같은 인간다움의 관계를 공유하지 못하고 단지 다른 사람을 사물로서 대하며 상호작용할 뿐이다. 이때 이와 같은 관계는 나와 그것의 관계(*I*-*It relationship*)가 된다.

하나의 시민으로서뿐만 아니라 전문가로서의 사회복지 행정가는 어떤 결정과 행동을 취하는 데 있어서 인간을 사물로서 대할 것이냐 그렇지 않으면 인간을 하나의 살아 있는 존재로서 다룰 것이냐 하는 가치선택의 문제에 매일 직면하게 된다.

2) 인간 : 동물인가? 또는 신과 같은 존재인가?

구약성경 시편 8편 4절에서 5절에 이르는 내용을 보면 인간성에 대한 개념을 잘 표현하고 있다.

> 사람이 무엇이건대 주께서 그를 생각하시며
> 사람의 아들이 무엇이건대 주께서 그를 돌보십니까?
> 주께서는 그를 천사보다 조금 못하게 하시고
> 영광과 존귀의 관을 그에게 씌우셨나이다.

그러나 현대 사회의 문명 속에서 인간을 동물처럼 취급하는 탈인간화현상(*dehumanization*)이 난무하고 있다. 1940년대에 있었던 유럽에서의 유태인 집단학살, 1970년대에 있었던 캄보디아에서의 대량학살 등은 수백만의 인간학살이 정치적 방편으로서 사람들에게 용납될 수 있음을 보여주는 무자비한 예가 되고 있다. 오늘날의 세계에서도 여전히 인간을 동물과 다름없는 존재로서 인식하고 취급하는 세력이 존재하고 있다. 문명화과정에서 생겨난 모든 악은 인간을 동물과 다름없는 존재로 보는 시각에서 비롯된 것이다.

사회복지 행정의 기본적이고 일반적인 가치는 인간의 조건을 계속적인 성장과 발전의 과정으로 인식하는 것이다. 모든 인간은 동물(*animal*)이 아니고 신과 같은 존재(*godlike*)이다. 인간은 자기 자신의 독특한 신화적·종교적 존재에 접근하려는 신화적 영웅이 되기 위해 부단히 노력하며 따라서 모든 인간에게는 신성이 함께 하고 있는 것이다. 이와 같은 인간성에 대한 신념이 바로 사회복지 행정의 기초를 이루고 있는 것이다.

3) 인간 개개인의 독자성 추구

개개인은 다 다르며 모든 인간은 그 밖에 다른 누구도 갖고 있지 않는 귀중한 무엇을 자신의 안에 갖고 있는 것이다. 이와 같이 개개 인간의 독자성(*uniqueness*)을 사회복지 행정의 기본적이고 일반적인 가치로서 받아들일 때 두 가지 중요한 결론에 도달하게 된다. 하나는 개개 인간은 인생의 수단, 즉 사람들이 인생의 단계에서 수행하는 역할과 지위와 구별되는 독자성이라는 본질적인 인생의 핵심을 인식해야 한다는 것이다. 이 기본적인 핵심은 독특한 것이다. 사람들은 인생을 살아나가는 데 있어 수단에 불과한 자신이 수행하는 역할에 큰 비중을 두고 지위, 권력, 부 등과 같은 주변의 문제에만 관심을 쏟으면서 인생을 살아나가고 있으나 그것은 인생을 올바로 사는 것이 아니라는 것이다. 이와 같은 사회복지 행정 철학은 사회복지 행정가가 조직에서의 인간의 문제를 다루는 데 있어 도움을 줄 것이다.

또 다른 하나는 사회복지 행정가로서의 역할이 자신의 독특한 생존을 위한 수단이라면 사회복지 행정가는 자신과 관계하고 있는 클라이언트 또는 동료들의 개별화 및 독자성을 꼭 같이 인정해야 하는 것이다. 사회복지 행정의 효과성에 행정가가 크게 기여하면서 행정가들은 개별화된 방식으로 개개 클라이언트에게 독특한 일단의 서비스를 제공하도록 설계된 새로운 조직전략을 구사하게 되었다.

4) 인생의 의미의 추구

인생은 불합리하며 의미(*meaning*)가 없다고 주장하는 견해들이 존재하기도 한다. 즉 인생에는 의미가 없기 때문에 어떤 미래의 이상이나 또는 개선된 사회에 대한 희망 따위는 전혀 없다는 것이다. 따라서 보다 나은 사회를 건설하기 위해 창조적이 된다거나 혁신적이 된다는 것은 아주 불합리하며 아무런 의미도 없는 세상에서 보다 나은 세상을 건설하기 위해 노력하기보다는 비건설적이 되는 것이 낫다는 것이다.

그러나 이와 같은 주장에 대해서 정신의학자이며 대학살의 생존자인 Victor Frankl은 그의 저서에서 인생의 의미는 무엇이며 인생은 과연 의미를 가지고 있는 것인가 라는 질문에 다음과 같이 대답하고 있다.

> 인간들의 인생의 의미탐구는 자신의 인생에서 가장 일차적인 소망이며 결코 본능적 욕구의 부차적인 합리화가 아니다. 이 인생의 의미는 스스로의 힘에 의해서만 성취되어야 하고 성취될 수 있으며 그때에야 비로소 인생의 의미는 자신을 만족시키는 중요성을 갖게 된다는 점에서 독특하고 구체적인 것이다. …

사회복지 조직과 체계는 인간들이 그들의 삶의 질을 개선하기 위한 노력을 지지하는 환경을 창조하기 위해 형성되었으며 특히 마음의 상처나 박탈감으로부터 고통받는 곳에서 더 필요하다. 사회복지 조직을 통하여 서비스에 헌신하는 사람들은 사람들로 하여금 자신들의 삶에서 의미를 발견하도록 사람들을 돕기 위해 노력한다. 그들은 사회복지 조직에서 일함으로써 부산물로 인생의 의미를 찾을 수 있을 뿐 아니라 공동선(共同善)에 기여하려는 욕구가 실현된다.

5) 개개 인간의 창조적인 잠재력

사회복지 행정의 다섯 번째 기본적 가치는 모든 인간들의 창조적 잠재력(*creative potential*)에 관심을 두고 있다. 모든 인간은 발전할 수 있고 발전하도록 허용되어야 하는 창조적 잠재력을 갖고 있다는 것이다. 최근의 신인간 잠재력 운동은 본질적으로 삶 전체에 대한 총체적 접근과 육체, 정신, 그리고 영혼에 있어서의 인간 잠재력 실현을 위한 운동이었다. 그 운동의 대변인 중의 한 사람인 Karl Rogers는 우리 사회가 자아탐구와 정신과 육체의 풍요로움의 개발을 향하여, 그리고 성별, 종족, 지위, 물질적 소유 여부와 관계없이 개인이 현재 있는 그대로를 존중하는 방향으로 나아가고 있으며 또한 도움을 필요로 하는 사람들에 대해 진정한 관심을 보여주는 방향으로, 그리고 사고와 탐색뿐만 아니라 사회의 모든 부문에 있어서 다양한 창조의 방향으로 나아가고 있다고 주장하고 있다.

이상의 낙관적 주장은 상당히 희망적인 것이며 현실의 암담함에도 불구하고 우리의 문화가 진화와 발전의 과정 속에 있음을 나타내 주는 것이다. 인간 잠재력의 완성을 사회복지 행정의 기본적 가치로서 동의하고 있는 많은 학자들이 있다. 그들은 대부분의 인간들은 그들의 능력과 잠재력의 극히 일부분만 사용하고 있다는 명제에 동의한다. 아무튼 개개 인간으로 하여금 그들의 창조적 잠재력을 최대한으로 개발하여 완성할 수 있도록 사회복지 조직 내에서 행정이 이루어질 수 있도록 하는 것은 사회복지 행정의 일반적이고도 기본적인 가치로서 중시되어야 할 것이다.

6. 사회복지 행정의 기능

1) 기본적 관점

사회복지 행정 연구의 초기에는 사회복지 조직이 환경과 관계를 맺지 않는다고 보는 폐쇄체계적 관점에서 이해하고 접근하였다. 폐쇄체계적 관점은 사회복지 행정을 사회복지 조직의 내적인 관리현상으로만 바라보고 접근하는 것으로, 행정을 주어진 목표를 달성하기 위한 수단으로만 보았다. 고전이론과 인간관계이론이 이런 관점에 속하는 이론이다. 그러나 오늘날 사회복지 조직은 그를 둘러싼 환경과 끊임없이 상호작용하며 환경으로부터 영향을 받기도 하고 주기도 하면서 활동하기

〈그림 1-1〉 개방체계적 관점의 사회복지 행정기능 모형

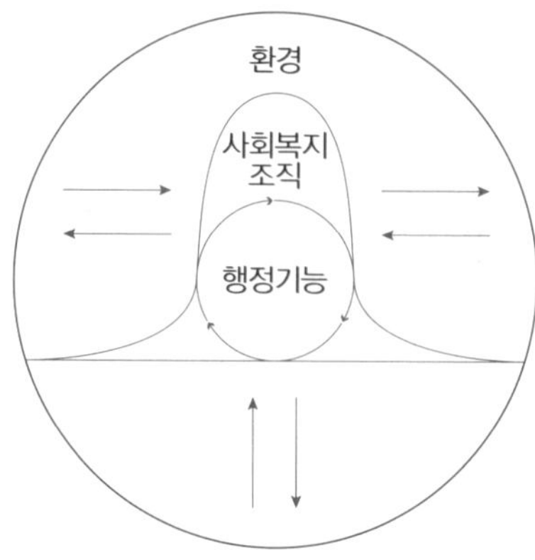

때문에, 행정현상을 개방체계적 관점에서 바라보고 접근해야 한다는 시각이 등장했다(박동서, 1987: 49~50; 이봉주 외, 2012: 27). 이와 같이 개방체계적 관점에서 사회복지 행정이 이루어지는 기능을 그림으로 제시해보면 〈그림1-1〉과 같다.

2) 사회복지 행정의 기능

사회복지 행정의 기능은 기획(*planning*), 조직화(*organizing*), 인사(*staffing*), 지휘(*directing*), 조정(*coordinating*), 보고(*reporting*), 예산(*budgeting*), 평가(*evaluating*)이며, 각 기능의 영어 알파벳의 첫 글자를 따서 축약어로 만든 POSDCORBE로 표현된다. POSDCORBE는 모든 행정에서 행정가가 수행해야 하는 8가지 행정기능으로서, 사회복지 행정에서도 활용되고 있다. 이를 구체적으로 설명하면 다음과 같다(Ehlers et al., 1976: 14~24).

(1) 기획 (*planning*)

기획은 조직의 목표를 설정하고, 목표달성을 위해 수행해야 할 과업 및 이 과업을 수행하기 위한 방법을 기술하는 기능을 말한다. 사회복지 조직의 목표는 그 조직이 설립될 때 일반적인 용어로 기술된다. 공공 사회복지 조직의 경우 그 목표는 법령에 기술되며, 민간 사회복지 조직의 경우 그 목표는 운영규정이나 정관에 기술된다. 그러나 조직목표의 일반적인 기술은 조직의 업무가 구체화될 때 명백해진다. 또한 과업달성을 위해 필요한 방법은 목표가 변화함에 따라 변화되어야 한다. 그러므로 행정가는 변화하는 목표 및 하위목표에 부응하여 그 목표달성에 맞는 필요한 과업 및 관련된 방법을 계획하는 것이 중요하다.

(2) 조직화 (*organizing*)

조직화는 공식구조 확립을 통해 업무를 규정 및 조정하는 기능을 말한다. 역할과 책임이 분명하지 않을 때 조직구성원들 사이에서 마찰이 생겨나고 조직은 비능률적이고 비효과적으로 나아간다. 조직의 구조는 일반적으로 운영규정 및 정관, 또는 운영편람에 기술된다. 조직구조를 강하고 생생하게 유지하기 위해서 행정가는 조직목표의 변화에 부응해서, 그리고 그에 따라 발생하는 필요한 과업과 방법의 변화에 부응해서 조직구조를 수정해야 한다.

(3) 인사 (*staffing*)

인사는 3가지 활동으로 구성되는데 이는 채용 및 해고, 직원훈련, 호의적인 업무조건의 유지이다. 민간 사회복지 조직의 경우 이사회가, 공공 사회복지 조직의 경우 입법기관 또는 중앙 및 지방 정부당국이 사회복지 조직의 기관장을 선발하고 채용하며, 관리직이나 기타 정규직원을 채용하는 책임은 기관장에게 위임한다. 해고와 관련해서는 민간이든 공공이든 그 책임이 누구에게 있는가를 분명히 진술하기가 어려우나 대부분의 경우 이사회 또는 입법기관이 기관장을 해고할 권한을 갖고 있고, 기타 모든 직원들의 해고책임은 기관장에게 위임한다. 정규직원의 채용에 관해서 사회복지 조직의 기관장은 인사담당 행정가나 부기관장과 같은 관리직원에게 종종 그 책임을 위임하기도 한다.

그 밖에 기관장은 직원훈련과 호의적인 업무조건의 유지에도 책임이 있다. 이와 같은 과업들은 통상 인사담당 행정가나 부기관장에게 위임되며, 그들은 또다시 이런 과업들을 한두 명의 인사담당 직원이나 훈련담당 수퍼바이저에게 위임하기도 한다. 아무리 누군가가 직원들을 훈련시키기 위한 실제적인 과업을 잘한다 해도 이와 같은 과업을 수행하기 위한 최상의 방법은 효과적인 훈련 프로그램의 수립을 통해 이루어진다. 또한 호의적인 업무조건의 유지를 위한 최상의 방법은 조직의 모든 구성원 사이에 의사소통의 통로가 개방되도록 하는 것이다. 그렇게 함으로써 구성원 간의 마찰이 완화되거나 제거되고, 서비스 전달에 장벽이 생기는 것을 예방할 수 있다. 이렇게 의사소통은 최고 행정가로부터 직원에게로 그리고 직원으로부터 최고 행정가에게로 가는 쌍방의 과정이 되어야 한다.

(4) 지휘 (*directing*)

사회복지 조직의 기관장을 비롯한 행정가들은 다음과 같은 능력을 보여줌으로써 사회복지 조직을 효과적으로 지휘할 수 있는 지도자가 되어야 한다. 예로서 ① 주변의 모든 관련된 사실을 고려한 후에 합리적인 결정을 내릴 수 있는 능력, ② 조직의 목표달성에 대한 적극적인 관심과 헌신을 입증할 수 있는 능력, ③ 직원들에게 공헌에 대한 칭찬을 하고 조직에서 그들의 지위향상을 도울 수 있는 능력, ④ 어떻게, 언제, 누구에게 위임해야 하는가를 포함해서 책임과 권한을 효과적으로 위임할 수 있는 능력, ⑤ 개인 및 집단의 창의성을 촉진시킬 수 있는 능력은 중요한 지휘능력으로 볼 수 있다.

(5) 조정 (*coordinating*)

조정은 조직업무의 다양한 부분들을 상호 관련시키는 아주 중요한 기능이다. 행정가가 조정기능을 완수하려면 조직 내에서 다양한 구성원 간에 그리고 다양한 부서 간에 효과적인 의사소통의 통로가 마련되고 유지되어야 한다. 효과적인 의사소통의 통로를 만들고, 유지하고 그렇게 함으로써 조정을 도모하는 데 도움을 주기 위해 가장 널리 사용되는 방법은 위원회의 설치와 활용이다. 사회복지 조직의 기관장은 특정한 문제를 해결하거나 다양한 사람들의 투입과 문제해결을 위한 시간을 요하는 특정한 활동을 하게 하기 위해 종종 위원회를 설치한다. 위원회의 목표는 언제나 문서로 분명히 정의되어야 한다. 또한 민간 사회복지 조직의 이사회는 위원회를 폭넓게 이용한다. 위원회의 업무에 의존하지 않는 이사회 활동은 거의 없다. 위원회에는 두 가지 형태, 즉 상임위원회와 특별위원회가 있는데 특별위원회는 단기적이며 종종 임시위원회라고 불린다. 상임위원회는 프로그램, 인사, 재정, 자산과 같은 지속적인 성격의 활동을 다룬다. 특별위원회는 급박한 문제상황이나 단기간에 수행될 수 있는 임시적 활동을 위해 설치된다.

(6) 보고 (*reporting*)

보고의 기능을 수행하기 위해서 사회복지 조직의 행정가는 조직구성원, 이사회 또는 입법기관, 지역사회, 그리고 자금조달기관에 조직에

시 일어나는 일에 대하여 정보를 제공해야 한다. 이때 행정가가 정보를 잘 제공하기 위해서는 먼저 자기 자신을 포함한 동료 행정가들이 조직이 돌아가는 상황을 잘 파악하도록 해야 한다. 기관장을 포함한 행정가들이 최근까지의 조직상황을 잘 파악하기 위해 수행해야 하는 3가지 주요 활동이 있는데 그것들은 ① 기록의 유지, ② 정기 감사, ③ 조사연구 등이다. 이와 같은 활동과정을 통하여 기관장을 포함한 행정가들은 책임 있게 보고의 기능을 수행할 수 있다. 보고기능을 돕기 위한 기록은 클라이언트의 사례기록, 인사기록, 위원회의 활동을 비롯한 모든 조직활동의 기록을 포함해야 한다. 이와 같은 기록은 클라이언트에게 서비스를 전달할 때 직원들의 진척상황을 밝히는 데 도움이 될 것이다. 기관장 및 행정가들에 의한 조직의 정기 감사는 행정가가 조직이 어떻게 기능하고 있는지에 대한 전반적인 모습을 파악하는 데 도움이 될 것이며, 개선이 필요한 영역을 찾아내는 데도 도움이 될 것이다. 이와 같은 조직의 전반적인 모습은 기관장이 모든 윗사람들에게 보고해야만 하는 중요한 부분이다. 조사연구는 다음과 같은 사항들을 찾아내는 데 도움을 받기 위해 조직 내에서 수행되는데, 이는 ① 조직의 서비스가 얼마나 잘 제공되고 있는지, ② 현재의 서비스가 필요한지 여부, ③ 새로운 서비스가 요구되는지 여부, ④ 서비스를 좀더 효과적으로 전달하기 위한 방법 등이다.

(7) 예산(*budgeting*)

건전한 재무행정은 ① 건전한 조직계획, ② 재정기획, ③ 재정운영의 통제로 구성되어 있다. 이와 같은 구성요소를 하나씩 검토하면서 행정가가 어떻게 그 예산기능을 최상으로 수행할 수 있는지를 살펴보자. 먼저 사회복지 조직의 기관장은 조직의 구조가 예산상의 관점에서 볼 때 건전한지를 확인해야 한다. 조직구조가 조직의 모든 부서에서의 지출을 위한 권한과 책임의 기초를 분명하게 보여준다면 그 조직의 구조는 건전한 것으로 볼 수 있다. 재정기획과 회계통제는 일반적으로 기관장이 재정담당 행정가에게 위임한다. 장기적인 목표뿐만 아니라 현재 운영을 위한 기획을 포함하는 재정기획은 예산정책에 기초하여 수립되어야 한다. 예산정책은 ① 임금 스케줄, ② 수입확보의 방법, ③ 지출통제의 방법과 같은 3가지 요소를 포함한다. 따라서 예산정책과 조직욕구에 기초한 건전한 재정계획을 수립할 책임은 기관장 또는 위임받은 재정담당 행정가에게 있다. 마지막으로 사회복지 조직의 기관장 또는 재정담당 행정가는 재정기록(회계방법)을 통하여 조직의 재정적 운영을 통제하는 것에 대한 전반적인 책임을 진다.

(8) 평가(*evaluating*)

평가는 설정된 조직의 목표와 관련하여 전반적인 결과를 사정하는 것을 의미한다. 조직목표의 성과를 평가하기 위하여 행정가는 효과성 측정과 효율성 측정이라는 두 가지 측정을 적용할 수 있다. 효과성 측정은 조직의 서비스가 그 서비스에 대한 욕구와 관련하여 그 욕구를 충족시킨 정도를 평가하는 것을 말하고, 효율성 측정은 조직의 서비스가 가용된 자원과 관련하여 수행된 정도를 평가하는 것을 말한다. 행정가가 효과적으로 평가기능을 수행하기 위해서는 조직의 구성원들이 조직의 기능 또는 프로그램에 관해 자유롭게 평가하고 제안할 수 있는 조직풍토를 조성하려는 노력이 이루어져야 한다.

개방체계적 관점에서는 이상의 사회복지 행정의 기능이 사회복지 조직을 둘러싼 환경과 끊임없이 상호작용하면서 이루어진다고 본다. 사회복지 조직은 그를 둘러싼 환경으로부터 조직의 유지와 활동에 필요한 각종 자원들(금전, 클라이언트, 정치·사회적 지지, 전문인력, 기술 등)을 투입(*input*)받아 조직의 전환과정(*throughput*)을 통해서 환경이 필요로 하는 서비스를 산출(*output*)하고, 산출은 다시 환경의 여과를 거쳐 투입으로 피드백(*feedback*)된다(이봉주·이선우·백종만, 2012: 28). 이때 조직의 전환과정이 곧 행정기능이며 이와 같은 개방체계적 관점의 행정기능은 종래의 폐쇄체계적 관점의 행정기능과는 달리, 환경과의 상호작용 과정에서 행정기능이 환경에 영향을 받기도 하지만 환경에 영향을 미칠 수도 있다는 적극적 관점을 내포한다.

7. 사회복지 행정가의 관리행동

사회복지 행정가는 많은 관리행동을 수행한다. 사실상 유능한 행정가는 대부분의 시간을 다양한 방법으로 활동한다. 그러나 아무리 유능한 행정가라 하더라도 필요한 모든 일을 100% 다 이루어 낼 수는 없다. 그러나 행정가가 자신에게 맡겨진 관리행동을 많이 하면 할수록 그만큼 사회복지 서비스가 효과적으로 그리고 효율적으로 전달될 수 있으며 따라서 사회복지 행정의 성과가 높아질 것임이 분명하다. 사회복지 행정가의 관리행동을 17가지로 구분하여 간략하게 설명하면 다음과 같다(Skidmore, 1990: 34~39).

(1) 수용(*accepting*)

사회복지 행정가는 자신과 더불어 일하는 지역사회 내의 타 전문직원 및 지도자뿐 아니라 직원 및 클라이언트들을 있는 그대로 받아들여야 한다. 행정가는 개개인을 장점과 약점을 지닌 독특한 개인으로서 존중한다. 행정가는 목표와 기준 및 직원들을 위한 지침을 설정하는 것을 돕는다. 행정가는 인간관계에서 나름대로의 색깔을 나타내는 개인적 차이를 격려하고 조직의 틀 내에서 각 개인이 진정한 자기자신이 되게끔 인도한다.

(2) 관심과 보호 (*caring*)

사회복지 행정가는 따뜻해야 하고 직원들에게 소속감을 주어야 한다. 행정가는 직원들에 대해 관심을 가져야 할 뿐 아니라 행동으로서 관심표현을 보여주는 것은 더욱 더 중요하다. 행정가는 직원에 대한 관심과 더불어 직원들이 서비스 제공을 통해 스스로 발전하고 성취할 수 있도록 돕기 위해 가능한 모든 수단을 동원한다. 행정가는 직원과의 관계에서 생각과 감정을 나눈다. 결과로서 직원들은 생각과 감정을 나누는 것이 중요하다는 것을 알고 느낀다. 또한 행정가는 직원들의 복지에 관련된 부분에서는 자기자신을 부차적인 지위로 자세를 낮추는 겸손한 자세가 요청된다. 행정가는 직원들을 존중하고 신뢰해야 하며 그럴 경우 직원들은 그것을 알게 된다. 이것은 직원들이 하는 모든 일을 동의하고 시인하라는 뜻이 아니고 그들의 차이나 실수를 이해하고 정상을 참작하라는 뜻이다.

(3) 창의성 발휘 (*creating*)

사회복지 행정가는 창의적이 되어야 하며 조직의 서비스를 개선하는 혁신적 정책 · 방법 및 절차와 직원관계를 개척하고 확립하기를 좋아하는 사람이 되어야 한다. 그러한 사람은 더 좋은 변화를 가져올 수만 있다면 자신의 태도를 바꾸기를 주저하지 않는다. 사실상 행정가는 융통성이 있어야 하고 새로운 효과적인 방법과 절차를 찾아내려고 노력하면서 다른 사람과 함께 시간을 보내기도 하고 때로는 혼자서 시간을 보내게 된다. 행정가는 과거를 돌이켜 보고 과거로부터 무언가 얻으려고 해야 한다. 그러나 현재와 미래도 특히 중요하다는 것을 강조해야 한다. 행정가는 만약 어떤 새로운 혁신이 조직 또는 지역사회 복지를 위해 중요한 것같이 보이면 그것을 채택하기를 주저하지 않는다.

(4) 민주성 발휘(*democratizing*)

사회복지 행정가는 민주적 과정의 옹호자이다. 사회복지 행정가는 직원 및 기타 다른 사람들의 참여를 통해서 조직이 현재보다 훨씬 더 좋아질 수 있다는 것을 인식하면서 그들의 의견과 가치를 존중한다. 행정가는 전직원들에게 진정으로 개입하려고 노력한다. 행정가는 기회만 주어진다면 모든 직원들이 조직의 복지에 기여할 수 있다는 것을 제일 먼저 인식할 수 있는 사람이다. 행정가는 독재자가 아니며 직원들의 의견과 생각에 귀 기울이고 그들의 의견과 생각에 감사하는 사람이다. 행정가는 집단과정을 존중하고 협력이 문제, 결정, 또는 욕구를 다룰 수 있는 최상의 방책이 될 수 있다는 것을 인식해야 한다.

(5) 신뢰(*trusting*)

사회복지 행정가는 직원들을 암암리에 신임해야 한다. 직원들의 관점 및 의견, 그리고 직원들이 제시하는 자료는 비록 서로 간에 차이가 있을지라도 존중되어야 한다. 행정가는 직원들을 공개적으로 헐뜯기보다는 그들을 신뢰한다는 것을 보여줌으로써 직원들의 마음속에 신뢰감이 일어나도록 해야 한다. Gibb에 의하면 신뢰는 믿음 이상을 내포하고 있다고 한다.

> 신뢰는 무엇인가에 대하여 본능적으로 의심 없이 믿고 의지하는 것을 의미한다. 신뢰는 사전에 계획하는 것이 아닌 자연스럽게 주어지는 것이다. 신뢰는 사랑과 같은 것이다. 신뢰감이 있느냐의 여부는 우리 생활에 커다란 차이를 가져올 수 있는 것이다(Gibb, 1978: 14).

(6) 인정(*approving*)

사회복지 행정가는 직원 또는 클라이언트가 칭찬 및 인정을 몹시 갈망하고 있다는 것을 이해해야 한다. 사회심리학자 W. I. Thomas가 인정의 욕구는 모든 사람이 갖고 있는 4가지 기본적 욕구 중의 하나라고 결론지었듯이 사회복지 행정가는 이와 같은 견해에 의견을 같이해야 한다. 사회복지 행정가는 칭찬할 만한 가치가 있을 때에는 종종 칭찬을 해야 한다. 이는 문서로 그리고 구두로 이루어져야 한다. 행정가는 적절한 인정을 통하여 직원들의 사기를 진작시키는 것은 직원뿐 아니라 조직 전체에도 이득을 준다는 것을 이해해야 한다. 칭찬의 경우는 칭찬 받는 사람뿐 아니라 칭찬하는 사람에게도 이득이 된다. 그러나 칭찬은 진실로 받을 만한 가치가 있지 않으면 하지 않는 편이 좋다.

(7) 개인적 균형과 조화의 유지

사회복지 행정가는 일, 휴식, 놀이, 종교생활 등을 포함하는 원만한 생활을 누리려고 노력해야 한다. 행정가는 신체적 건강뿐 아니라 정신 건강에도 아주 주의를 기울여야 하고 가능한 한 충분한 휴식을 취해야 한다. 행정가는 그들이 직면하는 좌절과 문제가 직원들에게 영향을 미치지 않도록 최소화하려고 노력해야 한다. 행정가는 근면하고 노동의 가치를 인정하나 심신의 휴식을 취하고 활기를 불어넣는 데도 시간을 아끼지 말아야 한다. 행정가는 에너지의 재충전뿐만 아니라 휴식과 오락을 위해서 레크리에이션에도 참여해야 한다.

(8) 기획 (*planning*)

사회복지 행정가는 기획과정을 활용하는 데 능숙해야 한다. 행정가는 계획이 없으면 조직은 멸망하고 만다는 것을 인식해야 한다. 행정가는 경험을 통해서 효과적인 기획은 바람직한 결과를 가져올 수 있고 기획의 결여는 조직 및 조직서비스를 약화시키거나 파괴시킬 수 있다는 것을 알아야 한다. 행정가는 기획이 구체적인 세부 목표나 조직 전체의 목표에 도달하는 데 도움이 되도록 기획을 활용할 줄 알아야 한다. 행정가는 직원들이 자신들의 개인적 목표, 부서의 목표, 그리고 조직 전체의 목표를 설정하도록 격려해야 한다.

(9) 조직화 (*organizing*)

건전한 기획 후에는 효과적인 조직화가 뒤따라야 한다. 그렇지 않으면 사회복지 조직은 비효과적이 될 것이다. 유능한 행정가는 자기가 속해 있는 조직을 조직화할 능력을 갖고 있어야 한다. 그리고 조직화는 이사회, 직원 및 클라이언트의 도움을 받아가며 이루어져야 한다. 이와 같이 사회복지 조직은 효과적인 권한과 책임의 계선(系線)을 따라 움직이는 효율적인 구조이다. 행정가는 때로는 권한을 위임하나 너무 많은 권한을 위임하는 것은 아니며 통상 행정가 한 사람당 직속으로 소속되는 직원들은 5～6명을 넘지 않는다. 행정가는 의사소통이 위에서 아래로, 아래에서 위로, 그리고 수평 등의 모든 방향으로 이루어질 수 있도록 허락되는 구조를 제공해야 한다. 권한에는 또한 수행해야 할 책임이 뒤따른다.

(10) 우선순위 결정(*prioritizing*)

유능한 사회복지 행정가는 여러 목표 중에서 어떤 목표들이 보다 더 중요하며 그 목표들을 선택하는 과정이 중요하다는 것을 이해해야 한다. 행정가는 제기되는 각각의 목표 또는 운영의 중요성을 비교하고, 대조하고, 비중을 둘 줄 알아야 하며 그 중요성에 관해서 건전한 결정을 내릴 수 있어야 한다. 행정가는 여러 가지 대안들을 탐색할 수 있고 조직의 서비스와 관련하여 각각의 가치를 결정할 수 있어야 한다. 행정가는 어떤 목표는 단기적인가 하면 또 어떤 목표는 장기적이라는 사실과, 결정을 내릴 때 그 목표 간의 차이를 염두에 두어야 한다는 사실을 이해하고 적응해야 한다.

(11) 위임(*delegating*)

유능한 사회복지 행정가들은 사회복지 조직의 책임이 분담되어야 한다는 것을 깨닫고 다른 직원들에게 기꺼이 책임과 권한을 줄 기회를 제공해야 한다. 책임이 위임될 때에는 책임을 수행할 권한도 또한 위임된다. 그러나 행정가는 책임을 위임할 여지가 없는 경우에는 책임을 위임해서는 안 되고 책임을 떠맡도록 해야 한다. 그러한 경우라도 관계 직원으로 하여금 협조하여 일하도록 유도해야 한다.

(12) 지역사회 및 타 전문직과의 관계유지

사회복지 행정가는 공중과 좋은 관계를 유지해야 한다. 행정가는 사회복지 조직에 호의적인 태도와 행동을 유발하기 위하여 지역사회에 사회복지 조직의 기구와 서비스를 설명해야 한다. 직원들은 자신들이 행동하고 말하는 것이 홍보(*public relations*)에서 아주 중요하다는 것을 명심하도록 일깨워져야 한다. 행정가는 정신의학, 심리학, 간호학, 의학, 법률 및 기타 유사 전문 직업인들과 효과적인 업무관계를 유지해야 한다. 행정가는 특히 사회복지 조직의 관리에 관하여 타 전문직업인들이 사회사업의 역할과 서비스를 이해하도록 도와야 한다.

(13) 의사결정(*decision making*)

사회복지 행정가는 의사결정을 해야 한다. 사회복지 조직과 지역사회에 이익을 가져다줄 의사결정을 수행하기 위해 취해야 할 전반적인 과정과 개별적인 조치가 이해되어야 한다. 행정가는 사실을 수집 정리하고 주의 깊게 대안을 검토해야 하며 각 대안들의 성과를 예상해서 최선의 선택을 내려야 한다. 행정가는 시행착오를 범할 수 있다는 것과 그러나 필요할 때는 언제나 의사결정을 내려야 할 용기를 가져야 한다. 행정가는 기꺼이 모험을 감행해야 하고 의사결정 과정에 직원들을 포함시켜야 한다.

(14) 행동촉진 및 조장(*facilitating*)

사회복지 행정가는 직원들이 원하고 나아갈 필요가 있는 방향으로 나아갈 수 있도록 마음의 문을 활짝 열고 가능한 모든 것을 해야 한다. 행정가는 직원들의 개별적인 계획에 민감하게 반응해야 하고 그들이 발전하는 것을 돕기 위해 가능한 모든 것을 할 필요가 있고 또 해야 한다. 행정가는 직원들의 행동을 지시하려고 노력해서는 안 되며 뒤에서 지지하는 수준에서 머물러야 한다.

(15) 의사소통(*communicating*)

사회복지 행정가의 가장 중요한 행동 중의 하나는 통신 및 생각과 감정 등을 주고받는 의사소통이다. 행정가는 특히 청취가 중요하며 청취는 귀뿐만 아니라 눈을 가지고서도 들을 수 있어야 한다는 것을 이해해야 한다. 종종 비언어적 의사소통이 구어보다 더 중요하며 의미가 있다는 것을 이해해야 한다. 행정가는 조심스럽게 얼굴의 표정, 자세, 몸의 움직임, 걸음걸이, 기타 감정의 표현을 관찰해야 한다.

(16) 직원발전의 촉진(*building others up*)

사회복지 행정가들은 직원들을 다루는 방법에서 상당한 차이를 보여준다. 어떤 행정가들은 직원들에게 상처를 주고 때로는 직원들을 심리적으로 학대하기도 한다. 어떤 행정가들은 직원들을 시샘하기도 하고 종종 그들을 억누르거나 얕잡아 본다. 효과적인 행정가들은 창의성, 혁신 및 성취를 장려하기 위하여 자신들이 할 수 있는 모든 것을 한다. 효과적인 행정가들은 직원들에게 보상을 주고 성취에 대해 완전한 인정을 준다. 효과적인 행정가들은 직원들의 성취를 통해서 대신 만족을 얻어야 한다.

(17) 동기부여(*motivating*)

마지막으로 효과적인 행정가는 직원들이 자신의 능력을 활용하고 사회복지 조직의 기능을 수행하는 데 있어 직원들에게 동기를 부여하고 그들의 마음을 움직일 능력을 갖고 있어야 한다. 행정가는 직원들의 욕구를 이해하고 직원들이 조직의 서비스를 수행하는 데 있어 그들의 능력을 활용하도록 장려하기 위해 가능한 모든 것을 해야 한다. 행정가는 자신이 어떻게 행동하느냐에 따라 많은 차이가 생겨난다는 것을 깨달아야 한다. 직원의 사기가 높으면 높을수록 직원들의 감정과 서비스 전달은 더욱 더 좋아질 것이다.

· 제 2 장 ·

사회복지 행정의 역사

사회복지 행정이 어떠한 사회복지학적 배경에서 성립되고 발전되었는가를 살펴보는 것은 사회복지 행정의 중요성과 사회복지의 방법론과의 관계를 이해하는 데 중요한 지식이 되는 것이다. 사회복지 행정이 사회복지학 분야에서의 하나의 독립된 분야로 가장 먼저 발전된 사회는 미국이라 할 수 있으므로 이 장에서는 미국의 사회복지 행정을 중심으로 살펴본 후에 한국의 사회복지 행정을 살펴보기로 하겠다. 미국의 사회복지 행정 역사는 5단계로 나누어 1단계를 명목상의 인정단계, 2단계를 사실상의 인정단계, 3단계를 정체의 단계, 4단계를 발전과 도전의 단계, 5단계를 새로운 도전의 단계로 나누어 살펴보기로 하겠다. 다음은 한국의 사회복지 행정의 연구 및 실천의 역사를 사회사업 교육이 처음으로 도입된 1950년대부터 살펴보기로 하겠다. 최근 각종의 공사(公私)의 사회복지 조직이 생겨남에 따라 사회복지 행정에 대한 필요성을 절감하면서 사회복지 행정에 대한 관심이 고조되고 있어 우리나라의 역사와 미국의 역사를 비교하면서 우리나라의 사회복지 행정 발전과정을 이해하게 되기를 바란다.

1. 미국의 역사

1) 명목상의 인정단계(1900년~1935년)

이 기간은 하나의 전문직업으로서 사회사업이 정체성(*identity*)을 형성하고 대표적인 사회사업 방법론으로서 개별사회사업(*casework*)을 개발하던 시기였다. 이 시기 동안에 병원, 법정, 학교, 정신과 분야에 사회사업이 도입되었고 사회사업 대학원 및 사회사업 전문직협회들이 설립되기 시작하였다.

이러한 과정에서 개별 사회사업은 사회사업 전문직의 핵심적 기술이 되었으며 사회사업은 이 기술을 중심으로 정체성을 형성하게 되었다(Lubove, 1965: 119).

이와 같이 사회사업의 모든 이론, 지식, 기술은 물론 심지어는 사회사업 교육까지도 전부 개별 사회사업에 초점을 두고 있었으므로 개별 사회사업은 전체 사회사업 전문직을 대표하는 것으로 생각되었으나 상대적으로 사회복지 행정은 20세기 초반까지도 전문직의 실천형태로서 사실상 인정을 받지 못하였다(신복기, 1984: 221). 그러나 전문 사회복지사들의 활동이 직간접으로 불가피하게 행정과 관련되어 있었기 때문에 완전히 행정에 무관심하기는 어려웠다. 따라서 사회사업 전문직 자체는 사회복지 조직들의 실천을 합리적으로 관리하고 그것의 효율성을 높일 수 있는 전문적 방법의 필요성을 인식하게 되었던 것이다. 이와 같이 사회복지 행정의 필요성을 인식한 대표적인 학자들은 Edith Abbott, James Hagerty, 그리고 Arthur Dunham 등이었다(Patti, 1983: 3~4).

Abbott는 사회사업 전문직 교육이 개별 사회사업의 기법에 초점을 둔 고도의 기술적이고 특수한 과정으로 구성되어야 한다는 견해에 반대하면서 사회사업에 있어서 직접적 서비스가 중요하기는 하나 이것만으로는 충분하지 않다고 주장하였다. 그녀는 사회사업을 전공하는 학생들은 개별 사회사업과 같은 지식뿐만 아니라 행정 및 기타 다른 형태의 리더십에 관한 지식을 갖추어야 한다는 생각을 갖고 있으면서 사회복지 행정에 대한 필요성을 깊이 인식하고 있었음을 알 수 있다. 한편 Hagerty도 사회사업이 개별 사회사업에 너무 치중되어 있는 사실에 대하여 경고하면서 학교에서 해야 할 가장 중요한 과제는 지도자와 조직가, 행정가들에 대한 교육, 즉 사회 복지 행정 실무자들을 위한 교육이라는 입장을 내세웠다. 그러나 이들의 이와 같은 입장에도 불구하고 1930년까지 개별 사회사업은 사회사업의 지배적인 방법으로 자리를 굳혔다.

이에 대하여 Dunham은 사회사업 초기에는 "사회복지 행정은 직접적 실천과 구별되지 않았을 뿐더러 분리된 기능으로 생각되지도 않았다"고 결론지으면서 개별 사회사업의 지식과 능력은 모든 형태의 전문적 실천의 기초가 되므로 사회복지사는 이와 같은 기초를 닦고 난 후에 효과적으로 관리하는 데 필요한 것들을 배울 수 있다고 주장하였다. 이러한 Dunham의 주장은 사회복지사들에게는 직접적 실천으로서의 개별 사회사업의 지식과 기술을 우선적으로 갖추고 나서 행정에 대한 지식과 기술을 습득해야 한다는 입장이므로 행정을 간접적인 방법, 그리고 직접적 실천의 보조적인 방법으로 인식하고 있었다고 볼 수 있다(신복기, 1984: 222).

20세기 초 사회사업 교육의 교과과정 속에 사회복지 행정이 최초로 나타난 것은 1914년이었으며 이후로 여러 학교들이 사회복지 행정을 가르치게 되었다. 그러나 이러한 행정과목들이 핵심적인 필수과목으로 여겨지지는 않았고 정규 교수지위를 갖고 있지 않는 기관 관리자들이 가르쳤기 때문에 그 당시 행정과목은 전체 교육과정에서 높은 비중을 차지하지 못했다고 볼 수 있다. 실제로 미국 사회사업 대학원 협의회가 1923년에 대학원 석사과정 1년생을 위해 채택한 교과과정에는 행정이 선택과목들 중의 하나로 되어 있었다(Lubove, 1965: 152).

행정에 대한 사회사업 교육의 태도는 1929년의 Milford 회의에 잘 나타나 있다. 그 회의 참석자들은 개별사회사업의 개념을 설정한 후 사회사업의 기초적 기술을 가르칠 전문가 훈련학교의 교과과정으로 개별사회사업, 집단 사회사업, 지역사회 조직사업, 사회조사 및 행정을 제안하였다(AASW, 1929: 78). 그런데 이 제안 속에는 개별 사회사업 교육을 위한 특수한 건의가 포함되어 있으나 다른 실천방법을 위한 교육내용은 거의 언급하고 있지 않으면서도 사회복지 기관의 조직과 구조에 관한 틀과 기준에 대해서는 세심한 관심을 나타내고 있다. 그러나 이러한 조직과 구조를 위한 틀과 기준을 형성하는 데 필요한 기술 혹은 과정에 대해서는 언급이 없으며 이 분야에서 효과적 실천을 위해서 훈련된 관리자가 필요하다는 언급도 하지 않고 있다.

이와 같이 사회사업 교육에 관한 이 시대의 영향력 있는 회의에서 사회사업의 근본적인 기술로서 사회복지 행정을 확인했고 또 효과적인 서비스 전달체계를 위한 조직상의 배경을 설명했으면서도 그 구체적인 기술과 과정에 대해서는 언급이 없다는 것은 사회사업 실천가나 교육을 담당하는 사람들이 행정의 필요성을 인식하면서도 행정업무나 행정가의 역할 등 구체적인 내용을 확립하지는 못했다는 것을 의미한다 하겠다(신복기, 1984: 223). 또한 이 시기에는 행정에 관한 조사나 연구가 별로 이루어지지 않았다. 1929년에 처음 발간된 사회사업 연감에 행정에 관한 논문이 한편도 없다가 1933년의 사회사업 연감에 처음으로 행정논문이 실렸다.

아무튼 이 시기에 사회사업이 근간으로 삼았던 것은 개별 사회사업이었다. 따라서 사회복지 행정은 개별 사회사업을 위한 하나의 기술로서 간주되었다고 보는 것이 적절하겠다. 물론 이 시기에 명목상으로나마 행정의 중요성을 인정한 것은 사실이나 이론과 실무에 있어서 그 중요도를 높게 두지 않았던 것도 사실이다. 행정이 개별 사회사업의 부속적인 개념으로 정의된 것은 행정 본연의 지식 및 기술적 요건에 대해 이해를 못했기 때문이지 제도적 전략이 미흡했기 때문은 아닌 것 같다. 이러한 전례 때문에 행정은 그 후에도 사회사업의 한 분야로서 인정받는 데 여러 가지의 어려움을 겪었다.

2) 사실상의 인정단계(1935년~1960년)

이 기간은 사회복지 행정이 사실상의 사회사업 실천방법으로 대두되었던 시기이다. 1930년대 초 경제 대공황에 따른 빈곤 및 실업문제를 해결하기 위해 정부가 직접 개입하게 되었고 이것이 바로 사회복지 행정이 전문 사회사업의 실천 방법론으로 발전하는 데 중요한 영향을 미쳤다. 1934년 연방긴급구호청(Federal Emergency Relief Administration)의 설립과 곧 이어 1935년의 사회보장법(Social Security Act) 제정에 따른 연방과 주에서 공적 부조제도가 생겨나면서 공공 사회복지 서비스 부문에서 공무를 담당할 인력수요가 급증하였다. 새로 생겨나거나 확장된 주 및 지방정부의 공공 복지국에는 연방정부에 의해 위임된 사회복지 서비스의 전달을 계획하고 조직하며, 기획하고 감독하기 위해 훈련된 많은 직원들을 필요로 하였고(Brown, 1940: 273~298) 이에 따라 정부에서는 사회복지 서비스를 전달하고 조직하는 일과 방향을 제시하는 작업을 사회사업 전문직에 위임하게 되었다.

이와 같은 추세에 따라 기존 사회사업 대학원 졸업생으로는 공급이 부족하여 학부과정에서도 사회사업 전공이 개설되어 사회복지사가 배출되기 시작하였고, 대학들은 교과과정을 재검토할 필요성이 생겨났다. 왜냐하면 대부분의 대학들은 그동안 민간기관에서 직접적 서비스를 제공하는 사회복지사 양성에 주력하고 있었기 때문에 교과과정은 주로 개별 사회사업 중심으로 되어 있었다. 물론 교과과정의 내용 중에는 공공복지 부문에 그대로 적용될 수 있는 것도 있었지만 대학들은 공공복지 분야의 전문적 실천의 특징적 요소를 인식하고 그들의 교과과정을 수정할 필요가 있었다. 각 대학들은 개별 사회사업과 집단 사회사업 기술이 공공복지 부문의 행정 및 감독책임에 어떻게 적용될 수 있으며 그러한 내용이 공공 사회정책에 어떻게 결합될 수 있는지를 검토하게 되었다(Brown, 1940: 290~291).

이렇게 개정된 교과과정으로 교육받은 학생들이 연방긴급구호청을 비롯한 지방 긴급구제 기관, 공적 부조 관련기관 등의 공공복지 분야에 공무원으로서 진출하면서 사회복지 행정의 실천영역이 점차로 확보되기 시작하였다. 이와 같이 공공복지에서 사회사업의 개입이 사회복지 서비스의 조직과 관리에 많은 관심을 갖도록 자극한 것은 사실이나 사회사업의 기본 방법론으로서 개별 사회사업의 중요성은 여전히 지속되고 있었고 1940년대 중반까지도 사회복지 행정은 전문 사회사업의 주변분야로 인식되고 있었다. 그러다가 2차대전 이후 10여 년에 걸쳐 사회사업의 핵심이 되는 지식, 가치, 기술 등을 행정에 접목시켜 사회복지 행정을 발전시키려는 노력이 여러 가지 방법으로 이루어졌음이 다음과 같이 나타나고 있다(Patti, 1983: 8~9).

첫째, 사회복지 행정은 일반행정과 다르거나 적어도 일반행정과 구별되는 속성을 갖고 있는 것으로 생각하였다. 일반 행정의 요소들이 모든 조직에 공통된 것은 확실하나 사회복지 조직 및 사회복지 서비스의 독특한 특성은 사회복지 행정이 하나의 독립된 영역으로서 주목받을 만한 가치가 있는 것으로 평가되었다. 다양한 조직에 적용될 수 있는 행정이 존재한다는 생각은 사회복지 행정이 특수한 훈련과 전문성을 필요로 함에 따라 부정되었다. 사회복지 행정의 중요한 특성은 급여 및 서비스의 적절성, 클라이언트 중심의 서비스, 전문적 능력, 프로그램의 효과성, 운영의 효율성 등에 나타나는 바와 같이 서비스의 질을 강조하는 데서 찾을 수 있다고 생각되었다. 사회복지 조직에서 사회복지 행정가는 다른 조직에서 발견할 수 없는 특별한 문제에 직면하게 되는데 예를 들면 납세자나 후원자들이 그들이 낸 돈이 클라이언트에게 어떻게 쓰였나 관심을 갖는다든가 또는 사회복지사들이 행정의 공식화된 절차를 싫어한다든가 사회복지 서비스의 효과 측정엔 상당한 어려움이 뒤따르는 그런 문제들 때문에 사회복지 행정은 독특한 지식과 기술이 필요한 것으로 생각되었다.

둘째, 이 시기의 주요 이론가들이 사회복지 행정과 개별 사회사업의 지배적인 가치와 방법을 연결시키려고 노력하였다. 행정의 핵심적인 기능은 조직 내 개인이나 집단들을 도와 민주적 과정을 통해 그들의 조직에 대한 기여를 극대화하도록 하는 것이었다. 행정은 행정가에 의한 일방적 권한의 행사가 아니라 직원, 이사회, 자원봉사자, 회원 및 수혜자 등을 포함하는 모든 집단과 이해당사자들에 의해 책임을 함께 나누는 것으로 보았다. 이와 같은 관점에서 볼 때 행정적 권한은 행정가와 식원 및 수혜자 산의 상호관계로부터 생겨나는 것이있다. 이와 같은 집합적 권한의 원동력은 참여이고 참여를 통해 모든 관계 당사자들은 조직의 운명을 결정하는데 실제적인 자기 목소리를 내는 것이었다. 궁극적으로 행정가의 권한은 명령에 의해서라기보다 합의와 행위의 자발적인 선택으로부터 생겨나는 것으로 보았다.

셋째, 사회복지 행정의 민주적이고 참여적인 성격과 대인 및 집단과정에 대한 관심은 필연적으로 인간관계 기술이 사회복지 행정의 기초를 이루는 데 기여하도록 하였다. 동시에 인간관계 기술은 행정을 사회사업 전문직의 주류에 포함시키는 가교의 역할을 제공하였다. 만일 행정의 역할이 도와주고 가능케 해주는 것이라면 사실상 행정가가 개별 사회사업 및 집단 사회사업으로부터 많은 것을 빌려올 수 있는 것이었다. 따라서 사회복지 행정을 개별 사회사업이나 집단 사회사업과 본질적으로 같은 선상에 놓음으로써 사회복지 행정가는 개별 사회사업 및 집단 사회사업에서의 확립된 원칙과 실무를 활용할 수 있었다. 개별 사회사업으로부터 행정가는 개별화 및 관계를 통한 성장과 같은 개념을 활용함으로써, 그리고 인간행동의 역동성을 이해함으로써 개인 및 집단 간의 관계에 대한 이해를 높일 수 있었다. 한편 집단형성의 기술, 집단 내 활동과 발전의 촉진, 집단목적의 결정, 집단성원의 이해관계와 욕구의 발견, 상호작용 지도 등과 같은 집단 사회사업은 행정가가 이사회, 위원회, 직원 및 지역사회 집단과 함께 일할 때 활용될 수 있었다.

아무튼 1950년대까지 행정은 단순히 하나의 부속적인 도구라기보다 전체 사회사업 과정에 없어서는 안 될 중요한 부분이 되어가고 있음이 명백해졌다. 이와 같이 행정이 발전을 위한 발판을 굳히기는 했지만 그간 행정을 하나의 전문적 실천방법으로서 인식하는 데는 계속적인 저항이 있었다. 그러나 이러한 저항에도 불구하고 대학들은 그 사회사업 교과과정 속에 행정적 실천을 위한 프로그램을 발전시켰으며 또한 사회복지사들이 행정에 대한 교육을 받아야 한다는 생각은 많은 지지를 받았다. 사회복지 행정이 다른 사회사업 방법들과 동등한 위치를 차지하려면 많은 연구와 발전이 있어야겠지만 그것을 위한 기초는 미흡하게나마 이 시기 동안에 정립되었다고 볼 수 있을 것이다(신복기, 1984: 228).

3) 정체의 단계(1960년~1970년)

이 기간은 사회복지 행정의 발달에서 하나의 정체기라고 볼 수 있다. 1960년대 초반에는 사회복지 행정의 이론과 실무에 있어 상당한 발전이 있을 것으로 기대되었으나 몇 가지 상징적인 발전으로 그쳤고 그 기대는 별로 충족되지 못하였다.

몇 가지 발전의 예로서 첫째, 1960년에 전국사회복지사협회(National Association of Social Workers)는 사회복지 행정과 지역사회 조직을 연구하는 한 연구소를 후원하였다. 유명한 학자들과 실무자들이 참여한 이 연구소에서는 사회복지 조직과 행정에 관한 이론과 연구를 종합하는 보고서를 출판하였으며 1960년대 사회사업 전문직을 위한 안내도로서 공헌한 행정발전을 위한 건의서를 발표하기도 하였다.

둘째, 전국사회복지협의회(National Conference on Social Welfare)는 1960년 협의회 후원위원회를 통해서 행정에 대한 논문들을 발표하였다.

셋째, Eveline Burns라는 사회사업 교육자는 1961년 사회사업교육위원회(Council on Social Work Education)에 제출한 보고서에서 교과과정에 사회복지 정책과 행정을 도외시하는 사회사업 대학원들을 비판하고 행정분야에 종사할 사람들을 위한 전문적인 연구과정을 제시하였고 이듬해 사회사업 교육위원회는 실무교육에 대한 새로운 접근방법을 시도하는 개개 사회사업 대학원들의 교과과정 정책을 인정하게 되었다.

넷째, 행정에 관한 전문적 관심이 증대되면서 1963년에 전국사회복지사협회 내에 사회사업행정위원회(Council on Social Work Administration)를 설립하기도 하였다(Patti, 1983: 11~12).

이상의 몇 가지 발전과 더불어 사회복지 행정에 대한 필요성과 인식은 매우 증가하였으나 실제로 이루어진 것은 별로 없었다. 이의 원인은 그 당시 사회변화의 요구에 적절히 대처하지 못한 사회복지 조직에 대한 불신과 행정에 대한 요구의 대안으로 지역사회 조직사업의 급속한 발전에서 찾을 수 있을 것이다.

1960년대의 미국의 역사는 청년, 소수민족 집단, 박탈당한 집단 등이 사회제도를 인식하고 관계하는 방식에 중요한 변화가 있었던 것으로 특징지어질 수 있다. 그와 같은 변화는 국가가 빈곤, 인종차별, 도시문제와 같은 사회문제를 잘 다루지 못한 데서 그 원인을 찾을 수 있었다. 1960년대 초에는 사고와 행동에 낙천주의가 만연되어 있어 정치·경제제도가 사회 문제들을 효과적으로 해결할 수 있다는 믿음을 갖고 있었으나 사회정책 및 프로그램이 별로 효과가 없음이 드러나고 베트남 전쟁으로 경제자원마저 부족해지자 사람들은 크게 좌절하게 되었다. 사람들은 사회제도에 대해 의구심을 갖기 시작했으며 특히 사회복지 조직들은 사회적 비판의 표적이 되었다. 사회복지 내부 또는 외부에서 모두 종래의 사회복지 기관들이 클라이언트에게 서비스할 자신들의 책임을 소홀히 해왔다고 주장하였다. 사회복지 기관들이 서비스의 제공보다는 조직의 유지와 안정에 더 힘쓰면서 변화하는 욕구에 반응하지 않고 있음이 널리 비난의 대상이 되었다. 설상가상으로 몇몇 분석가들은 불평등을 영속화시키고 빈곤한 사람들이 권리, 서비스 및 기회에 접근하는 것을 막는 정치, 경제적 과정 속에 사회복지 조직, 특히 공공복지 체계를 포함시키기도 하였다(Piven & Cloward, 1971).

사회복지 행정의 발달에 있어 이러한 비판들이 암시하고 있는 것은 무엇인가? 그것은 첫째, 1960년대 동안 사회복지 조직 및 기관에 대한 도전과 불신은 궁극적으로 사회사업 방법으로서의 행정을 타락시키고 행정가들에 대한 경멸을 가져왔다는 것을 의미하며, 둘째, 사회복지 조직 및 기관들의 역기능적 결함을 그것을 운영하는 사람들의 전문적이고 이념적인 결함의 탓으로 돌리고 있다는 것을 의미한다 하겠다(신복기, 1984: 231).

한편 대규모 사회변화를 원하는 사회사업에 관심을 갖는 많은 학생들에게 있어서 지역사회 조직사업은 행정에 대한 좋은 대안이 되었다. 1960년대 중반까지 지역사회 조직사업은 지역사회공동모금 및 복지단체들과 별로 밀접한 관계를 맺고 있지 않았으며 지역사회 조직사업은 행동주의적, 개혁주의적 입장을 취하였다. 학생들과 학자들 간에는 이런 방법이 지금까지의 사회복지 조직의 운영방식에 변화를 크게 주는 것이며 조직 밖에서의 실천이었기 때문에 매력적인 전문적 방법으로 인식하게 되었다. 지역사회 조직사업 실천은 그 당시에 인식되기로는 사회복지사들에게 그들의 기술과 영향력을 가난한 사람들을 위해 사용할 수 있는 기회를 제공하였다. 이러한 맥락에서 볼 때 지역사회 조직사업이 하나의 실천방법으로서 급속히 발전된 것을 이해할 수 있다. 1960년에서 1969년 사이에 사회사업 대학원에서 지역사회 조직사업을 전공한 학생들의 수는 1.5%에서 9%로 증가하였다. 이와 같이 1960년대 말까지 지역사회 조직사업은 사회사업 실천의 주요한 방법론으로서 그 지위를 굳히게 되었다(Patti, 1983: 14).

사회문제 해결을 위해 사회복지 조직들의 활동에 기대를 가졌다가 그러한 기대가 좌절된 사람들은 지역사회 조직사업을 사회복지 행정에 대한 대안으로 생각했으며 실제로 지역사회 조직사업은 행정에 대한 훌륭한 대안으로 나타나게 되었다. 이렇게 행정에 대한 대안으로서의 지역사회 조직사업의 획기적 발달은 상대적으로 사회복지 행정의 발달을 정체시키는 결과를 가져왔던 것이다(신복기, 1984: 231). 그러나 지역사회 조직사업에서 이루어진 많은 이론적 연구는 행정에 곧바로 적용될 수 있는 것이 많았고 이 두 분야는 실제적인 면에서 서로 통하는 것이 많았으며 기획, 시민의 참여, 이사회 및 위원회 활동과 같은 영역은 행정의 이론과 실천에 직접 적용될 수 있는 것들이었다.

4) 발전과 도전의 단계(1970년~1990년)

이 기간은 1960년대의 사회·경제적 배경을 기반으로 하여 사회복지 행정에 관한 관심과 필요성의 증대 및 전문 사회복지 행정가에 대한 수요가 늘어나 사회복지 행정의 발전이 가속화되는 시기라 볼 수 있다.

앞의 1960년대는 미국 역사상 사회복지 지출이 그 어느 때보다도 많이 증가한 시기였다. 그리하여 1960년대 말에 이르러서는 사회복지가 정부만의 활동이 아니라 미국 국민 전체의 관심사도 되었다. 1960년대 초까지만 해도 경제성장에 대한 자신감을 갖고 있었으나 1960년대 후반에 이르러 베트남 전쟁, 사회복지비 지출 증가, 인플레이션과 경제성장의 둔화 등의 요인이 복합적으로 작용하여 사회복지 프로그램의 재정적 부담이 어렵게 되자 1970년대에 이르러 정부에서는 지출된 비용에 대하여 가장 큰 효과를 낼 수 있는 사회복지 프로그램을 선정하여 재정지원을 할 수밖에 없었다.

1960년대의 사회복지 행정가들은 사회복지 프로그램을 유지하고 확장하는 데 관심을 가졌으며 얼마의 비용에 어떠한 일을 했으며 그 결과는 어떠했는지를 보고하는 단순한 업무를 하였으나 이제 1970년대의 사회복지 행정가들은 프로그램의 유지와 확장으로부터 프로그램에 대한 설명, 통제, 평가에 관심을 갖지 않을 수 없게 되었다. 이와 같은 변화과정에서 사회복지 조직들은 자신들이 기술과 지식의 공백상태에 있음을 깨닫게 되었다. 중간 및 최고관리층의 사회복지 행정가들은 대체로 필요한 기술적 방법을 소유하지 못하였다. 결과적으로 사회복지 조직들은 이와 같은 새로운 시대의 수요에 부응하는 데 필요한 관리를 추구하기 시작하였다(Patti, 1983: 16).

특히 1973년 사회사업교육위원회 연례 프로그램 회합의 기조연설에서 Sarri 교수는 "사회사업 전문직이 이 시대의 중요한 사회적 요구를 충족시키지 못하거나 사회적 서비스의 계획 및 전달에 리더십을 제공하지 못한다면 사회사업 전문직은 사적인 개업 사회복지사나 다른 전문직의 시녀로서의 역할로 전락하게 될 것이다"고 경고하였다(Sarri, 1973: 31~32). 이와 같은 도전은 1970년대 초반까지 사회사업 전문직에 커다란 반향을 일으켰으며 행정을 위해 사회복지사들을 훈련시키는 것에 우선적 관심을 두어야 한다는 일반적 반응이 나타났다. 그리고 이제까지 관심을 가지지 않았던 새로운 관리기법(PPBS, 비용-편익분석, PERT)들이 사회복지 행정에 도입되어 행정은 사회복지 서비스의 계획, 유지, 관리, 평가의 주된 기술로서 전문 사회사업의 고유한 방법으로 발전되었다(신복기, 1984: 233).

사회사업 대학원에서는 행정 교과과정이 급속도로 확장되었다. 1975년까지 84개 사회사업 대학원들 중 19개 대학원에서 사회복지 행정을 전공하고 있었고 나머지 많은 대학원들이 학생들에게 기획, 조직, 그리고 행정을 조합하여 가르쳤다. 그리고 2년이 지나서 사회복지 행정 진공프로그램을 가진 대학원의 수는 적어도 35개로 증가하였다. 이와 같이 사회복지 행정에 대한 교육이 확산되면서 이에 대한 학문적 관심도 증가하여, 1970년대 중반에는 CSWE, NASW, NCSW 등의 후원을 받은 전문직협회를 중심으로 행정실천에 관한 논문들이 발표되고 토론회가 개최되었다. 1973년 이후 학술지에 실린 관리에 관련된 논문들의 수가 급격히 증가했으며 1976년에는 〈Administration in Social Work〉라는 이 분야 최초의 학술지가 발간되었다. 이 학술지에는 사회복지 행정에 관한 풍부한 자료들이 실리기 시작하였고 행정에 관한 지식을 종합하고 이용하게 하는 데 기여하였으며 전문적 의견교환을 가능하게 해주었다(Patti, 1983: 17~18).

1980년대에 들어 레이건 행정부에 의해 가속화된 연방정부의 사회복지에 있어서의 역할 축소에 대한 시도는 사회복지 행정에 있어서 중대한 변화를 가져오게 된다(김영종, 1998: 48). 사회복지 서비스 전달체계에 있어서 민영화(*privatization*)의 시도가 본격화되고 그에 따라 서비스 구입계약과 보조금에 의해 유지되는 많은 민간 사회복지기관들이 생겨났다. 이러한 민간기관들에서는 행정적 전문지식을 갖춘 실무자들을 더욱 필요하게 되었다. 실제로 1981년부터 1985년 사이에 사회복지 행정 실무자의 비율은 27.8%에서 36.5%로 증가하였다(Chess, Norlin & Jayaratne, 1987: 76). 이 시기에 많은 사회사업 교육자들이 미국의 사회사업 교육에 있어서 행정적 지식의 필요성을 역설하게 되고 사회환경적 요인과 사회사업 전문직의 상황들로 말미암아 사회복지 행정에 대한 실질적인 관심이 집중된다. 행정은 사회사업 방법으로서 중요한 위치를 차지하게 되었고 교육・실천에서 행정의 사회사업에의 접목화 노력이 가속화되었다.

한편 사회복지 행정, 지역사회 조직사업 및 사회복지에 대한 전반적인 거시적 영역에 대한 관심이 발전하면서 1986년에는 Miami에서 사회사업교육위원회 연례 프로그램 모임에서 지역사회 조직사업 및 사회복지 행정 심포지엄이 개최되었다. 이 심포지엄 주제는 "거시 사회복지 교육과 실천의 정통성, 효과성 및 생존문제"였다. 이와 같은 주제설정의 배경은 1980년대의 보수주의적 정치 · 경제적 배경과 정부의 사회복지비용 축소에 따른 거시 사회복지 교육과 실천이 생존문제라는 도전에 직면하고 있다는 문제의식에서 출발한 것이다. 이듬해인 1987년 여름에 이 심포지엄에 제출된 논문을 가지고 《사회사업행정의 특별한 쟁점》이라는 책자를 발간하기도 하였다(Skidmore, 1990: 11).

5) 새로운 도전의 단계(1990년~현재)

1990년대에 들어서도 미국 사회에서 나타나고 있는 보수주의적인 성향으로 사회복지 프로그램의 지속적인 비용긴축이 진행되었다. 따라서 사회적 자원을 활용하는 데 따르는 책임성은 사회복지 전문직의 당면한 과제로 지속되어 왔다. 1990년대의 미국 사회복지 행정과 관련한 사회복지 환경은 첫째, 기획에서 서비스 전달까지를 직접 담당했던 거대 공공관료조직들의 퇴조, 둘째, 계약이나 서비스 구입 등의 방법을 통한 민간부문의 직접 서비스 전달에서의 역할증대, 셋째, 민간과 공공의 엄격한 조직적 구분의 퇴조, 넷째, 서비스의 목적 실현을 위해서는 느슨하게 연결되어 있는 다양한 서비스 조직들을 연계할 서비스 전달체계의 통합이 필요하다는 인식확산, 다섯째, 사회복지 서비스의 책임성에 대한 구체적인 행정실천 등으로 나타난다(김영종, 1998: 51).

이와 같은 사회복지 환경의 변화에 적응하기 위해 1990년대 이후 나타난 사회복지 행정의 현상 몇 가지를 살펴보면 다음과 같다(황성철 외,

2014: 49~50; Patti, 2008: 155-156).

첫째, 재정관리와 마케팅이 강조되기 시작했다. 사회복지 서비스의 민영화와 상업화가 급속도로 진행되는 상황에서 빈곤계층의 다양하고 증대된 복지욕구를 충족시키기 위해서는 재화의 안정적인 확보가 무엇보다 중요한 과제이다. 따라서 조직 내부적으로는 비용절감의 경영이 강조되고, 외부적으로는 전략적 계획을 수립하여 보다 공격적인 마케팅과 홍보를 강화하고 있다.

둘째, 기존 조직구조 및 리더십에 대한 강조에 변화가 나타났다. 전통적으로 관료조직 구조를 유지하던 사회복지 조직들이 수직적 조직구조를 수평적 조직구조로 변화시켜 여러 형태의 팀(*teams*)과 태스크포스(*task force*) 집단을 형성하였고, 이 하부조직들이 유기적인 네트워크를 구성하며 작동하도록 하였다. 이러한 조직구조는 환경변화에 매우 유연하게 적응할 수 있으며, 조직운영의 효율성을 증대시키는 것으로 인식된다. 또한 사회복지 조직 관리자의 리더십에도 변화가 초래되었는데, 내부지향적이며 성과에 의한 보상을 강조하는 거래적 리더십(*transactional leadership*)보다는 외부지향적이며 새로운 아이디어와 도전을 중요시하는 변혁적 리더십(*transformational leadership*)과 봉사와 섬김의 철학을 실천하는 서번트 리더십(*servant leadership*)이 점차 강조되는 경향을 보인다.

셋째, 사회복지 조직의 합병과 연합이 등장했다. 이미 공공복지 행정체계에서는 본래의 기능을 민간에 이양하는 민영화가 진행되고 있었다. 때문에 지역 차원에서 계약과 서비스 구매가 활발히 이루어지는 상황에 위기감을 느낀 영세 민간 사회복지 조직들이 보다 경쟁력 있는 대규모 조직으로 합병하거나 협력하여 공동사업과 클라이언트 확보전략을 세우고 있다.

넷째, 정보기술이 빠른 속도로 발전했고, 이는 사회복지 서비스에 유의미하게 영향을 미치기 시작했다. 관리자들은 조직을 효과적으로 운영하기 위해서 이와 같은 정보기술에 점점 더 크게 의존하게 되었다. 인터넷은 과업환경을 모니터링하고 서비스 개선을 기획하는 데 유용한 지역사회욕구, 새로운 서비스기술, 기업에서 널리 활용되는 성과 표준에 관한 정보에의 즉각적인 접촉을 제공할 수 있는 수단이 되었으며, 사회복지 조직의 관리자들은 의사결정의 실제에 빠르게 발전하는 정보기술을 활용하고 있다.

이와 같은 상황 속에서 최근 미국의 추세는 사회복지 조직의 효과적이고 효율적인 운영을 위해 관리(*management*)를 강조하고 있다. 사회복지 분야의 많은 문헌들이 행정(*administration*)보다는 관리(*management*)라는 단어를 쓰는 현실은 이러한 추세를 반영하는 것으로 볼 수 있다.

미래에는 사회복지 관리자들이 더욱 더 도전적 상황에 직면할 것이다. 사회복지 관리자들은 경쟁적이고 민영화된, 기술이 풍부하고 성과지향적인 환경에서 일하게 될 것이며, 사회복지 조직들은 자금, 소비자, 영향력 등의 확보를 위해 서로 간에 치열한 경쟁을 할 것이다. 이런 환경에 잘 대처하기 위해 사회복지 조직들은 인구통계학적, 경제적, 정치적 변화에 대한 유익한 정보를 필요로 할 것이고, 이를 통해 미래에 대한 전략적 계획을 세울 수 있을 것이다. 마케팅, 옹호, 기업가적 창의성, 성과를 낼 수 있는 능력 등은 사회복지 조직들이 기회를 잡고 그들이 필요로 하는 자원을 획득할 수 있도록 해줄 것이다(Patti, 2008: 155~156).

2. 한국의 역사

1) 미인식단계(1950년대 및 이전)

한국에 사회복지 행정을 실천할 수 있는 장(場)으로 공적 사회복지 조직이 형성된 것은 일제시대인 1921년에 조선총독부 내무부 지방국 내에 사회과를 설치한 것부터 시작되었지만 해방되기까지 공적 조직의 사회복지 활동은 시혜적인 활동에 국한되어 공적인 사회복지 조직이라 보기 어렵다. 그리고 해방 이후는 공적 조직으로 미군정 기간 동안의 보건위생부(1946~1948), 정부수립 이후의 사회부(1949~1955)와 보건복지부(1955년 2월 이후)가 있었지만 공적 조직에서의 사회복지 활동도 월남피난민, 전쟁 피해자에 대한 긴급구호 위주였기 때문에 사회복지라는 개념에서의 행정은 생각할 수 없었을 것으로 본다. 또한 다른 사회복지 행정 실천의 장으로 현대적인 민간 사회복지 기관이 설립된 것은 6·25전쟁을 계기로 외국의 민간 원조기관들이 설립되면서부터라 할 수 있다. 1953년 이후 1959년까지 1950년대에는 외원기관이 39개 단체였으며(보건복지부, 1992: 291) 이 시기의 외원기관의 활동은 전쟁 피해자인 고아, 미망인, 무의탁 노인, 빈민들에 대한 긴급구조를 위주로 하였으므로 조직적인 원조활동과 전문적 사회복지 활동을 수행할 수 없는 상태였다. 이러한 상황에서 공적 및 사적 사회복지 현장에서 사회복지 행정의 필요성은 거의 인식되지 못하였을 것으로 생각된다.

사회복지의 다른 방법론의 제반지식과 기술이 사회복지 실천의 현장에서의 필요성에 의하여 개발되고 발전된 것과 마찬가지로 사회복지 행정의 지식과 기술도 실천현장에서의 필요성에 의하여 발전되었다. 그러나 한국에서는 미국적 사회사업교육을 도입한 관계로 사회사업적 지식의 개발과 발전은 사회사업 또는 사회복지의 현장에서 필요성을 느끼기 전에 이루어졌다고 할 수 있다. 1947년에 이화여자대학교 기독교사회사업학과가 설치된 것이 전문적 사회사업 교육의 출발이라 할 수 있다. 그후 1953년에 중앙신학교(현 강남대학교 전신)에 사회사업학과가 설치되었고, 1958년에 이화여자대학교의 기독교사회사업학과에서 사회사업학과가 분리되어 독립학과로 되었고 같은 해에 서울대학교 대학원에 사회사업학과가 설치되었고 그 이듬해인 1959년에 서울대학교 학부과정(당시 문리과대학)에도 사회사업학과가 설치되었다. 이리하여 1950년대까지 대학 학부수준의 사회사업교육이 3개 대학에서 개설되었지만 이 당시 대학교육에서 사회사업 행정 또는 사회복지 행정이라는 과목이 가르쳐졌는지는 기록이 명확하지 못하다.

다만 1958년과 1959년에 서울대학교에 사회사업학과 창설과 관련된 기록에서 보면 사회사업 행정은 대학의 교수과목에 계획되었던 것이 확실하다는 점에서 사회사업학계의 일부에서 그 중요성이 인식되었다고 할 수 있다. 그러나 당시의 다른 2개 대학에서의 교과과정에 대한 기록을 확인할 수 없어 대학교육에서 사회사업 행정에 대한 중요성 인식은 확실히 알 수 없다. 1954년에 미국 미네소타 사회사업대학원장인 Kidneigh 박사가 내한하여 한국에 미국식의 사회사업 전문교육이 필요하고 교육이 가능하다는 판단에 따라 서울대학교에 사회사업대학원(*school of social work*)을 설치할 것을 건의하여 정부에서는 이 건의에 따라 교수요원의 교육을 위해 3명을 미네소타대학교 사회사업대학원에 파견하여 사회사업 석사과정을 이수케 하는 한편 1958년에 서울대학교 대학원에 사회사업학과를 창설하였다. 1954년에 Kidneigh 박사가 서울대학교 사회사업 교과과정으로 건의한 내용에 보면 4학년 과정의 과목으로 "사회사업 행정"(*social work administration*)이 포함되어 있었던 것

(최원규, 1991 : 216)을 참고로 하여 서울대학교에서는 학부의 학과개설부터 사회사업 행정을 교과목으로 개설하도록 되어 있었고 1961년부터 3학년 과목으로 사회사업 행정을 가르치게 되었다. 이렇게 보면 사회사업 교육이 처음 시작되었다고 할 수 있는 1950년대에 있어서는 사회사업 행정의 중요성에 대한 인식은 거의 없었다고 할 수 있고, 있었다 하더라도 대단히 미약했을 것으로 추정된다.

2) 명목상 인정단계 (1960년대~1970년대)

1960년대는 6・25전쟁의 복구에서 벗어나 경제발전 정책을 시행하던 시기로서 정부의 사회복지 정책은 저소득층 중심의 공적 부조(시설보호 및 거택보호)였고, 정부예산의 2배가 넘는 민간 외원단체의 원조로 사회복지적 긴급한 문제와 욕구를 해결하였다. 1960년대에는 보건복지부의 역할도 전반적으로 생활보호 위주의 정책수행이었고, 123개의 외원기관도 거의 전부 저소득층에 대한 원조를 위주로 하였다. 이러한 상황에서 공적 사회복지 행정조직의 역할은 단순한 정책적 계획과 비전문적 활동을 위주로 하였으며, 사회복지 서비스의 효과성과 효율성을 생각할 수 있는 정도가 전혀 되지 못하였다고 할 수 있다. 1960년대는 토착적인 민간 복지기관은 거의 없는 상태에서 많은 민간 외원기관이 원조활동을 전개하던 시기여서 한국의 민간 사회복지 기관은 거의 전부가 외원기관이었다고 해도 과언은 아니다. 민간 외원기관 중의 일부는 미국적인 사회사업의 방법론을 적용하려는 노력을 하였으며 사회사업의 전문성을 보이려는 노력도 있었지만 이러한 노력이 사회사업 행정의 연구 및 실천과 연결되지는 못했던 것으로 본다. 따라서 이 시기에도 사회복지의 현장에서 사회사업 행정의 필요성은 거의 인식되지 못하였다고 할 수 있다.

1960년대에 7개 대학에 새로이 사회사업학과가 설립되어 총 10개 대학에서 사회사업 교육이 이루어졌다. 1961년에 서울대학에서 사회사업 행정을 가르치기 시작하면서 기존 대학의 사회사업학과 및 새로 신설된 대부분 대학의 사회사업학과에서도 사회사업 행정을 가르쳤다는 사실에서 적어도 사회복지학계 또는 교육계에서는 명목상으로나마 사회복지 행정의 중요성은 인식되었다고 할 수 있다.

1970년대에는 경제발전의 불평등하고 불공평한 분배 문제가 점차 사회문제로 부각되기 시작하였으나 정부의 사회복지 부문에 대한 투자는 여전히 미미한 상태에 머물렀다. 1970년대에도 사회복지의 가장 큰 욕구는 빈곤문제 해결과 의료적 혜택의 평등화였다고 할 수 있다. 그러나 공적 조직에서 수행하는 사회복지 프로그램은 아직도 단순한 저소득층 중심과 시설보호 위주의 구호행정에서 크게 벗어나지 못하였고 별다른 사회복지 행정적 욕구는 없었다고 할 수 있다. 1970년대에 들어와서도 토착적인 사회복지 기관의 설립은 아주 저조하였고 여전히 외원기관이 민간 사회복지 기관의 주류를 이루고 있었다. 1970년대에 들어오면서 경제발전 정책으로 국민소득이 향상되고 국가의 재정능력이 향상되었다는 외국에서의 평가로 인하여 외원단체들이 서서히 원조를 줄이거나 중단 또는 철수하기 시작하여 1970년대에는 그 수가 81개로 크게 줄어들었다. 일부의 외원기관에서는 다양한 사회복지 프로그램을 개발하기도 하였지만 효과적이고 효율적인 서비스를 위하여 행정적인 지식과 기술을 활용하려는 인식은 여전히 저조하였다.

1970년대에 3개 대학에 새로 사회사업학과(사회복지학과)가 설립되어 1970년대 말에 대학수준의 사회사업(사회복지) 교육이 총 13개 대학의 학과에서 이루어지게 되었다. 대학에서 사회사업 행정은 모두 개설되이 가르쳐지고 있었지만 대학에 따라 그 중요성을 인정하는 정도는 달랐다. 즉 사회사업 행정을 전공 필수과목으로 하는 대학과 그렇지 못한 대학이 반반 정도 되었다(남세진, 1979: 59). 그리고 1970년대까지만 해도 사회사업 행정 또는 사회복지 행정을 주된 전공분야로 연구하는 학자도 전무하였고 사회복지 행정에 관련되는 학계의 논문도 거의 전무하였다. 이렇게 볼 때 1970년대에는 사회사업 행정은 학계나 교육분야에서만은 중요성이 인식되고 있었고 실무의 현장에서는 여전히 거의 필요성과 중요성이 인식되지 못한 상태였다고 할 수 있다.

3) 실질적 중요성 인식단계(1980년대~1990년대)

1980년대 이후는 산업화의 급속한 진전과 경제발전 위주의 국가정책 추진의 결과 다양한 사회문제가 나타나기 시작하였고 이를 해결하기 위한 여러 가지의 제도적 뒷받침이 이루어지기 시작한 시기라 할 수 있다. 아동, 노인, 장애인을 위한 사회복지 서비스 관련법들이 제정 및 개정되기 시작하였고 이에 따라 공적 사회복지 조직인 보건복지부 조직과 지방자치단체의 조직도 사회복지 대상자 및 문제별로 분화되기 시작하였고, 정부의 지원을 받는 국내의 토착적 민간 사회복지 기관들도 많이 설립되었다. 이러한 사회복지적 욕구의 다양화와 이를 해결하기 위한 사회복지 정책 및 프로그램이 다양화됨으로써 공적 행정에서 사회복지의 분야가 확대되게 되었다.

1980년대에만 전국적으로 사회복지학과 또는 사회사업학과가 집중적으로 30개 대학에 설립되었는데 이러한 현상도 사회복지 욕구의 다양화와 사회복지에 대한 국민적 및 학문적 관심의 고조를 반영하는 일면이라 할 수 있다. 이와 때를 같이하여 국가공무원 임용분야에 5급 사회직이 새로이 신설되어 공적 사회복지 행정분야에 대한 관심도 사회복지학의 분야뿐만 아니라 정치학, 행정학 분야에서 크게 나타나기 시작하였다. 행정학이나 정치학계에서 다룬 사회복지 행정의 단행본이나 연구논문에서 나타난 접근방법들은 사회복지학의 입장에서 다루는 접근방법들과 거리가 있기는 하지만 사회복지에 대한 관심과 중요성을 인식시키는 데 기여하였고 접근방법이 다르면서 사회복지 행정의 영역에서 다룰 수 있는 다양한 연구 및 실천과제를 제공하고 있는 것으로 본다. 사회복지 행정에 대한 단행본 책이 발간된 것을 보면 행정학계가 앞서고 있고(이계탁, 1983; 이재환, 1988), 관련논문도 정치학계나 행정학계에서 더 많이 나타났다.

특히 1980년대에 들어오면서 사회복지 분야에서는 사회복지의 전문성과 행정의 효율성과 효과성을 제고하기 위해서 사회복지 전달체계를 개선해야 한다는 주장이 강력하게 계속적으로 대두되었는데 이러한 주장들이 공적 행정조직과 학계 및 민간 사회복지 실무현장에서도 사회복지 행정에 대한 관심을 고조하는 데 기여하였을 것으로 본다. 1980년대 후반에는 공공부조의 전달인력을 사회복지전문요원으로 대체하기 시작하였고 사회복지학적 관점에서 쓴 사회복지 행정에 대한 단행본이 발간되었으며(성규탁, 1988), 민간 사회복지의 실무분야에서 사회복지 프로그램 평가에 관한 연구와 적용에 관심이 일어나기 시작하였다.

이렇게 보면 1980년대 초반부터 사회복지 행정의 중요성이 실질적으로 인식되기 시작하여 1990년대에 들어와서는 그 중요성에 대한 인식이 더욱 확산되었다고 판단할 수 있다. 1990년대 전반기에 일어난 중대한 정치질서의 변화로서 지방자치의 전면적 실시는 공공과 민간부문에 있어서 사회복지 전달체계가 보다 체계적으로 정비되어야 함을 강제하였고(김영종, 1998: 55) 이에 따라 1994년까지 공공부문에서 3천 명의 사회복지 전문요원이 채용되었고 사회복지관을 중심으로 각종 민간 사회복지 조직들이 증가하면서 사회복지 행정에 대한 교육 및 연구가 점차로 활성화되었고 사회복지 행정을 전공하거나 가르치는 교수들이 늘어나기 시작하였다.

1990년대 후반기 들어 사회복지 환경이 급변했고 이에 따라 사회복지 행정의 중요성은 더 크게 확산되었다. 1997년도 이후 IMF 체제하에서는 산업화 이후에 경험하지 못한 경제위기와 대량실업, 빈곤의 문제에 직면하여 각종 사회복지 대책이 강구되면서 그 어느 때보다도 사회복지 행정의 역할이 절실히 요구되었다(남기민, 1999: 4).

민간복지부문에서는 사회복지 조직의 급증과 더불어 1997년에 사회복지사업법이 개정되어 시·도 사회복지협의회의 독립법인화가 이루어지고 1998년부터 사회복지공동모금법에 의한 공동모금제도의 도입이 이루어져 민간 사회복지 조직과 재정의 자율성이 강화되는 방향으로 발전하였다(장인협·이혜경·오정수, 1999: 55). 이에 따라 사회복지 조직 평가의 중요성이 강조되었다. 또한 공공복지 부문에서는 1999년 9월 국민기초생활보장법이 제정됨으로써 국가의 도움이 필요한 빈곤한 모든 국민들에게 기본적인 생활을 제도적으로 보장하게 되었다. 이를 위해 1,200명의 사회복지전문요원이 새로 채용되었고 공공 사회복지 행정의 범위도 크게 확대되었다.

1990년대는 대학에서 사회복지 행정에 관한 석·박사 논문들이 점증하였고 사회복지학적 관점에서 쓴 사회복지 행정 단행본들이 속출하였다(장인협·이정호, 1993; 최성재·남기민, 1993; 박태룡, 1997; 김영종, 1998). 또한 1990년대에 들어서 대학의 사회복지학과가 계속 신설되면서 1998년 12월 현재 한국사회복지교육협의회에 등록된 대학만도 52개에 이르렀고 이들 대학 중 거의 모든 대학에서 사회복지 행정을 필수과목으로 책정하였다. 이와 같은 사회복지 행정의 연구 및 교육 분위기 속에서 1999년 3월에는 "한국사회복지행정학회"가 창립되었고 1999년 10월에는 〈한국 사회복지 행정학〉 창간호가 발간되어 향후 한국 사회복지 행정의 이론적 발전에 기여할 수 있게 되었다.

4) 도전의 단계(2000년~현재)

2000년대에 들어와 사회복지 환경이 지속적으로 변화함에 따라 사회복지 행정은 그 어느 때보다도 큰 도전에 직면하고 있다. 2000년 이후 한국사회에는 새로운 형태의 사회적 위험요소들이 나타나기 시작했다. 우선 저출산·고령화 문제는 지속가능한 경제성장에 위협을 가하고 정부의 복지지출에 상당한 부담을 주게 되었다. 또한 여성의 사회참여 확대와 가족 구조와 기능의 변화로 인한 아동, 노인, 장애인의 가족돌봄 기능도 위협을 받는 가운데, 결혼이주 여성과 탈북 이주자의 사회적응 문제와 더불어 사회의 양극화 문제도 그 심각성이 날로 심화되고 있다 (황성철 외, 2014: 54).

이러한 신사회적 위험에 대처하는 정부의 사회복지 정책의 기조는 미국을 위시한 서구사회의 신자유주의적 기조를 수용하는 양상을 보인다. 최근 우리나라 사회복지 행정의 범주에서 두드러지게 나타나는 몇 가지 변화를 살펴보면 다음과 같다.

첫째, 사회복지 행정에 직접적으로 영향을 미친 큰 요인 중의 하나는 사회서비스의 민영화(*privatization*)이다. 사회서비스 민영화로 인해 서비스 공급기관 간 경쟁이 심화되고 경영기술이 확산되었다. 1997년 사회복지사업법의 개정으로 사회복지 시설의 설치기준을 허가제에서 신고제로 바꾸면서 민영화의 토대가 마련되었고, 2007년 사회서비스 바우처(*voucher*) 제도의 도입과 2008년 장기요양보험제도의 시행 이후 본격적인 민영화가 추진되기 시작했다. 정부는 기존의 사회복지서비스에 교육, 고용, 문화, 환경 등의 분야를 포괄하는 사회서비스 바우처제도를 시작함으로써, 노인과 아동에 대한 돌봄서비스, 장애인 지원서비스, 지역사회 투자사업 등 다양한 프로그램을 개발하여 사회복지 조직뿐만 아니라 민간 영리기업의 참여도 허용하였다(황성철 외, 2014: 55). 사회서비스 공급기관으로 사회복지 조직 외에 영리기업까지 참여하면서 경쟁은 점점 가열되고 있으며, 앞으로 더욱 치열해질 가능성이 높다. 이에 따라 사회복지 조직도 더 높은 품질의 사회서비스를 더 효율적으로 제공하도록 노력해야 하는 상황이 되었다. 그 결과, 사회복지 조직도 민간 기업의 관리방식을 도입해야 할 필요성이 크게 대두하고 있다. 사회복지 행정가들은 민간 기업과의 경쟁에서 살아남기 위해서 효율적인 경영관리에 대한 관심을 점점 높이고 있다(이봉주 외, 2012: 408).

둘째, 사회복지 행정에 영향을 준 또 다른 현상은 지방화이다. 2003년부터 국고보조사업으로 운영되던 사회복지사업 중 상당 부분이 지방으로 이양되고, 국고보조사업 예산의 일부가 지방정부의 교부세로 전환되는 등 사회복지 재정분권을 시도한 이후로 지역복지가 강조되었다. 2003년 개정된 사회복지사업법에서는 지방자치단체의 지역사회복지계획 수립과 기초지방자치단체의 지역사회복지협의체 설치를 의무화했다. 여기에는 주민참여를 강조하는 맥락과 함께, 지역 중심의 서비스 공급자 간 네트워크체계 구축을 통해 서비스들의 통합화를 시도한다는 의도가 포함되어 있다(김영종, 2010: 114). 한편, 복지예산은 증가하고 서비스는 다양해졌지만, 현행 복지전달체계가 중앙행정기관별, 지방자치단체별로 분절 운영됨에 따라 서비스의 효율적 연계가 어려워지고 복지 사각지대가 발생하였다. 이에 사회보장정보시스템을 통하여 이들 간 정보를 연계하여 지역단위의 종합적 사회보장과 지역 간 균형발전을 실현하기 위해, 2014년 사회보장급여의 이용·제공 및 수급권자 발굴에 관한 법률이 제정되어 2015년부터 시행되었다. 이에 따라 지역사회복지계획은 지역사회보장계획으로, 지역사회복지협의체는 지역사회보장협의체로 그 명칭이 변경되었다.

셋째, 공공사회복지 전달체계의 개편이다. 2004년 7월부터 2006년 6월까지 보건복지부에서는 사회복지사무소 시범사업을 시행하였다. 그 결과 긍정적 평가가 많았으나 이 평가를 제대로 반영하지 못한 채, 행정안전부 주도로 2006년 7월부터 시·군·구에 주민생활지원국을 설치하는 공공사회복지 전달체계 개편이 시행되었다. 이와 같은 전달체계 개편은 사회복지의 전문성을 제대로 살리지 못하였을 뿐만 아니라 사회복지를 주민생활 지원이라는 명칭 속에 매몰시킴으로써 사회복지의 범위와 전문적 영역을 혼란시키는 결과를 초래하였다.

이후 2009년 6월 시·군·구 사회복지 전달체계 개선책이 제시되어 주민생활지원국체계에 상당히 변화가 생겼고, 2010년부터 사회복지통합관리망(행복e음)이 운영되기 시작하였으며, 2012년 5월부터는 시·군·구 단위에 희망복지지원단이 출범하여 공공사회복지 전달체계 내 통합사례관리 업무를 수행하게 됨으로써 사례관리가 더욱 강화되는 방향으로 변하였다. 사회복지통합관리망은 2013년 사회보장기본법을 개정하면서 사회보장정보시스템으로 명명되어 오늘에 이르고 있다(남기민, 2015: 347).

넷째, 사회복지 조직의 새로운 형태로서 사회적 기업의 출현이다. 고용노동부에서는 2007년 사회적기업육성법을 제정하여 본격적으로 사회적 기업을 육성하고 지원하기 시작하였다. 이 법에서는 사회적 기업을 취약계층에게 사회서비스 또는 일자리를 제공하거나 지역사회에 공헌함으로써 지역주민의 삶의 질을 높이는 등의 사회적 목적을 추구하면서 재화 및 서비스의 생산판매 등 영업활동을 하는 기업으로 정의한다. 주로 비영리법인, 비영리민간단체, 소비자생활협동조합, 사회복지법인, 공익법인만이 사회적 기업을 설립할 수 있다. 고용노동부의 인증을 받은 사회적 기업 유형에는 일자리 제공형, 사회서비스 제공형, 지역사회 공헌형, 혼합형, 기타형 등이 있다. 일자리 제공형의 경우 취약계층 고용비율 30% 이상, 사회서비스 제공형의 경우 취약계층 대상 서비스 제공비율 30% 이상, 그리고 혼합형의 경우 취약계층 고용비율과 취약계층대상 사회서비스 제공비율을 각각 20% 이상으로 한정한다. 또한 사회적 기업은 배분가능한 이윤의 2/3 이상을 사회적 목적을 위해 재투자하여야 한다. 보건복지부에서도 사회서비스 선도사업과 성과관리형 자활시범사업과 같은 넓은 의미의 사회적 기업 육성 정책을 실시하고 있으나 사회적 기업이라는 명칭은 법규정에 따라 사용하지 못하고 있다(이봉주 외, 2012: 417).

이와 같은 사회적 기업은 우리나라에서도 급속하게 성장하고 있으며, 사회적 기업가를 양성할 필요성이 점차 강화됨으로써 사회복지 행정의 영역이 확장되는 중이다. 사회적 기업이 사회적 목적을 추구하면서 영업활동을 수행하는 기업이라는 점에서 사회적 기업의 행정가가 사회복지의 가치 및 윤리와 이윤창출을 어떻게 조화시킬 것인지가 사회복지 행정에서의 새로운 도전이 되고 있다.

이상과 같이 사회복지 행정의 범주에서 나타나는 변화에 따른 한국 사회복지 행정의 과제를 다음과 같이 요약해 보고자 한다.

첫째, 최근의 민영화 추세에 따른 서비스 공급기관 간 경쟁에서 사회복지 조직이 살아남기 위해, 사회복지 행정가는 적극적이고 외부지향적인 변혁적 리더십과 섬김을 실천하는 서번트 리더십을 통해 전략적으로 기획, 마케팅, 홍보에 나서며, 기업가적 창의성 등을 발휘하여 외부 자원을 획득하고 환경을 관리하는 것이 중요하다. 특히 사회복지 행정가는 예산 및 행정적 지원에 핵심적 역할을 수행하는 지방자치단체, 사회복지공동모금회 및 기업 복지재단, 민간 복지재단, 지역주민에 이르는 이들과의 유기적 관계를 확립할 필요가 있다. 또한 바우처제도의 도입 등으로 클라이언트들이 자신들의 서비스에 대한 권리를 주장할 정도로 인식이 변함으로써 클라이언트들의 서비스 이용만족도에도 특별한 관심을 기울여야 한다.

둘째, 사회복지를 위한 중앙정부와 지방정부의 역할이 적절히 분담되어야 하고, 민·관 사회복지협의체인 지역사회보장협의체를 활성화시킴으로써 지역 중심의 서비스 공급자 간 네트워크를 확립해야 한다. 이로써 서비스의 효율적인 연계와 통합체계를 구축하고, 지역 특성에 맞는 지역사회보장계획을 합리적으로 수립하여 시행해야 한다. 국가 전체적으로 통일성이 필요한 업무는 반드시 중앙정부에서 담당하며, 지방정부에서 수행하는 것이 효율적인 것은 지방정부에 이양하도록 해야 한다. 다만 공공사회복지 행정에 대한 전반적인 리더십은 중앙정부가 담당하면서 지방정부의 자치능력을 키워야 할 것이다. 또한, 지역사회보장협의체가 실질적으로 기능하기 위해서는 지역사회 내의 공공사회복지 조직뿐만 아니라 민간 사회복지 부문이 활성화되어야 하며, 민·관 파트너십이 강화되어야 한다. 지역의 특성에 맞는 합리적인 지역사회보장계획을 수립하기 위해서는 무엇보다도 재정적인 뒷받침이 중요한데, 현재 재정자립도가 낮은 지방자치단체들은 사회복지 예산의 부족으로 어려움을 겪고 있다. 따라서 전국의 지역 간 복지 격차가 심화되지 않도록 중앙정부 차원에서의 특단의 대책이 요구된다.

셋째, 공공복지 전달체계의 확립이다. 우리나라의 공공복지 전달체계는 여전히 많은 문제점을 갖고 있으며, 근본적으로는 수요자 중심의 통합적이고 효율적인 전달체계를 구축하는 방향으로 개선되어야 할 것이다. 이를 위해 최근 정부에서는 사회복지전담공무원을 부분적으로 충원함으로써 이 문제를 해결하려 하고 있으나 근본적인 해결방안이 되지 못하고 있다. 또한, 시·군·구 단위에서 희망복지 지원단이 출범하여 공공사회복지 전달체계 내 통합사례관리 업무를 수행하게 됨으로써 사례관리를 강화하고 있으나 가시적인 성과는 미흡하다. 최근 정부에서 사회보장기본법 개정을 통해 2013년부터 사회보장정보시스템을 개통하여 부처별로 분산 운영되던 복지정보를 연계하여 통합관리함으로써 통합적 사례관리의 기반을 구축하고 있는 것은 고무적이다. 그러나 보다 근본적인 복지전달체계의 확립은 공공과 민간의 복지전달체계가 파트너십을 통한 협력체계를 구축함으로써 가능해질 것이다.

넷째, 사회적 기업과 같이 사회적 목적추구와 이윤추구 활동을 동시에 수행하는 사회복지 조직을 관리하는 사회복지 행정가는 조직의 특성을 잘 이해하고 그에 대응할 수 있는 능력을 갖추어야 한다. 따라서 전국과 지역 단위에서 사회적 기업가의 리더십 역량강화를 위한 체계적인 교육·훈련이 요청되며, 이를 위해 정부에서는 적극적인 재정지원을 해야 할 것이다(정은경, 2012: 130). 최근 사회복지 행정의 영역이 확장되면서 경영마인드 및 경영기술을 사회복지의 가치 및 윤리에 어떻게 접목시킬 것인지가 사회복지 행정의 중요한 과제가 되고 있다. 대학에서는 시대의 변화에 맞는 사회복지 행정교육의 중요성을 더 깊이 인식할 필요가 있으며 이를 위해 사회복지 행정 교과과정의 내용을 점차 변화시켜야 할 것이다.

· 제3장 ·

사회복지 행정의 이론

사회복지 행정가가 조직관리에 관하여 어떠한 이론적 관점을 갖고 있느냐에 따라 조직을 설계하고 직원들에게 동기를 부여하는 방법이 달라질 것이다. 따라서 각기 다른 이론들을 잘 이해하고 인식하는 일은 매우 중요하다고 생각된다. 조직관리의 이론에는 고전이론, 인간관계이론, 그리고 구조주의이론이라는 3가지 기본적인 이론이 있다. 이 3가지 이론은 조직행동에 영향을 미치는 중요한 요인에 관해 각기 다른 가정을 하고 서로 구분되는 특징을 지니고 있다. 한편 이상의 3가지 이론들은 사실상 하나의 절충적인 체계이론으로 통합될 수 있다. 체계이론은 위의 3가지 기본이론들의 개별적인 부분요소들을 절충하고 통합하여 조직관리의 보편화를 기하자는 것이다. 이 장에서는 이상의 4가지 이론의 특징을 중심으로 이들 이론의 사회복지 조직에의 적용을 논의하며 기타 이론들로 목표관리, 상황적합이론, 총체적 품질관리, 학습조직 접근, 조직문화 시각을 살펴보기로 하겠다.

1. 고전이론

고전이론(*classical theory*)의 기본가정은 조직구성원들은 주로 경제적으로 동기부여된다는 것이다. 개인들은 그들에게 경제적 유인이 주어질 경우에 조직의 목표를 위해 노력한다는 것이다. 따라서 조직이 개인에게 경제적으로 보상할 수 있다면 개인의 목표와 조직의 목표가 일치할 수 있다고 본다. 고전이론은 과학적 관리학파, 공공행정학파, 관료제 이론으로부터 제반 가정을 빌려오고 있는데 그 핵심적 가정은 조직은 합리적 체계이며 기계와 꼭 같이 계획될 수 있다는 것이다. 이와 같은 이유로 이 이론은 기계이론(*machine theory*)이라고도 명명되어 왔다(Katz & Kahn, 1978: 259~263). 이 고전이론은 조직의 연구 및 조직의 실제적 기능보다는 이상적 조직은 어떤 것이어야 한다는 예측에 기초를 두고 만들어진 것이다. 학자들 간에 이 고전이론이 사회복지 조직에는 부적절한 것으로 평가되기도 했지만(Litwak, 1961) 이 이론은 조직관리 분야에서 아직도 지배적인 이론으로 남아 있다. 따라서 사회복지 조직의 관리자들이 그 원리와 개념을 숙지하는 것은 중요하다.

1) 고전이론의 특징

(1) 과학적 관리학파

과학적 관리학파(*scientific management school*) (Taylor, 1923)는 조직에서 사람들의 육체적 능력의 중요성을 강조하였으며 따라서 개인들의 과업을 수행하는 데 필요한 시간 및 동작(*time and motion*)에 초점을 두었다. 조직에서 개인의 기여를 극대화하기 위하여 개개인의 기본동작에 관하여 그 형태 및 소요시간을 표준화하고 적정한 일일의 작업량,

즉 분업(*division of labor*)을 확립한 다음 과업의 성과와 임금을 관련시키는 것이다. 그 과업을 달성한 자에게는 높은 임금을 지불하고 과업을 달성하지 못한 자에게는 낮은 임금을 지불한다.

사회복지 조직에 이와 같은 개념의 적용은 업무부담과 과업분석의 영역(Austin, 1981: 90~98)에 속한다. 예를 들면 업무부담이 많은 공공복지 기관에서 직원능력, 과업기대, 보상체계를 검토해 보는 것은 효과가 있을 수 있다. 어떤 공공 복지기관에서는 위험한 업무에 대해 위험수당이 도입되기도 하였다. 그러나 사회복지 조직에서는 금전적 보수의 중요성이 일반적으로 과소평가되어 왔기 때문에 미국의 경험에 의하면 신입 사회복지사 또는 정신의료보조 사회복지사에게 추가수당 없이 과도한 업무를 부담시키는 것이 비일비재하였고 이에 대한 불평불만이 나타나기도 하였다. 사회복지 조직에 대하여 과학적 관리이론이 갖는 문제점은 사회복지 조직이 행하는 모든 활동은 클라이언트와 관련하여 규범적 선택을 필요로 하는데 과학적 관리방법을 채택할 경우 과학이라는 탈을 가지고 이러한 규범적 선택이 애매하게 될 수 있다는 것이다(Hasenfeld, 1983: 22).

(2) 공공 행정학파

공공행정학파(*public administration school*) (Gulick & Urwick, 1937)도 분업과 가장 단순한 형태로의 과업분류를 강조하였으며 그밖에 통제의 통일(*unity of control*)도 강조하였다. 즉 과업이 소단위로 분류될 필요가 있으며 성과를 감독하고 조정하기 위한 집권화된 통제의 필요도 주장하였다. 통제의 통일은 한 사람의 상관에 의하여 지도감독될 수 있는 부하의 수의 제한을 가져왔는데 이를 통제의 범위(*span of control*)라 한다. 또한 공공행정학파는 계선(系線; *line*)상의 1 : 1의 책임, 즉 한 명의 상관이 한 명의 부하에게 권한과 책임을 가져야 한다는 것을 강조한다. 권한과 책임이 여러 상관에게 분산되는 경우 부하는 구조적 문제의 희생양이 될 수 있다는 것이다. 그밖에 공공행정학파는 목적, 과정, 수혜자, 그리고 지리적 영역에 따른 조직단위 간의 전문화(*specialization*)도 강조하였다.

이상의 개념들은 다양한 방법으로 사회복지 조직과 관련된다. 사회복지 조직에서 통제 및 조정의 필요는 오랫동안 쟁점이 되어 왔다. 특히 전문가(*specialist*) 대 일반행정가(*generalist*)의 쟁점은 사회복지 분야에서 오랫동안 계속되어 온 쟁점이다. 통제 및 조정의 필요는 직원들의 각기 다른 과업뿐만 아니라 직원들의 상호의존성에 좌우되나 한 연구결과에 의하면 많은 직접적 서비스가 한 사람의 서비스 제공자만의 노력을 필요로 하므로 조정은 필요하지 않다는 것이다(Perlman, 1975: 26). 사회복지 조직에서 통제범위의 개념은 얼마나 많은 수퍼비전(*supervision*)이 요구되는가 하는 문제와 관련된다. 통제범위가 넓으면 수퍼비전을 덜하게 되는데 공공 복지기관에서는 수퍼비전을 자주 하면 생산성이 낮아지고 창의성이 떨어지며 상관에의 의존성이 높아진다고 한다(Blau & Scott, 1962: 149). 따라서 사회복지 조직에서 수퍼비전을 지나치게 강조하는 것이 직원들의 성과에 기능적이 아닐 수도 있는 것이다. 사회복지 조직단위 간의 전문화는 시대에 따라 또는 자금 조달기관의 요구에 따라 변해왔다. 미국의 경우 1960년대는 지리적 영역에 따른 서비스 전문화가 이루어졌으나 이제는 그런 식의 전문화보다는 노인 또는 정신박약자 등과 같은 구체적 수혜층에 따른 전문화로 바뀌어 가고 있다(Neugeboren, 1985: 43).

(3) 관료제이론(*bureaucratic theory*)

Weber(1947)의 관료제이론은 과학적 관리학파와 유사점이 많다. 이 이론은 관리 자체가 합리적 규칙과 절차에 따라 지배된다는 점에서 Taylor의 관점과 비슷한 것이다. Weber의 관료제이론의 근본적인 명제는 관료제에 대하여 정당성을 부여하는 권한의 양식이 전통적이거나 카리스마적인 것이 아니라 합법·합리성을 띠고 있다는 것이며, 또한 관료제 내에서는 정당한 권한에 의하여 내려지는 명령에 순응하기 위하여 합리적 수단이 사용된다는 점에 있다. Weber의 이상적인 관료제 형태는 ① 고도의 전문화, ② 계층제적 권한구조, ③ 조직구성원들 간의 비정의적 관계, ④ 실적과 기술적 지식에 따른 관리의 임명, ⑤ 직무권한의 사전명시, ⑥ 정책과 행정결정의 분리, ⑦ 그 밖의 제반 관계를 지배하는 규칙 등의 특징을 지닌 대규모 조직을 말한다(Weber, 1947: 329~334). Mouzelis(1968: 39)는 이상적 관료제를 "기술적 지식을 바탕으로 하고 최대한의 효율성을 목적으로 한 전반적인 조직의 구조와 과정을 조정하기 위해 설정된 합리적 규칙에 기초한 통제체계"라고 제시함으로써 이상적인 관료제 형태의 바탕이 되는 논리를 간결하게 규명하고 있다.

그러나 이상과 같은 관료제이론은 그 자체의 특성을 유지하다 보면 기대하지 않았던 부작용이 나타나고 합리성을 높이기는커녕 오히려 해를 끼치는 역기능을 가져온다고 비판을 받게 되었다. 특히 사회복지 조직에 종사하는 실천가들은 규칙과 규제에 지나친 의존, 서비스 전달과정에서 직원과 클라이언트의 비인간화, 클라이언트에게 효과적인 서비스를 전달하는 데 필요한 융통성의 결여, 그리고 직원들의 자질을 평가하는 데 비인격적이고 무감각한 성과측정 방법에 의존하고 있는 Weber의 관료제이론을 비판하는 경향이 있다(Hasenfeld, 1983: 16).

Weber의 관료제이론은 사실상 일상적인 과업을 위해서는 가장 효율적이고 합리적이라고 평가되고 있다. 그러나 사회복지 조직과 같이 조직이 수행해야 할 과업이 일상적이 아니거나 일률적이 아닐 경우 조직구조를 수정할 필요가 있다. Litwak(1961: 179)에 의하면 조직이 일률적이지 않은 일들을 다룰 때 Weber의 이론과 적어도 6가지 특성에서 어느 정도 차이가 나는 관료제이론이 더 효율적이라고 했는데, 그 특성들은 ① 권한의 수평적 형태, ② 최소한의 전문화, ③ 정책과 행정에 관한 결정의 혼합, ④ 직무에 부여된 의무와 특권을 사전에 제한하지 않음, ⑤ 비정의적이라기보다 인간적 관계, ⑥ 최소한의 일반 규칙 등이다. 사회복지 조직의 관료제는 서비스의 더 큰 합리화, 효율성의 증가, 그리고 많은 경우 개선된 서비스기술을 가져다주었지만, 한편 서비스를 받아야 할 사람들을 조직으로부터 크게 소외시키는 결과를 가져왔다. 이러한 두 개의 상반되는 결과 사이에 어떻게 만족할 만한 균형을 이루느냐 하는 것은 도전으로 남아 있다(Hasenfeld, 1983: 18).

2) 고전이론에 대한 비판

고전이론은 인간을 마치 기계처럼 생각하고 있으나 과연 인간이 기계와 동일시될 수 있느냐 하는 것이다. 인간은 어디까지나 인간이지 결코 기계가 될 수는 없는 것이다. 인간은 경제적이고 합리적인 이성에 의해서만 지배되는 것이 아니라 나름대로의 정서적, 감성적 욕구를 지닌 살아 움직이는 생명체인 것이다(안해균, 1982: 108).

Thompson(1961: 114~139)은 계층제를 강조하는 Weber 이론의 이념적 성격을 논의하면서 조직의 계층제적 구조에 대한 기본이념을 능력과 권한은 동등하다는 가정에 바탕을 둔 권위적 이념으로 보고 있다.

그는 전문성에 기초를 두고 있는 전문화와 권력에 기초를 두고 있는 계층제 간에 상호작용이 존재하기 때문에 조직에서 이 양자 간의 갈등은 불가피하다고 믿고 있으며 또한 계층으로 이루어진 조직 내에서 민주주의는 불가능하며 피라미드 구조를 통해서 이루어지는 통제와 민주주의는 양립할 수 없다고 주장하고 있다. 특히 전문화가 증가하는 방향으로 나아가고 있는 사회복지 조직에 있어서 전문화와 행정통제의 불협화음은 하나의 딜레마로 부각되고 있다.

Merton(1957)은 규칙이행 및 통제에 대한 강조는 조직의 경직화를 가져오며 직원의 자발성과 창의성에 제약을 가하고 있다고 고전이론의 결점을 지적하고 있다. Gouldner(1954)는 통제에 관련하여 그것은 직원들의 성과수준을 낮추는 역기능적 결과를 가져온다고 주장하고 있다. 인간은 경우에 따라서 오히려 느슨한 분위기 속에서 창의력을 발휘하고 쇄신적이고 능률적인 활동을 할 수 있는 것이다. 한편 March와 Simon(1958)은 고전이론은 조직에 미치는 환경의 중요성을 간과하고 있으며 조직 내의 인간적 요소, 또는 하위체계 및 비공식적 체계를 고려하고 있지 않다고 비판하고 있다.

2. 인간관계이론

인간관계이론(*human relations theory*)은 고전이론에서 나타난 여러 가지 결함을 보충하기 위하여 개발된 이론으로서 Mayo를 중심으로 행하여진 Hawthorne공장의 실험을 계기로 전개되었다. 이 이론은 조직에서의 인간적 요소의 중요성을 강조하고 있다. 이 이론은 개인의 욕구를 충족시키기 위하여 조직에서의 비계획적, 비합리적 요소에 강조를 두고 있다. 그러나 인간관계이론과 고전이론의 차이점에도 불구하고 인간관계이론은 만약 개인의 욕구가 충족된다면 조직에서의 개인은 조직의 목표를 위해 일할 것이라는 기본적인 가정에서는 고전이론과 같다. 개인의 욕구에 관심을 보여준다면 조직의 목표와 개인의 목표는 일치할 수 있는 것이다(Neugeboren, 1985: 46). 이와 같은 인간관계이론은 사회복지 조직의 관리자들에게 크게 각광을 받고 있는 이론으로 볼 수 있다.

1) 인간관계이론의 특징

Mayo를 중심으로 행하여진 미국의 시카고 근처에 있는 Western Electric 회사의 Hawthorne공장에서의 실험에서 밝혀진 결론은 다음과 같다. 첫째, 근로자의 작업능률은 물리적 환경조건에 의해 좌우되는 것이 아니라 집단 내의 동료 또는 윗사람과의 인간관계에 의해 크게 좌우된다. 둘째, 조직에는 비공식 집단이 별도로 존재하는데 이 비공식 집단은 개인의 태도와 생산성에 강력한 영향을 미친다. 셋째, 근로자는 개인으로서가 아니라 집단의 일원으로서 행동하며, 집단 내의 인간관계는 일련의 비합리적, 정서적 요소에 따라 이루어진다. 넷째, 근로자는 경제적인 욕구나 동기에 입각한 합리적 행동보다도 비경제적 요인인 사회적, 심리적 욕구나 동기에 입각한 행동을 중시한다는 것이다(신두범, 1980: 130).

한편 McGregor(1960)는 그가 X이론이라고 명명한 고전적 관리이론에서 인간은 본래 일하기를 싫어하는 존재로 보고 따라서 조직의 목표를 달성하기 위해서는 인간들은 지시받고 강제되어야 한다고 보고 있으며, 이와는 반대로 인간관계적 시각인 Y이론에서 인간은 본래 일하기를 좋아하며 인간에게 조직의 목표가 주어지면 자기통제와 자기지시를 할 수 있다고 가정하고 있다. 이때 목표달성에의 헌신은 인간들이 그들의 창의력과 상상력을 발휘하고 조직 내에서 잠재력을 실현할 수 있도록 동기부여가 되면 가능하다는 것이다. 그러므로 조직의 효과와 생산성은 조직의 구조와 과정이 구성원들로 하여금 자아실현을 달성할 수 있게끔 이루어질 때 극대화될 것이라고 보고 있다.

이상의 인간관계 학파는 조직 안에서 개인활동을 이해하는 데 중요한 기여를 하였다. 인간관계 학파가 직원의 태도, 사기, 대인관계 및 일반적 · 심리적 안녕에 영향을 주는 조직의 구조와 과정에 대한 중요성을 강조한 사실은 클라이언트를 치료하는 데 직원이 자아를 개입시키는 것이 서비스 전달이 핵심적인 구성요소인 사회복지 조직에서는 특히 중요한 것이다(Hasenfeld, 1983: 26~27). 인간관계이론은 사회복지 조직의 관리자들에게 크게 각광을 받고 있는데 그 이유는 그 이론이 대인관계 기술, 클라이언트의 노력과 동기부여의 상대적 중요성에 부합될 뿐 아니라 직원 간의 상호작용의 질이 직원과 클라이언트의 역할에 영향을 미친다는 가정에도 부합되기 때문이다(NASW, 1987: 31). 한편 Litwak(1961)은 인간관계이론은 일률적이지 않은 과업을 수행하는 조직에만 적용될 수 있음을 제시하고 있다. 그와 같은 과업의 예를 들면 심층적 심리치료, 학대부모의 치료, 알코올중독자에 대한 집단상담 등을 들 수 있다. 이와 같은 과업을 수행하는 조직에서는 계층적 분화를 최소화하고 의사소통을 극대화하며 집단을 통해 문제해결을 촉진하는 구조가 그와 같은 과업을 효과적으로 수행하는 데 필요하다고 주장하고 있다.

최근 우리나라에서 새로운 행정이론 또는 경영관리이론으로 형성되고 있는 W이론(이면우, 1992)도 인간관계론에 속하는 것이라 할 수 있다. 이 이론은 우리의 문화적인 특성을 감안한 한국인에게 특별히 적용될 수 있는 이론이라 생각된다. 이론은 시간과 공간을 초월하는 일반성이 있어야 한다는 기준에 의하면 문화적 특성을 고려한 이론은 이론으로서의 보편성이 결여되는 면이 있지만 앞으로 발전될 수 있고 다른 이론과의 통합의 가능성도 있다는 의미에서 유의할 필요가 있다. 이 W이론은 아직도 이론으로 정확한 형태를 갖추고 경험적인 검증을 충분히 거친 상태에 있는 것이 아니기 때문에 하나의 가설적인 상태라고 보는 것이 타당할 것이다.

이 이론의 요점은 지도자의 솔선수범적인 노력과 작업집단 구성원들 간의 유대감이 형성되면 전문지식과 기술보다는 더 창의적이고 더 많은 생산성을 높인다는 것이다. W이론을 발전시키기 위한 경험적 근거를 이면우(1992: 23)는 다음과 같이 말하고 있다.

> 지도자는 직급과 규정에 의한 권위로는 지도자가 될 수 없으며, 구성원들로부터 동정심을 불러일으킬 정도의 투철한 솔선수범 정신이 반복적으로 확인되어야만 지도자로 인정되기 시작한다. … 어려운 일일수록 참여자 전원의 공생공사(共生共死)의 정신이 확인되어야 비로소 지도자의 기능적인 역할이 생긴다. 이와 같은 모든 전제조건이 만족되고 나서야 신바람이 났다. 신이 나서 한 일은 실패한 적은 없었다.

이 이론은 사회복지 조직에도 적용될 수 있다. 사회복지 조직에서는 다른 사람의 문제를 해결하기 위하여 중간관리층이나 최고관리층이 같이 고생하고 있다는 것을 보이고 구성원들 간에도 같이 고생하고 있다는 생각과 느낌이 확인될 때 사회복지 서비스는 더욱 신바람 나게 계획되고 전달될 수 있을 것이다. 그리고 클라이언트에게 직접적으로 서비스를 전달하는 사회복지사도 클라이언트에 대한 깊은 인간적인 이해와 관심을 가지고 그들과 다른 사람이 아니라 언제라도 어려운 문제에 봉착할 수도 있고 또한 그들과 비슷한 문제나 욕구를 가지고 해결하려고 고민하고 노력하는 사람이라는 느낌을 줌으로써 클라이언트의 문제를 더욱 잘 해결할 수 있을 것으로 본다.

2) 인간관계이론에 대한 비판

인간관계이론이 조직의 인간적인 측면을 중요하게 부각시켰다는 점은 큰 공헌이지만 인간관에 있어서 인간의 비합리적이고, 정서적인 측면만을 강조하는 편협적 인간관을 견지하고 있다는 점은 고전이론에서의 인간관에 가해진 비판과 동일한 논리에서 비판의 대상이 된다. 실제의 인간은 합리적인 면과 비합리적인 면의 두 가지를 동시에 복합적으로 가지고 있다고 보는 것이 현실적일 것이다(안해균, 1982: 116). 또한 고전이론과 마찬가지로 인간관계이론에서도 조직에 미치는 환경의 중요성을 간과하고 있다(Neugeboren, 1983: 47). 한편 Strauss(1986)에 의하면 이 이론의 가장 심각한 결점은 사회심리적 요인 이외의 다른 요인을 고려하지 못하고 있다는 것이다. 조직에서 훨씬 더 중요할지도 모르는 다른 요인들이란 환경적 요구, 자원, 조직의 목표, 조직의 크기, 클라이언트의 욕구 및 속성, 서비스 기술, 직원능력, 임금과 봉급 등이다.

사회복지 조직에서 인간관계 기법의 적용은 일선 직원들을 단순히 조작하는 결과를 가져올 우려가 있다. 인간관계이론은 조직 의사결정에 대한 일선 직원들의 참여기회를 강조하나 실제로는 상대적으로 중요하지 않은 의사결정에 참여시킴으로써 인간관계 기법의 적용이 형식적이고 상징적인 데도 불구하고 그들로 하여금 자신들이 조직의 관리에 중요한 몫을 하고 있다고 믿도록 인도될는지도 모른다. 더욱이 조직의 서비스 형태를 정당화하는 방향으로 직원들을 사회화하고 교화시키기 위해 집단과정(*group process*)이 이용될 수도 있을 것이다(Hasenfeld, 1983: 28).

3. 구조주의이론

구조주의이론(*structuralist theory*)은 고전이론과 인간관계이론의 총합(*synthesis*)이다(Etzioni, 1964: 41). 구조주의이론은 그것이 인간관계이론에 대하여 제기한 비판으로부터 발생한 것이다. 구조주의자들에 의하면 인간관계적 접근은 조직에 대한 완전한 시각을 제공해 주지 못하고 있으며 그 부분적 시각은 관리자들을 유리하게 하고 근로자들을 잘못 인도하고 있음을 제시하고 있다(Etzioni, 1964: 41). 구조주의이론은 개인과 조직의 목표가 일치할 수 있다는 가정을 하지 않는다는 점에서 인간관계이론 및 고전이론과 다르다. 오히려 구조주의는 조직에서 갈등은 불가피하다는 것을 강조한다(Hasenfeld, 1983: 48). 이 이론은 이론에 관한 경험적 연구의 결과로서 나타났다는 점에서 규범적(*prescriptive*)이라기보다는 기술적(*descriptive*)이다. 한편 구조주의이론에 관한 경험적 연구의 많은 것들이 사회복지 조직에서 이루어졌다.

1) 구조주의이론의 특징

구조주의자들은 고전이론과 인간관계이론을 조화시키고 총합하는 다요인적 접근을 하고 있는데 첫째, 조직의 공식적 요인과 비공식적 요인 및 그 관련, 둘째, 비공식 집단의 범위와 조직의 내외에서 그런 비공식 집단들 간의 관계, 셋째, 하위자와 상위자, 넷째, 사회적 보수와 물질적 보수 및 그 상호 간의 영향, 다섯째, 조직과 그 환경 간의 상호작용, 여섯째, 업무조직과 비업무조직 등이다(Etzioni, 1964: 49). 구조주의자들은 조직을 그 속에서 사회집단들이 상호작용하는 크고 복잡한 사회적 단위라고 보고 있다. 이 집단들은 어떤 이해관계를 공유하고 있기도 하나 한편으로는 양립할 수 없는 다른 이해관계를 가지고 있기도 하다(Etzioni, 1964: 41).

고전이론 및 인간관계이론과는 대조적으로 구조주의이론은 갈등을 역기능적인 것이라기보다는 순기능적인 것으로 보고 있다. 갈등은 문제를 노출시키고 그에 따라 해결책을 찾게 함으로써 사회적 기능을 달성할 수 있다는 것이다(Coser, 1956). 구조주의자들은 갈등을 인위적으로 은폐하려는 것에 반대한다. 갈등의 표출이야말로 이해와 신념의 진정한 차이를 나타나게 해준다. 갈등에의 직면은 권력을 시험하게 하고 조직체계를 현실적 상황에 적응하도록 인도하며 궁극적으로는 조직의 평화를 가져온다는 것이다. 만일 갈등이 감추어진다면 갈등과 그에 따르는 잠재적 소외로 인해 조직으로부터의 이탈 또는 사고의 증대와 같은 다른 현상들이 나타나고 결국은 근로자와 조직 모두에게 불리하다는 것이다(Etzioni, 1964: 44).

노동조합, 불만처리위원회, 기타 제반 판결절차는 조직 내의 갈등의 불가피성으로 인해 이를 중재하기 위한 기제(*mechanism*)로서 발생한 것으로 보고 있다. 그러나 사회복지 분야에서 문제해결을 위한 건설적 전략으로서 갈등을 사용하는 것에 광범위한 저항이 있다. 법과 정치와 같은 다른 전문직과 대조적으로 사회복지 서비스 실천가들은 일반적으로 갈등을 성격상의 문제증상으로 보고 있다(Neugeboren, 1985: 48).

한편 구조주의자들은 조직에 대한 환경의 영향을 강조하고 있다. 사회의 급변하는 환경적 특성은 조직이 기능하고 살아남기 위해서는 반드시 다루어야 할 부분으로 보고 있다. 인간관계 및 고전이론과는 대조적으로 구조주의이론은 외부환경과 관련된 여러 가지 유형의 행정 및 조직의 역할을 옹호하고 있다(Neugeboren, 1985: 48). 사회복지 조직에서도 최근 환경에 대한 강조가 점차 중요해지고 있다. 사회복지 조직들의 서비스 전달형태에 미치는 환경의 영향은 과소평가할 수 없다. 사회복지 조직의 환경에는 경제적, 사회·인구통계적, 정치적, 법적, 그리고 기술적 제 조건을 망라하는 일반환경과 재정자원의 제공자, 정통성과 권한의 제공자, 클라이언트의 제공자, 보충적 서비스의 제공자, 조직산물의 소비자 및 수혜자, 경쟁조직 등과 같은 과업환경이 있다(Hasenfeld, 1983: 51~63).

2) 구조주의이론에 대한 비판

구조주의이론에 대한 기본적인 비판은 인간관계 학파로부터 나온다. 인간관계이론을 주장하는 사람들은 구조주의이론이 인간적 요소를 충분히 고려하지 않는다고 비판한다. 인간관계론자들은 조직에서의 갈등이 일어나기는 하지만 그 갈등은 공개적인 의사소통과 신뢰를 통해 해결될 수 있다고 주장한다(Neugeboren, 1985: 491). Argyris (1957, 1964)는 구조주의자들이 인간의 욕구와 성격을 무시하고 있다고 신랄하게 비판하고 있다. 그에 의하면 구조주의의 가정은 자기표현, 창의성 그리고 독립성과 같은 인간의 욕구를 충족시킬 여지를 충분히 주지 않기 때문에 결국은 비효율과 조직을 건조하게 만든다고 주장하고 있다. 극단적으로 표현하면 구조주의 논리는 관료제의 번문욕례(繁

文縟禮)와 같은 비융통성과 기계조립회사의 단조로움을 창조한다는 것이다(Bolman & Deal, 1984: 57~58). 이와 같은 비판에도 불구하고 사실상 구조주의이론은 광범위한 조직의 문제를 설명하고 해결하는 데 유용한 이론으로 볼 수 있다.

4. 체계이론

체계이론(*Systems theory*)은 앞서 논의한 고전이론, 인간관계이론, 구조주의이론이라는 3가지 기본이론들이 하나의 이론으로 통합될 수 있다는 가정에 기초를 두고 있다. 체계이론은 조직을 다양한 역동성과 메커니즘에 기초를 둔 구체적 기능을 수행하는 많은 하위체계로 구성된 복합체로 보고 있다(Katz & Kahn, 1978: 69~120). 체계이론은 관리자에게 조직의 문제를 분석하고 진단하기 위한 방법을 제공해 준다. 이 이론은 조직의 어느 부분이 잘못 기능하고 있는가를 찾아내어 고치도록 사용될 수 있다. 즉 조직의 각각의 하위체계들이 어떠한 기능, 역동성 및 기제를 수행하는가의 표준을 제시함으로써 특정한 조직의 성과를 그 표준과 비교평가해 볼 수 있다.

체계이론은 조직을 〈그림 3-1〉과 같은 5가지 하위체계로 구성되어 있는 것으로 보고 있다(Neugeboren, 1985: 74). 이 이론에서 각각의 하위 체계는 생존과 발전을 위한 경쟁의 역동성 때문에 부단히 활동하고 있으며 한편 하위체계 간에 갈등과 모순은 불가피하다는 것을 가정한다. 또한 이 이론은 조직이 최적으로 기능하기 위해서는 조직의 목표에 따라 모든 하위체계가 기능하도록 해야 한다는 것을 가정한다. 이를 위해 관리 하위체계는 나머지 4가지 하위체계를 통합하고 조정하는 과업

〈그림 3-1〉 체계이론

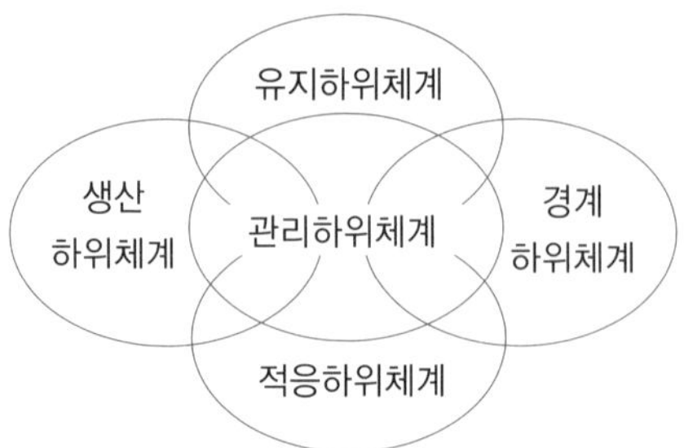

을 수행한다. 최근 사회복지 조직의 관리에 체계이론의 적용은 사회복지 조직의 문제들을 진단하는 포괄적인 도구를 제공하여 주고 있다는 점에서 사회복지 학계의 관심이 모아지고 있다.

〈그림 3-1〉에서 보는 바와 같이 체계이론은 (1) 생산 하위체계, (2) 유지 하위체계, (3) 경계 하위체계, (4) 적응 하위체계, (5) 관리 하위체계로 구성되어 있다. 각각의 하위체계를 사회복지 조직과 관련시켜 좀더 구체적으로 설명하면 다음과 같다.

1) 생산 하위체계

모든 조직은 그 조직의 생산과 관련된 과업을 수행해야 하는데 이 과업은 생산 하위체계(*production subsystem*) 안에서 달성된다. 생산 하위체계의 기본적인 특징은 고전이론의 가정에 기초를 두고 있다. 이 특징들은 조직의 역할과 과업을 설계하는 데 있어 숙련과 합리성의 중요성을 강조한다(Neugeboren, 1985: 50). 사회복지 조직에서 생산 하위체계의 기능은 클라이언트에게 서비스를 제공하는 것이다. 조직 안으로 들어가는 돈과 인력과 같은 투입자원은 서비스로 변형된다. 조직의 명칭 또는 분류가 생산 하위체계가 제공하는 서비스와 관련되어 있다는 사실에 비추어볼 때 생산 하위체계의 중요성을 알 수 있다. 아동상담 센터가 그 적절한 예가 된다(Lauffer, 1985: 65).

한편 서비스 전달과업은 직무기술(職務記述; *job specifications*)과 분업의 확립을 통해서 이루어진다. 특히 생산 하위체계는 숙련과 기술을 강조하는데, 따라서 전문화의 원리가 아주 중요하다. 전문화는 목적(*purpose*), 과정(*process*), 사람(*person*), 장소(*place*) 등 4가지 영역에서 조직화될 수 있다. 예를 들면 목적에 따른 전문화란 정신건강, 교정, 주택 등 각종의 사회문제를 해결하기 위해 분야별로 이루어지는 전문화이고, 과정에 의한 전문화란 개별 사회사업(*casework*), 집단 사회사업(*group work*), 지역사회 조직사업(*community organization*), 정신의학과 같이 방법론적 기술에 따라 이루어지는 전문화를 말하며, 사람에 따른 전문화란 아동, 청소년, 노인, 장애인 등과 같이 수혜대상에 따른 전문화를 말하고, 장소에 따른 전문화란 클라이언트의 접근을 용이하게 하기 위해 지리적 구분에 따라 이루어지는 전문화를 말한다. 사회복지 분야에서 서비스 전달을 좀더 효과적으로 하기 위해 다양한 형태의 전문화 및 분업으로의 변화가 있어 왔다. 그러나 전문화를 추구하는 과정에서 기술을 지나치게 강조하여 만약 기술이 클라이언트의 욕구를 대치하면 수단과 목적이 바뀌는 부정적인 결과를 가져올 수도 있다(Neugeboren, 1985: 75~76).

2) 유지 하위체계

유지 하위체계(*maintenance subsystem*)의 기본철학은 조직의 욕구에 개인의 욕구를 통합하는 데 강조를 두고 있는 인간관계이론으로부터 나온 것이다(Neugeboren, 1985: 50). 이의 주요목적은 조직의 현재 상태대로 조식의 계속성을 확보하는 것이며 그 주요한 역동성은 조직 내 안정상태의 유지인 것이다(Cameron, 1983: 39). 이 목적을 위해 사용되는 메커니즘은 활동의 공식화, 보상체계의 확립, 새로운 구성원의 사회화, 직원선발과 훈련이다(Neugeboren, 1985: 50).

사회복지 조직에서 유지 하위체계의 기능은 개개 직원들의 목표를 조직의 목표에 통합되도록 촉진해 주는 것이다. 직원들의 관심과 능력은 조직의 과업과 관련된 요구조건들에 일치하지 않을 수 있다. 더욱이 직원들의 조직에 대한 충성심은 조직 밖에서 그들에게 부과되는 요구 때문에 분산되기도 한다. 이때 유지 하위체계는 절차를 공식화하고 표준화함으로써, 직원을 선발하고 훈련하며 보상하는 제도를 확립함으로써, 개개 직원들의 목표를 조직의 목표에 통합시키는 기능을 수행한다. 한편 유지 하위체계가 그 주요한 목적으로서 현재 상태의 계속성을 확보하고 안정상태를 유지하는 과정에서 클라이언트의 욕구보다도 직원들의 욕구충족을 더 강조한다면 이는 조직에 대하여 역기능적이 될 것이다. 직원들의 만족과 생산성 간의 관계에 대한 연구를 보면 어떤 분명한 관계를 보여주지 않고 있음을 알아야 한다. 즉 직원들을 행복하게 해주는 것이 바로 효과적인 것은 아니다. 조직의 궁극적인 목표는 클라이언트의 욕구충족에 있는 것이고 따라서 직원들에 대한 관심은 어디까지나 클라이언트의 욕구충족이라는 조직의 궁극적인 목표를 달성하기 위한 수단이라는 것을 명심해야만 한다(Neugeboren, 1985: 80).

3) 경계 하위체계

경계 하위체계(*boundary subsystem*)는 구조주의이론과 관련된 가정에 기초를 두고 있다. 즉 여기에서는 환경과 환경에 영향을 미치기 위한 장치를 확립할 필요성에 강조를 두고 있다(Neugeboren, 1985: 50). 사회복지 조직에서 경계 하위체계의 기본 목적은 조직의 외부환경에 영향을 미치는 것이다. 사회복지 조직은 생존하고 발전하기 위해서 부단히 외부환경에서 일어나는 변화를 알 필요가 있고 반응할 수 있어야 한다(Hasenfeld & English, 1974: 98~101). 이와 같은 필요성은 오늘날 사회복지 분야가 정치·경제적 환경으로부터 그 압력을 더욱 크게 받고 있음이 발견됨에 따라 특히 중요하게 되었다. 사회복지 조직의 경계 하위체계는 다시 생산 지지체계(*production-supportive system*)와 제도적 체계(*institutional system*)라는 두 가지 구성요소를 통해서 외부환경에 반응한다.

생산 지지체계는 서비스 전달에 후원과 지지를 보내기 위해 필요한 활동들에 관심이 있다. 그 기본적 기능은 외부의 다른 조직과 교환관계를 맺는 것이다. 사회복지 분야에서 조직 간에 상호의존에 관한 인식이 증가되고 있을 뿐만 아니라 클라이언트의 욕구가 적절히 충족되기 위해서는 조직 간 협력과 조정이 필수적이다. 생산 지지체계의 목적은 이와 같이 동의와 조정절차를 통해 다른 조직과 관계를 발전시키는 것이다. 그런데 사회복지 조직들 간에는 전통적으로 자원교환의 필요에 대한 인식부족과 목표가 공유되지 못한 관계로 조정하는 데 문제가 있어 왔다. 아무튼 생산 지지체계가 조직 간 협력과 조정을 용이하게 하기 위해 필요한 지식과 기술을 갖는 것은 중요하다. 한편 사회복지 조직에서 제도적 체계의 목적은 조직이 지역사회의 지지와 정통성을 확보하도록 하는 것이다. 일반적으로 이와 같은 과업은 지역사회의 대표들로 구성된 이사회(*board of directors*)에 의해 수행된다. 제도적 체계는 조직의 임무와 업적을 지역사회에 홍보(*public relations*)할 필요가 있으며 필요할 경우 지지와 정통성을 확보하기 위해 지역사회의 다양한 조직 및 후원자들

(*constituencies*)에게 영향을 미쳐 환경을 조정한다. 그러나 이사회의 이사들은 그들의 지위가 시간의 일부를 내어 봉사하는 자원봉사자들이므로 그들의 조직에 대한 기능은 자문적이며 따라서 조직에 대한 전반적인 책임은 기관장이 지게 된다. 물론 이사회는 기관장을 채용하거나 해고할 수 있는 중요한 권한을 행사한다(Neugeboren, 1985: 81~82).

4) 적응 하위체계

적응 하위체계(*adaptive subsystem*)는 연구와 계획을 강조한다는 점에서 합리성과 숙련을 강조하는 고전이론에 기초를 두고 있으며, 환경을 강조한다는 점에서 구조주의이론에 기초를 두고 있다(Neugeboren, 1985: 51). 사회복지 조직에서 적응 하위체계는 연구와 계획에 관련되어 있으며 조직의 지적인 부분에 해당한다. 적응 하위체계는 변화하는 환경의 요구에 반응해서 조직을 변화시킬 필요성을 인식하고 관리층에 적절한 건의를 하며 이를 위한 기본적인 도구가 바로 체계적인 연구와 평가이다. 새로운 클라이언트의 요구, 새정부의 요구조건, 자금조달 조직의 우선순위에 재빨리 적응할 수 없는 사회복지 조직은 시대에 뒤떨어지게 된다. 시대에 뒤떨어진 사회복지 조직은 자원을 획득하기 어렵다는 것을 발견하게 된다(Lauffer, 1985: 66~67).

산업조직체와 대조하여 볼 때 사회복지 조직은 일반적으로 연구와 계획에 자원을 할당하기를 꺼려 왔다. 보통 예산이 삭감될 때 제일 먼저 영향을 받는 영역이 연구와 계획이다. 그러나 사회복지 조직에 대한 책임성이 요구되면서 사회복지 조직들은 자신들의 프로그램의 효율성과 효과성을 체계적으로 평가하지 않을 수 없었다. 전산화된 관리정보체계의 활용이 계속적인 프로그램 평가를 위한 자료의 수집, 저장 등에 도움을 주었다. 효과적인 적응 하위체계의 확립과 관련된 문제 중의 하나가 내부평가와 그것의 객관성의 결여이다. 따라서 객관적인 평가를 위해 외부의 전문가가 필요하다는 의견이 제시되기도 하나 내부평가의 객관성을 높이기 위해 적응 하위체계를 최고관리층의 부속으로 하고 직접 그들에게 건의를 하는 방법도 그 대안이 될 수 있다(Neugeboren, 1985: 82).

5) 관리 하위체계

관리 하위체계(*managerial subsystem*)는 통제를 강조한다는 점에서 고전이론의 특징을 갖고 있으며, 외부환경을 강조한다는 점에서는 구조주의이론의 특징을 갖고 있고, 타협을 강조한다는 점에서는 인간관계이론의 특징을 갖고 있다(Neugeboren, 1985: 51). 이 관리 하위체계는 〈그림 3-1〉에서 보는 바와 같이 앞의 4가지 하위체계와 교차한다.

사회복지 조직에서 관리 하위체계의 목적은 다른 4가지 하위체계를 조정하고 통합하기 위해 리더십을 제공하는 것이다. 관리 하위체계의 기본적인 기능은 ① 권한의 활용을 통해 계층 간에 생겨나는 갈등을 해결하는 것, ② 타협과 심의를 통해 하위체계들을 조정하는 것, ③ 자원을 증진시키고 필요한 경우 조직을 재구조화하기 위해 외부환경과 조화하는 것이다. 이 관리 하위체계는 갈등을 건설적으로 다루고 그 해결을 교섭하기 위해 지식과 기술을 필요로 한다. 관리자는 각기 다른 하위체계가 어떻게 조정되고 통합될 수 있는가를 이해하기 위해 체계적 관점을 가질 필요가 있다. 이데올로기 면에서 하위체계 간에 차이를 보일 때 관리자는 이데올로기 갈등의 가능성을 민감하게 포착해야 한다. 또한 하위체계들에 의해 수행되는 과업들에 차이를 보일 때 관리자는 모순되는 구조와 관련된 문제를 이해할 필요가 있다(Litwak, 1978: 143).

일상적인 과업은 관료적 구조를 필요로 하고 비일상적인 과업은 인간관계적 구조를 필요로 한다. 이 2가지 형태의 구조를 조정하기 위해 이들 간의 차이가 어떻게 갈등을 가져오는지 이해하는 것이 필요하다. 마지막으로 관리 하위체계의 직원들은 필요한 경우 조직을 변화시키기 위해 적응 하위체계 및 기타 다른 하위체계로부터 얻은 정보를 활용할 필요가 있다. 그리고 각각의 하위체계는 자신의 지위를 높이려고 노력하기 때문에 사회복지 조직의 주요목적인 클라이언트의 복지로 관심을 환기시키는 것은 관리 하위체계의 책임이다.

5. 기타 이론들

1) 목표관리

목표관리(*Management by Objectives* : MBO)는 1954년 Drucker(1954)에 의해 처음으로 소개되었고 그 이후 Odiorne(1965)와 Humble(1967) 등의 연구 노력을 통해서 널리 알려지게 되었다. 그밖에도 많은 사람들의 노력에 의해 오늘날 수많은 미국의 공사조직의 관리자들이 MBO를 기본적 관리수단으로 삼아 조직을 관리하려고 시도한다. 비영리 사회복지 조직들에서는 1980년대 이후로 그 활용도가 증가추세에 있는데 이러한 현상은 과학적이고 책임성 있는 사회복지 조직의 운영에 대한 사회적 요구가 증가함을 의미한다.

Odiorne(1965: 26)에 의하면 MBO란 조직의 상위관리자와 하위관리자가 조직의 공동목표를 상호 협의하여 함께 확인하고 개개 구성원의 중요한 책임영역을 개개 구성원에게 기대되는 성과로 환산하여 확정하고 이것을 조직 단위의 활동과 개개 구성원의 기여도를 평가하는 지표로서 활용하는 과정이라고 규정한다.

이와 같은 MBO에 대한 많은 사람들의 견해를 종합해 보면 다음과 같다(Donelly et al., 1972).

① 상위자와 하위자가 만나 조직 전체의 목표와 하위자의 개인적 목표가 일치하는가를 논의한다.
② 상위자와 하위자는 하위자의 달성 가능한 목표를 공동으로 규정한다.
③ 상위자와 하위자는 최초의 목표가 규정된 후에 그 목표를 기준으로 하위자의 성과를 다시 만나 평가한다. 이때 가장 중요한 것은 성과에 대한 환류가 하위자에게 이루어지고 하위자는 자신이 속한 조직단위와 조직 전체에 대한 기여도에 의해서 평가를 받는다는 점이다.

이상과 같이 MBO는 조직에서 파생되는 여러 문제들을 해결할 수 있는 효과적 관리기법이다. 특히 MBO를 통해서 계획과 통제기능의 효율적 수행이 가능하며 상위자와 하위자 간의 관계를 개선시키는 면에서도 그 효과가 큰 것으로 평가된다. 그러나 MBO 기법 역시 단점을 지닌다. MBO가 이론적으로는 참여적 관리기법으로 훌륭한 가능성이 있지만 이것을 실천에 옮기는 과정에서 문제점들이 발생한다는 것이다. 즉 MBO 과정에서 일반적으로 상위자와 하위자 간에 협의를 통해서 하위자가 달성해야 할 목표가 규정되면 상위자는 그에 따라 리더십 역할을 하게 되는데, 그 리더십 역할이 하위자의 목표달성을 가능하게 하는 적절한 것이 되지 않을 경우가 많다는 것이다. 따라서 MBO가 효율적으로 진행되려면 상위자의 리더십 역할이 적절히 수행되어야 한다.

사회복지 조직에서 MBO를 활용하는 데 따른 유용성은 다음과 같다(Wiehe, 1985: 107~114; 김영종, 2001, 재인용).

첫째, 직원들이 프로그램의 결정사항이나 조직의 방향 선택에 참여할 수 있다. 개인별 혹은 조직단위별 목표들을 제시하는 과정을 통해 참여가 가능해진다.

둘째, 목표설정에 직원들의 참여를 장려함으로써 직원들의 자발적 동기를 증진시키고 조직에 대한 개인별 기여를 확인할 수 있게 한다. 이것은 일종의 Y이론 전략에 의한 생산성의 증대를 의미한다.

셋째, 개인별 목표들을 취합해서 각 조직단위별로 목표들을 설정하고 공동으로 이것들을 추구하는 과정을 강조한다. 이것은 개개 직원들 간의 불필요한 경쟁을 억제하여 직원들 사이에 일종의 결속감이 형성되도록 하는 데 도움을 준다.

넷째, 체계적 평가를 가능하게 한다. 구체화된 목표들이 제시됨으로써 개인별 목표나 조직단위별 목표들이 성취되는지의 여부를 확인할 수 있도록 한다.

다섯째, 장·단기적 목표들의 설정을 장려함으로써 서비스 요청이 주어질 때마다 수동적으로 반응하는 식의 기획을 막을 수 있다.

2) 상황적합이론

1960년대 말부터 여러 가지 경험적 연구를 통해서 전개되어 온 상황적합이론(*contingency theory*)에서는 조직화의 최선의 유일한 방법은 없으며 조직화는 상황에 따라서 결정되어야 할 사항으로 본다. 이 이론의 주장은 효과적 조직이 되기 위해서 조직의 구조는 조직의 기술, 환경, 조직의 크기와 같은 상황에 적합해야 한다는 것이다.

상황적합이론의 선구자인 Lorsch & Lawrence(1969)에 의하면 상황적합이론은 보편주의적 이론에 대비되는 조건적 이론이고 조건이 다르면 효과적 조직화의 방법도 달라지리라는 관점에서 효과적 조직화의 방법과 원칙이 성립되는 조건을 경험적으로 추구하는 이론이라고 설명한다.

상황적합이론을 더 잘 이해하기 위한 3가지 기본적 개념은 상황(*context*), 구조(*structure*) 그리고 적합성(*fit*)이다(Miller, 1983). 상황은 매우 광범위한 개념으로 조직연구자들은 그 한 측면에만 초점을 두고 연구를 했다. 상황은 조직이 처해있는 배경을 말한다. 연구자들이 연구한 중요한 상황적 요인들은 환경(*environment*), 기술(*technology*), 조직의 크기(*size*)이다. 다음으로 구조는 조직 내에서 업무가 조직화되는 활동형태이며 방식을 말한다. 이 구조 또한 매우 광범위한 개념으로 다양한 방식으로 구성되고 조직화되었다. 공식화, 집권화, 조정, 의사전달, 행정집중(*administrative intensity*) 등은 일반적으로 조직구조의 요소로서 언급된다. 마지막으로 적합성의 개념은 상황적합이론에서 핵심적인 것이다. 적합성은 상황과 구조 사이의 조화를 의미한다. 상황적합이론에서는 구조와 상황 간의 적합이 잘된 조직은 적합이 잘못된 조직보다 더 효과적이라고 본다.

예를 들면 상황을 구성하는 요소인 환경은 안정적 형태와 변화하는 형태로 나눌 수 있고, 기술은 고도로 복잡하고 전문적인 기술이 있는 반면 단순하고 반복적인 사용이 가능한 기술이 있고, 조직의 크기도 대규모 조직과 소규모 조직으로 나누어 생각할 수 있다. 여기에서 환경이 안정적이면 구조에서 분권화와 공식화의 정도를 높일 수 있으나, 환경이 불안하고 변화의 정도가 클 경우 효과적 대응을 위해서는 집권화의 정도를 높이고 공식화의 정도를 낮추어 신속한 업무처리가 유리하다는 것이다. 기술도 복잡하고 전문적인 기술을 사용하는 경우 분권화하는 것이 더욱 적합하고 조정의 필요성이 크게 강조될 수 있다. 조직이 대규모 조직으로 규모가 큰 경우 공식화의 정도는 높여도 되나 소규모 조직인 경우 공식화의 정도를 높여서 계층별 승인과 결재가 요구된다면 비효율적이라는 것이다(황성철 외, 2003: 82~83). 이와 같이 상황이론에서 조직의 내부구조는 환경의 변화와 안정성의 정도, 기술의 복잡·다양성 정도, 조직의 규모에 따라 다르게 적절히 결정되어야 한다는 것이다.

한편 적합성의 개념이 명확치 못하기 때문에 상황적합이론에서 적합성과 관련하여 다음과 같은 3가지 문제가 제기된다(Miller, 1983: 6~7). 첫째, 적합성 개념의 범위이다. 일반적으로 적합성은 상황과 구조 사이의 적합성을 의미하나 몇몇 연구들은 구조적 요인들 간의 적합성도 포함시킴으로써 적합성의 개념을 확장시켰다. 둘째, 필수 대 선택의 접근의 가정이다. 필수로 보는 견해는 주어진 상황에 대해 특별한 구조가 적용되어야 좋은 성과를 가져올 것이고 그밖의 모든 다른 구조는 좋지 못한 성과를 가져올 것이라는 것이다. 선택적 견해는 주어진 상황에 대해 동등하게 효과적인 몇 가지 대안적 구조가 존재할 수 있다고 보는 것이다. 셋째, 관계의 인과성이다. 즉 상황과 구조 중에서 어느 것이 먼저 발생하고 둘 중의 어느 것이 상대방을 조건으로 하느냐 하는 것이다. 상황적합적 연구들의 대부분은 상황이 선험적으로 먼저 존재하고 그 다음에 조직은 특별한 구조를 채택함으로써 이와 같이 상황적 제약에 반응한다는 가정에 기초를 둔다. 그러나 몇몇 연구들은 조직은 능동적으로 그 구조를 통하여 상황에 영향을 미칠 수 있다는 것을 제시한다.

이상의 문제점에도 불구하고 상황적합이론은 사회복지 조직관리에 있어 유용한 이론으로 평가된다. 사회복지 조직은 클라이언트 집단에 따라 그 조직의 구조와 사용기술이 매우 다르고 변화무쌍한 환경에 직면한 점을 감안할 때 상황적합이론의 관점에서 사회복지 조직의 상황적 특성을 충분히 검토하고 조직관리의 방법 및 형태를 결정해야 한다는 주장은 시사하는 바가 크며 사회복지 조직관리자들에게 조직을 관리하는 데 있어 중요한 이론적 기반이 된다.

3) 총체적 품질관리

총체적 품질관리(*Total Quality Management* : TQM)는 1980년대 초반 기업조직에서 처음으로 나타났다. 국제경쟁에서 일본기업에게 추월당하던 미국기업들이 일본기업 조직이 보이는 경쟁력을 연구하는 과정에서 일본기업 조직은 최종 생산물을 중심으로 조직을 운영하기보다는 산출물의 결함을 제거하는 품질을 보다 중요시하는 조직관리를 한다는 것을 발견한다. 이는 미국 기업조직에서는 발견하기 어려운 관리기법이며 이러한 일본식 품질경영의 중요성이 인식되어 미국기업에도 반영되기 시작하였다(Martin, 1993: 262; 박경일, 2003: 432, 재인용).

Milakovich(1992)는 총체적 품질관리란 "고객관리만족을 품질향상의 제1의 목표로 삼고 조직구성원들의 광범위한 참여하에 조직의 과정 및 절차를 지속적으로 개선함으로써 장기적, 전략적으로 품질을 관리하기 위한 관리철학 내지 원칙"이라고 정의하였다. Swiss는 TQM의 중요한 7가지 원리를 다음과 같이 요약한다(Swiss, 1992; Lewis et al., 2001: 88, 재인용).

① 무엇보다도 고객이 궁극적으로 품질을 결정한다.
② 품질은 생산 또는 서비스 과정의 마지막 단계보다도 초기단계부터 고려되어야 한다.
③ 품질이 변질되지 않도록 예방하는 것이 고품질 생산에 있어 핵심이다.
④ 품질은 조직구성원의 개인적 노력보다는 조직 체계 내에서 함께 협력하여 일하는 사람들로부터 생겨나는 것이다.
⑤ 품질은 투입과 과정의 지속적 개선으로부터 생겨나는 것이다.
⑥ 품질의 개선은 적극적 직원참여를 필요로 한다.
⑦ 품질은 모든 조직구성원들의 헌신을 필요로 한다.

미국과 영국은 이상과 같은 TQM기법을 1980년대 후반부터 공공행정 분야와 서비스 조직들에 적용함으로써 서비스 질의 향상과 고객만족을 추구하고자 노력하였다. 또한 최근 미국과 캐나다를 중심으로 공사의 사회복지 조직들이 TQM기법을 도입하여 서비스 질의 향상을 꾀하고 있다.

Martin은 사회복지 조직의 관리자들이 TQM에 대해 적극적 관심을 갖는 이유로서 다음의 4가지 이유를 제시한다(Martin, 1993; 최재성, 1997: 248, 재인용).

첫째, 사회복지 조직은 미국의 정부조직이 그러했듯이 클라이언트, 일반대중, 후원자로부터 신뢰성을 상실하는 품질의 위기를 경험한다는 것이다.

둘째, 양질의 서비스는 기관이 필요로 하는 고객을 확보할 수 있도록 해주며 이는 잃어버린 신뢰성을 회복하는 계기를 만들 수 있게 해준다는 것이다.

셋째, 양질의 서비스 확보는 추가적 비용을 필요로 하는 것은 아니라는 인식이다.

넷째, 과거의 다른 관리기법과는 달리 품질관리는 전통적 사회복지의 가치와 양립한다는 사실이다.

Martin은 이상의 4가지 이유 때문에 사회복지 조직들이 TQM에 대해 관심을 가질 수밖에 없으며 TQM이 기업보다 오히려 사회복지 조직에 더 적합한 경영기법이라고 주장한다. 한편 Gunther & Hawkins (1999)도 새로운 관리 패러다임으로 TQM은 인간 서비스 조직에서 비교적 새로운 분야라고 주장하면서 이용자들에게 질적 서비스를 제공해 줄 수 있다고 주장한다. 또한 우리나라 사회복지 행정학계에서도 1990년대 후반 이후 TQM에 대한 연구와 TQM의 사회복지 조직에의 적용과 도입 주장이 제기되고 있다.

4) 학습조직 접근

학습조직(*learning organization*)이란 환경의 변화에 대응하여 지속적이고 자율적인 학습을 통해 조직성장을 이루어 나가는 조직이다. 즉, 학습조직은 유기체와 같이 환경의 자극에 반응하고, 그 반응이 맞는 것인지 틀린 것인지 스스로 피드백하여 처음의 반응을 수정하는 일련의 적응적 학습을 하는 조직이다(유민봉, 2015: 445). 이와 같이 조직을 학습조직화하여 구성원 모두의 역량을 강화시키는 방법을 추구하는 것이 학습조직 접근이라 할 수 있다. 학습조직은 1970년대 중반 이후, 특별히 1990년대 중에 조직이론에서 중요한 개념으로 등장하였다.

학습조직의 특징은 다음과 같다(Kirst-Ashman & Hull, Jr., 2009: 164~165).

첫째, 학습조직은 조직구조 내에서 권력이 높은 수준에서 낮은 수준으로 재분배된다. 클라이언트에게 직접 서비스를 제공하는 직원들에게는 의사결정에서 더 큰 재량이 주어지며, 조직의 목표를 발전시키고 달성할 수 있는 권력이 관리직에 집중되기보다 모든 직원들 사이에 분배된다.

둘째, 학습조직에서 조직구성원들은 창의적이 되고, 자신들의 생각을 다른 사람들과 나누도록 장려될 뿐만 아니라, 개선을 위해 모험을 감행하도록 고무된다. 학습조직은 구성원들이 실패하더라도 처벌에 대한 두려움을 갖지 말고 창의적이 되라고 한다. 실수와 실패는 학습경험으로 간주된다.

셋째, 학습조직은 클라이언트에 대한 서비스 제공의 과정보다는 서비스 제공의 효과성을 강조한다. 서비스에 대한 클라이언트의 인식이 강조됨으로써 서비스의 질과 효과성이 개선된다.

넷째, 학습조직에서는 다학문적 팀제의 활용이 장려된다. 팀제의 활용을 통해 관리직이 채택하여 실행에 옮길 수 있는 건의사항을 제시하고 결정을 내리도록 장려된다. 또한, 팀제는 개선을 위해 정기적으로 팀 업무의 과정과 절차를 평가하도록 요구받으며, 따라서 계속적으로 변화가 발생한다. 이와 같은 팀제는 통상 현상유지가 강조되는 전통적인 관료제와 비교된다.

다섯째, 학습조직에서는 정보공개가 강조된다. 학습조직에서는 정보가 홍수를 이룬다. 욕구를 찾고 문제를 해결하기 위해 구성원들은 조직 전체가 돌아가는 상황을 알아야 한다. 즉, 구성원들은 조직 내에서 자신의 부서뿐만 아니라 조직 전체를 이해해야만 한다.

여섯째, 학습조직은 개개 구성원들이 조직의 최고 목표를 달성할 뿐만 아니라 상호 간에 이바지하기를 원하기 때문에 개개 구성원들이 앞서 나가도록 장려한다. 조직구성원들에 대한 동기부여는 개인적 권력과 이익보다 조직 전체의 이익에 초점을 두고 이루어진다. 서번트 리더십이 바로 이와 같은 접근방식을 반영하는 것이다.

Argyris(1999)에 의하면 조직에서 학습은 두 가지 경우에 일어난다. 하나는 조직의 목표와 성과가 일치하여 성공적일 때이고, 다른 하나는 조직의 목표와 성과가 불일치하여 시정조치가 이루어질 때이다. 조직운영의 결함이 발견되어 교정하는 방법이 임시방편적이거나 부분적인 변화를 초래할 때에는 단선적 학습(*single-loop learning*)만 가능할 뿐이나, 시정방법이 전체 조직운영의 틀을 고치는 방향으로 전개된다면 복선적 학습(*double-loop learning*)이 일어난다. 복선적 학습이 조직과 구성원을 임파워하는 데 더욱 효과적이다. 사실상 단선적 학습은 진정한 학습이라고 보기 어렵다(황성철 외, 2014: 92, 재인용).

조직을 학습하는 것은 매우 어렵고 또한 오랜 시간과 많은 자원이 소요될 것이다. 특히 열악한 상황에서 변화하는 환경에 적응해야 하는 사회복지 조직은 더욱 그러할 것이다. 또한, 학습조직의 밑바탕을 이루는 개념적 모델을 정교화하기 위해서는 여전히 많은 과제가 남아 있다. 그러나 학습조직 또는 조직학습을 사회복지 조직에 적용시켜 연구한 몇몇 연구(Cohen & Austin, 1994; Kurtz, 1998; Cherin & Meezan, 1998) 등에서 학습조직 또는 조직학습의 긍정적 영향이 나타나고 있다. 이를 통해 볼 때, 어려운 여건에서도 학습을 강조하는 조직문화와 리더십을 갖추어 새로운 지식과 기술을 축적하여 활용한다면, 그러한 사회복지 조직은 경쟁력 있는 조직으로 변모하고 궁극적으로 조직의 역량이 크게 강화될 것이다(황성철 외, 2014: 94).

5) 조직문화적 시각

조직문화(*organizational culture*)라는 용어는 1970년대 말부터 미국의 문헌에서 나타나기 시작하였다. 그 당시 조직문화라는 개념은 이른바 조직분위기나 조직풍토를 의미하였다. 그 후 1980년대 초기에 조직문화라는 용어가 대중화되었고 그때부터 조직문화라는 주제가 폭넓게 사용되었다(정은경, 2012: 57).

조직문화란 조직구성원들이 공유하는 핵심가치, 신념, 이해 및 규범들의 총체이다(Daft, 2008: 85). 조직문화는 시간이 흐름에 따라 천천히 발전하며, 보통 기록되지는 않으나 조직의 영혼(*soul*)이라 할 수 있다. 조직문화는 조직생활의 질을 결정하는 데 큰 역할을 수행하며 조직생활의 수많은 사소한 일에 뿌리를 두고, 조직 내에서 구성원들에게 발생하는 많은 것들에 영향을 미친다. 즉, 누가 승진되고, 직장에서의 성공여부가 어떻게 결정되고, 자원이 어떻게 배분되는지 등에 영향을 미친다.

관리직이나 기타 직원들은 조직에서 특정 관행들이 발달하는 것을 인식하지 못할 수 있다. 그러한 관행은 조직의 과업과 목표를 달성하기 위한 수단 속에 깊이 배어 있기 때문에 과거에 작용했다면 또 다시 작용하게 되고, 깨어지지 않으면 고쳐지지 않는다. 그에 따라 조직구성원들이 조직에 대해 어떻게 생각하는지의 틀을 결정하는 관념적 구조(*ideological structure*)가 확립된다. 이와 같은 조직문화적 시각은 현재의 사안에 대한 조직구성원들의 관점을 인도할 뿐만 아니라 새로운 이슈를 사고하는 방식을 결정한다. 조직구성원들은 과거 실제 이루어진 관행에 동화되어 새로운 생각을 바라보는 경향이 있다(Kirst-Ashman & Hull, Jr., 2009: 126~127). 조직문화적 시각의 장점은 성과를 예측할 수 있고, 그로 인해 새로운 접근방법을 개발하는 노력이 덜 필요하다는 점이고, 단점은 그러한 확립된 관점은 혁신적 아이디어를 억압할 수 있다는 점이다.

Brody(2005)는 사회복지 조직에서 조직문화로서 배려문화(*culture of caring*)를 발전시킬 것을 권장한다. 직원들이 상호 간에 관련되어 있고 지지적이라고 느낄 때, 조직의 목표를 공동으로 달성하기 위한 강한 응집력을 가질 수 있기 때문이다. 사회복지 조직과 같은 배려조직의 문화를 촉진시키는 5가지 핵심가치는 다음과 같이 요약된다(Brody, 2005: 153~153).

첫째, 일에 대한 주인의식(*job ownership*)이다. 일에 대한 주인의식을 가질 때, 직원들은 그들의 일과 업무성과를 통해 정체감(*identity*)을 느끼게 된다. 즉, 직원들이 일에 대한 주인의식이 있으면 목표달성을 위해 그리고 업무수월성을 위해 더 열심히 노력할 것이다.

둘째, 더 높은 목표의 추구(*seeking a higher purpose*)이다. 조직은 더 높은 목표를 추구함으로써 일에 대한 주인의식을 촉진할 수 있다. 배려문화는 직원들이 더 높은 목표에 참여함으로써 자신의 조직이 정말로 다른 조직과 차별화된다고 느끼도록 장려한다. 더 높은 목표의 추구는 직원들을 더 큰 체계의 통합적인 일부처럼 느끼게끔 한다. 또한, 더 높은 목표의 추구는 관리자가 명령하기 때문이 아니라 직원들 자신이 그렇게 하고 싶기 때문에 열심히 일하고 새로운 기술을 배우도록 동기부여할 수 있다.

셋째, 정서적인 연대(*emotional bonding*)이다. 이는 사람들이 진짜 서로를 배려하고 상호 간에 중요한 연결감을 경험하는 조직문화 환경을 지지한다. 이러한 정서적인 연대는 직원들이 클라이언트의 요구로 많은 압력을 경험하는 사회복지 조직에 크게 도움이 될 수 있다.

넷째, 신뢰(*trust*)이다. 이는 직원들이 과업을 통해 서로 의존하고 지지할 수 있다고 느끼는 현상이나. 이렇게 되면 직원들은 부정적인 구성원 간의 상호작용, 갈등, 불평 및 비판으로 에너지를 낭비할 필요가 없게 된다.

다섯째, 자신의 업무에 대한 자부심(*pride in one's work*)이다. 이는 직원들이 업무의 성취에 대해 높은 자존감을 갖는 현상이다. 자신에 대해 좋게 느끼고 하고 있는 일을 자랑스러워함으로써 계속 좋은 일을 하도록 동기부여가 되는 것이다.

국내에서 조직문화 구분을 활용한 연구가 사회복지 영역에서도 진행되었다. 의료사회복지사를 대상으로 한 강흥구(2001)의 연구, 서울시 소재 사회복지관 사회복지사를 대상으로 한 최승아(2002)의 연구, 전국 사회복지관 사회복지사를 대상으로 한 황성철(2003)의 연구는 자신이 근무하는 사회복지 조직을 집단문화와 개발문화로 인식하는 경우에 직무몰입과 임파워먼트 수준이 더 높은 경향이 있음을 보고한다. 충청지역 사회적 기업 종사자를 대상으로 한 정은경(2012)의 연구에서는 사회적 기업의 문화를 합리문화로 인식하는 경우에 조직의 경제적 성과와 사회적 성과 수준이 높은 경향이 있음을 보고한다.

조직문화적 시각은 조직을 성공적인 조직으로 인도하는 새로운 시각을 제공해 준다. 조직구성원들이 추구해야 할 바람직한 조직문화를 배려문화로 제시한 Brody의 시각은 오늘날 한국 사회복지 조직이 성공을 위하여 지향해야 할 조직문화로서 충분히 연구 가치가 있다고 생각된다. 사회복지 조직을 대상으로 한 지금까지의 국내 연구에서는 집단문화, 개발문화, 합리문화가 조직성과에 긍정적인 영향을 미친다는 연구 결과를 보여준다. 그러나 배려문화를 포함한 좀더 다양한 조직문화를 설정하여 조직성과에 미치는 영향을 다양한 방법으로 검증해 봄으로써, 조직문화적 시각에 대한 이론적 토대를 구축하는 작업이 필요하다.

· 제4장 ·

사회복지 서비스 전달체계

사회복지 행정은 추상적인 사회복지 정책을 구체적인 사회복지 서비스로 전환하여 서비스를 필요로 하는 사람(클라이언트 또는 소비자)에게 전달하는 과정에 관한 활동이라 할 수 있다(Skidmore, 1990: 3). 이러한 관점에서 보면 사회복지 서비스 전달체계에 관한 이해는 사회복지 행정의 필수적인 부분이 아닐 수 없다.

사회복지 행정은 사회복지 서비스의 효과적이고 효율적인 전달을 목적으로 하기 때문에 이와 같은 목적을 달성하기 위해서는 서비스 전달에 관한 조직적 및 구조적 측면에서 고려되어야 할 원칙과 전략을 알아야 할 것이다. 그리고 공적 및 사적 차원의 사회복지 서비스 전달체계의 현황을 검토해 보고 전달체계에 관한 원칙과 전략에 비추어 본 문제점을 분석하여 그 개선방안을 생각해 보는 것도 필요하다.

1. 사회복지 서비스 전달체계의 개념

1) 개념정의

사회복지 서비스 전달체계(*delivery system*)란 지역사회체계 속에서 사회복지 서비스의 공급자 간 또는 공급자와 소비자(클라이언트, 고객 또는 수혜자) 간을 연결시키기 위한 조직적 장치(*organizational arrangements*)라고 할 수 있다(Gilbert & Terrell, 1988: 143). 다시 말해서 사회복지 서비스 전달체계란 지역사회 내에 존재하는 사회복지 서비스의 공급자와 공급자를 연결시키기 위하여 또는 사회복지 서비스 공급자와 소비자 사이를 연결시키기 위하여 만들어진 조직적 체계이다.

2) 분석 차원

사회복지 전달체계의 분석차원은 여러 가지가 있을 수 있겠는데 그 가운데 구조·기능적 차원과 운영주체 차원이 중요시된다.

(1) 구조·기능 차원 분석

사회복지 서비스 전달체계는 구조·기능상으로 보면 행정체계와 집행체계로 구분될 수 있다(성규탁, 1992: 75). 조직은 구조상으로 서비스 전달을 기획, 지원 및 관리하는 행정체계와 전달자가 소비자와 상호접촉을 가지면서 서비스를 직접 전달하는 집행체계로 구분할 수 있다. 예를 들면 공적 사회복지 서비스인 기초생활보장 서비스의 전달체계는 보건복지부 → 특별시·직할시·도 → 시·군·구 → 읍·면·동 → 국민기초생활보장 수급권자로 연계된 조직의 체계로 되어 있다. 여기서 보건복지부에서 시·군·구에 이르기까지의 체계는 기초생활보장 서비스를 기획, 지시, 지원, 관리, 감독하는 업무를 주로 하기 때문에 행정체계라 할 수 있고, 읍·면·동과 기초생활보장 대상자 간의 체계는 최일선에서 구체적인 서비스(금품 지급과 상담 등)를 제공하는 업무를 주로 하기 때문에 집행체계라 할 수 있다.

조직으로 연계된 체계가 아닌 단일기관을 예로 들어 보아도 역시 행정체계와 집행체계로 구분된다. 사회복지관에 관장이 있고 관장 밑에 참모부서로 자문위원회와 기획관리부가 있고 일선부서로 아동복지부, 청소년복지부, 노인복지부, 장애인복지부가 있고 각 부서에 상담담당, 사후관리담당, 직업알선담당 등이 있다면, 여기서 관장, 자문위원회, 기획관리부는 행정체계라 할 수 있고, 일선부서 이하는 집행체계라고 할 수 있다.

사회복지 서비스 전달체계는 대체적으로 구조에 따라 기능이 달라지지만 반드시 그렇지는 않다. 사회복지 전달체계의 기능을 행정기능과 서비스 제공기능으로 나눈다면 행정기능은 서비스의 전달업무를 원활히 하기 위한 기능이고 서비스 제공기능은 클라이언트나 소비자의 욕구에 응하여 서비스를 직접 제공하는 기능이라 할 수 있다. 위에서 말한 행정체계에 있어서는 거의 행정기능만 수행하지만 집행체계에는 서비스 전달기능을 주로 수행하면서 행정기능도 수행한다. 예를 들면 최일선의 사회복지사는 소비자와 대면하여 상담하거나 금품을 제공하는 직접적 전달 업무 이외에 소비자와의 상담계획 수립, 수퍼비전(*supervision*), 행정상 필요한 회의 참석 등의 행정업무도 수행한다.

(2) 운영주체 차원 분석

사회복지 서비스 전달체계는 운영주체에 따라 공적 전달체계와 사적

(민간) 전달체계로 구분될 수 있다. 공적 전달체계는 정부(중앙 및 지방)나 공공기관이 직접 관리·운영하는 것을 말하고 사적 전달체계는 민간(또는 민간단체)이 직접 관리·운영하는 것을 말한다(이 장에서는 사회복지 전달체계의 운영주체에 따른 구분을 중시하여 공적 및 사적 전달체계로 나누어 설명하기로 하겠다).

2. 사회복지 서비스 전달체계 구축의 주요 원칙

사회복지 서비스 전달체계의 구축에서 고려되어야 할 여러 가지의 원칙이 있을 수 있지만(Gates, 1980: 52~58; Friedlander & Apte, 1980: 183; Gilbert & Specht, 1986: 121~122; 서상목 외, 1989: 23~31; 성규탁, 1990: 400~409) 중요하다고 생각되는 8가지의 원칙을 제시하면 다음과 같다.

1) 전문성의 원칙

사회복지 서비스 제공업무는 그 특성에 따라 반드시 전문가가 하지 않아도 되는 것도 상당히 있지만 핵심적 주요 업무는 반드시 전문가가 담당해야 한다. 사회복지 분야의 종사자는 전문성의 정도에 따라 전문가(*professional*), 준전문가(*para-professional*), 비전문가(*non-professional*)로 구분될 수 있다. 여기서 전문가란 상식적으로 생각하는 경험과 지식이 많은 사람이 아니라 자격이 객관적으로 인정된 사람(국가나 전문 직업단체의 시험 또는 기타 자격심사에 의하여 자격증을 부여받은 사람)으로 자신의 전문적 업무에 대한 권위와 자율적 결정권 및 책임성을 지닌 사람을 말한다. 사회복지분야에 있어서는 사회복지사, 의사, 간호사, 보육사, 물리치료사, 작업치료사, 영양사 등의 여러 전문가가 참여하고 있지만 그 중에서 사회복지사가 가장 보편적인 전문가이다.

업무의 성질상 전문성을 덜 요하는 것은 준전문가가 담당하고 비숙련 업무 및 일반 행정업무는 비전문가, 또는 경우에 따라서는 자원봉사자가 담당하도록 되어야 한다. 사회복지 서비스의 효과성과 효율성을 위해서도 이러한 원칙은 반드시 지켜져야 할 것이다. 사회복지 서비스의 대부분은 헌신적 자세, 경험, 교양과 상식만 있으면 누구나 할 수 있거나 자원봉사자들도 할 수 있는 그런 성질의 것은 결코 아닌 것이다.

2) 적절성의 원칙

사회복지 서비스는 그 양과 질과 제공하는 기간이 클라이언트나 소비자의 욕구충족(또는 문제해결)과 서비스의 목표(자활 및 재활) 달성에 충분해야 한다. 예를 들면 소득보장을 위한 급여가 최저생계비 수준에도 못 미친다던가, 상담 서비스가 단순히 타이르고 조언하는 정도에 그친다던가, 서비스 제공 기간이 너무 짧다든지 하면, 소비자는 욕구를 충족할 수 없을 뿐만 아니라 나아가서는 서비스의 목표를 달성하기 어려울 것이다. 이러한 적절성의 원칙은 재정 형편상 제대로 지키기 어려운 경우가 많고 그 적절성의 수준에 대해서도 논란이 있을 수 있다. 우리나라에서는 현재까지 거의 대부분의 공적 사회복지 서비스는 적절성의 수준에 크게 미달하였고 그 중의 상당수는 서비스를 제공한다는 명목주의에 그쳤다. 따라서 전달체계의 구축에 있어서 특히 적절성 원칙에 유의하여야 할 것이다.

3) 포괄성의 원칙

사람들의 욕구는 다양할 뿐만 아니라 한 가지 문제는 다른 여러 가지의 문제와도 연관되어 있는 것이 일반적이기 때문에 다양한 욕구 또는 다양한 문제를 동시에 또는 순서적으로 해결하기 위해서는 다양한 서비스가 필요하다. 예를 들면 많은 경우 소득보장의 문제는 경제적 원조뿐만 아니라 직업훈련 또는 직업알선 문제, 행동개선 문제, 질병치료 문제, 가족문제, 자녀교육 문제 등의 다양한 문제와 얽혀 있기 때문에 동시에 또는 우선순위에 따라 문제를 해결하기 위한 다양한 서비스가 필요하다. 서비스의 포괄성을 달성하기 위해서는 한 사람의 전문가가 여러 문제를 다루거나(일반화 접근방법; *generalist approach*) 아니면 각각 다른 전문가가 한 사람의 각각의 문제를 다룰 수도 있고(전문화 접근방법; *specialist approach*) 또는 여러 전문가들이 한 팀이 되어 문제를 해결할 수도 있다(집단 접근방법; *team approach*). 일반화 접근방법은 전문성이 약해질 우려가 있고, 전문화 접근방법은 문제진단과 서비스 간의 통합조정이 어려워질 우려가 있고, 집단 접근방법은 전문가들 간의 갈등이 있을 수 있는 등의 단점이 있다. 비교적 새로 개발된 방법으로 복합적이고 다양한 문제를 가진 개인의 문제를 해결하는 데 있어서 한 전문가가 책임을 지고 계속적으로 필요한 서비스와 전문가를 찾아 연결시켜 주고 적절한 서비스를 받을 수 있도록 관리해 주는 사례관리방법(*case management*)도 있다(Rubin, 1987: 212).

4) 지속성의 원칙

한 개인의 문제나 욕구를 해결하는 과정에서 필요한 서비스의 종류와 질이 달라져야 하는 경우가 많다. 이 때 한 개인이 필요로 하는 다른 종류의 서비스와 질적으로 다른 서비스를 조직 또는 지역사회 내에서 연속적이고 지속적으로 받을 수 있어야 한다(Gates, 1980: 53). 지속성의 원칙이 잘 적용되기 위해서는 같은 조직 내의 서비스 프로그램 간의 상호협력이 잘 이루어져야 할 뿐 아니라 지역사회 내의 사회복지 서비스 조직 간에도 유기적 연계가 잘 이루어져야 한다. 예를 들면 직업훈련 프로그램이 직업 알선 프로그램과 잘 연계되어 있지 않으면 직업훈련을 통한 소득증대의 목표를 달성할 수 없을 것이다. 지속성의 원칙이 잘 적용되지 못하는 데는 클라이언트의 문제를 전반적으로 서비스 전달자 어느 한 사람이 잘 파악하고 필요한 서비스를 연결하고 사후 확인하는 절차와 방법을 취하지 못하는 이유도 있다. 이런 경우에는 위에서 말한 사례관리의 방법을 활용하는 것이 바람직하다.

5) 통합성의 원칙

클라이언트의 문제는 많은 경우 복합적이고 상호 연관되어 있기 때문에 이러한 문제의 해결을 위한 서비스들도 서로 연관시켜 통합적으로 제공해야 한다. 한 클라이언트의 각각 다른 문제들을 해결하기 위한 서비스들이 서로 연결성 없이 제공된다면 클라이언트를 조각으로 분리하는 것과 같다. 예를 들면 저소득층 청소년의 도벽문제가 아버지의 음주, 어머니의 가출, 친척에 대한 불만, 불량교우와의 교제, 학교 교우관계 문제, 성적문제 등과 연관되어 있다면 이러한 문제 해결을 위한 서비스들이 한 소직 내에서 제공되는 경우 서비스 간에 상호 연계와 협조가 되지 않거나 또는 서비스들이 서로 다른 기관에서 제공되는 경우 기관 간에 상호 연계와 협조가 잘 되지 않는다면 그 청소년의 문제는 효과적으로 해결될 수 없을 것이다. 보육(탁아) 프로그램은 양호, 교육, 급식, 영양교육, 가족계획 교육 등이 통합되는 것이 바람직하고, 미혼모 서비스 프로그램은 보육, 보건, 급식, 사회사업 서비스들이 통합되는 것이 바람직하다. 서비스가 통합적으로 제공되기 위해서는 한 행정 책임자 아래 서비스들이 제공되고 서비스 제공 장소(조직)들이 지리적으로 서로 가깝고 서비스 프로그램 간 또는 서비스 조직 간에 상호 유기적인 연계와 협조체제가 갖추어져 있어야 한다.

6) 평등성의 원칙

특별한 경우 소득수준(예를 들면 공공부조의 경우)이나 연령(예를 들면 18세 미만의 아동에 대한 교육부조, 65세 이상의 노인에 대한 건강진단)에 의한 제한을 하는 외에는 기본적으로 성별, 연령, 소득, 지역, 종교, 지위에 관계없이 모든 국민에게 사회복지 서비스를 제공하여야 한다. 현대사회에서는 사회적 변화에 의하여 개인의 경제적 형편에 관계없이 많은 문제들이 발생하고 있다. 부부 간의 문제, 청소년비행, 산업재해 및 교통사고에 의한 장애문제, 성폭력 문제 등은 소득이 높고 낮음에 거의 관계없이 모든 사람 또는 가족에게 발생하고 있기 때문에 국가는 사회복지 서비스를 이런 모든 사람들에게 평등하게 제공하여야 한다.

7) 책임성의 원칙

사회복지 조직은 국가(사회)가 시민의 권리로 인정한 사회복지 서비스를 전달하도록 위임받은 조직이므로(Hasenfeld, 1983: 1~2) 사회복지 서비스의 전달에 대하여 책임을 져야 한다. 책임을 져야 할 주요 내용은 서비스가 수혜자(소비자)의 욕구에 적절히 대응하는 것인가, 서비스의 전달절차가 적합한가, 서비스가 효과적이고 효율적인가, 서비스 전달과정에서의 불평과 불만의 수렴장치는 적합한가에 대한 것이 되어야 한다. 사회복지 조직이 구체적으로 책임을 지는 대상자는 사회나 국가를 대표하는 실체인 중앙정부 및 지방정부, 재단, 지역사회 주민 그리고 서비스의 수혜자(소비자)가 되어야 한다.

8) 접근 용이성의 원칙

사회복지 서비스는 그것을 필요로 하는 사람들이면 누구나 쉽게 받을 수 있어야 하기 때문에 클라이언트(소비자)가 접근하기에 용이하여야 한다. 클라이언트가 서비스에 접근하는 데는 여러 가지 장애요인이 있을 수 있는데 주요한 장애요인으로는 서비스에 관한 정보의 결여나 부족, 지리적 장애(원거리 또는 교통의 불편 등), 심리적 장애(자신의 문제 노출에 대한 두려움, 수치감 등), 선정절차상의 장애(클라이언트로 선정되는 데 있어서의 자산조사의 엄격한 적용, 시간이 많이 걸림), 자원부족(금품이나 상담자의 부족 등)(Gates, 1980: 148~160) 등이 있다. 따라서 사회복지 조직의 서비스 전달은 이러한 장애요인들을 가능하면 제거하여 클라이언트(정확히 말해서 잠정적 클라이언트)가 서비스의 제공장소에 쉽게 접근하여 서비스를 받을 수 있도록 설계되어야 한다.

3. 사회복지 서비스 전달체계 개선전략

사회복지 전달체계의 궁극적인 목적은 서비스를 효과적이고 효율적으로 전달하는 것이라 할 수 있다. 서비스의 전달체계의 효율성과 효과성을 높이기 위한 주요 전략은 다음과 같은 5가지의 문제(선택적 이슈)와 관련이 있다. 즉, 첫째, 의사결정의 권위와 통제의 재구조화(의사결정의 권위와 통제의 소재를 어디에 둘 것인가?), 둘째, 업무분담의 재조직화(업무를 누가 담당하게 할 것인가?), 셋째, 전달체계의 구조변경(전달체계 조직의 단위 및 수를 어떻게 할 것인가?), 넷째, 전달체계의 운영주체(전달체계를 누가 운영할 것인가?), 다섯째, 서비스의 배분방법(*rationing* : 제한된 서비스를 필요로 하는 사람들에게 어떻게 배분할 것인가?)이다(Gilbert, Specht & Terrell, 1993: 126~154). 이러한 전략을 간략히 설명하면 다음과 같다.

1) 의사결정의 권위와 통제의 재구조화

의사결정의 권위와 통제를 재구조화하는 전략에는 협조체제 구축과 시민 참여체제의 도입이 있다. 협조체제의 구축은 전달체계의 기관을 중앙집권화(*centralization*) 또는 연합화(*federation*)하여 전달체계를 통합적이고 포괄적인 것으로 발전시키는 전략이다. 중앙집권화는 행정적인 통일화를 의미하는데, 즉 사회복지 관련업무를 하나의 통일된 전달체계로 통합하는 것을 말한다. 예를 들면 영국에서 1971년에 지방정부의 여러 부서에 편재해 있던 사회 서비스(*social services*)를 지방정부 사회 서비스국(Local Authority Social Services Department)으로 통합한 것이 있다. 그리고 한 전달체계 내에서 관련 서비스의 인테이크(*intake*)를 단일창구(*single door*)로 통일하는 것도 행정적 통일화의 예이다. 연합화는 전달체계 기관 간의 자발적 상호 호혜적 공조체제를 구축하는 것이며 이는 주로 각 기관이 가지고 있는 자원을 지역적으로 집권화하는 것이다. 따라서 연합화는 중앙집권화에서와 같이 행정적 통일화는 이루어지지 않는 것이다. 이러한 협조체제의 구축은 사회복지 전달체계 기관 간에 가장 흔하게 이루어지는 전략이다.

시민 참여체제의 도입은 의사결정의 권위를 전달체계 기관과 클라이언트에 재배분하는 전략이다. 시민참여는 클라이언트와 비슷한 사람들이 서비스 전달에 영향을 미칠 위치에 있게 되면 클라이언트에게 접근 용이성과 서비스에 대한 책임성이 보장될 수 있고 클라이언트의 욕구에 더 적절히 반응할 수 있다는 취지에서 선택되는 전략이다. 시민참여의 형태는 영향력의 정도와 참여분야 및 관여 전달체계의 수준 등에 따라 다양하게 분류될 수 있는데 일반적으로는 의사결정의 권위를 재배분하는 정도에 따라 비재배분적 참여(의사결정에 전혀 영향을 미치지 못하는 형태), 명목적 참여(의사결정에 영향을 미치지만 그 정도가 약한 형태), 재배분적 참여(의사결정에 실질적으로 상당한 정도 영향을 미치는 형태)로 분류될 수 있다(Gilbert, Specht & Terrell, 1993: 134).

2) 업무분담의 재조직화

업무분담의 재조직화에는 비전문가에게 전문가의 역할 일부를 부여하는 전문가 역할 부여(*role attachment*)와 전문가 역할의 자율성을 확보하기 위하여 조직 내에 있으면서도 통제를 벗어나게 하거나 아니면 전문가 조직을 완전히 분리시키는 전문가 조직의 분리(*professional disengagement*)가 있다. 전문가 역할부여는 서비스 대상자가 사회계급적, 문화직, 인종적으로 서비스를 전달하는 전문가와 다를 경우 상호 이해와 접근이 용이하지 않고 따라서 서비스 전달이 어려운 경우 서비스 전달 전문가와 클라이언트를 중간에서 연결하여 중계해 줄 수 있는 사람(일반적으로는 클라이언트에게 쉽게 받아들여질 수 있는 토착적인 사람)을 찾아 그에게 전문가의 역할 일부를 부여하는 것을 말한다. 전문가 조직의 분리는 서비스 전달조직(체계)이 관료적인 특성이 강하여 전문가로서의 전문성 발휘나 자율성 발휘를 속박하거나 저해할 경우 그러한 조직적 상황에서 벗어나 전문가로서의 전문성 발휘와 자율성 발휘가 용이하도록 조건을 만드는 것을 말한다.

전문가 조직의 분리 전략은 주로 공공조직(정부조직)에 의한 서비스 전달체계에서 흔히들 적용할 수 있는 것이다. 이러한 경우 정부의 관료적 조직을 떠나 개인개업을 하거나(이 경우 서비스 비용을 정부로부터 직접 받도록 함) 서비스를 사적 전달조직에 위탁하거나 아니면 공적 조직 내에 있으면서 전문가의 공적 조직을 사적 영리 조직처럼 운영하게 하는 방법 등이 있다.

3) 전달체계의 구조변경

전달체계의 구조변경은 클라이언트로 하여금 서비스에 쉽게 접근할 수 있도록 하는 전략이다. 이러한 전략에는 서비스에의 접근을 촉진하는 것 그 자체를 하나의 특별한 서비스로 마련하는 것(*specialized access structure*: 서비스 접근촉진 구조)과 의도적으로 같은 서비스 전달체계를 중복시키는 것(*purposive duplication*)이 있다.

클라이언트는 여러 가지 요인(정보부족, 지리적 및 심리적 장애, 교통상의 장애 등)으로 욕구나 문제해결을 위한 서비스에 용이하게 접근할 수 없는 경우가 많다. 이 경우는 서비스를 안내 및 의뢰하거나 클라이언트를 대변(*advocacy*)하여 서비스에 쉽게 접근할 수 있도록 하는 별도의 서비스 접근촉진 서비스를 서비스 전달체계 내에 마련하는 방법도 있다. 또한 지리적 장애나 교통상의 장애가 있을 때는 같은 서비스 조직을 지리적 또는 교통상으로 접근하기 쉬운 곳에 새로 설치하는 방법(분사무소 형태)도 있다.

4) 전달체계의 운영주체 : 비영리 조직과 영리 조직

전달체계의 운영주체는 서비스의 성격에 따라 공적 조직이 제공해야 할 것과 공적 또는 사적 조직이 제공하여도 되는 것이 있다. 예를 들면 사회보험이나 공공부조에 속하는 서비스는 서비스의 성격상 공적 조직이 제공해야 하지만 사회 서비스는 공적 조직 또는 사적 조직이 제공할 수 있다. 그리고 사적 조직이라도 비영리 조직일 수도 있고 또는 영리 조직일 수도 있다. 사회 서비스는 클라이언트에 대한 다양한 비물질적 서비스(비화폐적 서비스)를 다루는 것이므로 서비스의 효율성과 효과성이 더욱 문제시된다. 같은 서비스를 공적 체계가 전달하는 경우와 사적 체계가 전달하는 경우 어느 쪽이 더 효과적이고 효율적이냐에 대해서는 경험적 연구결과가 엇갈려 확실한 결론을 내리기 어렵지만 공적 체계보다는 사적 체계가 보다 우월하다는 연구가 더 많은 편이다.

그리고 서비스 전달체계를 비영리 조직으로 하는 것과 영리 조직으로 하는 것은 서비스의 종류에 따라 달라질 수 있는데 예를 들면 무료 서비스는 비영리 조직(공적 조직 또는 비영리 법인)이 제공하는 것이 당연하다. 그러나 유료 서비스인 경우는 비영리 조직과 영리 조직 중에서 어느 쪽이 더 효과적이고 효율적이냐는 확실한 결론을 내리기 어렵다

(Gilbert, Specht & Terrell, 1993: 153). 이윤추구의 동기는 사회복지 서비스의 본질과 양립할 수 없고(Wilensky & Lebeaux, 1965: 141~142), 이론적으로도 비영리 조직이 보다 높은 공적 책임성을 지고 있기 때문에 영리 조직은 사회복지 서비스 전달에 부적합하다는 주장이 있지만 서비스의 효율성과 효과성에 있어서 영리 조직이 비영리 조직보다 우월하다면 반드시 영리 조직의 사회복지 서비스 전달에의 참여를 배제할 필요는 없을 것이다.

비영리 조직으로 할 것이냐 영리 조직으로 할 것이냐는 다음과 같은 조건을 감안하여 선택하는 것이 바람직하다(Gilbert, Specht & Terrell, 1993: 153~156). 즉 ① 서비스의 표준화 정도, ② 클라이언트 집단의 능력, ③ 서비스의 강제성, ④ 관련규정 준수에 대한 감독의 강력성 정도에 따라 택하는 것이 바람직하다.

5) 서비스 배분방법

1970년대 이후 사회복지비용의 증대와 경제성장의 둔화에 따라 제한된 자원을 가지고 보다 많은 사람들의 사회적 욕구를 충족시킬 수 있도록 배분하는 것(*rationing*)이 중요한 관심사가 되어 왔다. 이것은 바로 서비스의 효율성 제고의 문제인 것이다. 서비스 배분방법에는 크게 두 가지가 있는데 하나는 공급억제이고 다른 하나는 수요억제이다. 공급억제는 클라이언트에 대한 제한 강화와 서비스 희석화(*dilution*)를 통하여 이루어질 수 있다. 클라이언트에 대한 제한 강화는 수혜자격 요건(*eligibility*)을 강화하여 수혜자격이 있는 클라이언트의 서비스 이용률을 저하시키는 것이다.

서비스 희석화는 서비스의 양과 질을 감소시키는 것인데 예를 들면 클라이언트 접촉시간의 단축, 사례의 조기종결, 전문가의 질을 낮춤, 전문가를 자원봉사자로 대치 등과 같은 것이다. 수요억제 전략에는 서비스의 접근에 물리적, 시간적 및 사회적 장애를 제거하지 않거나 또는 장애를 생기게 하는 것이 있다. 예를 들면, 특별한 서비스 이용촉진 활동을 하지 않고 알아서 찾아오도록 하는 것, 대기자 명단제도 도입, 신청절차에 시간을 많이 걸리게 하는 것, 교통이 불편한 곳에 사무실 설치, 불편한 서비스 시간 배정 등이다.

4. 공적 사회복지 서비스 전달체계

1) 전달체계의 현황

현대사회에서 사회복지는 공식적으로 조직된 활동이고(Wilensky & Lebeaux, 1965: 140) 법률에 의하여 제도화한 것이므로 조직체계를 통하여 전달되어야 한다. 현재 우리나라에는 법률과 훈령에 의하여 규정된 사회복지 관련 프로그램은 대체로 200개 정도 되지만 크게 사회보험, 공공부조, 사회 서비스(*social services*)로 구분될 수 있다. 이들 서비스의 전달을 담당하는 정부의 부처는 〈표 4-1〉에서 보는 바와 같이 프로그램에 따라 전달부처는 보건복지부(이하 복지부), 문화체육관광부(이하 문체부), 행정안전부(이하 행안부), 교육부, 국방부, 고용노동부(이하 노동부), 여성가족부(이하 여성부), 법무부, 보훈처 등으로 다양하게 분산되어 있다.

사회보험의 프로그램을 보면 연금보험, 국민건강보험, 고용보험 및 산업재해보상보험이 있는데 이 서비스들의 전달부처는 프로그램에 따

〈표 4-1〉 사회복지 서비스 및 담당 행정부서

사회복지 급여	구체적 프로그램		관 련 법	관할부서
공통	없음		• 사회보장기본법	복지부
사회보험	연금보험	국민연금	• 국민연금법	복지부
		공무원연금	• 공무원연금법	행안부
		사립학교교원연금	• 사립학교교직원연금법	교육부
		군인연금	• 군인연금법	국방부
	국민건강보험	국민건강보험	• 국민건강보험법	복지부
			• 노인장기요양보험법	복지부
			• 농어촌주민의 보건복지증진을 위한 특별법	복지부
	산업재해보험		• 산업재해보상보험법	노동부
	고용보험		• 고용보험법	노동부
공공부조	최저생활보장		• 국민기초생활보장법	복지부, 행안부
			• 기초연금법	복지부, 행안부
			• 긴급복지지원법	복지부, 행안부
			• 북한이탈주민의 보호 및 정착지원에 관한 법률	통일부
	의료부조		• 의료급여법	복지부, 행안부
	보훈급여		• 국가유공자 등 예우 및 지원에 관한 법률	보훈처
			• 일제하 일본군위안부피해자에 대한 생활안정지원 및 기념사업 등에 관한 법률	여성부, 행안부
			• 보훈기본법	보훈처
			• 의사상자 예우에 관한 법률	행안부
			• 독립유공자 예우에 관한 법률	보훈처
	재해구호		• 재해구호법	복지부, 행안부
	갱생보호		• 갱생보호법	법무부
사회 서비스	공통 · 총괄사항		• 사회복지사업법	복지부
			• 사회보장급여의 이용 · 제공 및 수급자발굴에 관한 법률	복지부

〈표 4-1〉 계속

사회복지 급여	구체적 프로그램	관 련 법	관할부서
사회 서비스	공통 · 총괄사항	• 사회복지공동모금회법 • 기부금품의 모집 및 사용에 관한 법률 • 국민건강증진법 • 공익법인의 설립 · 운영에 관한 법률 • 보조금의 예산 및 관리에 관한 법률	복지부 행안부 복지부 정부부처 전체 기재부
	가정복지	• 가정폭력방지 및 피해자보호 등에 관한 법률 • 가정폭력범죄의 처벌 등에 관한 특례법 • 건강가족기본법	여성부 법무부 여성부
	아동 및 청소년복지	• 아동복지법 • 입양특례법 • 입양 촉진 및 절차에 관한 특례법 • 영유아보육법 • 유아교육진흥법 • 보호시설에 있는 미성년자의 후견직무에 관한 법률 • 청소년기본법 • 청소년보호법	복지부 복지부 복지부 복지부 교육부 복지부 문체부 국무총리실
	장애인복지	• 장애인복지법 • 장애인 고용촉진 및 직업재활에 관한 법률 • 특수교육진흥법 • 장애인 · 노인 · 임산부 등의 편의증진보장에 관한 법률 • 한국수화언어법	복지부 노동부, 복지부 교육부 복지부 문체부
	노인복지	• 노인복지법 • 기초연금법 • 노인장기요양보험법 • 효행 장려 및 지원에 관한 법률	복지부 복지부 복지부 복지부

〈표 4-1〉 계속

사회복지 급여	구체적 프로그램	관 련 법	관할부서
사회 서비스	노인복지	• 대한노인회 지원에 관한 법률 • 고용상 연령차별금지 및 고령자 고용촉진에 관한 법률 • 저출산 · 고령사회기본법 • 노인보호구역 지정 및 관리에 관한 규칙	복지부 노동부 복지부 외 행안부
	여성복지	• 성매매 방지 및 피해자 보호 등에 관한 법률 • 성폭력 방지 및 피해자 보호 등에 관한 법률 • 성폭력범죄의 처벌 등에 관한 특례법 • 여성발전기본법	여성부 여성부 법무부 여성부
	모자복지	• 모 · 부자복지법 • 모자보건법	여성부 복지부
	교정복지	• 보호관찰 등에 관한 법률 • 사회보호법	법무부 법무부
	정신보건복지	• 정신보건법	복지부
	보건 · 의료*	의료법, 지역보건법, 국민건강증진법, 농어촌 등 보건의료를 위한 특별조치법, 보건의료기본법, 공공보건의료에 관한 법률	복지부, 농림부
	노동*	근로기준법, 남녀고용평등법 고용정책기본법, 근로자복지기본법 사내근로자복지기본법, 직업능력개발법 직업안정법, 근로자퇴직급여보장법, 청소년실업해소특별법	노동부
	주택*	임대주택법, 주택임대차보호법, 주택 공급에 관한 규칙	복지부, 국토부

주 : 1) 보건복지부는 복지부, 여성가족부는 여성부, 행정안전부는 행안부, 고용노동부는 노동부, 농림축산식품부는 농림부, 문화체육관광부는 문체부, 국토교통부는 국토부, 기획재정부는 기재부로 칭함.
2) * 사회복지에 포함될 수 있음.

라 복지부, 노동부, 행안부, 교육부, 국방부로 되어 있다. 공공부조의 프로그램에는 기초생활보장, 의료급여, 보훈급여, 재해구호, 갱생보호가 있으며, 이들 서비스를 전달하는 부처는 복지부, 행안부, 보훈처, 여성부, 법무부로 되어 있다. 그리고 사회 서비스(*social services*) 프로그램에는 사회 서비스의 포괄적 기본업무, 가정복지, 아동 및 청소년복지, 장애인복지, 노인복지, 여성복지, 모·부자복지, 교정복지, 정신보건복지가 있으며 이들 서비스의 전달부처는 복지부, 행안부, 문체부, 노동부, 교육부, 여성부, 법무부로 되어 있다. 그러나 대부분의 주요 프로그램은 복지부 또는 복지부와 행안부가 담당하고 있다.

핵심적인 사회복지 서비스는 주로 복지부 및 행안부를 통하여 전달되고 있기 때문에 복지부와 행안부를 중심으로 한 사회복지 서비스 전달체계를 살펴보면 〈그림 4-1〉과 같다.

〈그림 4-1〉에서 보는 바와 같이 국민연금과 국민건강보험 업무는 중앙부서인 복지부에서 행안부의 지방행정 기구를 통하지 않고 직접 국민연금관리공단, 국민건강보험공단으로, 다시 각 지부로 전달되고 마지막으로 수혜자에게 전달되어 시행되고 있다. 그런데 공공부조인 국민기초생활보장과 의료급여 및 사회 서비스 업무는 복지부에서 사업계획과 지침을 수립하여 행안부와 연계된 시·도(광역지방자치단체)의 보건복지국(복지건강국 또는 자치단체에 따른 다른 명칭)에 시달하면 시·군·구(기초지방자치단체)의 주민생활지원국(건강복지국/복지건강국)에서 업무지침을 시달 받아 주민들에게 직접 복지 서비스의 대부분을 전달한다.

2006년 정부에서는 시·군·구의 사회복지 전달체계를 크게 개편하였는데 이는 시·군·구에 주민생활지원국을 신설하고 기존의 읍·면·동에서 수행하던 사회복지 서비스의 상당수를 시·군·구로 이관하

〈그림 4-1〉 공공 사회복지 급여 전달체계(2016년 1월 현재)

고용노동부	보건복지부			
	연금정책국	사회복지정책실		
		복지정책관	복지행정 지원관	사회서비스 정책관
	• 국민연금정책과 • 국민연금재정과 • 기초연금과	• 복지정책과 • 기초생활보장과 • 자립지원과 • 기초의료보장과	• 지역복지과 • 급여기준과 • 복지정보과	• 사회서비스정책과 • 사회서비스사업과 • 사회서비스지원과 • 사회서비스일자리과

- 산업재해 보상보험
- 고용보험
- 지방노동청 / 근로복지공단
- 고용센터 / 근로복지공단 지부

- 국민연금
- 국민연금공단
- 국민연금공단 지부

〈그림 4-1〉 계속

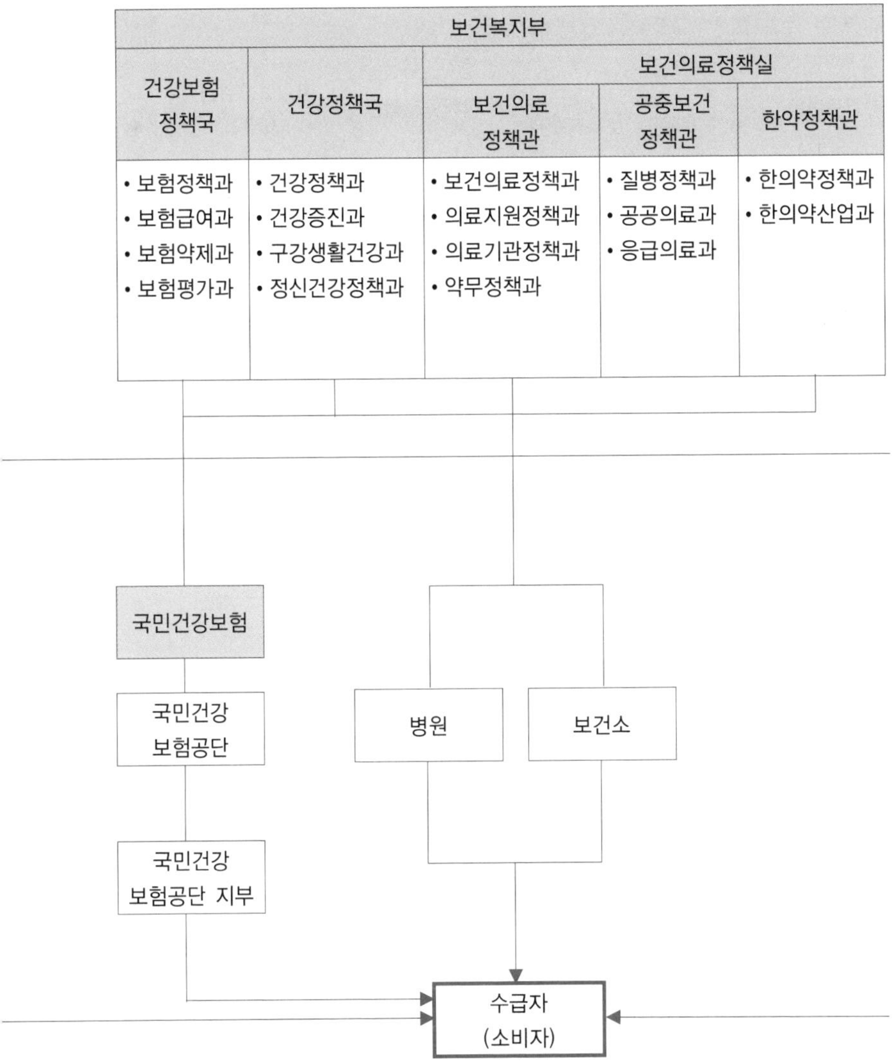

보건복지부				
건강보험 정책국	건강정책국	보건의료정책실		
		보건의료 정책관	공중보건 정책관	한약정책관
• 보험정책과 • 보험급여과 • 보험약제과 • 보험평가과	• 건강정책과 • 건강증진과 • 구강생활건강과 • 정신건강정책과	• 보건의료정책과 • 의료지원정책과 • 의료기관정책과 • 약무정책과	• 질병정책과 • 공공의료과 • 응급의료과	• 한의약정책과 • 한의약산업과

국민건강보험

국민건강 보험공단

국민건강 보험공단 지부

병원

보건소

수급자 (소비자)

(다음 장에 계속)

〈그림 4-1〉 계속

보건복지부					행정안전부
인구정책실			장애인정책관	사회보장위원회 사무국	
인구아동정책관	노인정책관	보육정책관			
• 인구정책과 • 출산정책과 • 아동복지정책과 • 아동권리과	• 노인정책과 • 노인지원과 • 요양보험제도과 • 요양보험운영과	• 보육정책과 • 보육사업기획과 • 보육기반과	• 장애인정책과 • 장애인권익지원과 • 장애인자립기반과 • 장애인서비스과	• 사회보장총괄과 • 사회보장조정과 • 사회보장평가과	

국민기초생활보장 · 의료급여 · 사회서비스				
시 · 도				
복지건강국				
사회복지과	노인효복지과	장애인복지과	보건정책과	식품의약과

시 · 군 · 구						
복지환경국						
주민복지과	노인·장애인복지과	여성가족과	출산보육과	식품위생과	환경관리과	청소과

읍 · 면 · 동
사회복지전담공무원

주 : 광역 및 기초자치단체의 경우 각기 다른 경우가 많은데 이 그림에서는 시 · 도의 경우는 경상북도, 시 · 군 · 구의 경우는 포항시의 경우를 제시하였음.

여 통합적 one-stop 서비스를 제공하려는 의도에서 이루어진 것이다(행정안전부, 2006). 즉, 주민생활지원국 산하에 주민생활지원과, 주민서비스 1과 주민서비스 2과(시 · 군 · 구의 인구규모가 적은 경우는 주민서비스 1과 및 2과 대신에 주민서비스과 하나로 함)를 두고 주민들에게 통합적 one-stop 서비스를 직접 제공하고, 공공부조 대상 및 저소득층에 대한 심층상담, 가정방문, 사후관리 등의 서비스는 읍 · 면 · 동의 주민생활지원 담당(사회복지 전담공무원)이 제공하도록 하는 것이다.

이와 같은 사회복지 서비스 전달체계의 개편은 2006년 7월부터 1차적으로 시행하여 2007년 6월까지 완료되었다. 그런데 주민생활지원국이라는 명칭하에 사회복지 서비스 외에 다른 주민생활 서비스(문화 및 체육 서비스)까지 전달함으로써 사회복지 전달체계로서의 전문성과 자율성 확보에 문제가 나타날 소지가 있으며 특히 사회복지 전담공무원을 사회복지 전문교육을 받은 사회복지사로 충당하지 않고 기존의 일반행정직 또는 타직렬의 공무원을 일정기간 훈련하여 보충하는 경우가 많았다. 이와 같은 비전문인력의 배치는 사회복지 전문화에 장애요인이 될 수 있다는 점에서 크게 우려되었다. 더구나 이와 같은 사회복지 서비스 전달체계 개편은 지금까지 사회복지계에서 주장하여 온 사회복지사무소 모형과는 상당한 거리가 있는 것은 말할 필요도 없고, 사회복지사업법을 개정(2003년)하여 시범사업으로 시행하고 있는 사회복지사무소 시범사업(2004년 7월~2006년 6월)의 결과를 제대로 반영하지 못하여 졸속한 개편이라는 비판이 제기되었다.

행안부와 연계된 지방자치단체 조직은 특별시 · 직할시 · 광역시 · 도와 시 · 군 · 구에 따라 약간씩 다르기 때문에 〈그림 4-1〉의 조직과 차이를 보인다. 그러나 이와 같은 주민생활지원국은 2009년 10월 이후 사회복지 전달체계 개선책 시행 이후 시 · 군 · 구마다 다양하게 변화되었다.

〈그림 4-1〉에는 나타나 있지 않지만 각종 사회복지 서비스의 전달체계의 단계(중앙 및 지방의 시 · 군 · 구 단위까지) 마다 주요 사항을 자문하거나 심의하기 위하여 각종 위원회가 있고 자원봉사직으로 실제의 업무를 처리하는 정부 위촉위원이 있다. 현행법상의 주요 위원회와 정부 위촉위원은 다음과 같다.

① 대통령 산하 위원회: 저출산 · 고령사회위원회
② 국무총리실 산하 위원회: 사회보장위원회, 아동정책조정위원회, 보육정책조정위원회, 장애인복지조정위원회
③ 보건복지부, 여성가족부, 노동부 및 각종 중앙기관 산하 위원회: 중앙보육정책위원회, 생활보장위원회, 장애인복지위원회, 의사상자심사위원회, 국민연금심의위원회, 국민연금기금운용위원회, 건강보험심의위원회, 의료급여심의위원회, 산업재해보상보험심의위원회, 일본군위안부피해자생활안정지원및기념사업심의위원회
④ 시 · 도 산하 위원회 : 사회보장위원회, 사회복지위원회, 아동복지위원회, 지방보육정책위원회, 생활보장위원회, 지방장애인복지위원회, 의료급여심의위원회
⑤ 시 · 군 · 구 산하 위원회 : 지역사회보장협의체, 사회복지위원회, 생활보장위원회

2) 공적 사회복지 전달체계의 문제점

공적 사회복지 전달체계의 문제점은 무엇보다도 조직구조상의 문제가 중요한데 이러한 조직구조상의 문제는 프로그램 운영과 프로그램

평가 면에도 영향을 미치게 된다. 따라서 조직구조를 중심으로 문제점을 살펴보기로 하겠다.

(1) 상의하달식 수직적 전달체계

대부분의 사회복지 서비스는 중앙정부(주로 복지부)에서 기본정책과 계획을 수립하고 이를 수행하기 위한 지침을 하달하고 중간 및 하부기관은 그 지침에 따라 업무를 수행하는 상의하달식으로 전달되고 있다. 이러한 행정편의 위주의 상의하달식 체계에서는 중간 또는 하부조직에서 수혜대상자의 욕구나 지역의 욕구에 자율적이며 능동적으로 대처하기 어렵다(서상목 외, 1989: 92; 박경숙 · 강혜규, 1992: 23). 따라서 서비스의 적절성, 통합성, 포괄성을 달성하기 어렵다고 할 수 있다.

(2) 사회복지 행정의 지방일반행정 체계로의 편입

국민기초생활보장, 의료급여 및 사회 서비스의 전달을 위한 행정체계가 행정안전부의 지방행정체계에 편입되어 수행됨으로써 사회복지 서비스의 특성과 전문성을 전반적으로 살리지 못하고 있다. 그리고 거의 대부분의 경우 사회복지 전담공무원이 타업무를 겸임함으로써 전문성 발휘의 기회가 없어짐에 따라 사회복지 서비스 전달업무의 효과성, 책임성, 업무만족도가 저하되고 사회복지 전담공무원의 소진현상(*burnout*)이 증가되는 문제(박경숙 · 강혜규, 1992: 23~50)가 나타났다. 이로 인하여 결국은 서비스의 효율성도 저하될 가능성이 높다.

(3) 전문인력 관리 미흡

1999년 9월까지 전달체계 내에서 사회복지 전담공무원은 승진의 가능성이 거의 없는 별정직으로 되어 있어 사기 저하와 업무개발의 동기가 약하였다. 그리고 인력관리체계와 보수체계도 전문업무에 적합하지 않아 사회복지 전문요원이 업무를 소신껏 수행하도록 유도하지 못하였다. 1999년 9월 28일부터 정규 사회복지직으로 전환되어 공공행정의 전문화가 크게 기대될 수 있게 되었다. 그러나 아직도 사회복지를 체계적으로 교육받지 못한 타직렬의 일반공무원이 사회복지직으로 전환되고 있어 서비스의 질을 저하시켜 결국은 서비스의 효과성이 약화될 가능성이 높다.

(4) 전문인력의 부족

생활보호 업무를 주로 다루는 사회복지 전담공무원(1987년부터 1999년까지 사회복지 전담공무원이 아니라 '사회복지 전문요원'이 공식적 명칭이었음) 제도가 생긴 1987년 이전까지는 사회복지 전달체계 속에 사회복지 전담공무원이 전혀 없었기 때문에 전문인력의 부족은 말할 필요도 없다. 1987년 이후에 사회복지 전담공무원이 매년 증가하고는 있지만(2000년 4,800명) 2006년 현재 사회복지 전담공무원 1인당 평균 취급 가구수는 130가구로 1인당 적정수준이라고 생각되는 취급 가구수 90~100가구 보다 훨씬 많아 사회복지 전담공무원의 부족은 여전히 심각하다. 사회복지 전담공무원은 생활보호 업무의 합리성과 효율성을 높이기 위하여 도입된 제도이지만(보건복지부, 1993: 5) 사회복지 전담공무원은 말 그대로 사회복지 관련 제반 업무를 전담하여야 한다고 보면 현재의 공적 사회복지 전달체계에서의 전문가는 엄청나게 부족하다고 할 수 있다. 특히 기존의 생활보호법을 대치하는 국민기초생활보장법이 2000년 10월부터 시행됨에 따라 자산조사 등의 업무량이 크게 증가한데 비하여 사회복지 전담공무원의 수는 크게 부족한 상태이다. 정부에서는 2011~2017년까지 1만 명의 사회복지 전담공무원을 충원하였다.

이와 같은 충원은 복지 업무량을 상당히 완화시키겠지만 여전히 사회복지 전담공무원의 수는 부족하다. 전문인력의 부족은 특히 서비스의 질을 저하시키고, 결국은 서비스의 효과성을 약화시키는 결과를 초래할 것이다.

(5) 서비스의 통합성 결여

사회복지 서비스는 통합적으로 제공되어야 한다는 원칙에 비추어보면 2006년 7월부터 시행된 시·군·구 단위의 주민생활지원국체제는 서비스의 통합성 증진에 크게 기여할 것으로 기대된다. 하지만 사회복지사 자격이 있는 전담공무원과 그렇지 못한 전담공무원 사이의 사회복지의 원칙이나 기술에서의 이해 차이 및 갈등으로 통합 서비스가 어느 정도 잘 이루어질 지는 두고 봐야 할 일이다. 그리고 같은 국(주민생활지원국) 내에도 부서나 프로그램에 따라 서비스 대상 자격기준이 다름으로 인하여 서비스 통합성을 상당히 저해시킬 가능성이 있어 이 점에도 유의해야 할 것이다.

(6) 각종 위원회의 활동부진

위에서 열거한 것처럼 전달체계의 각 수준에서 주요한 사항을 자문 또는 심의하기 위하여 다양한 위원회를 두었지만 위원회를 활용하는 경우가 많지 않아 위원회가 형식적으로 운영되거나 거의 유명무실한 경우도 많다. 2000년대 이후 위원회의 난립과 활동부진 문제를 해결하는 의미에서 위원회를 상당히 정비하여 활성화하는 경향을 보이고는 있으나 아직도 형식적이거나 유명무실한 경우가 많다. 특히 사회복지 서비스가 지역사회 중심으로 발전하게 될 것이므로 지역사회 중심의 복지 서비스를 증진하기 위한 위원회가 크게 활성화되어야 할 것으로 본다. 지방자치단체에서는 법률에 근거가 없어도 지방자치단체의 조례나 자치단체장의 직권으로 자문위원회 정도는 구성할 수 있기 때문에 지역사회 단위의 자문위원회를 활성화하는 것이 바람직하다.

3) 공적 사회복지 전달체계의 개선

사회보험인 국민연금과 국민건강보험은 전국적으로 통일된 원칙 아래 현재와 같이 중앙정부가 지방정부의 조직을 거치지 않고 국민들에게 전달하는 것이 바람직하기 때문에 사회복지 전달체계의 개선에서 별로 문제되는 분야는 아니라 할 수 있다. 문제가 되는 분야는 중앙정부와 지방정부가 관여하는 공공 부조와 사회 서비스이다. 지금까지 사회복지계에서 제시된 공적 사회복지 전달체계의 개선 모형은 크게 두 가지로 나눌 수 있다.

한 모형은 시・도의 지방 일반행정기관에서 사회복지업무나 보건복지의 업무를 분리시켜 보건복지부 직속 하부 집행기관인 사회복지청과 보건복지지방청으로 만드는 중앙집권 분리형이고, 다른 한 모형은 행정안전부 집행기관으로서 시・도 지방자치단체로부터 직접적으로 지시감독을 받으며 보건복지부로부터는 간접적으로 통제를 받게 되는 지방분권 분리형이다.

중앙집권 분리형은 사회복지의 지방적 특성을 무시하고 사회복지에서의 지방정부 기능을 약화 내지는 소멸시킬 가능성이 크므로 바람직하지 못하다. 지방분권 분리형은 시・군・구 단체장 직속으로 사회복지사무소를 두고 사회복지업무를 통합하여 수행하는 모형이다.

공공 사회복지 전달체계 개선의 문제는 1980년대 초부터 사회복지계에서 제기되었는데 여기에 2006년까지의 공적 사회복지 서비스 전달체계의 개편 역사를 간단히 살펴보기로 하겠다. 1980년대부터 사회복지계에서는 줄곧 공적 사회복지 서비스 전달체계 개선의 대안으로 시·군·구 단위의 독립된 사회복지사무소 모형이 선호되었지만 사회복지사무소 모형은 새로운 조직과 공간을 필요로 하는 것이므로 국가예산의 뒷받침이 어렵다고 판단되었다.

이에 정부에서는 1995년에 차선책으로 보건 서비스와 복지 서비스를 통합하는 보건복지사무소 모형을 처음으로 시범사업으로 시행하기에 이르렀다. 이 보건복지사무소 모형은 기존의 보건소 공간에 복지 서비스를 통합하는 것인데 1995년 7월부터 1999년 6월까지 4년 간에 걸쳐 5개소의 보건소에서 시범사업을 수행하였다. 이 시범사업은 충분히 사전에 계획되지 못한 점과 보건의료 분야 전문직과 사회복지 전문직 사이의 이해부족 및 갈등 등으로 시범사업의 결과는 긍정적인 면이 약한 것으로 나타났다.

이후 보건복지사무소 모형으로의 개편이 보류된 상태에서 정부에서는 2003년 사회복지사업법을 개정하여 시·군·구에 지역사회복지협의체 구성과 복지사무소 전담기구 설치를 가능하게 하였고 이에 따라 사회복지사무소 시범사업을 하기로 결정하였다. 복지부에서는 2004년 3월 9개 시·군·구(서울 서초구, 강원 춘천시, 충북 옥천군 등)를 시범사업 지역으로 선정하여 2004년 7월부터 2006년 6월까지 2년간 사회복지사무소 시범사업을 시행하고 결과에 따라 확대하기로 하였다.
시범 사회복지사무소 모형은 시·군·구 단체장 직속하에 두고 하부조직은 특별시·광역시의 경우는 3개과(복지지원과, 공공부조과, 복지서비스과), 도의 시 지역은 2개과(복지지원과 및 복지사업과), 도의 군 지역은 1개과 규모로 하는 것이었다(보건복지부, 2004: 17~20). 9개 지역 시범사업 1차 결과보고서(보건복지부, 2005)에 의하면 시범사업이 3분의 1 정도 시행된 상태에서 긍정적 평가가 많았고 향후 시범사업의 효율성과 효과성이 크게 기대되었다.

그럼에도 불구하고 정부에서는 복지부 주도의 사회복지사무소 시범사업의 평가를 제대로 반영하지 못한 채 행정안전부 주도로 지방자치단체 주민생활지원 강화 계획을 수립하여 2006년 4월에 발표하고 2006년 7월부터 시・군・구에 주민생활지원국을 설치하는 사회복지 서비스 전달체계 개편을 시행하기에 이르렀다(〈그림 4-2〉 참조). 이와 같은 행정안전부 주도의 사회복지 서비스 전달체계 개편은 사회복지 전문성을 제대로 살리지 못하였을 뿐만 아니라 사회복지를 '주민생활지원'이라는 명칭 속에 매몰시킴으로써 사회복지의 범위와 전문적 영역을 혼

〈그림 4-2〉 2006년 6월 개편된 사회복지 서비스 전달체계

단체장 · 부단체장
보건소
주민생활지원국

주민생활지원과	주민서비스 1과	주민서비스 2과	문화체육과
• 총괄기획 • 서비스조정 · 연계 • 통합조사 • 자원봉사	• 기초생활보장 • 자활 · 고용 • 노인 • 장애인	• 보육 • 여성 • 아동 · 청소년 • 평생교육 • 주거복지	• 문화예술 • 관광 • 여가지원 • 생활체육

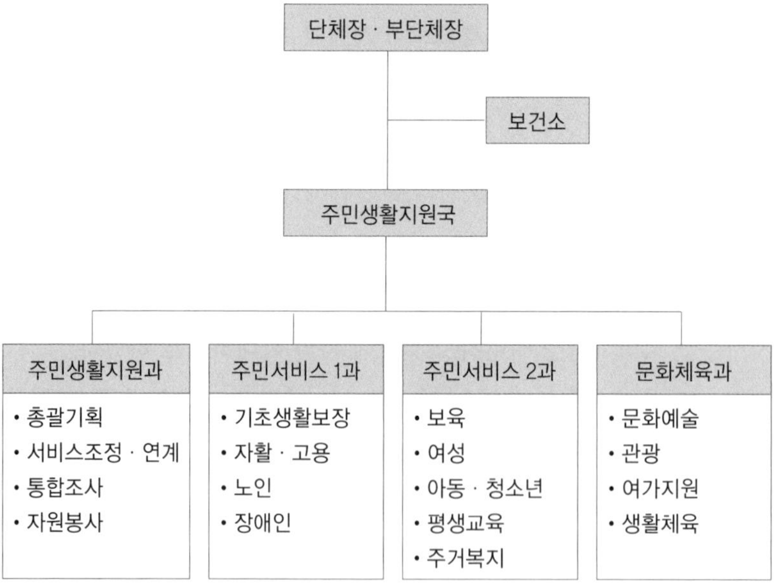

주 : 조직모형은 3가지가 있으나 여기서는 대도시형을 제시함.

란시키는 문제점이 나타났다. 2009년 10월 사회복지통합관리망을 포함한 시·군·구 사회복지 전달체계 개선책이 시행되어 주민생활지원국체계에 상당한 변화가 생겼고, 사례관리가 더욱 강화되는 방향으로 변화되었다. 이후 2015년 4월 사회보장급여의 이용·제공 및 수급권자 발굴에 관한 법률(2014년 12월 제정) 시행에 따라 공공복지 수급권자 발굴 강화 및 수급권 사각지대 해소, 공공복지 수급정보체계 관리강화 등을 통해 공공복지 전달체계가 더욱 개선되었다.

5. 사적(민간) 사회복지 서비스 전달체계

사회복지 서비스는 공식적으로 조직된 활동으로 전달주체 또는 운영주체는 정부의 공적 전달체계 외에 사적(민간) 사회복지 전달체계가 있다. 역사적으로 보면 현대사회의 사회복지가 국가의 관여에 의하여 제도화되기 전에는 사적 사회복지 조직에 의한 활동이 사회복지의 주된 활동이었으며, 사회복지가 국가의 기능으로 제도화된 오늘날에도 여전히 사적 사회복지 조직에 의한 활동이 활발히 이루어지고 있고 앞으로도 계속 그 존재와 활동이 필요하다.

1) 사적(민간) 사회복지 전달체계의 필요성

(1) 정부제공 서비스 비해당자에 대한 서비스 제공

정부에서 제공하는 서비스는 많은 경우 수혜자의 자격기준을 심사하여 선별적으로 제공하기 때문에 수혜자가 제한될 수밖에 없다. 따라서 수혜자격이 있음에도 수적인 제한으로 서비스를 받지 못하거나 자산정도와 연령의 미달이나 초과 등으로 필요로 하는 서비스를 받을 수 없는 사람들에게 서비스를 제공하기 위하여 민간 사회복지활동이 필요하다.

(2) 정부가 제공할 수 없는 서비스 제공

정부의 서비스는 일반적으로 기본적이고 보편적인 문제나 욕구충족에 1차적인 목표를 두고 있는 만큼 정부에서는 개인의 다양한 문제나 욕구를 모두 충족시켜 줄 수 없고 질 높은 서비스를 제공하기도 어렵다. 국민들의 공통적인 욕구는 계속적으로 다양해지고 그 수준이 상승되고 있으므로 이러한 욕구에도 대응할 필요가 있다. 따라서 사적 기관은 정부에서 제공할 수 없는 보다 다양하고 질 높은 서비스를 제공하기 위해서 민간 사회복지활동이 필요하다.

(3) 동일종류의 서비스에 대한 선택의 기회 제공

정부에서 제공하는 것과 같은 종류의 서비스를 사적 기관에서 제공함으로써 클라이언트나 소비자로 하여금 그들의 기호나 지역적, 시간적 여건에 따라 선택할 수 있게 하는 것이 바람직하다. 또한 공적 기관과 사적 기관 간의 경쟁을 유발하여 서비스의 질도 높일 수 있기 때문에 사적 기관에 의한 서비스 제공이 필요하다.

(4) 사회복지 서비스의 선도적 개발 및 보급

사적 기관은 공적 기관에 비해 행정적 융통성이 있고 의사결정도 신속히 이루어질 수 있으므로 환경의 변화와 클라이언트의 새로운 욕구에 민감하게 대응하여 새로운 프로그램을 개발하고 평가하여 보급하는 일을 하기에 유리하다. 즉 정부가 새로운 사회복지 서비스 도입을 위한 정보를 제공받고 선도 역할을 하기 위해서도 사적 기관의 서비스가 필요하다.

(5) 민간의 사회복지 참여욕구 수렴

많은 사람들이 사회복지 활동에 자원봉사자로, 재정적 후원자로 또는 운영자로 참여하기를 원하게 되는데 이러한 민간의 참여욕구는 사적 기관에서 적절히 수렴하거나 사적 기관의 설립을 통해 충족될 수 있기 때문에 사적 기관과 그 활동이 필요하다.

(6) 정부의 사회복지 활동에 대한 압력단체 역할

민간조직은 비슷한 서비스를 제공하면서 정부기관의 활동과 서비스를 감시할 수도 있고 정부가 수행해야 할 서비스를 찾아내거나 확인할 수도 있다. 정부가 서비스를 개선하거나 새로운 서비스를 도입하도록 압력을 가할 필요가 있을 경우 사적 기관의 연합체 또는 협의체를 형성하여 정부에 대하여 요청을 할 수도 있다.

(7) 국가의 사회복지비용 절약

현대사회에서 사회복지의 제1차적 책임은 국가에 있으므로 국가의 재정으로 사회복지 활동을 하여야 한다. 국민의 요구는 더욱 다양해지고 계속적으로 욕구수준이 상승하고 있기 때문에 국가는 국민의 공통적 욕구라 할지라도 모두를 충족시킬 수 있는 재정적 능력이 없다. 즉 국민의 사회복지욕구(수요)에 비하여 사회복지 서비스의 제공(공급)은 제한될 수밖에 없다. 사적 기관에 의한 사회복지 활동은 바로 정부가 비용을 투입하여 수행해야 할 일을 대신 하게 되므로 정부의 사회복지 비용을 절약하는 효과를 가져온다. 다른 한편 정부는 많은 경우 사회복지 서비스를 제공하기 위하여 새로운 공적 조직체를 만드는 것보다 이미 존재하고 있는 사적 조직체에 계약으로 서비스를 위탁할 수도 있고 사적 기관에서 제공하고 있는 서비스를 구입할 수도 있다. 이 경우는 사적 기관에서 정부의 서비스를 제공하는 것이 되는데 사적 기관의 합리적 경영과 보다 전문적인 서비스 제공이 결국은 서비스의 효율성을 높여 정부의 사회복지비용을 절약하는 효과를 가져올 수도 있다.

2) 사적 사회복지기관의 분류

사적 사회복지 전달체계는 사적 사회복지 조직체계이고 또한 민간 사회복지 조직(기관)이다. 민간 사회복지 조직(*voluntary social welfare organization*)은 "영리를 목적으로 하지 않는 주민조직과 그리고 사회복지법인, 재단법인 및 사단법인, 종교단체, 법정단체 및 기타 특수법인, 등록단체나 그 법인 또는 단체가 사회복지사업을 목적으로 운영하는 시설(*institution*)과 기관(*agency*)"이라 할 수 있다(이정호, 1987: 49).

사회복지기관은 여러 가지 기준에 의하여 분류될 수 있는데 주요 분류기준에 따른 분류를 표로 제시하면 〈표 4-2〉와 같다(서상목 외, 1989: 100~104 참조). 즉 조직에서 제공하는 서비스의 대상자에 따른 분류, 제공하는 서비스가 클라이언트나 소비자에게 직접적으로 전달되느냐 아니면 서비스의 기획(계획)과 감독 등의 업무를 수행하여 간접적으로 전달하느냐에 따른 분류, 서비스를 제공하는 장소 이외의 다른 장소에 거주하면서 와서 서비스를 받고 다시 거주지로 돌아가느냐 아니면 서비스를 제공하는 그 장소에서 거주하느냐에 따른 분류, 해결해야 할 문제나 욕구별 또는 문제나 욕구를 가지고 있는 대상인구 집단에 따른 분류, 조직의 설립주체의 성격에 따른 분류이다.

사적 사회복지 전달체계 또는 조직은 이상에서와 같이 다양하게 분

〈표 4-2〉 민간 사회복지 조직의 분류

분류기준	분 류
사회사업 방법론	금품지급 서비스 조직, 개별 사회사업 조직, 집단 사회사업 조직, 종합 복지조직
서비스의 직 · 간접성	직접 서비스 조직, 간접 서비스 조직
서비스 제공 장소에서의 수혜자 주거여부	생활시설(주거시설), 이용시설
문제 · 대상인구	소득유지 조직, 보건의료 조직, 가정복지 조직, 아동복지 조직, 신체장애인 복지조직, 정신건강 서비스 조직, 성인범죄 문제 조직, 집단활동 서비스 조직, 대중오락 및 비공식 교육 조직, 사회계획 및 발전 조직, 노인복지 조직, 부녀복지 조직, 청소년 복지 조직, 산업사회 복지 조직, 갱생보호 조직, 자원봉사자 양성 조직 등
설립주체	사회복지법인, 재단법인, 사단법인, 사회단체, 개인

류될 수 있고 또한 다루는 서비스도 사회 서비스여서 다양하기 때문에 민간 사회복지 전달체계를 공적 사회복지 전달체계처럼 일률적으로 취급하기 어렵다. 따라서 여기서는 민간 사회복지 전달체계 중에 전형적인 것으로 볼 수 있는 생활시설, 이용시설 및 이들 간의 협의체를 택하여 실태와 문제점을 검토하고 개선방안을 생각해 보기로 하겠다.

3) 사적 사회복지 전달체계의 현황과 문제점

(1) 사회복지 협의체

사회복지 협의체는 대체로 4가지 유형으로 나누어질 수 있다(서상목 외, 1989: 105). 첫째 유형은 사회복지기관협의회(*councils of social agencies*)인데 지역사회 내의 사회복지기관, 사회복지를 담당하는 위원회 및 부서를 가진 여타 단체들의 협의체로서 지역사회의 사회복지협의체의 대부분은 이런 형태이다. 우리나라에는 이와 같은 형태의 협의체는 거의 존재하지 않고 있다. 둘째 유형은 지역사회복지협의회(*councils of social welfare*)인데 이는 전문적 혹은 비전문적 개인과 사회복지기관의 단체회원으로 구성된 협의체이다. 우리나라에서의 한국사회복지협의회(중앙) 및 시·도 사회복지협의회가 여기에 해당된다. 셋째 유형은 민관협의체로서 지역사회복지기관, 민간 사회복지 관련 전문가, 사회복지 관련 공무원 등으로 구성된 협의체로서 지역사회의 사회복지사업에 관한 중요 사항을 심의 및 건의하고 지역사회 서비스를 연계·조정하는 기능을 한다. 2003년 사회복지사업법의 개정에 의하여 처음으로 도입되어 설립된 지역사회복지협의체가 이에 해당된다. 넷째 유형은 직능별 협의체로서 사단법인 한국아동복지시설협회를 비롯한 한국노인복지시설협회, 한국장애인복지시설협회, 한국정신요양복지시설협회, 한국여성단체협의회 등이 여기에 해당된다.

위의 4가지 형태의 사회복지 협의체 중에 우리나라에서 가장 대표적인 것은 한국사회복지협의회와 지역사회복지협의체라 할 수 있다. 한국사회복지협의회는 1952년 민간 사회사업기관들의 모임인 한국사회사업연합회〔이 연합회는 1953년에 결성된 민간외원단체연합회(KAVA; Korea Association of Voluntary Agencies)와는 다른 단체임〕로 시작되어 1961년에 한국사회복지사업연합회로 명칭이 변경되었다가 1970년에 다시 현재의 명칭인 한국사회복지협의회가 되었고, 1983년에 개정된 사회복지사업법에 의하여 법정단체가 되었다(서상목 외, 1989: 109).

한국사회복지협의회의 설립근거는 사회복지사업법 제33조 사회복지에 관한 조사연구와 각종 복지사업을 조성하기 위함이라는 규정이다. 이에 따라 한국사회복지협의회의 정관에는 그 목적을 “사회복지

〈그림 4-3〉 한국사회복지협의회 조직표

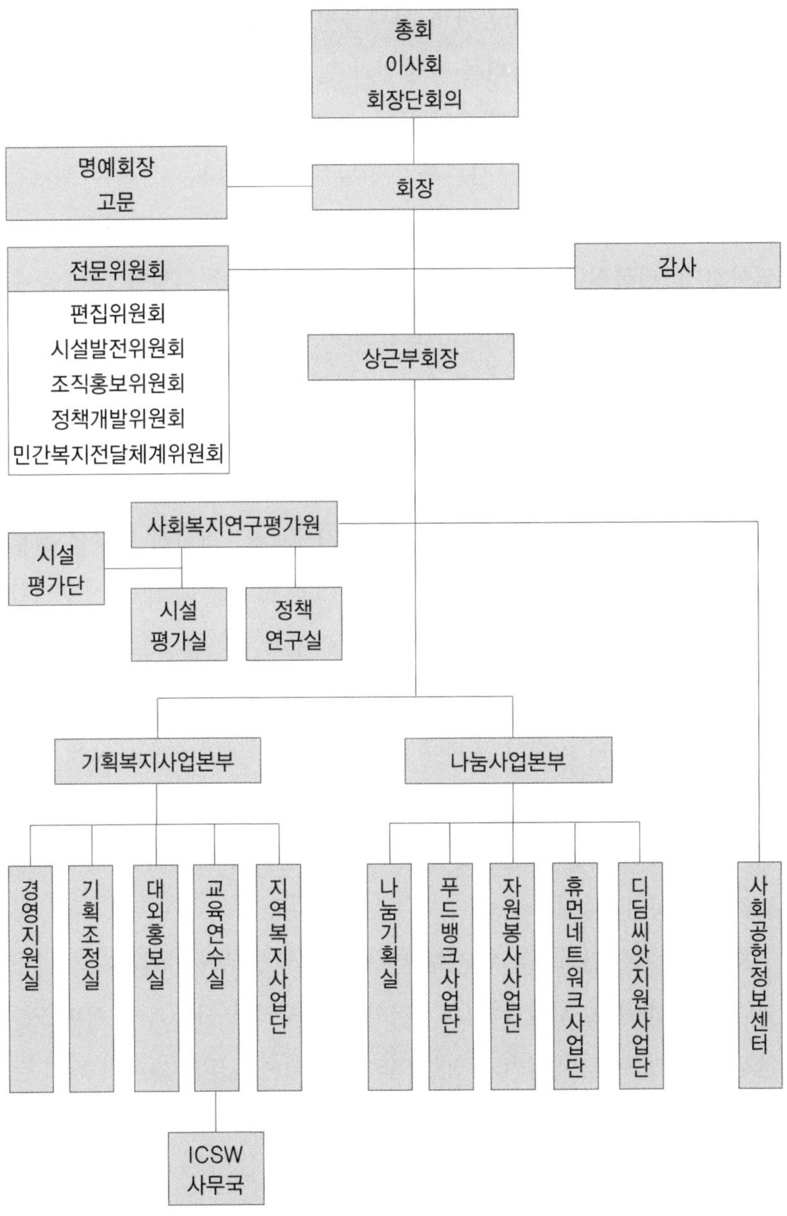

주 : 2016년 2월 현재.

에 관한 조사·연구와 각종 복지사업을 조성하고, 사회복지사업과 활동을 조직적으로 협의조정하며 사회복지에 대한 국민의 참여를 촉진함으로써 우리나라의 사회복지 증진과 발전에 기여한다"고 밝히고 있다. 한국사회복지협의회의 조직기구는 〈그림 4-3〉과 같다.

한국사회복지협의회는 사회복지 전달체계로서 다음과 같은 문제점을 지니고 있다. 첫째, 가장 중요하고 본질적인 역할이라 할 수 있는 지역사회 및 전국적 사회복지 관련기관 간의 협의조정 역할을 제대로 수행하지 못하고 있다는 것이다. 둘째, 사회복지협의회가 순수한 민간의 자발적인 동기에 의하여 결성된 것이라기보다는 사회복지사업법에 의한 법정단체로 존재하게 되었고 또한 운영비도 거의 복지부에서 지원 받고 있고 따라서 복지부의 지도나 통제를 받고 있어 민간조직의 협의체라는 느낌을 거의 주지 못하고 있다. 셋째, 협의회 직원의 전문적 수준이 높지 않아 협의조정 업무와 사회복지 전반에 대한 연구개발이 미흡하다. 넷째, 지방조직을 갖고 있지 않아(중앙협의회와 시·도 협의회는 독립적인 법인체임) 지방조직과의 유기적 협조가 부족하다. 다섯째, 사회복지계의 이슈나 문제에 대하여 정부나 국민에게 사실을 홍보하고 정책적 건의를 하는 지도력을 행사하지 못하고 있다. 여섯째, 전반적인 사업의 내용과 활동이 전국적 또는 지역사회의 복지욕구를 충분히 대변하지 못하고 있다.

지역사회복지협의체는 민관협의체로서 지방정부의 사회복지 서비스 사업에 관한 중요 사항을 심의·건의하고 지역의 사회복지 서비스를 연계·조정하는 면에서 바람직한 협의체라 할 수 있다. 그러나 관이 같이 참여하고 관이 협의체 위원장이 되는 경우가 많기 때문에 관의 영향력이 상대적으로 커져서 민간 측의 의견이 제대로 반영되지 못할 소지가 있는 것이 문제점이라 할 수 있다.

(2) 생활시설(주거시설)

생활시설은 장기간 자기 집을 떠나서 또는 자기 집이 없기 때문에 불가피하게 집단으로 일상생활을 하면서 서비스를 받을 수 있는 일정한 조건을 갖춘 시설을 말한다. 과거 오랫동안 수용시설이라 불렸으나 그 의미가 부정적이고 적합하지 않기 때문에 생활시설 또는 주거시설로 부르는 것이 더 적합하다고 생각한다. 따라서 이 책에서는 생활시설로 부르기로 한다. 생활시설은 우리나라의 가장 대표적인 사적 사회복지 조직이다.

생활시설은 6·25전쟁 동안 전쟁고아, 미망인, 부랑아, 장애인 등을 집단 수용한 것을 계기로 크게 증가하였다. 1970년대 중반 이후에는 시설이 다양화되고 아동 및 모자 생활시설은 점차 줄어드는 한편 노인 및 장애인 생활시설은 크게 늘어나는 경향을 보인다. 생활시설의 조직은 다양한 형태를 취하지만 가장 흔한 조직은 〈그림 4-4〉와 같다.

생활시설은 사회복지 전달체계로서 대체적으로 다음과 같은 문제점을 지니고 있다. 첫째, 전문가의 비율이 낮다는 것이다. 특히 사회복지사 자격증(1, 2, 3급 포함) 소지자 비율이 낮게 나타난다. 생활시설에서 사회복지사 비율이 낮은 것은 특정한 업무에만 사회복지사 채용을 규정하고 있고(사회복지사업법 시행령 제6조) 그 외의 업무에는 사회복지사 채용을 규정하고 있지 않기 때문인 것도 있고 시설장이나 운영하는 법인이 적극적으로 사회복지사를 채용할 의지가 없기 때문이기도 하다. 이와 같은 현상은 시설의 사회복지 서비스 전문화에 큰 장애요인이 된다. 둘째, 시설에서 제공되는 서비스의 질은 물질적인 것이든 비물질적인 것이든 현실적 최저생활유지 수준에 못 미치고 있으며 특히 사회복지 전문가에 의하여 제공되어야 하는 사회 서비스의 질은 아주 낮거나 아니면 거의 제공되지 못하고 있다. 셋째, 시설직원의 빈번한 교

〈그림 4-4〉 사적 사회복지 조직 중 생활시설 조직표

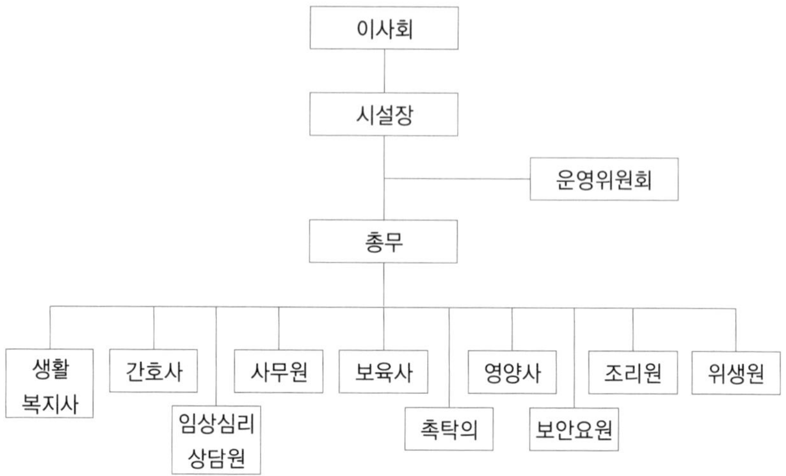

체로 서비스를 지속적으로 전달하는 데도 문제가 많다. 또한 시설의 서비스와 지역사회의 서비스가 제대로 연계되지 않아 시설 생활자가 통합적인 서비스를 받을 수 없는 것도 문제이다. 넷째, 시설의 서비스의 효과성과 효율성에 대한 평가도 거의 없고 시설종사자도 서비스 제공의 결과에 대한 책임의식이 아직도 크게 결여되어 있는 것으로 보인다. 그러나 1997년 사회복지사업법의 개정으로 3년마다 한 번씩 시설을 평가하도록 되어 있어 효과성과 효율성 및 책임성이 점차 향상되고 있다.

(3) 이용시설

이용시설(민간 사회복지기관으로 부르기도 함)은 서비스 대상자가 자기 집을 하루 중 일정 시간 또는 하루 이상 약 1개월 정도까지 떠나 일정한 조건을 갖춘 시설에서 서비스를 받고 다시 자기 집으로 돌아가는 식의 서비스 시설을 말한다. 이용시설은 사회 서비스에 따라 다양한 종류의 시설이 있으며 사회복지법인, 사단법인, 재단법인, 기타 법률에

〈그림 4-5〉 사적 사회복지 조직 중 이용시설 조직표

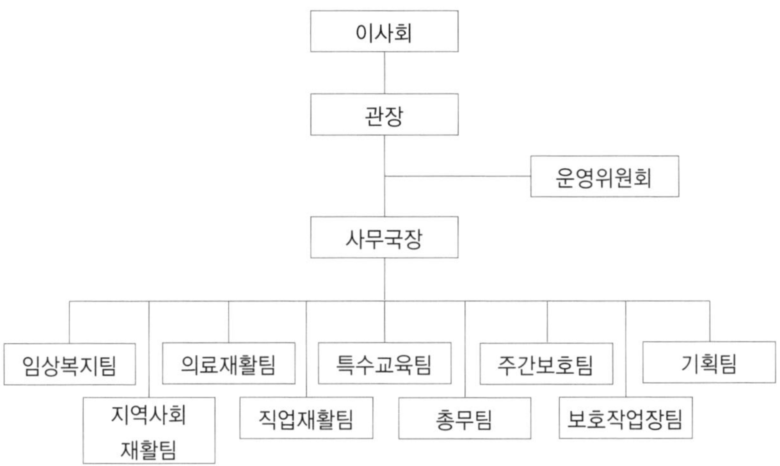

의한 비영리 법인에 의하여 설치 운영되고 있고 운영조직은 별도의 운영규정으로 정하고 있다. 여기에 한 사회복지기관의 조직기구를 예시하면 〈그림 4-5〉와 같다.

전달체계로서 갖는 문제점으로 다음과 같은 것이 지적될 수 있다. 첫째, 생활시설의 경우보다는 낫지만 역시 서비스에 적합한 전문가의 수가 부족한 현상이다. 둘째, 사회 서비스의 학문적 및 실천적 지식과 기술이 부족하여 질 높은 서비스를 제공하지 못하는 경우가 대부분이며 서비스의 효과성도 높지 못한 것으로 보인다. 셋째, 이용시설 간의 협의조정 체계가 거의 구축되어 있지 않아 서비스 간의 연계가 부족하여 통합적인 서비스를 제공하기 어렵다. 넷째, 서비스의 효율성과 효과성 평가에 대한 인식이 부족하고 이에 따라 사회복지사의 책임성 인식도 대단히 낮은 것이 문제이다. 다섯째, 이용시설들에서 제공하는 서비스에 대한 홍보가 부족하여 이용자들이 제대로 서비스에 접근하지 못하는 경우가 많고 중복적으로 서비스가 제공되는 경우도 많다.

4) 사적 사회복지 전달체계의 개선방향

위에서도 언급하였지만 사적 사회복지 전달체계는 운영주체, 제공하는 서비스의 종류에 따라 다양하여 일률적으로 다루기 어렵기 때문에 전형적이고 대표적인 사회복지협의체, 생활시설, 이용시설로 나누어 극히 일반적으로 해당될 수 있는 것만을 중심으로 개선방안을 제시해 보기로 하겠다.

(1) 기존 사회복지협의체의 기능 강화
또는 새로운 순수민간협의체 결성

기존의 사회복지협의체인 한국사회복지협의회의 기능이 강화되는 것이 바람직하다. 기능 강화를 위해서는 우선 사회복지사업법을 개정하여 보건복지부의 지시 감독에서 벗어나야 할 것이다. 그래야만 순수한 민간기관협의체라는 의미가 부여될 수 있고 이와 관련되어 있는 제반 협의조정의 기능이 제대로 수행될 수 있을 것이다. 한국사회복지협의회가 현재와 같이 복지부에 종속되는 것과 같은 관계를 벗어날 수 없다면 민간 사회복지 훈련 및 정책연구기관으로 기능을 변경하고 별도의 새로운 순수한 민간기관의 협의체를 결성하는 것이 바람직하다고 본다. 그리고 전문가들이 스스로 노력하여 전문적 수준을 높일 수 있도록 민간단체 협의체에서도 교육 프로그램을 계속 제공하는 것이 바람직하다.

(2) 생활시설의 개선

위에서 지적된 생활시설의 문제점이 개선되어야 할 것이다. 시설의 전문적 수준을 높여야 하고 이를 위해서는 사회복지시설 종사자에 대한 처우가 크게 개선되어야 할 것이다. 사회복지시설 종사자의 평균 봉급수준이 도시 봉급생활자와 공무원의 수준에 비하여 훨씬 낮은 것은 잘 알려진 사실이다. 그리고 시설이 개방적이 되어 지역사회 자원을 잘 활용할 수 있어야 한다. 그렇게 됨으로써 지역사회 내의 다른 사회복지 기관과의 협조도 쉬워지고 따라서 시설 생활자에 대한 서비스도 보다 통합적으로 될 수 있을 것이다. 그리고 지역주민의 시설에 대한 이해와 인식도 증진될 수 있을 것이고 이용도도 높아질 것이다.

(3) 이용시설의 개선

사회복지 이용시설의 개선을 위해서는 위에서 지적된 문제점들이 해결되어야 할 것이다. 우선 이용시설에서도 생활시설에서와 마찬가지로 전문적 수준을 높여야 할 것이다. 그리고 많은 경우 한 시설에서 다양한 서비스를 제공하려는 경향이 있는데 서비스의 통합성이라는 면에서는 바람직한 면도 있으나 서비스의 수준이 전반적으로 낮은 상황에서는 많은 종류의 서비스를 제공하게 되면 모든 서비스의 질이 낮아질 가능성이 높아지게 될 것이다. 그러므로 이용기관은 자체가 다른 기관보다 더 잘 할 수 있는 비교우위적 서비스를 생각해서 보다 효과적이고 질 높은 몇몇 서비스를 집중적으로 제공하여 전문가에 의한 전문기관이 되도록 노력하는 것이 바람직하다. 그리고 서비스 간의 통합은 지역사회 내 복지기관들의 협의조정 기능을 통해 해결될 수 있을 것이다. 사회복지기관과 서비스 제공자는 사회복지 서비스의 효율성과 효과성을 클라이언트 및 사회에 대한 책임성과 연결시켜서 인식하여야 할 것이고 효율성과 효과성을 과학적인 방법으로 평가하는 태도도 가져야 할 것이다.

· 제5장 ·

사회복지 서비스와 조직

현대사회에서의 사회복지 서비스나 활동은 공식적이고 조직화된 활동이고(Wilensky & Lebeaux, 1965: 140~141) 조직을 통하여 계획되고 전달(제공)되고 있다. 그러므로 사회복지 서비스는 조직을 떠나서는 생각할 수 없다. 그렇다면 사회복지 활동을 위하여 어떻게 조직을 만들 것이냐와 만들어진 조직이 어떻게 기능하도록 할 것이냐가 중요한 관심사가 아닐 수 없다. 특히 조직화의 문제는 운동경기에 있어서 팀을 구성하는 것에 비유될 수 있다. 팀이 제대로 잘 구성되면 승리할 수 있지만 그렇지 못하면 혼란이 초래되거나 경기를 망치게 되는 것과 같이 조직화가 잘 되면 조직의 서비스를 효과적이고 효율적으로 전달할 수 있고, 조직화가 잘 안되면 서비스 전달을 제대로 할 수 없을 것이다. 앞의 제4장에서는 조직체간 또는 조직체와 클라이언트 간을 연결시키기 위한 조직적 장치라 할 수 있는 서비스 전달체계를 살펴보았는데 여기서는 개별조직의 구조와 기능에 대하여 살펴보기로 하겠다.

1. 조직의 개념

조직에 해당하는 영어단어 'organization'에는 '조직하는 과정의 활동'(*the process of organizing*)과 '조직하는 활동이 이루어진 결과의 상태'(*the state of being organized*)라는 의미가 있는데 전자는 동적인 과정에 초점을 맞추고 있고 후자는 정적인 상태의 구조적인 면에 초점을 맞추고 있다. 전자를 의미하는 말로는 조직화(組織化)라는 용어를 쓰는 것이 적합하겠고, 후자를 의미하는 말로는 일반적으로 사용되고 있는 조직(組織)이라는 용어를 쓰는 것이 적합하겠다고 생각되지만 두 가지의 의미를 구별하기 위하여 조직화와 조직이라는 말이 일반적으로 사용되고 있는 것은 아니다. 조직이라 할 때는 사용하는 맥락에 따라 이 두 가지 의미 중 하나를 또는 둘 다를 내포하는 것으로 쓰이는 것이 일반적이다. 따라서 여기서도 이러한 관행에 따라 조직이라는 말을 조직하는 활동과 조직의 결과인 구조를 내포하는 의미로 사용하기로 한다.

일반적으로 조직이라 하면 '특정목표를 달성할 목적으로 의도적으로 구조화된 계획적 단위'(Etzioni, 1964: 4)라고 정의할 수 있는데 조직의 특성적 요소를 〈그림 5-1〉에서와 같이 5가지로 볼 수 있다(Scott, 1987: 15~20). 즉 ① 사회적 구조, ② 참여자, ③ 목표, ④ 기술, ⑤ 환경이다. 조직은 우선 구조화된 틀을 갖추고 있어야 하기 때문에 사회적 구조가 주요 요소가 된다. 사회적 구조란 가치, 규범 및 역할기대 등에 의하여 구조화된 규범적 구조와 행동적 구조를 가리킨다. 조직에는 사회적 구조를 만들고 목표달성 활동을 수행할 참여자가 있어야 한다. 목표는 참여자들이 과업활동을 통하여 이루고자 하는 바람직한 미래의 상태를 의미하는데 목표는 조직이 존재하게 되는 궁극적인 원인이 되는 것이다. 조직은 목표를 달성하기 위하여 참여자들이 필요한 기술을

〈그림 5-1〉 조직의 특성적 구성요소

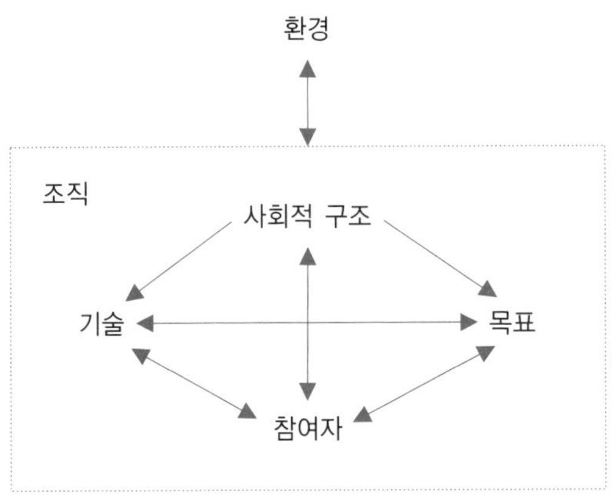

사용하게 되는데 기술은 물질적 장비와 비물질적 지식과 기법을 포함한다. 그리고 조직은 사회적 체계로서 더 큰 단위의 사회적 체계 속에서 물리적, 기술적, 문화적, 사회적 조건(여건) 등과 같은 환경과 연관을 갖고 존재하기 때문에 조직에서 환경이 중요한 특성적 요소가 된다. 조직은 그것이 하나의 사회적 체계이므로 조직의 특성적 요소들이 독립적인 특성을 가지면서 다른 구성요소들에 영향을 주기도 하고 그것들로부터 영향을 받기도 하는 상호의존적인 관계를 가지고 있다.

2. 조직의 일반적 분류와 사회복지 조직의 분류

1) 조직의 일반적 분류

조직은 구성요소, 기능, 권력의 형태, 수혜자의 종류 등에 따라 다양하게 분류될 수 있겠으나 여기서는 권력의 종류와 관여형태 및 수혜자

종류를 중심으로 한 분류를 제시하기로 하겠다.

(1) 권력의 형태에 따른 분류

Etzioni(Smith, 장인협 역, 1984: 51~53)는 권력의 형태를 강제적 권력(위협이나 신체적 탄압에 기반을 둠), 보상적 권력(금전과 같은 물질적 보상에 기반을 둠), 규범적 권력(지위, 존엄, 위신 등의 상징적 보상에 기반을 둠)의 3형태로 나누고, 관여의 형태를 소외적 관여(권력행사를 강하게 부인함), 타산적 관여(얻게 되는 보수적 보상에 따라 관여함), 도덕적 관여(권력행사를 강하게 시인함)의 3가지 형태로 나누어 이들 각각의 3가지 형태를 상호 연관시켜 9가지 조직형태를 제시하고 있다(〈표 5-1〉 참조). 이들 9가지 형태는 모두 가능한 분류형태이지만 이 중에 3가지(1, 5, 9 형태)가 가장 효과적인 분류이며 실제로 많이 나타난다. 전형적인 강제적 조직에는 강제수용소, 형무소, 강제수용 정신병원 등이 있고, 공리적 조직에는 주로 산업조직이 있으며, 규범적 조직에는 종교조직, 정치조직, 병원, 학교, 사회복지 조직 등이 있다.

〈표 5-1〉 권력의 종류와 관여형태에 따른 조직의 유형

권력의 종류	관여의 종류		
	소외적	타산적	도덕적
강제적	1 (강제적)	2	3
보상적	4	5 (공리적)	6
규범적	7	8	9 (규범적)

출처: Smith(장인협 역, 1984: 52).

(2) 수혜자의 종류에 따른 분류

Blau와 Scott(장인협 · 이정호, 1992: 128)는 일차적인 수혜자가 누구냐에 따라 상호수혜 조직, 사업조직, 서비스 조직 및 공공 조직으로 분류하였다. 상호수혜 조직은 조직의 회원에게 1차적인 혜택을 주는 기관으로 정당, 종교단체, 노동조합 등이 여기에 해당된다. 사업조직은 그 사업체의 소유자에게 1차적인 혜택을 주는 조직으로 상업적 회사, 은행 등이 이에 해당된다. 서비스 조직은 클라이언트에게 1차적인 서비스를 제공하는 조직으로 사회복지 조직이 여기에 해당된다. 그리고 공공 조직은 일반대중에게 혜택을 주는 조직으로 행정기관 및 군대조직 등이 이에 해당된다.

2) 사회복지 조직의 분류

(1) 수혜자(클라이언트)의 상태와 조직의 기술에 따른 분류

Hasenfeld(1983: 4~7)는 사회복지 조직(인간봉사 조직; *human service organization*)이 대상으로 하는 클라이언트와 조직이 클라이언트를 변화시키기 위하여 사용하는 기술에 따라 사회복지 조직을 6가지 유형으로 분류하였다. 즉 클라이언트를 정상기능(*normal functioning*) 클라이언트와 비정상기능(*malfunctioning*) 클라이언트로 구분하고, 사회복지 조직에서 클라이언트를 변화시키기 위하여 사용하는 기술의 유형을 인간식별 기술(*people-processing technology*), 인간유지 기술(*people-sustaining technology*), 인간변화 기술(*people-changing technology*)로 나누어 이들의 유형을 교차시켜 6가지의 유형으로 사회복지 조직을 분류하였다(〈표 5-2〉 참조).

위 분류에서 인간식별 기술이란 클라이언트의 개인적 속성을 변화시

〈표 5-2〉 사회복지(인간봉사) 조직의 분류

클라이언트 유형	사용 기술 유형		
	인간식별 기술	인간유지 기술	인간변화 기술
정상기능	유형 Ⅰ 대학(신입생 선발) 신용카드회사	유형 Ⅲ 사회보장청 양로시설	유형 Ⅴ 공립학교 YMCA
비정상기능	유형 Ⅱ 소년법원 진료소	유형 Ⅳ 공적부조사무소 요양시설	유형 Ⅵ 병원 수용치료센터

출처 : Hasenfeld (1983: 6).

키는 것이 아니라 다른 사회집단으로부터 바람직한 반응을 야기하도록 다만 사회적 명칭부여(*labelling*)와 공식적인 지위부여를 함으로써 클라이언트의 변화를 시도하는 것을 말한다. 예를 들면 '정신장애자', '대학생', '암환자' 등과 같이 클라이언트를 식별하여 분류하고 배치하는 것을 통하여 변화를 시도하는 것이다. 인간유지 기술이란 클라이언트의 개인적인 복지와 안녕의 약화를 예방 또는 완화시키거나 또는 현 상태대로 유지하도록 하는 것을 말한다. 예를 들면 병약한 노인을 요양시설에 수용·보호하는 것, 생계유지를 위한 금품을 지급하는 것 등이다. 인간변화 기술이란 클라이언트의 개인적인 속성에 변화를 가져오는 개입방법인데 예를 들면 사회심리적 상담, 교육, 의료적 치료와 같은 것이다.

(2) 업무의 통제성에 따른 분류

Smith(장인협 역, 1984: 61~112)는 사회복지 조직을 관료조직, 일선조직, 전면통제 조직, 투과성 조직으로 분류하였다. Smith는 분류의 기준을 분명히 밝히지는 않았지만 업무에 대한 통제성에 따른 분류로 볼 수 있다.

관료조직은 공식적인 조직과 규정, 위계적 권위구조, 명확하고 전문화된 분업, 문서에 의한 업무처리, 기술적 자격에 기초한 신분의 보장 등을 특성으로 하는 합리적인 통제체제의 조직을 말한다. 관료제에 대한 보다 상세한 논의는 제3장을 참고하기 바란다. 일선조직은 조직의 주도권이 일선업무 단위에 있고, 각 업무단위는 상호 독립적으로 업무를 수행하고 업무단위의 직접적인 통제가 어려운 조직을 말한다. 전면통제 조직은 클라이언트를 시설에 강제적으로 수용하거나 자의적으로 수용하였다 하더라도 관리자가 수용자에 대한 강한 통제권을 가지는 조직으로 예를 들면 정신병원, 기숙사, 교도소, 요양시설 같은 조직이다. 투과성 조직은 조직의 구성원 또는 참여자가 자발적으로 참여하며 개인의 가정과 사적인 생활에 침해를 받지 않고 조직의 문화나 규정에 의한 업무 통제성이 약하고 조직의 활동이 거의 노출되는 조직인데 예를 들면 자원활동 조직과 같은 것이다.

3. 조직의 구조적 요인

조직에서는 구성원이 공동목표를 향해 같이 일할 수 있도록 구조를 만들어야 한다. 이와 같이 조직이 목표달성을 위해 구조를 만드는 것은 마치 운동경기에서 팀을 구성하는 것에 비유해 볼 수 있다. 팀이 제대로 잘 구성되면 승리할 수 있지만 그렇지 못한 경우 혼란이 초래되거나 경기를 망치게 되는 것과 마찬가지로 조직이 구조를 잘 만들게 되면 조직의 목표를 효과적이고 효율적으로 달성할 수 있다. 사회복지 조직에서도 마찬가지다.

1) 구조적 요인

Fulmer(1978: 122, 재인용)는 조직의 4가지의 기본적인 요소로 (1) 분업, (2) 계층적이고 기능적인 과정, (3) 구조 및 (4) 통제의 범위를 제시하고 있는데 이는 바로 조직을 만들어가는 데 있어 고려되어야 할 기본적인 요소라 할 수 있다.

(1) 분업

분업(*division of labor*)에는 두 가지 형태가 있을 수 있는데 하나는 특정한 업무를 수행하기 위해 기능을 분담하는 것(*differentiation*)이고, 다른 하나는 어떤 특정한 기능을 한 사람이나 한 부문이 담당하고 다른 사람이나 부문은 그 기능을 담당하지 않는 전문화(*specialization*)이다(Anderson & Carter, 1990: 33). 전문화에는 특정한 업무에 대하여 개별적으로 전문화하는 모델(예를 들면 노인 전문, 약물중독 전문 등)과 팀을 구성하여 어떤 문제를 종합적으로 해결하기 위해 다른 전문가와 협조하면서 자신의 전문성을 발휘하는 모델(예를 들면 노인의 건강보호 문제 해결을 위해 의사, 간호사, 사회복지사, 물리치료사가 한 팀을 만드는 것)이 있다.

(2) 계층적이고 기능적인 과정

계층적 과정이란 명령(지휘) 계통, 권한의 위임, 명령의 통일성(단일성)을 포함하는 것이다. 조직에는 권력과 권한 및 의사결정권 등에서 상부로부터 하부로 연결되는 서열적 체계로 이루어진 명령계통이 있어야 하고 이러한 명령계통을 따라 최상부에는 한 사람이 권한을 가지고 책임을 지도록 되어야 한다. 조직에서 한 사람이 궁극적으로 권한과 책임을 지고 있지만 실제로는 한 사람이 조직에서 이루어지는 일을 다 할 수 없기 때문에 최상부의 지도자(대표자)는 권한과 책임을 하부조직으로 적절히 위임하여야 한다. 지도자가 권한과 책임을 너무 많이 위임하거나 너무 적게 위임하여 업무를 효율적으로 수행할 수 없는 경우도 많다.

Koontz와 O'Donnell(1976: 382~383)은 권한을 건전하게 위임하는 데 필요한 지도자의 태도와 능력의 특성을 다음과 같이 제시하고 있다. 즉, ① 수용하려는 태도 — 다른 사람의 아이디어가 발휘되도록 기회를 주려는 것, ② 맡겨 버리려는 자세 — 결정권을 하급자에게 주는 것, ③ 타인의 실수를 허용하려는 태도 — 단점을 반복해서 이야기하거나 옆에 붙어서 감독하는 것을 피하는 것, ④ 하급자를 신임하려는 태도 — 하급자와 그의 능력을 신뢰하는 것, ⑤ 폭넓게 통제하려는 태도 — 하급자를 판단하는 데 기본적 목표와 원칙을 사용하는 것 등이다.

(3) 구조

조직의 구조는 조직의 기능을 수행하기 위하여 만들어진 권력, 권한, 책임, 체계의 실질적인 배열과 위상을 말한다. 구조는 명령(지휘)과 의사결정의 계통이며 동시에 업무와 역할의 범위와 책임의 한계 등을 명확히 하는 의미도 있으므로 조직에서 구조는 무엇보다도 중요하다. 일반적으로 조직의 구조는 기능에 따라 조직의 목표달성을 위한 고유업무(예를 들면 사회복지 조직에서 클라이언트에게 서비스를 제공하는 업무) 기능의 구조와 고유업무를 지원하고 조직 자체를 유지하고 관리하는 관리(경영)업무 기능의 구조로 나누어지고, 조직의 크기와 복잡성의 정도에 따라 이러한 구조하에서 다시 하위구조(국, 부, 과, 계 등)로 나누어진다. 조직의 고유기능과 관리기능은 서로 교차되고 연관되어 있다. 즉 조직의 업무에 있어 업무수행부서(단위)는 고유기능 업무를 수행하면서 동시에 타부서와 협의와 조징의 업무도 수행하는 것이 필요하다. 이러한 조직구조에서는 조직구성원은 한 사람의 상급자를 갖는 것이 아니라 두 명의 상급자를 가지고 이에 따라 관리자도 고유 업무수행 관리자와 협의 및 조정업무 수행 관리자로 나누어질 수 있다. 이와 같이 두 가지 기능의 업무가 상호 교차되면서 연결된 것이 마치 하위조직이 가로와 세로로 나열된 것과 같다는 의미에서 행렬조직(*matrix organization*)이라고 부르기도 한다(Weiner, 1982: 186~192).

(4) 통제의 범위

통제의 범위는 통제가 미치는 계통의 길이를 말하며 한 지도자(행정책임자) 밑에 하위부서의 수를 얼마나 두며 이들 간의 관계를 어떻게 규정할 것이냐에 관한 것이다. 통제의 범위는 조직의 유형과 업무의 성격에 따라 다르기 때문에 일률적으로 규정하기 어렵지만 한 지도자에게 5~6명 이상이 보고하는 것은 바람직하지 않다는 주장을 하는 사람들이 많다(Skidmore, 1990: 97). 미국의 사회사업 기관에서는 한 사람의 수퍼바이저(*supervisor*) 밑에 6~7명 또는 그 이하의 하급자가 있는 것이 일반적이다. 그러나 적절한 하급자 수의 기준은 상급자와 하급자 간에 편안하게 느낄 수 있는 정도가 되어야 할 것이다. 사회복지기관의 서비스 전달에서 서비스 전달자가 2명 이상으로 팀을 구성하여 접근하는 팀 접근방법이 많이 이용되고 있는데 이 방법은 조직의 관료제적 피라미드에서 상급자와 하급자의 거리를 좁히고 한 개인의 의사결정보다는 집단적 의사결정의 효과성을 살리기 위한 목적도 있다. 이러한 팀 접근에서는 4~8명이 한 팀이 되는 것이 일반적이다.

2) 공식조직과 비공식 조직

조직에서 구조는 일반적으로 공식적 구조를 말한다. 공식적 구조와 비공식적 구조라는 말보다는 공식조직과 비공식 조직이라는 말이 일반화되어 있다. 공식조직은 조직의 정관이나 운영규정에 의하여 임명되고 선출된 이사회, 행정책임자, 직원 및 위원회 등의 배열이고, 가시적으로 조직의 기구표에 배열된 지위와 관계를 의미한다. 그런데 조직에는 일반적으로 공식조직 외에 비공식 조직이 있다. 비공식 조직은 가시적이고 일상적이고 계획된 구조 밖에서 존재하는 구조를 말한다. 다시 말해서 비공식 조직은 공식적인 제도나 법규에 의하여 이루어진 것이 아니라 조직성원들이 일상적인 접촉을 해나가는 과정에서 자연발생적으로 성원들 간에 이루어지는 인간관계 및 역할관계이다(성규탁, 1993: 41). 공식조직을 '제도상의 조직'이라 한다면 비공식 조직을 '현실상의 조직'이라 할 수 있다(조석준, 1985: 198~200). 비공식 조직은 공식조직에 효과적으로 작용할 수도 있고 비효과적으로도 작용할 수 있다. 비공식 조직의 활용과 통제는 조직의 운영에서 중요한 기술이 된다. 특히 행정책임자는 비공식 조직을 긍정적으로 활용할 수 있어야 할 것이다(Skidmore, 1990: 101).

Williams는 비공식 조직의 유용성을 3가지로 이야기하고 있는데 그것은 ① 의사소통의 통로, ② 응집력 유지, ③ 성원의 자존심 향상이다. Williams는 비공식 조직과 공식조직 사이에 불협화음이 발생할 경우의 해결방법으로 4가지를 제시하고 있는데 그것은 ① 소외의 원인 제거, ② 설득, ③ 직위부여, ④ 전보발령 또는 해직이다〔보다 상세한 설명은 Skidmore(1990: 101)를 참고할 것〕.

3) 수직조직과 수평조직

조직구조에는 공식조직·비공식 조직 외에 다른 요소로 수직조직·수평조직이 있다. 수직조직을 계선조직(系線組織; *line*)이라 하고 수평조직을 막료조직(幕僚組織) 또는 참모조직(參謀組織; *staff*)이라고도 한다. 수직조직은 상하 명령복종 관계를 가진 수직적 계층적 계열을 형성하는 조직으로 조직의 중심적 구조이다. 예를 들면 회장-부회장-부장-과장-계장-계원으로 연결되는 구조를 말한다. 계선조직의 특성은 조직의 목표달성에 직접적으로 기여하고 결정권과 집행권을 가지고, 최고행정책임자를 정점으로 수직적인 권한의 계열로 이루어져 있다. 그리고 계층제, 명령통일, 통솔범위 등 분업제 원칙에 따라 이루어지고 있고 서비스의 대상과 직접 접촉하고 있다. 수평조직은 수직조직이 목표달성을 위하여 원활하게 기능을 수행할 수 있도록 이를 지원, 조성, 촉진하는 기관으로 자문, 권고, 협의조정, 정보의 수집, 기획, 통제, 인사, 회계, 법무, 홍보, 조달, 연구 등의 기능을 수행한다. 예를 들면 기획관리실, 총무과, 자료실, 경리과, 홍보실, 비서실, 자문위원회 등과 같은 조직이 이에 해당된다〔계선조직과 참모조직에 대한 보다 상세한 이해를 위해서는 김규정(1986: 364~374)을 참고할 것〕.

4. 조직의 인간적 요인

조직의 구조적 요인이 어떤 의미로는 외형적이고 형식적이라면 조직의 인간적 요인은 보다 내면적이고 내용적인 면이라 할 수 있다. 아무리 구조가 잘 만들어져 있다 하더라도 그 구조 속에서 역할을 수행하는 인간적 요소를 등한히 한다면 조직의 목표를 달성하기 어려울 것이다. 인간적 요소에는 여러 가지가 있겠으나 여기서는 조직을 활성화시키고 참신하게 유지하는 데 적용될 수 있는 규칙을 제시해 보기로 하겠다 (Gardner, 1965: 20~26, 재인용).

① 조직에는 조직성원을 모집하고 그들의 재능을 발전시키기 위하여 효과적인 프로그램이 있어야 한다.
② 조직은 성원에 대하여 우호적인 환경이 되어야 한다.
③ 조직에는 자체 내에 자기비판의 기제를 갖추고 있어야 한다.
④ 조직의 내적 구조는 유연성이 있어야 한다. 필요한 경우 조직의 구조를 변경시킬 수 있어야 한다.
⑤ 조직은 적절한 내적 의사소통 체계가 있어야 한다.
⑥ 조직에서 규정과 절차에 얽매여 성원이 그것의 포로가 되는 경우 그러한 규정과 절차를 검토할 수 있는 수단이 있어야 한다.
⑦ 조직에는 성원들의 기득의 이해관계를 문제 삼을 수 있는 수단이 있어야 한다.
⑧ 조직은 과거와 현재의 상태에 대한 관심을 가져야 한다.
⑨ 조직은 동기부여와 확신과 사기 위에서 운영되어야 한다.
⑩ 조직은 성원들의 능력과 욕구 및 조직 자체의 욕구를 감안할 수 있고 현실적으로 합당한 승진체제가 있어야 한다.

5. 사회복지 조직의 모형과 조직화 방법

1) 사회복지 조직의 조직모형

사회복지 조직은 조직의 서비스 성격에 따라 3가지 모형으로 구분될 수 있다(Weinbach, 1990: 205~208).

(1) 생산일선 조직

생산일선 조직(*production line organization*) 모형은 제품생산 공장에서 부품을 조립하여 완성품을 만드는 것과 같이 각각의 업무단위를 병렬로 나열하여 조직하는 것을 말한다. 이러한 조직화는 업무가 표준화된 서비스를 위주로 하는 조직, 예를 들면 사회보험 관리 및 전달 조직 또는 정신건강 서비스 조직 등과 같은 데서 가능하다. 그러나 대부분의 사회복지 서비스는 이론의 과학성 부족, 윤리 및 가치판단의 개입으로 서비스 전달과정에서 표준화할 수 있는 여지가 많지 않고 생산일선에서의 완성품에 비유할 수 있는 서비스의 결과 또는 문제 해결의 결과에 대해서도 어떤 합의를 이루기 어렵기 때문에 이와 같은 생산일선 조직화를 할 수 있는 경우는 드물다고 할 수 있다.

그러나 앞으로 사회사업적 이론과 인접 사회과학이론의 과학화가 진전됨에 따라 일부의 서비스는 생산일선 조직화를 적용할 수 있을 것으로 본다. 특히 정신건강 분야의 서비스는 진단 및 검사 도구의 표준화와 치료 서비스의 표준화가 크게 이루어지고 있고 이를 컴퓨터로 이용하는 방향으로 나가고 있기 때문에 생산일선 조직화가 적용될 수 있는 여지는 크다고 할 수 있다.

(2) 연계조직

연계조직(*linkage organization*)은 조직의 1차적 기능이 중계자의 역할, 즉 사람과 서비스를 연결지어 주는 활동을 하도록 만들어진 조직을 말한다. 이러한 조직에서 구성원의 주된 역할은 지역사회의 자원에 관한 자료를 수집하고, 타기관의 접수담당 요원과 연결체계를 구축하고, 개인과 서비스가 잘 연계되도록 계약관계를 주선하는 것이 된다. 사회복지 조직에서 중계자의 기능을 1차적인 기능으로 하고 있는 조직의 예는 입양기관과 사회복지 서비스 안내 및 의뢰기관 등이다.

(3) 고객 서비스 조직

고객서비스 조직(*custom service organization*)은 사회복지 조직에서 가장 전형적인 조직이라 할 수 있다. 대부분의 사회복지 조직은 개인과 집단의 특수성과 문제의 특수성에 맞게 개별화된 서비스를 제공하는 조직이다. 이러한 조직에서 서비스를 전달하는 조직요원은 고객(소비자) 또는 클라이언트의 특성과 욕구나 문제에 맞춰 개별화된 서비스를 제공하는 것을 1차적인 역할로 삼고 있기 때문에 이러한 활동은 표준화하기가 어렵다.

2) 조직화 방법

위에서 분류한 사회복지 조직의 모형 가운데 고객서비스 조직을 가장 전형적인 것으로 본다면 조직의 행정책임자는 조직전체의 업무를 조직요원이 관리하기에 적합하고 또한 상급자로부터 수퍼비전을 받기에도 적합한 서비스 단위로 부문화(*departmentation*)하여야 할 것이다. 부문화가 조직화에서 가장 핵심적인 것으로 보고 여기서는 Koontz,

O' Donnell 및 Weinbach가 영입조직 관리에 적용하기 위하여 제시한 부문화의 7가지 방법을 사회복지 조직에도 적용 가능하다고 보고 이를 간략히 설명하기로 하겠다(Weinbach, 1990: 209~219).

(1) 수(數) 기준 부문화

업무 부문화의 방법은 같은 역할을 하는 사람들을 한 수퍼바이저 밑에 소속시키는 방법인데 한 사람 밑에 사람의 수가 너무 많으면 둘 이상의 비슷한 단위를 만들 수 있다. 이와 같이 수에 의해서 업무를 부문화하는 것의 가장 큰 단점은 조직요원 개인의 능력차를 고려하지 못하는 점이다. 따라서 수만을 기준으로 하는 부문화는 문제가 많으므로 이 기준은 다음에 말하는 다른 부문화 기준과 같이 적용하는 것이 바람직하다.

(2) 시간기준 부문화

이 방법은 야간이나 주말에도 서비스를 제공해야 하는 경우의 사회복지 조직에서 업무시간을 2교대 또는 3교대로 하여 업무를 부문화하는 방법을 말한다. 이러한 방법은 1주일 내내와(또는) 매일 24시간의 서비스를 요하는 조직에서 취할 수 있는 방법인데 예를 들면 요양시설, 의료 및 보건 서비스 조직 등이나 야간 및 주말 시간에도 서비스를 제공하는 일반 사회복지 조직에서 이 방법을 택할 수 있다. 이 방법을 취한 경우의 단점은 야간이나 주말 근무를 원하면서 능력 있는 요원을 채용할 수 없는 경우가 많고, 야간 및 주말의 서비스와 주간 서비스의 질에 있어서 실제적 차이가 없더라도 야간 또는 주말 서비스는 질이 낮다고 인식되기 쉬우며, 교대하는 업무조 간의 연결이 제대로 되지 않아 조직의 기능이 단편화될 가능성이 있다는 것이다.

(3) 기능기준 부문화

이 방법은 조직요원의 능력, 선호도, 관심 등에 근거하여 직무상 적성에 맞는 분야에 사람을 배치하는 식으로 부문화하는 방법이다. 영업조직에서 생산, 판매, 경리분야 등에 배치하는 것과 같이 사회복지 조직에는 직접적 서비스 전달, 홍보업무, 모금이나 자원배분, 정부 및 복지재단에 대한 프로그램 지원신청서 작성업무 등에 배치하는 것이 있을 수 있다. 이 방법의 단점으로 지적될 수 있는 것은 업무단위 간 경쟁심이 크게 발로되는 경우 업무단위 간의 협조부족 및 업무단위 위주의 편협한 생각을 하기 쉽다는 것이다.

(4) 지리적 영역기준 부문화

이 방법은 잠정적 고객(소비자) 또는 클라이언트의 거주지역에 따라 부문화하는 것을 말한다. 이 방법은 서비스의 효율성을 높이고 고객에 대한 서비스 책임자를 분명히 할 수 있다는 장점이 있는 반면에, 장기적으로 보면 업무단위간 업무량의 격차가 생기고, 특히 바람직하지 못한 지역이라는 낙인이 찍힌 지역이 있으면 그 업무를 담당하는 업무단위의 사기가 떨어질 가능성이 있으며, 지리적 구분의 엄격성으로 인하여 인근지역이면서도 다른 업무단위에서 서비스를 제공하는 비효율적인 문제도 발생할 수 있다.

(5) 서비스 기준 부문화

이 방법은 사회사업적 서비스의 방법에 따른 분화이다. 즉 개별 사회사업(*casework*), 집단 사회사업(*group work*), 지역사회 조직사업(*community organization*)에 따라 부문화하는 것이다. 이러한 방법은 서비스별로 전문화를 촉진하는 장점도 있지만 고객의 문제가 복합적이고 동시에 여러 가지 서비스를 제공해야 할 경우 서비스를 통합적으로 할 수 없는 단점이 있다.

(6) 고객기준 부문화

이 방법은 클라이언트의 종류와 문제에 따라 부문화하는 방법이다. 즉 이 방법은 클라이언트를 아동, 장애인, 노인, 부녀자 등으로 나누던가, 아니면 비행문제, 가족문제, 학업문제, 고용문제, 경제적 문제 등으로 나누어 업무를 부문화하는 것이다. 이러한 방법은 업무량을 관리할 수 있을 만큼으로 유지하고, 많은 경우 한 개인의 복합적인 문제는 서로 연관되어 나타나기 때문에 한 사람의 서비스 제공자가 한 클라이언트를 상대할 수 있는 장점이 있다. 그러나 한 클라이언트의 문제가 다양한 경우 한 사람의 서비스 제공자의 제한된 지식과 기술로서는 다룰 수 없는 문제가 있을 수 있기 때문에 효과적으로 서비스를 제공할 수 없는 단점도 있다.

(7) 서비스 접근통로 기준 부문화

이 방법은 클라이언트가 어떤 서비스에 접근할 수 있는 통로별로 업무를 부문화하는 것을 말한다. 사회복지 조직의 서비스는 유료인 경우도 있지만 그렇지 않은 것이 대부분이다. 사회복지 조직에서 제공하는 서비스는 어떤 의미에서 상품과 같은 것이다. 그 서비스의 질이 좋고 효과가 있어야 사람들이 많이 이용할 것이고 사람들이 많이 이용하여야 그 사회복지 조직이 존재하는 목적을 달성할 수가 있다. 따라서 사회복지 조직의 서비스는 상품과 같이 유료든 무료든 많은 사람이 이용할 수 있도록 해야 한다는 의미에서 상품시장을 개척하는 것이 필요하다. 한 상품이라도 각각 다른 시장이 있듯이 사회복지 조직에서 제공되는 서비스도 여러 다른 접근 통로가 있을 수 있다. 사회복지 서비스 접근통로는 예를 들면 학교, 병원, 경로당 및 노인학교, 대중매체 등이 있지만 접근통로가 확실하지 못하고 제한되어 있는 것이 일반적이어서 현재로서는 사회복지 조직에서 이러한 기준에 의한 업무의 부문화는 별로 효과적이라 할 수 없다. 그러나 서비스에 따라 확실하고 다양한 접근통로가 있을 수 있기 때문에 그러한 서비스를 제공하는 사회복지 조직에서는 적용 가능하다고 본다.

6. 법인과 사회복지 조직

1) 법인

법인(法人; *juridical person*)은 자연인이 아니면서 자연인과 같은 권리와 의무의 주체가 되는 실체를 말한다. 법인은 여러 가지 기준으로 분류할 수 있으나 여기서는 법인이 어떤 것을 중심으로 구성되었는가를 기준으로 분류하는 재단법인과 사단법인으로 나누어 그 의미를 간단히 생각해 보기로 한다.

재단법인은 출연된 재산을 중심으로 구성된 것이며 그 재산을 사용하는 활동(사업)에 대한 중요 정책과 최고의결기관은 이사회가 된다. 반면에 사단법인은 사람을 중심으로 구성된 것이며 법인의 활동에 대한 중요 정책과 최고의결기관은 이사회가 아닌 사원총회가 된다. 사단법인에서는 총회에서 위임된 사항에 한해서만 이사회가 최고결정권을 가질 뿐이다.

사회복지사업을 하는 법인의 경우는 민법상의 법인일 수도 있지만 대부분의 경우는 사회복지사업법에서 규정하는 사회복지법인이다. 사회복지법인은 일종의 재단법인의 성격을 띤다. 사회복지사업법에서 사회복지사업을 할 수 있는 자와 정부로부터 보조를 받을 수 있는 자를 사회복지법인으로 한정하지는 않고 민법상의 재단법인 및 사단법인, 그리고 개인도 인정하고 있으나(사회복지사업법 제34조 및 사회복지사업법시행령 제20조) 사회복지사업의 공익성을 고려하면 법인을 설립하여 법인에서 사회복지 조직을 운영하는 것이 바람직하다.

우리나라의 사회복지 조직에 관련된 주요 법은 사회복지사업법(제16~33조), 민법(제31~97조), 공익법인의 설립운영에 관한 법률(제5~10조), 사립학교법(제14~25조), 의료법(제41~45조)이고 이 중에 사회복지사업법과 민법이 가장 핵심적인 법이다. 그러면 이 두 법에 규정된 법인과 이사회의 규정에 대하여 간략히 알아보도록 하겠다.

사회복지법인은 사회복지사업을 행할 목적으로 설립된 법인을 말하며 법인설립은 보건복지부 장관 또는 시·도지사의 허가를 받아야 한다. 사회복지법인은 시설설치·운영법인과 지원법인 두 가지로 구분된다(보건복지부, 2003). 시설설치·운영법인은 시설기준에 적합한 시설과 부지를 갖추거나 갖출 수 있는 목적사업용 기본재산을 갖추고 시설설치가 가능한 지역에서 시설을 설치·운영할 수 있는 법인을 말한다. 지원법인은 사회복지시설 운영을 목적으로 하지 않고 일정한 출연재산에서 발생하는 수익 등으로 다른 시설이나 보호대상자 등 사회복지사업법 제2조 1항에서 정한 사회복지사업을 지원하는 것을 목적으로 하는 법인을 말한다.

사회복지법인의 허가에서 목적사업의 범위가 2개 이상의 시·도에 걸치는 경우는 복지부 장관의 허가를, 그렇지 않은 경우(목적사업의 범위가 관할 시·도 1개에 한정되는 경우)는 관할 시·도지사의 허가를 받아야 한다(시 · 도지사의 허가권은 복지부 장관으로부터 위임된 것임). 신청은 관할 시 · 군 · 구청장을 거쳐 시 · 도지사 또는 복지부 장관의 허가를 받도록 되어 있다(제16조). 사회복지법인에는 대표이사를 포함하여 이사 5인 이상과 감사 2인 이상을 두고 친족이 이사 총 수의 3분의 1을 초과할 수 없도록 규정하고 있다. 이사의 임기는 3년, 감사의 임기는 2년으로 하되 각각 연임이 가능하도록 되어 있다.

민법(제32조)에 의하면 학술, 종교, 자선, 기예, 사교, 기타 영리 아닌 사업을 목적으로 하는 사단 또는 재단은 주무관청의 허가를 얻어 이를 법인으로 할 수 있도록 하고 있지만 사회복지시설을 설립 · 운영하고자 하는 자는 법인이 아니라도 가능하도록 되어 있다. 사회복지사업을 하려는 민법상의 법인은 재단법인이든 사단법인이든 이사를 두도록 되어 있으며 이사의 수와 임기는 법인의 정관에 규정하도록 하고 있다. 그리고 감사를 두는 것은 법상의 의무규정은 아니며 정관 또는 총회의 결의에 의하여 임의로 둘 수 있도록 하고 있다(민법 제66조).

사회복지법인이 설립되면 법인에서 사회복지사업 수행에 필요한 시설(생활시설 또는 이용시설)을 설립하고 시설장을 임명할 수 있다. 시설장은 이사회의 의결을 거쳐 임명되고 시설장은 그 법인 및 정부에 대하여는 직접적으로 그리고 지역사회 주민 및 서비스 대상자에 대하여 간접적으로 시설의 운영에 대해 책임을 진다. 시설장은 시설의 운영을 위하여 필요한 직원을 채용하고 직원을 관리 · 감독하는 책임을 진다.

2) 법인과 사회복지 조직

현대사회의 사회복지사업은 조직을 통하여 이루어진다. 조직은 규모에 따라 차이가 있으나 적어도 2명 이상이 조직을 이룬다고 할 수 있다. 같은 목적에 찬성하고 사회적으로 인정받을 수 있고 전문성을 지닌 2명 이상의 다수가 지역사회와 정부로부터 인정받을 수 있는 사회복지 조직을 구성하는 것은 바람직하다. 현대사회 대부분의 사회복지 조직은 민간조직을 통하여 전달되는 것이 일반적 현상이며 서비스의 효율성과 효과성 면에서도 민간조직을 통한 서비스 전달이 더 바람직하다는 의견이 우세하다.

이러한 의미에서 민간조직이 사회복지 서비스를 제공하고자 하는 경우(사회복지사업을 하고자 하는 경우) 가능하면 법인체를 구성하고 그 법인체가 서비스 전달조직(서비스 전달 행정조직)을 만들어 전달하도록 하는 것이 바람직한 것으로 인정되고 있다. 사회복지사업을 위해 정부로부터 법인체를 허가받는 것은 그 법인의 사회복지사업을 사회적으로 공인하는 것이고 동시에 사회로부터도 간접적으로 인가받는 의미를 지닌다. 이렇게 정부로부터 허가받고 사회로부터 인가받은 법인체는 공신력을 가지고 지역사회의 후원(모금 등의 재정지원)도 받을 수 있다. 그리고 법인체는 지역사회의 복지증진을 도모함으로써 더욱 공신력을 확보할 수 있게 된다.

앞에서 언급한 바와 같이 사회복지사업은 반드시 법인체가 아니라도 시행할 수 있고 정부의 지원도 받을 수 있다. 즉 임의단체나 개인도 사회복지사업을 시행할 수 있고 정부로부터 지원을 받을 수 있다. 그러나 비인가 단체나 개인이 사회복지사업을 하는 경우, 경우에 따라 차이는 있겠지만 그 책임성이 약할 수 있고 또한 서비스의 공신력이 떨어질 수 있는 가능성이 법인체보다 상대적으로 높다고 할 수 있다.

그리고 개인이 일정한 재산을 출연하여 사회복지법인이나 민법상의 재단법인을 설립하는 경우, 마치 어떤 개인이 개인재산을 투자하여 기업을 창업하고 이를 운영하는 것처럼 개인재산 출연자가 법인의 정책을 좌지우지하려 하거나, 법인의 이사들이 개인재산 출연의 공로를 인정하여 재산출연자의 이러한 행동을 묵인하는 것은 바람직하지 못하다. 법적으로 개인재산을 출연하였다 하더라도 일단 법인재산이 되면 개인의 소유권은 인정되지 않고 법인의 공유재산이 되는 것이다. 따라서 어느 이사도 재산권에 근거하여 어떤 권한을 독단으로 또는 상대적 우위에서 행사할 수 없고, 법인의 재산권 행사에 대하여도 이사들이 공동으로 동등한 권한과 책임을 갖게 되는 것이다.

비록 그 법인이 사단법인이라 하더라도 법인의 이사는 동등한 권한과 책임을 지는 것이다. 그러므로 법인체의 이사는 성실하게 공인으로서 자기의 책무를 다해야 하고 사회복지법인 또는 비영리법인의 경우는 법인설립의 목적에 부응하여 적극적으로 법인의 운영에 관심을 가지고 참여하는 것이 바람직하다. 우리나라에서는 재산출연자의 공로를 인정하거나 법인이사가 소극적으로 참여하는 경우 법인과 이사의 역할과 권한을 잘 모를 수도 있어 이사의 권한 및 의무를 거의 행하지 않는 경우가 많다. 이와 같은 상황에서 법인과 사회복지시설(기관)이 대표이사(이사장) 또는 시설장(기관장)의 의지대로 운영되어 부정적 결과를 낳는 경우도 상당히 있다.

법인(이사회)과 시설(시설장 또는 기관장)의 관계는 국가에서 입법부와 행정부의 관계에 비유할 수 있다. 법인의 이사회는 정관을 만들고 개정하며 주요 정책을 결정하고, 시설장(기관장)은 법인 이사회에서 결정한 정책을 집행하는 행정책임자(시설장 또는 기관장)가 된다. 따라서 행정책임자는 법인 이사회에 대하여 일차적 책임을 진다. 이러한 관계는 경우에 따라 최고 의사결정의 혼선과 의사결정 과정의 지연 및 행정절차의 복잡성을 초래하는 경우도 있다. 그러나 이사회가 집행부의 바람직하지 못한 전횡을 견제하는 수단으로서의 건전한 의미가 더 크다는 면에서 일반적으로 바람직한 것으로 인정된다. 그리고 법인 이사회는 법인 운영의 총체적 책임자이고 법인의 주인이기 때문에 이사들이 제대로 역할을 수행하면 법인 이사회가 명실상부하게 집행기구의 가장 든든한 지원자가 되는 것이라는 의미에서 법인과 집행부의 분리된 책임과 권한은 바람직하다.

집행기구(사회복지시설 또는 기관)에서의 의사결정의 신속성, 최고 의사결정의 확실성 및 행정절차의 편의성을 높이기 위해 법인의 대표이사(이사장)가 집행부의 장을 겸하는 경우가 많으나 이 경우 집행부의 장이 법인설립을 주도했거나 재산출연과 관계있는 경우 또는 독단적 의사결정을 하는 경우 이사회의 기능을 약화시킬 가능성도 있다.

7. 사회복지 조직에서의 위원회와 이사회

사회복지 조직은 한 사람의 생각으로 운영될 수 없다. 타인의 의사를 수렴할 필요가 있고 또한 사회복지 조직이 위치한 지역사회로부터의 지지와 평가도 받아야 하고, 특별한 문제와 과업을 수행하기 위해서는 전문가팀의 조언도 있어야 한다. 즉 일상적인 조직의 활용만으로 충분치 못한 경우가 많다. 따라서 이러한 필요성에 의해서 사회복지 조직은 여러 가지 형태의 위원회와 이사회를 운영하게 된다.

1) 위원회

위원회는 조직이 그 목표달성을 위한 특별과업이나 문제를 해결하기 위하여 조직의 일상업무 수행의 기구와는 별도로 구성한 전문가 또는 업무 관련자들의 활동기구이다. 위원회는 계속적 필요성에 따라 두 가지 유형으로 구분되는데 하나는 조직에서 정규적으로 발생하는 특별업무를 처리하기 위한 상임위원회(예 : 인사위원회, 예산위원회 등)이고 다른 하나는 비정규적인 특별업무를 처리하기 위한 임시위원회(예 : 운영규정개정위원회, 지역주민반대대책위원회 등)이다.

위원회의 위원은 일반적으로 ① 능력이 있는 자, ② 해당과업이나 문제에 관심을 갖고 있는 자, ③ 시간과 정력을 제공할 용의가 있는 자, ④ 과업이나 문제에 관련된 여러 측면에서 대표자가 될 수 있는 자, ⑤ 경우에 따라서는 소수집단(여자)을 대표할 수 있는 자가 되는 것이 바람직하다. 그리고 위원회의 책임과 권한에서는 우선 위원회와 위원 각자의 책임과 권한을 명문화하는 것이 필요하다. 위원회를 운영하는 데 있어 위원장은 위원회의 회의를 적절한 절차를 밟아 준비하고 적극적으로 참여하여야 하고 관련업무에 대하여 정통하여야 한다. 회의준비에 있어서 위원장 또는 담당자는 사전에 시작 시간과 종료 시간, 회의 안건을 알려 주도록 하고, 회의에 임해서는 지정된 사람이 회의록을 작성하고 위원은 적극적으로 참석하고 창의력을 발휘하도록 노력하는 것이 바람직하다. 위원들은 상호 신임하는 태도를 가져야 하고 융통성을 발휘하고 전체를 위하여 양보하는 태도를 가지는 것이 바람직하다.

위원회를 구성함에 있어 위원회의 책임과 권한을 분명히 할 필요가 있다. 어떤 위원회는 순전히 자문역할을 하는가 하면 어떤 위원회는 기획 또는 의사결정의 역할을 하기도 한다. 위원회는 조직의 행정책임자의 의사결정에 필요해서 운영되는 만큼 행정책임자는 위원회의 위원장 또는 위원회에 대하여 책임과 권한을 분명히 밝혀야 한다. 그러한 책임과 권한은 구두로 보다는 명문화하여 밝히는 것이 바람직하다. 그리고 위원도 위원회의 책임과 권한을 분명히 이해하고 활동해야 한다. 위원회 운영의 목적에 따라 다를 수 있지만 일반적으로 위원회 위원들의 사기를 진작시키고 위원회의 활동의 효과성을 증진시키기 위하여 행정책임자는 위원회에 책임과 더불어 어느 정도의 권한을 부여하는 것이 바람직하다(Skidmore, 1990: 111).

위원회를 운영하는 데는 다음과 같은 장점과 단점이 있다. 장점으로는 ① 조직성원 전반에 관계되는 문제에 관한 협조와 관련된 정보를 계속 제공하는 데 효율적이고, ② 제안을 평가하고 전문가의 의견을 듣는 방법이 되고, ③ 관련된 여러 사람의 의견을 들을 수 있고, ④ 참여적 관리(행정)의 수단이 되고, ⑤ 관련된 사람들의 헌신적인 참여를 구축하고, ⑥ 행정책임자의 결정을 보조해 준다는 점을 들 수 있다. 단점으로는 ① 비용이 많이 들고 ② 문제의 처리 또는 해결에 시간이 걸리고, ③ 결정이 타협적으로 이루어질 가능성이 있고 ④ 위원 간의 책임성을 희박하게 하며, ⑤ 이해관계가 얽힌 대표의 참여에 의한 위원회는 시야가 좁아진다는 점을 들 수 있다.

2) 이사회

이사회(*board of directors*)는 조직이 그 목표를 달성할 수 있도록 법률적 책임을 지고 있는 조직(법인)의 정책결정 기구이다(Gelman, 1987: 206). 사회복지 조직은 지역사회의 복지증진을 위한 조직이기 때문에 ① 지역사회인으로부터 피드백을 얻고, ② 지역사회의 욕구를 확인하고 그 해결방법에 대하여 지도하고, ③ 조직의 목표를 효과적이고 효율적으로 달성하고 책임성을 발휘하도록 하기 위하여 지역사회 거주자 또는 지역사회에서 활동하고 있는 사람들로 이사회를 구성할 필요가 있다. 즉 이사회는 사회복지 조직의 필요성과 존재에 대한 철학적 및 사회적 근거가 되는 것이다. 그렇기 때문에 거의 대부분의 사회복지 조직(사회복지 관련활동을 하는 제반조직)에는 이사회를 두는 것이 법률적 요청사항으로 되어 있다. 우리나라에서는 사회복지사업법과 민법 등에서 사회복지사업을 하고자 하는 자나 공익사업을 하고자 하는 자는 사회복지법인 또는 민법상 재단법인 및 사단법인을 설립하도록 하고 있다(반드시는 아님). 따라서 이사회는 자연인이 아니면서 자연인과 같은 권리와 의무의 주체가 되는 법인의 상설적 기관이 된다. 법률적 의미에서 이사회는 법인의 사무를 집행하며 원칙적으로 법인을 대표하며 법률행위의 직무권한을 가지는 상설적 필요기관이 된다.

사회복지 조직의 이사회는 일반적으로 다음과 같은 기능을 수행한다. 즉 ① 조직의 목적 또는 목표설정, ② 조직의 운영기구 설정, ③ 필요한 인적 및 물적 자원의 조달, ④ 조직의 행정책임자 채용 및 임명, ⑤ 정책의 결정, ⑥ 예산인준 및 재정원천에의 접근촉진, ⑦ 조직운영의 점검 및 평가, ⑧ 조직과 지역사회 간의 중개, ⑨ 지역사회의 계획참여, ⑩ 정관의 변경 등이다. 이러한 기능으로 보면 이사회는 사회복지 조직의 정책 결정기관이고, 조직의 법인격 구축기반이고 또한 조직활동의 배후 후원기관의 성격을 갖는다.

사회복지 조직의 이사는 ① 조직과 조직의 사업에 대하여 관심이 있는 자, ② 지역사회의 여러 집단의 대표자가 될 수 있는 사람, ③ 개인적으로 능력이 있는 사람, ④ 시간과 정력을 할애할 용의가 있는 자로 자원봉사자가 되어야 한다. 우리나라의 경우 대부분의 사회복지법인에서 이사는 자신들의 역할을 제대로 알지 못하며 특히 자원봉사자에 대한 잘못된 인식으로 인하여 이사회의 기능과 역할은 거의 형식적으로 되고 있다. 우리나라의 사적 사회복지 조직이 제대로 발전되지 못하고 있는 중요한 이유 중의 하나는 바로 이사회의 활동이 미미한 때문이라 할 수 있다.

이사회와 집행기관 책임자(사회복지 조직 책임자) 및 직원의 역할(또는 권한과 책임)을 이해하지 못하거나 역할규정이 불분명하여 이사회, 집행기관 책임자 및 직원 간의 관계에서 때로는 갈등이 초래되는 경우가 많다. 집행기관 책임자는 이사회에서 고용한 사람이므로 기본적으로는 이사회의 요청에 따라 역할을 수행해야 하고 이사회에 대하여 책임을 져야 한다. 이사회는 조직의 운영전반에 관한 사항을 집행기관 책임자에게 위임하고 있지만 궁극적으로는 조직의 운영, 집행기관 책임자와 직원의 직무수행에 대한 책임은 이사회에 있다고 할 수 있다. 그리고 이사회는 조직의 정책을 개발하고 수립하는 책임을 지고 집행기관 책임자와 직원은 수립된 정책을 수행하는 책임을 지고 있지만 이사회는 조직의 인사사항을 포함하여 운영전반에 대하여 궁극적으로 책임을 지게 된다.

이러한 면에서 볼 때 이사회의 역할은 어떤 의미에서 조직의 효율성과 효과성을 좌우할 정도로 그 책임이 대단히 중요하다 하겠다. 이사회와 집행기관 책임자의 관계는 고용자와 피고용자의 관계에 엄격히 매이는 것보다는 동료적인 입장에서 협조적 관계를 형성하는 것이 바람직하고, 이사회와 직원과의 관계도 이러한 동료적 관계를 형성하는 것이 바람직하다. 이들 3자 간의 관계를 분명히 하고 갈등을 피하는 가장 좋은 방법 중의 하나는 각자의 역할, 책임, 권한을 명시한 직무규정을 마련하는 것이다(Gelman, 1987: 210).

3) 위원회와 이사회의 차이

위원회와 이사회는 회의체라는 점에서는 비슷하고 경우에 따라서는 엄격히 구분될 수 없지만 다음과 같은 점에서 상대적으로 차이가 있다. (Skidmore, 1990: 118).

① 이사회는 위원회에 비하여 집행기관 책임자의 참석 없이 회의를 가지는 경우는 드물다.
② 이사회는 위원회에 비하여 조직의 직원이 구성원이 되는 경우가 드물다.
③ 이사회의 구성원 수는 위원회의 구성원 수보다 적은 경우가 많다.
④ 이사회는 위원회에 비하여 수혜자가 참여하는 경우가 드물다.
⑤ 이사회는 위원회에 비하여 조직의 운영과 서비스 전달에 더 많이 영향을 미친다.
⑥ 이사회는 정책을 결정하고, 위원회는 건의하는 역할을 주로 한다.

· 제 6 장 ·

사회복지 조직과 사회환경

사회복지 조직은 사회로부터 공익을 위한 활동을 하도록 인가를 받을 뿐만 아니라 활동에 필요한 물질적 및 비물질적 후원을 받는 조직이고, 사회 속에 있는 인간의 바람직하지 못한 상태를 예방하거나 개선시키거나 또는 현재 상태를 유지하거나 그것의 악화를 지연시키는 활동을 하는 조직이므로 다른 어떤 종류의 조직보다도 그 조직을 둘러싸고 있는 사회적 환경과 밀접한 관계를 갖고 있다. 이러한 면에서 보면 사회복지 조직은 '환경의 포로'(Carlson, 1964, 재인용) 라고 해도 과언은 아닐 것이다. 사회복지 조직은 그러한 관계에 있음에도 불구하고 이 점을 등한히 하거나 의식하지 못함으로써 조직의 목표를 효과적으로 그리고 효율적으로 달성하지 못하는 경우가 많다. 사회복지 조직의 사회환경과의 관계를 이해하고 사회환경적 여건에 대처해 나가는 방법을 아는 것은 사회복지 조직의 유지와 발전을 위하여 필수적인 지식과 기술이 아닐 수 없다. 그러므로 이 장에서는 사회복지 조직과 환경과의 관계와 사회환경적 요인들을 이해하고 환경적 요인의 변화에 내처할 수 있는 여러 가지 방법들을 간략히 살펴보고자 한다.

1. 이론적 관점에서 본 사회복지 조직과 사회환경과의 관계

1) 사회체계이론적 관점

사회체계이론(*social system theory*; 체계이론이라고도 함)에서는 모든 사회적 실체, 즉 개인, 가족, 소집단, 조직, 지역사회, 국가사회를 하나의 유기체와 같은 체계로 보고 이들 체계들은 그들의 위상에 있어서 등위적인 체계, 상위적인 체계 및 하위적인 체계들과 상호의존적인 밀접한 관계를 가지고 존재하고 있는 것으로 본다. 따라서 모든 사회체계는 그것이 전체로서 다른 하위체계를 내포하고 있는 동시에 또한 부분으로서 상위체계에 속해 있다〔Koestler(1979: 23~51)는 전체이면서 부분인 이러한 체계를 홀론(*holon*)이라 불렀다〕. 사회체계들은 상호의존적인 관계를 갖고 전체를 이루고 있으며 전체는 부분의 합보다 더 크고 다른 성질을 갖고 있으므로 전체에 나타나는 조직이나 상호의존성을 전체를 구성하는 개별적인 부분들로 환원할 수 없다. 그리고 사회체계에서의 인과관계망은 체계 간의 일방적인 인과관계가 아니라 모든 체계들과 모든 하위체계 간의 상호적 인과관계이다.

사회체계는 속성상 살아 있는 개방체계이며 등위체계, 상위 및 하위체계 간의 상호작용을 통하여 필요한 에너지를 만들어 내고 이 에너지의 상호교환과 이전을 통하여 체계가 존속하고 분화하고 진화하고 발전하게 된다. 따라서 사회체계는 개방체계로서 환경과의 끊임없는 상호작용은 불가피하며 상호작용을 통하여 유지되고 발전될 수 있는 것이다. 이러한 관점에서 보면 사회복지 조직은 분명히 사회체계이며 개방적인 체계로서 그것을 둘러싼 다양한 등위체계 및 상위체계와 상호작용을 함으로써 조직에서 필요한 에너지(자원)를 확보하고 이것을 내적 및 외적 체계 간에 상호 이전시켜 사회복지 조직을 유지하고 발전시킬 수 있다는 것이다. 그렇기 때문에 사회복지 조직은 생존하기 위해서는 물론 발전하기 위해서도 개방체계가 되어야 하고 외적인 환경과의 상호작용을 갖는 것은 불가피하고 그렇게 하는 것은 당연한 것이다.

2) 교환이론적 관점

교환이론에서는 인간을 이기적이고 합리적이고 환경의 변화에 적응하는 존재로 본다. 그리고 사회적 관계를 개인 간, 개인과 집단 간 및 집단과 집단 간에 상호 필요한 자원을 주고(비용이 됨) 받는(보상이 됨) 관계로 보고 사회를 개인으로 구성된 소집단 간의 교환관계가 지속적으로 이루어지면서 정교화되고 발전되며 유형화되는 것으로 본다. 따라서 사회적 집합체인 사회복지 조직도 사회복지 조직을 둘러싸고 있는 외적인 조직들 또는 환경과의 끊임없는 교환관계를 가지게 되는 것이다. 다시 말해서 교환론적 관점에서 보면 사회적 실체인 사회복지 조직은 다른 사회복지 조직, 기타 다양한 사회조직, 제도와의 교환관계에 의한 상호관계는 불가피하고 당연한 것이다.

교환관계가 이루어지는 보편적인 조건은 교환 당사자는 각각 주는 것의 가치보다는 받는 것의 가치가 크다는 판단, 즉 비용보다는 보상이 크다는 판단이 서야 한다. 그리고 권력 면에서 상호 대등한 입장에서 교환관계를 가지려고 하며 권력관계의 약세에서 불평등한 교환관계에 있다고 판단하는 측은 가능하면 대등한 교환관계를 가지려는 성향이 있다는 것이다. 많은 경우 교환관계는 반드시 균형적인 교환(대등한 교환)이 되지 못함으로써 권력과 의존관계가 형성된다. A가 B에게 제공한 것(비용) 만큼의 가치 있는 것(보상)을 B에게서 끌어낼 수 없는 상황이 빈번히 일어날 때, A의 B에 대한 의존성보다는 B의 A에 대한 의존성이 커져 불균형적인 교환관계가 성립되며 A는 B에 대하여 권력을 갖게 된다. 즉 B가 A에 의존하는 정도(Dba)가 A가 B에게 의존하는 정도(Dab)보다 크면(Dab<Dba) B가 A에 대하여 갖는 권력(Pba)보다 A가 B에 대하여 갖는 권력(Pab)이 크게 되어(Pab>Pba) 결국은 A가 B에 대하여 권력을 갖게 된다(Dab<Dba → Pab>Pba). Emerson(1960: 32)은 이러한 의존과 권력관계에 대하여 다음과 같이 설명하고 있다. 행위자 A가 B에게 의존하는 정도(Dab)는 B에 의해서 제공되는 보상을 얻기 위해 A가 투자한 자원(비용)의 정도에 비례하고 A가 원하는 자원을 얻을 수 있는 출처가 B 이외에 얼마나 많은가에 반비례한다는 것이다.

사회복지 조직도 외부환경에서 사업을 위한 인적 및 물적 자원을 조달하여야 하므로 환경과의 교환관계에서 의존-권력관계를 피할 수 없다. 권력에 지배되는 관계에 처하면 의존-권력관계를 피하는 전략을 사용하여야 할 것이다. 의존-권력관계를 벗어나서 균형적 교환관계를 구축하려는 전략으로는 다음과 같은 것이 있다(Emerson, 1960: 35~40; Johnson, 1981: 369). 즉 ① 동등한 가치의 다른 자원으로서 보상하는 것, ② 다른 보상의 원천을 개발하는 것, ③ 새로운 자격이나 지위를 획득하는 것, ④ 강제력을 사용하는 것, ⑤ 연합적 활동으로 대응하는 것, ⑥ 소유자원의 질을 향상시키는 것, ⑦ 원하는 보상이나 욕구를 포기하는 것이다[이에 대한 상세한 설명은 최성재(1985: 147~165)를 볼 것].

2. 환경적 요인

환경은 Hall(1977, 재인용)에 의하면 일반환경(*general environment*)과 과업환경(*task environment*)으로 나눌 수 있다. 일반환경이란 환경 내의 경제적, 인구적, 통계적, 문화적, 정치적, 법적, 기술적 조건들을 의미하는데 이러한 조건들은 모든 조직에 영향을 미치며 특별한 경우를 제외하고는 조직이 변경시킬 수 없는 주어진 조건으로 생각되는 것이다. 과업환경이란 특정의 사회복지 조직이 자원과 서비스를 교환하고 특별한 상호작용을 하는 집단들을 의미하는데 조직활동에 대한 인가·허가기관, 감독기관, 재정자원 제공기관, 클라이언트를 의뢰해 오는 기관, 보조 서비스 제공기관 등이 여기에 포함된다. 과업환경은 일반환경에 의하여 영향을 받는 것이 일반적이며 특정 사회복지 조직에 영향을 미치기도 하지만 사회복지 조직에 의하여 영향을 받기도 한다.

1) 일반환경

(1) 경제적 조건

국가사회나 지역사회의 일반적인 경제상태는 조직에 직접적으로 영향을 미친다. 정부의 사회복지 재정은 경제성장과 더불어 일반적으로 증가하는 경향이 있고 특정부문의 사회복지 재정, 예를 들면 공공 부조에 대한 비용은 경제성장률이 낮거나 경기 후퇴의 경우에 증가하는 경우가 많다. 지역사회의 사회복지 조직은 지역사회의 경제상태에 의해서 크게 영향을 받을 수 있는데 특히 지방정부의 재정지원이나 지역주민의 기부금에 의존하고 있는 조직일수록 지역사회의 경제상태에 따라 많은 영향을 받게 된다. 경제상황은 사회복지 조직에 대한 자원공급을 결정하는 주요 요인이 될 뿐만 아니라 또한 사회복지 조직에 대한 클라이언트의 수요를 결정하는 주요 요인이 된다. 대규모의 실업상태는 보육(탁아) 서비스, 정신건강 서비스, 가족문제 서비스 등의 수요를 증대시키는 경향이 있다.

(2) 사회 · 인구 · 통계학적 조건

연령과 성별분포, 가족구성, 거주지역, 사회적 계급은 여러 가지의 문제와 욕구의 발생빈도와 밀접한 관계를 가지고 있다. 예를 들면 여성세대주 가족, 노인층, 농어촌 거주자들은 소득수준이 낮고, 성격장애의 빈도는 남성에게 높은 반면에 신경증의 발생률은 여성에게 더 높은 경향이 있다. 또한 정신장애는 일반적으로 저소득층에 더 많은 경향을 보이고 있다. 지난 20여 년간 가족구조에 큰 변화가 초래되었는데 1980년에는 우리나라의 평균가족원 수는 4.8명이었는데 2005년에는 2.9명으로 줄어들었고 노인가구 중에 노인세대들만의 노인단독 가구의 비율도 1981년의 약 20% 수준에서 2005년에는 약 50%로 증가하였는데 이러한 변화는 보육(탁아) 서비스와 노인보호 서비스(가정봉사원 서비스, 탁노 서비스 등)의 필요성을 증가시키고 있다. 클라이언트의 사회인구학적 특성은 사회복지 조직에서 클라이언트를 택하는 데도 영향을 미친다. 예를 들면 미국의 경우에는 사적 사회복지 조직은 다루기 어려운 클라이언트보다는 친절하고 성공 가능성이 높은 클라이언트를 받는 경향〔이러한 현상을 *creaming*이라 함(Gates, 1980: 130)〕이 나타나고 있고 특히 유료 서비스 조직인 경우에는 더욱 이러한 경향이 두드러지고 있어 문제가 되고 있다.

(3) 문화적 조건

사회복지 조직은 사회의 우세한 문화적 가치에 의하여 민감하게 영향을 받는다. 특히 조직에서의 서비스 형태, 클라이언트의 서비스에의 접근, 문제의 규정 등이 크게 영향을 받는다. 예를 들면 노동윤리를 존중하는 문화에서는 노동능력이 있는 자에 대한 공공 부조는 일을 시키고 대가로 지불하는 방식(기초생활보장에서의 취로사업과 같은 것)의 서비스 형태를 취할 수 있고(*workfare*라고 하는 사람도 있다), 공공부조를 국민의 권리로 인정하는 문화에서는 노동에 대한 요구 없이 금품을 지급하는 서비스의 형태를 취할 수 있다. 또한 알코올 중독자에 대한 정의에서 미국 사회에서는 그 정의를 엄격히 하는 데 비하여 한국에서는 아주 느슨하게 하고 있다. 따라서 미국의 정의를 한국에서 적용한다면 알코올 중독자 수는 크게 늘어날 것이다.

(4) 정치적 조건

사회복지 조직이 가용 재정자원을 대부분의 경우 정부에 의존하고 있는 상황에서 자원분배를 통제하는 과정으로서 정치적 환경은 매우 중요하다. 정부에서는 1980년대 이전에는 선성장-후분배의 정책기조로 국가발전 전략을 취해 왔지만 1980년대 이후는 복지사회 건설이라는 국정이념으로 성장과 분배의 균형적 전략을 주장해 왔다. 그러나 그러한 전략을 실천하는 정책의지가 매우 약하여 정부에서는 사회복지사업법과 복지관련법(국민기초생활보장법, 장애인복지법, 아동복지법, 노인복지법, 모·부자복지법 등)에 규정된 구빈적인 최저수준의 급여도 제대로 제공하지 못하는 정책을 수행하고 있다(백종만, 1990: 145). 한편 사회보험도 공익법인(공단)에 맡겨 운영비를 중심으로 최소한의 지원을 하면서 감독권만을 강하게 행사하고 있다.

(5) 법적 조건

중앙과 지방 수준의 정치적 과정을 통해서 만들어지고 있는 법률, 명령, 규칙 등은 사회복지 조직이 클라이언트들에게 서비스를 제공하는 것과 관련된 많은 조건들을 규정하고 통제 또는 장려함으로써 사회복지의 고객선정, 장소, 계획, 서비스 기술, 재원, 서비스 인력에 중대한 영향을 미친다. 우리나라 사회복지 관계법의 특징은 사회복지사업에서 국가책임과 자활조성을 원칙으로 하여 개인의 책임 및 국민의 의무를 강조하는 것이라 하겠다(국민기초생활보장법 제3조, 노인복지법 제4조, 장애인복지법 제5조 2항 등 참조) (백종만, 1990: 146). 또한 중앙정부나 지방정부가 직접 복지사업을 설립·운영·관리하기보다는 민간 사회복지법인이 그 설립과 운영을 담당하는 것을 장려하고 있다. 그럼에도 불구하고 민간 사회복지 조직들이 자생적으로 성장할 수 있는 법적 조건이 정비되어 있지 못한 실정이다. 특히 기부금품모집및사용에관한법률은 민간부문이 자율적으로 지역사회의 자원을 동원할 수 있는 길을 방해하고 있다.

(6) 기술적 환경

사회복지 조직에서 제공할 수 있는 서비스의 범위는 의료, 정신건강, 교육, 지역사회 및 사회계획과 같은 분야에서의 기술개발에 의해서 크게 영향을 받는다. 일반적으로 조직의 기술적 수준은 인간문제에 관한 사회의 일반적 기술수준과 연구와 훈련을 통하여 지식을 추구해 가는 사회적 상태에 의하여 영향을 받는다. 따라서 사회복지 조직에서 인간문제의 해결을 위하여 사용하는 기술은 인간문제와 욕구에 대응하기 위하여 개발된 전반적인 기술수준을 반영하는 것이다. 정신건강 분야에서의 치료는 정신작용 약물(*psychoactive drug*)의 발견으로 크게 진전되었고, 심리학에서의 행동수정이론은 사회복지 조직에서의 서비스 기술을 크게 향상시키고 있다.

2) 과업환경

(1) 재정자원의 제공자

사회복지 조직의 재정제공자는 조직에 가장 큰 영향을 미치는 요인인데 정부, 공적 및 사적 사회단체, 외국 민간단체, 개인 등이 있다. 우리나라의 민간 사회복지 조직(사회복지시설 및 기관)의 대부분의 재정원천을 보면 정부보조에 의존하는 비율이 가장 높고 지역사회의 모금이나 재단의 자체수입에 의존하는 비율은 아주 낮은 편이다.

(2) 정당성과 권위의 제공자

사회복지 조직의 합법성과 권위는 법률에 의하여 부여되고 있으며, 조직에 대한 사회적 승인이나 정당성은 조직이 봉사하고 있는 지역사회나 클라이언트 집단, 전문가 집단으로부터 나오는 것이다. 예를 들면 정부의 감독기관으로 공적 사회복지 전달체계인 보건복지부, 시·도청, 시·군·구청 등이 있고, 한국사회복지협의회, 지역사회복지협의체, 한국사회복지사협회 등이 여기에 해당된다.

(3) 클라이언트 및 클라이언트 제공자

이는 조직으로부터 직접 서비스를 받고자 하는 개인과 가족 및 클라이언트를 사회복지 조직에 의뢰하는 타조직, 집단, 개인을 포함한다. 클라이언트의 제공자는 구체적인 사회복지 조직의 성격과 종류에 따라 다양하다. 예를 들면 학교, 경찰, 청소년단체, 교회, 노인복지회관,

사회복지관, 동사무소 등이다.

(4) 보충적 서비스 제공자

사회복지 조직에서는 모든 서비스를 다 제공할 수 없는 것이 일반적이다. 그러나 사회복지 조직은 인간문제에 대한 통합적인 서비스의 원칙을 지킴으로써 서비스의 효과성과 효율성을 높일 수 있다. 따라서 서비스 조직은 주된 서비스를 보충해 줄 수 있는 보충적 서비스의 제공자와 공식적 또는 비공식적 협조체계를 유지하여야 한다. 그러므로 클라이언트의 문제를 해결하는 사회복지 조직에서는 다른 기관에 일부의 서비스를 의뢰할 수밖에 없다.

(5) 조직 산출물의 소비 · 인수자

사회복지 조직은 문제나 욕구가 있는 인간을 사회복지 조직의 외부에서 내부로 투입하고 기술을 사용하여 처리해서 변화된 사회적 지위와 신분, 변화된 신체적 혹은 개성적 속성을 가진 인간으로 산출하는 것으로 볼 수 있다. 그렇다면 사회복지 조직의 산출물이라 할 수 있는 변화된 상태의 클라이언트를 받아들이는 측(인수자)이 있어야 한다. 이러한 인수자에 해당되는 자는 클라이언트 자신 및 클라이언트와 관계를 맺고 있는 자들, 예를 들면 가족, 교정기관, 노인복지 시설, 아동복지 시설, 학교 등이다.

(6) 경쟁하는 조직들

이는 클라이언트나 다른 자원들을 놓고 경쟁하며 따라서 자원에 대한 조직의 접근에 영향을 미치는 조직들을 포함한다. 예를 들면 가족복지 기관은 클라이언트를 놓고 개인적인 가족치료자들과 경쟁할 수도

〈그림 6-1〉 사회체계론과 교환론적 관점에서 본 사회복지 조직과 환경과의 관계

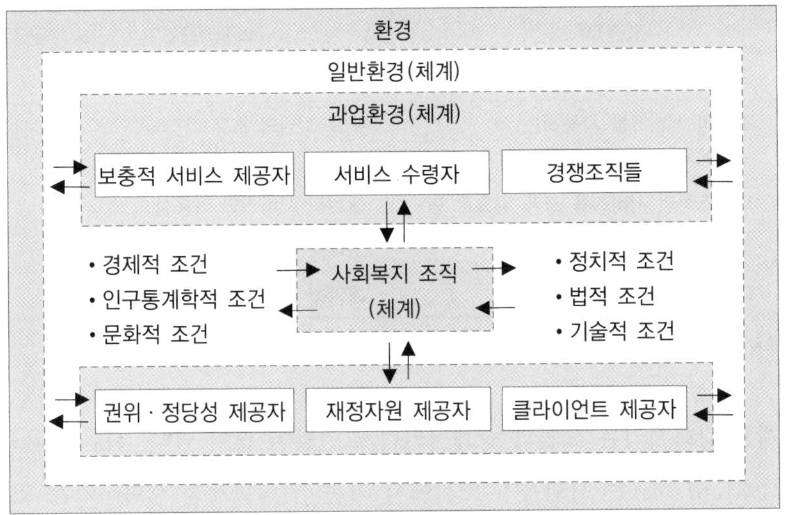

있다. 어떤 사회복지 재단에서 서비스 지원을 응모하는 경우 지역사회의 많은 사회복지기관들과 경쟁하게 되고, 정부나 지역공동모금 후원회로부터 지원을 받기 위해서도 타기관들과 경쟁하게 된다.

이상에서 말한 사회복지 조직과 환경과의 관계를 이론적인 관점과 연결시켜 그림으로 제시해 보면 〈그림 6-1〉과 같다.

3. 환경의존에 대한 대응전략

1) 사회복지 조직에서의 의존-권력 강화 및 상쇄조건

앞의 교환이론적 관점에서 의존-권력관계에 대하여 설명하였는데 현실적으로 보면 사회복지 조직과 환경과의 관계에서 의존-권력관

〈표 6-1〉 사회복지 조직의 의존-권력 강화조건과 상쇄조건

의존강화조건	의존상쇄조건
외부에서의 정책적 강요	외부세력에 의해서 허용된 자유
조직의 서비스를 사용하는 데 외부에서의 재량권 행사	주요 자원의 소유
외부조직의 서비스를 크게 필요로 함	대체적 서비스의 가용성
필요한 목표를 외부에서 인가	자체승인의 이념개발
대안에 대한 부정확한 정보	대안에 대한 효과적인 정보

출처 : Hasenfeld(1983: 68).

계를 강화시키는 요인과 상쇄시키는 요인들이 많이 있다. Hasenfeld (1983: 67~68)는 사회복지 조직에서 의존-권력관계를 강화시키는 조건과 상쇄시키는 조건을 〈표 6-1〉에서와 같이 제시하고 있다. 이러한 조건들을 살펴보면 의존강화조건을 약화시키면 의존을 상쇄하는 전략으로 작용할 수 있고, 의존상쇄조건을 계속 강화시키면 의존을 약화시키는 전략으로 작용할 수 있다.

2) 의존-권력 관계를 변화시키기 위한 전략

모든 사회복지 조직들은 자치권을 행사하며 그들의 환경을 통제할 수 있는 방법을 강구하려는 의도를 갖고 있다. 의존-권력 관계를 상쇄하지 못하고 외부의 환경적인 것에 크게 의존한다는 것은 조직에 커다란 불안을 야기시키고 외부압력에 대한 취약성을 갖게 하고 또한 조직 내부의 권위와 생존을 위협받게 한다.

의존-권력 관계를 개선하기 위하여 다양한 전략을 사용할 수 있다. 전략선택의 기준은 사회복지 조직이 필요로 하는 자원의 조직외부(환

경) 에서의 집중과 분산의 정도 및 조직이 통제하는 전략적 자원의 양에 의해서 결정된다. 일반적으로 조직의 외부환경에 자원의 집중도가 높고 조직 내의 전략적 자원이 적을수록 조직이 환경과의 관계를 향상시킬 수 있는 능력이 미약하다. 여기서는 Thompson (1961) 과 Benson (1975) 이 제시한 전략을 4가지로 정리하여 소개하기로 하겠다(Hasenfeld, 1983: 71~82).

(1) 권위주의 전략

조직이 자금과 권위를 관장함으로 인하여 사회복지 전달체계에서 우세한 위치를 차지하고 있을 때, 그 조직은 자체의 교환관계 조건과 다른 조건을 좌우할 수 있는 위치를 가질 수 있다. 이러한 전략은 그 조직이 정확한 행동을 하도록 권력을 사용하고 이들 행동을 권장하거나 보상을 하지 않는다는 의미에서 권위주의적이다. 이 말은 그 조직이 전달체계의 조직들 가운데서 그러한 명령을 할 수 있을 정도로 세력이 크다는 것을 의미한다. 그런데 이러한 전략을 적용하려면 다른 조직의 활동을 감시하고 명령에 동의하도록 효과적인 제재를 가할 수 있는 능력이 있어야 한다. 예를 들면 자금지원과 권위를 관장하는 중앙 정부기관이 지방 정부기관에 대하여, 정부기관이 민간 사회복지 조직에 대하여 이러한 전략들을 사용할 수 있다.

권위를 전략으로 사용하는 것은 조직의 자율성에 영향을 미치지 않고도 외부조직이 교환조건에 상응하도록 할 수 있기 때문에 매우 효과적인 전략이라 할 수 있다. 그러나 사회복지 조직이 이러한 전략을 사용할 수 있는 조건에 있는 경우는 이미 그 조직이 권력적으로 우세한 위치에 있는 경우가 일반적이므로 그러한 전략을 사용하지 않더라도 우세한 권력관계를 유지할 수가 있다. 아주 민주적이고 지방분권적인 정치체제가 발전되어 있는 상황이라면 몰라도 그렇지 않은 상황에서는 실제로 이러한 전략을 사용하는 경우는 드물 것이다. 권위주의적 전략은 우세한 위치를 점하고 있는 소수의 사회복지 조직에 한정될 수밖에 없고 이러한 전략을 사용하는 데는 명령에 대한 순응여부를 감시하기 위해 비용이 많이 들고 비록 명령에 대한 순응이 이루어진다고 해도 실질적인 것보다는 상징적으로 될 수도 있는 문제점이 있다.

(2) 경쟁적 전략

경쟁적 전략은 서비스의 질과 절차 및 관련된 행정절차 등을 더욱 바람직하고 매력적으로 하기 위하여 다른 사회복지 조직들과 경쟁을 하여 세력을 증가시키는 것을 말한다. 이러한 전략은 조직이 필요로 하는 자원이 외부환경에 분산되어 있고 경쟁자들과 세력균형을 유지할 수 있을 만큼의 충분한 내적 자원이 있을 때 가능하다. 예를 들면 소규모의 특수 서비스(아동비행 문제, 부부 문제, 가족치료 서비스) 조직은 질 높은 서비스, 클라이언트 관리, 친절한 서비스 등으로 다른 종합 사회복지기관과 경쟁할 수 있을 것이다. 이러한 전략을 사용하는 데는 문제점도 예상할 수 있다. 권위와 명성이 경쟁적 지위를 향상시키기 위한 주요 요소가 된다는 면에서 사회복지 조직이 성공률이 높은 클라이언트를 위주로 받아들이거나 사회계층이 낮은 클라이언트를 거부할 (*creaming*이라 함) 가능성이 있고, 경쟁은 서비스기관의 중복과 자원의 낭비를 조장하는 면이 있다. 경쟁은 서비스의 중복과 자원낭비라는 점에서 문제가 되지만 한편으로는 클라이언트로 하여금 선택의 폭을 넓혀주고 질 높은 서비스를 받게 하는 이점도 있다.

(3) 협동적 전략

협동이라 함은 조직이 과업환경 내의 다른 조직에게 필요한 서비스를 기꺼이 제공하여 그 조직이 그러한 서비스를 획득하는 데 대한 불안감을 해소시키는 것을 말한다. 사회복지 조직은 제공한 서비스에 대한 보답으로 그 조직에 대하여 권력을 증가시키게 되는데 그 이유는 그 조직은 사회복지 조직이 구하는 자원을 제공할 의무를 갖게 되기 때문이다. 이러한 전략은, 경쟁적 전략을 사용할 조건들이 잘 형성되는 일이 드물기 때문에, 사회복지 조직이 가장 많이 사용하는 전략이다. 협동적 전략은 구체적으로 3가지의 형태로 나눌 수 있다.

① 계약

계약은 두 조직 사이에 자원 혹은 서비스의 교환을 위해 협상된 공식적 또는 비공식적 합의를 말한다. 어떤 사회복지 조직이 찾는 자원이 과업환경 내에 집중되어 있는 한편 그 사회복지 조직은 자원을 가지고 있는 조직에 매우 필요한 서비스를 통제하고 있어 그 조직에 대하여 어느 정도 힘을 행사하고 있을 때 계약의 적용이 가능하다. 예를 들면 공립학교는 아동상담소가 필요로 하는 중요한 자료를 가지고 있고 반면에 아동상담소는 문제아동을 잘 치료할 수 있어 학교에 중요한 서비스를 제공할 수 있다면 두 조직 사이에 계약이 이루어질 수 있다. 이 두 조직이 계약을 한다면 상호필요에 의하여 서비스와 자원을 교환하기 때문에 과업환경에 대한 의존을 줄일 수 있게 된다. 이러한 형태는 정부조직이 자금을 가지고 있고 민간 사회복지 조직은 정부가 필요로 하는 서비스를 제공할 수 있는 경우에 많이 이루어지고 있는 형태이다. 우리나라에서도 최근에 정부에서 사회복지관에 대하여 운영자금을 제공하고 사회복지관에서는 서비스를 제공하는 식의 계약에 의하여 위탁운영하는 경우가 많아지고 있는데 이도 계약의 한 형태라고 할 수 있다.

그러나 이러한 계약은 조직의 선택의 범위를 좁히고 자율성을 침해당하게 하고, 조직의 주요 목적과 맞지 않은 서비스를 제공할 수도 있게 한다. 계약은 또한 서비스의 효과성 평가를 어렵게 하고 부주의한 서비스 전달에 의하여 계약이 남용되는 문제도 초래할 수 있다. 특히 미국의 노인요양원 같은 조직에서 서비스의 남용과 악용의 사례들이 많이 발견되고 있는 것은 이러한 문제를 여실히 증명해 주고 있다 (Hasenfeld, 1983: 76).

② 연합

연합은 여러 조직들이 합동으로 사업을 하기 위하여 자원을 합하는 것을 말하며 회원조직 간에 분명한 상호합의를 통해서 일련의 공동이익과 관계된 의사결정을 하는 기구를 마련하게끔 한다. 연합은 주로 다음과 같은 조건하에서 이루어지기 쉽다. ⓐ 각 조직은 필요로 하는 자원을 통제하는 조직들에 대하여 비교적 세력이 약해야 한다. ⓑ 각 조직 간에는 적당한 정도 이익의 상호 보충적 효과가 있고 상충이 없어야 한다. ⓒ 각 조직은 연합에 가담함으로써 드는 비용보다는 얻는 이득이 더 크다고 생각해야 한다. 연합은 '조직들의 조직'을 형성해 과업환경의 단위들과 더욱 효과적으로 협상할 세력을 확보하게 해준다. 예를 들면 민간 사회복지 조직들이 공동모금회의 재원을 배정받기 위해 연합할 수 있다.

연합은 여러 가지 예상외의 손실이 따를 수 있다는 데 유의해야 할 것이다. 능동적이고 활발한 정보교환과 연합에서 지정한 책임수행을 위해서 비용이 많이 들 수도 있고, 연합이 취한 행동으로 회원조직 간의 불화가 발생할 가능성, 연합을 통해서 얻은 이익배분에 대한 의견 불일치 등의 문제가 있을 수 있다. 따라서 연합은 시간적으로 한정된 목적을 위해서 형성되고 목적이 달성되면 해체되는 경우도 많다.

③ 흡수

흡수는 과업환경 내의 주요 구성 조직들의 대표자들을 조직의 지도층 혹은 정책수립 기구에 흡수함으로써 조직의 안정 또는 생존에 대한 위협을 피하는 것을 말한다. 이 전략은 외부환경의 주요 대표자들을 조직 속에 자기편으로 끌어들임으로써 그 조직의 합법성과 생존에 대한 지지를 얻어내거나 최소한 위협만이라도 피하자는 것이다. 흡수전략은 사회복지 조직이 필요로 하는 자원이 환경에 집중되어 있고 조직 자체에 전략적인 자원이 없을 때, 그리고 그 조직이 직면하는 위협을 기존자원으로 상쇄할 수 없을 때 이용되는 경향이 있다. 예를 들면 사회복지 조직의 의사결정 및 프로그램 평가 등에 클라이언트 대표자를 참여시키거나 지역사회 주민 대표자를 참여시키거나 또는 모금기관의 대표자를 이사회나 운영위원회 등에 참여시키는 것 등이다.

흡수는 조직의 자율성을 크게 저해할 수도 있다. 조직의 의사결정에 외부조직의 대표들이 참여한다는 것은 그 조직의 목적과 활동을 외부대표들이 영향력을 발휘할 수 있는 만큼 수정하고 조정하는 경우도 있게 된다는 것에 유의해야 할 것이다.

(4) 방해전략

방해전략은 목표조직의 자원생산 능력을 위협하는 행동을 의도적으로 하는 것을 말한다(Benson, 1975: 242, 재인용). 이러한 전략은 그러한 행동을 함으로써 목표조직이 양보해 주기를 바라고 그렇게 함으로써 그들 간의 의존-권력 관계의 판도를 바꿀 수 있기를 기대한다. 방해

전략은 다음과 같은 조건하에서 채택되기 쉽다.

① 어떤 조직이 세력이 약한 반면에 그 조직이 영향을 미치고자 하는 과업환경이 방해적이 아닌 요구를 묵살한다.
② 방해하려는 조직이 실패하여도 손해 볼 것이 별로 없다.
③ 그 조직은 상대조직과의 갈등해소를 위한 공통적 기본규칙을 제공할 수 있는 외부요인과 상호작용을 지속하지 않고 있다.
④ 그 조직과 상대조직 사이에 이념적 갈등이 존재하고 있다.

소규모로 또는 일시적으로 방해전략을 사용하는 경우는 사회복지 분야에서 흔히 있을 수 있는 일이다. 이러한 방해전략은 조직 간에 이루어지는 경우도 있지만 대개는 힘이 없는 클라이언트들이나 잠재적 클라이언트들이 사회복지 조직에 대하여 사용하는데 이러한 행동의 목적은 이들 사이의 관계에 있어서 중요한 구조적 변화를 야기하려는 데 있다. 예를 들면 사회복지관에서 청소년에 대한 보호관찰 업무를 수행하고 있는데 사회복지관과 관계를 가지고 있는 보호위원을 늘려주지 않고 보호관찰 대상자만 계속 의뢰하는 경우 관할법원에 보호위원 증원 탄원을 계속하여 법원의 업무를 혼란에 빠뜨리게 하는 일을 할 수 있다. 또 다른 예는 수입이 전혀 없는 노인이 다만 재산이 한도액을 약간 넘어서 국민기초생활급여를 받지 못하는 경우가 많은데 이를 복지부에 계속 탄원하여 복지부에서 노인에 대한 국민기초생활급여 규정을 재검토하도록 할 수도 있다.

방해전략은 권력을 잃은 사람들, 빈민 및 불우한 사람들을 대신하여 사회복지 조직으로부터 양보를 얻어내는 데는 효과적일 수 있다. 그러나 장기적으로 볼 때, 이 전략은 일시적으로 얻은 이득을 상쇄해 버리는 반작용을 야기할 수 있다. 방해전략은 방해당하는 조직으로부터 양보를 얻어낼 수 있지만 그 양보는 약소한 것이 되고 오히려 사회복지 전달조직체들 내에 존재하는 더 기본적인 불평등에 대한 관심을 딴 곳으로 돌리게 하는 결과를 가져올 수도 있다.

4. 지역사회 관계향상을 위한 지식 : 지역사회 조직사업과 홍보

사회복지 조직의 행정책임자는 조직을 둘러싸고 있는 환경을 반응적이고 지지적인 환경으로 만들기 위해서는 환경에의 의존에 대한 대응조치를 취하는 한편 또한 지역사회 주민 및 제반 조직들과의 관계를 향상시킬 수 있어야 한다. 앞에서도 언급하였지만 특히 사회복지 조직은 지역사회 내의 과업환경에 해당하는 제반 조직들과 관계를 가지면서 에너지를 상호교환하면서 활동을 해야 하기 때문에 지역사회 조직사업(*community organization*)과 홍보(*public relations*)에 관한 지식을 습득하여 활용할 수 있어야 할 것이다.

1) 지역사회 조직사업

지역사회 조직사업(*community organization*)은 사회복지의 핵심적인 한 방법으로 지역사회 내의 공통적 문제나 욕구를 지역사회인들이 스스로 해결하거나 발전적 목표를 달성하기 위한 능력을 향상시키는 활동이라 할 수 있는데 좀더 구체적으로 말하면 ① 지역사회 내의 욕구를 발견하여 이를 지역사회 내의 자원을 동원하여 충족시키거나, ② 지역사회

주민들의 참여와 협조와 자기지향적 속성을 개발하고 발전시켜 자신들의 문제와 목표를 효과적으로 다룰 수 있도록 도움을 주거나, ③ 지역사회 내의 관계와 의사결정의 권력분포에 변화를 초래하는 활동을 하는 것을 말한다(Dunham, 1970: 4). 여기서는 지역사회 조직사업의 기본전제, 기본원칙 및 절차에 대하여 간략히 소개하기로 하겠다〔보다 상세한 이해를 위해서는 최일섭 · 이현주의 《지역사회복지론》(2006)을 참고할 것〕.

(1) 지역사회 조직사업의 기본전제(Ross, 1967: 86~93)

① 지역사회는 그들 자신의 문제를 해결하는 능력을 개발할 수 있다.
② 지역사회 주민들은 변화를 원하고 또 그 변화를 가능하게 할 수 있다.
③ 지역사회 주민들은 지역사회에서 주요한 변화를 일으키고 그 변화를 조정하거나 통제하는 데 참여하여야 한다.
④ 지역사회 주민 스스로 일으킨 지역사회 생활의 변화는 강요된 변화가 갖지 못하는 의미와 지속성을 갖는다.
⑤ 종합적인 접근은 단편적인 접근으로는 해결할 수 없는 문제를 성공적으로 해결할 수 있다.
⑥ 민주주의는 지역사회의 일에 협동적 참여와 행동을 요청하며 주민은 이러한 참여와 행동을 가능하게 하는 기술을 배워야 한다.
⑦ 개인이 자신의 욕구해결을 위하여 도움을 필요로 하는 것과 같이 지역사회도 그들의 욕구를 해결하기 위하여 지역사회를 조직화하는 데 도움을 필요로 하는 경우가 많다.

(2) 지역사회 조직사업의 기본원칙 (Ross, 1967: 157~202)

① 지역사회의 현존조건에 대한 불만으로부터 추진조직 (*association*)의 결성이 이루어져야 한다.

② 불만은 특정문제에 대한 계획을 세우고 실천에 옮길 수 있도록 집약되어야 한다.

③ 지역사회를 위한 불만은 주민에게 널리 인식될 필요가 있다.

④ 지역사회 조직을 위한 추진조직은 지역사회 내에 있는 주요 집단들에 의해 지목되고 수용될 수 있는 지도자 (공식적, 비공식적) 를 참여시켜야 한다.

⑤ 추진조직은 지역사회 주민들로부터 고도의 지지를 받을 수 있는 목표와 운영방법을 가져야 한다.

⑥ 추진조직의 사업에는 정서적 내용을 지닌 활동이 포함되어야 한다.

⑦ 추진조직은 지역사회에 존재하는 현재적 (顯在的; *manifest*) 및 잠재적 (潛在的; *latent*) 호의를 활용하려고 노력해야 한다.

⑧ 추진조직은 그 자체의 회원 상호간과 또한 지역사회와의 활발하고 효과적인 대화통로를 개발해야 한다.

⑨ 추진조직은 협동적인 노력을 위해 참여하고 있는 여러 집단을 지원하고 강화시켜야 한다.

⑩ 추진조직은 정상적인 업무 결정과정을 해치지 않는 범위 내에서 절차상에서 융통성을 지녀야 한다.

⑪ 추진조직은 지역사회의 현존 조건에 따라 수행하는 사업의 보조를 맞추어야 한다.

⑫ 추진조직은 효과적인 지도자를 개발하는 데 힘써야 한다.

⑬ 추진조직은 지역사회 내의 지도자들을 참여시킬 수 있고 어려운

문제를 해결할 수 있는 능력을 가져야 하며 안정성이 있어야 하고 지역사회로부터 신망을 얻어야 한다.

⑭ 사회복지를 위한 지역사회 조직사업에서는 지역사회가 주된 클라이언트이다. 지역사회는 이웃, 시, 군, 도, 국가가 될 수 있으며 더 나아가서는 국제적 공동체가 될 수도 있다.

⑮ 지역사회는 현재 있는 그대로 이해되고 수용되어야 한다.

⑯ 각양 각층의 모든 사회복지 조직은 상호의존적이다. 어느 한 사회복지 조직도 홀로 존재할 수 없으며 다른 사회복지 조직과의 관계를 가지면서 존재하고 있다.

(3) 지역사회 조직사업의 과정(Skidmore, 1990: 181~183)

① 조사

조사(*research*)는 문제나 욕구 또는 사실에 관한 자료를 수집하고 확인하는 것이다. 지역사회 지도자(지역사회 조직가)가 지능적으로 활동하기 위해서는 지역사회 주민의 문제와 욕구, 조직 및 서비스 등에 대한 기본적인 사실을 알아야 하고 이를 위해서는 조사활동이 필요하다. 사회복지 조직의 행정 책임자는 사회조사에 대한 전문지식을 갖추거나 아니면 전문가를 채용하는 것이 바람직하다.

② 기획

기획(*planning*)은 장래에 도달하고자 하는 목표를 달성하기 위한 의도적인 행동계획의 과정을 말하는데 지역사회 각종집단의 대표자들이 같이 모여 문제를 규명하고 그 해결책을 찾기 위하여 기획의 절차를 거쳐야 한다(기획에 대해서는 이 책의 제8장을 볼 것).

③ 협의조정

협의조정(*coordination*)은 불필요한 갈등과 노력의 중복을 피하기 위하여 같이 협의하는 과정을 말한다. 지역사회 내의 주민 간 또는 조직 간의 협조 및 자원의 확인과 서비스 질과 양의 증진을 위하여 지역사회 내의 여러 사회복지 조직 간의 협의조정이 필요하다.

④ 조직화

조직화(*organization*)는 문제해결이나 욕구해결을 위하여 설정된 목표를 달성하기 위해 필요한 활동조직을 만드는 과정을 말한다. 목표달성을 위해서는 조직적인 활동이 필요하고 이를 위해서는 반드시 조직이 필요하다는 것은 두말할 나위가 없다. 이러한 조직화에는 공식적 조직과 비공식 조직도 같이 고려되어야 할 것이다(조직화에 대하여는 이 책 제5장을 참고할 것).

⑤ 재정활동

재정활동(*financing*)은 예산을 수립하고 수입원으로부터 자금을 확보하고 지출을 하는 활동을 말한다. 목표달성을 위해 만들어진 조직이 활동하기 위해서는 비용이 필요하고 이를 위해서는 재정활동이 반드시 필요하다(보다 상세한 것은 이 책 제11장을 볼 것).

⑥ 컨설테이션

컨설테이션(*consultation*)은 전문가들로부터 전문직업적 정보와 지침을 얻는 활동을 말한다. 지역사회 조직사업의 활동을 해나가는 과정에서 사회복지 분야 안팎의 여러 전문가들의 의견을 들을 필요가 있다(보다 상세한 것은 이 책 제14장을 볼 것).

⑦ 위원회 운영

조직에서 조사연구, 기획, 의사결정 및 정책의 집행을 위해서는 위원회 운영(*committee operation*)의 필요가 있으며 이를 잘 이용하면 목표를 효과적으로 효율적으로 달성할 수 있다(보다 상세한 것은 이 책 제5장을 볼 것).

⑧ 협상

협상(*negotiation*)은 중립적인 제3자의 개입에 의하여 쌍방 간의 갈등을 해결하는 과정을 말한다. 지역사회 내의 조직, 집단 및 개인들이 상호 간에 가치관과 의견과 정책이 다를 수 있기 때문에 같이 모여 의견을 나누고 상호 받아들일 수 있는 선에서 타협점을 찾을 수 있어야 할 것이다.

⑨ 기록

기록(*recording*)은 지역사회 조직활동 과정에서 위원회 및 활동집단의 생각과 행동을 기록으로 설명하는 것을 말한다. 여기에는 회의록 및 활동과정에 대한 기록이 포함되어야 할 것이다.

2) 홍보

사회복지 조직은 지역사회 주민들에게 복지 서비스를 제공하기 위해서 존재하고 이를 위해서는 지역사회 내의 여러 개인, 단체 및 조직 등과 관계를 유지하여야 한다. 서비스에 대한 정보제공, 지역주민과 단체들의 협조 및 이해를 얻기 위해서는 홍보가 대단히 중요하다. 사회복지 서비스는 그것이 무료이건 유료이건 간에 일반적으로 필요한 많은 사람들에게 전달되도록 하여야 하기 때문에 마치 영업회사에서 상품을 선전하는 것과 같이 홍보가 중요하다.

(1) 성공적인 홍보활동의 주요 원칙(Skidmore, 1990: 187)

① 목표가 무엇이며 어디에 있는가를 알라.
② 접촉하려고 하는 사람이 누구인가를 알라.
③ 이용 가능한 자원(돈, 사실, 인력 및 기술 등)을 평가하라.
④ 돌아오는 이익이 접촉하고자 하는 상대방과 어떻게 연관되는가에 유의하라.
⑤ 홍보에 관한 구체적인 기법을 알라.
⑥ 절대적으로 정직하라.
⑦ 사람들에게 감사하라.

(2) 홍보활동의 매체

① 시각적 매체 : 신문, 잡지, 회보(반상회 회보, 시 및 구청의 행정홍보 신문), 인터넷 홈페이지, 전자우편(*e-mail*), 책자, 팸플릿, 보고서, 유인물(전단), 슬라이드, 사진, 전시회, 가두행진 등.
② 청각적 매체 : 이야기, 좌담, 강연회, 라디오 등.
③ 시청각적 매체 : TV, DVD, 핸드폰, 영화, 비디오, 연극, 공개토론, 대중집회 등.

위 매체들은 각각 고유한 특성이 있고 효과도 다르기 때문에 특정한 목표달성을 위해 가장 효과적이라 판단되는 매체를 선택하여야 할 것이다〔홍보활동에 관한 보다 상세한 논의는 성규탁(1993: 361~375)을 볼 것〕.

· 제 7 장 ·

지방분권과 사회복지 서비스의 역할분담

지방분권이 사회복지 서비스에 미치는 영향은 긍정적 측면과 부정적 측면이 공존한다. 따라서 지방분권 시대에 있어 사회복지 서비스의 역할분담이 중앙정부와 지방정부 간에 그리고 정부와 민간 간에 어떻게 이루어지는 것이 바람직한지가 사회복지 행정의 주요 과제가 되고 있다.

주민의 요구를 보다 정확히 반영하면서 효율적 서비스 제공이 이루어지기 위해서는 중앙정부와 지방정부의 사회복지 서비스 업무분담이 정확하게 이루어져야 하며 사회복지 서비스 전달체계 역시 이에 걸맞게 변모해야 하는 것이다. 그리고 업무분담과 전달체계상의 합리적 변화가 가능하기 위해서는 사회복지 서비스에 대한 재정문제가 해결되어야 한다. 재정문제의 고려가 없는 행정체계의 개선은 그 실효성을 잃을 수밖에 없을 것이다.

또한 사회복지 서비스의 질적 수준의 향상을 위해서는 정부의 노력이 중요하지만 민간의 노력도 뒷받침되지 못하면 우리의 복지국가 지향은 어렵게 될 것이다. 정부는 대규모 조직이라는 특성과 정책수행의 획일성 때문에 다양성을 기초로 한 복지욕구의 개별적 충족은 불가능하게 된다. 그러므로 정부의 복지정책을 보완해서 민간자원이 효율적으로 보충되어야 한다.

이 장에서는 먼저 지방분권과 사회복지 서비스에서 지방분권의 의미, 지방분권의 방향, 지방분권이 사회복지 서비스에 미치는 영향을 살펴보고, 다음으로 중앙정부와 지방정부의 사회복지 서비스 역할분담에서는 사회복지 서비스 업무분담의 원칙, 사회복지 서비스 전달체계의 원칙, 사회복지 서비스 재원조달의 방법을 논의하고, 마지막으로 정부와 민간의 사회복지 서비스 역할분담에서는 사회복지 서비스 역할분담의 유형, 사회복지 서비스 역할분담의 필요성과 기준, 사회복지 서비스 역할분담의 방향을 논의해 보기로 하겠다.

1. 지방분권과 사회복지 서비스

1) 지방분권의 의미

지방분권의 논리는 강력한 수도권 집중의 완화와 지방의 주체적 역량강화를 지향하나, 지방분권은 사회복지 현장에 하나의 도전으로 다가오고 있다. 행정적, 정치적, 재정적 차원에서 지방정부의 자율성의 정도에 따라 분권화의 영향이 상이할 수 있어 복지사무의 기능조정, 지방 정부의 복지역량 강화, 재원동원의 안정성 확보, 지역간 복지의 균형발전 등의 분권과제에 직면했다.

우선 지방분권을 둘러싸고 분권화, 분산화, 분업화 등 다양한 용어들이 혼재되어 지방분권에 대한 의미를 보다 명확하게 규정할 필요가 있다. 여기에서는 지방분권에 관한 기존 논의를 기초로 지방분권의 의미를 다음과 같이 두 가지 차원, 즉, 정치・행정적 차원과 사회경제적 차원으로 분류하여 살펴보고자 한다(유진석, 2003: 40).

첫째, 정치・행정적 차원에서 지방분권은 중앙정부, 지방정부, 시민사회 간의 관계 속에서 그 의미를 규정할 수 있다. 분권은 국가 내 권력의 지리적 배분, 계층별 배분이라는 측면에서 중앙정부의 권한을 지방정부로의 이양을 의미하는 개념으로 정의할 수 있다. 이러한 분권의 의미는 좁은 의미의 분권의 개념으로 정의된다. 좁은 의미로서의 분권(*devolution*)은 중앙이 가지는 권한의 지방이양을 의미하는 개념으로 지방자치단체들이 요구하는 인사・조직권, 자율적 재정운용권, 경찰 및 교육자치권, 지역문제에 대한 결정・참여권 등이 여기에 속한다. 정치・행정적 차원에서 분권화를 논의한 Litvack 등은 분권화가 정치적・행정적・재정적의 전 영역에 걸쳐 전개됨에 따라 분권화를 크게 행정분권화(*administration decentralization*), 재정분권화(*fiscal decentralization*), 정치분권화(*political decentralization*)로 구분한다(Litvack et al., 1998: 4~6; 유진석, 2003: 40, 재인용). 행정분권화는 권한과 책임, 정부의 기능을 계층별로 재배분하는 것으로 기능분산, 권한위임, 권한이양의 형태로 이루어지며 재정분권화는 재정자원의 권한이양으로 세출기능과 세입구조의 변화와 관련된다. 그리고 정치분권화는 정책결정과정의 참여 정도와 지방정치에서 대의 민주주의를 구현하는 제도적 정비와 관련된다.

둘째, 사회경제적 차원에서의 분권의 의미는 분산의 개념과 일맥상통한다. 이와 같은 의미의 분권은 일정지역에 집중되어 있는 자원이 다른 지역들로 이전됨으로써 지역간 자원의 균등화를 이루어가는 분산

(*deconcentration*)을 의미한다. 이 경우 기업 및 대학이전, 지역혁신체제 구축 등 경제사회적 의미가 부각되며 지역격차의 심화라는 문제가 집중적으로 거론된다(소영진, 2001).

이상과 같이 지방분권의 의미를 두 가지 차원으로 분류할 수 있지만 여기에서는 두 가지 차원을 동시에 포괄하는 광의로 지방분권을 이해하고자 한다. 따라서 광의의 지방분권은 정치·행정적 차원과 사회경제적 차원이 유기적으로 결합된 복합적 개념이라 할 수 있으며 분권과 분산 등은 각각 분리되어 있는 것이 아니라 상호 연계되었고 이를 핵심적으로 집약한 개념으로 규정할 수 있다.

2) 지방분권의 방향

지방분권의 방향에 대한 논의의 초점은 새로운 국가발전 모델의 재구조화, 지방자치를 비롯한 지역정치의 혁신 및 민주화의 공고화, 정부간 기능 배분 및 자원집중에 따른 분권과 분산의 논리 등 다양한 이론적 관점에 기초하여 이루어지고, 수도권 초집중화 문제에 대한 분석과 함께 정책대안에 대한 구체적 논의에 이르기까지 다양한 수준에서 전개되어 왔다(유진석, 2003: 41). 즉 지방살리기 정책 또는 수도권 초집중화 현상을 극복하기 위한 대안적 발전전략의 모색, 지역 균형발전으로서 행정중심복합도시 건설 등 보다 구체적으로 지방분권의 방향에 대한 실천적 관점이 주목받는다.

지방분권은 지방분권과 균형발전을 동시에 추진하는 노선에 입각하여 그 기본 방향을 지방의 자율성 강화와 지방육성에 초점을 둔다. 지역격차의 해소와 균형발전을 위한 중심전략으로 제시한 수도권 집중기능이나 중추기능의 분산화 전략, 중앙정부의 행정 및 재정권한의 지방

〈그림 7-1〉 지방분권과 균형발전의 관계

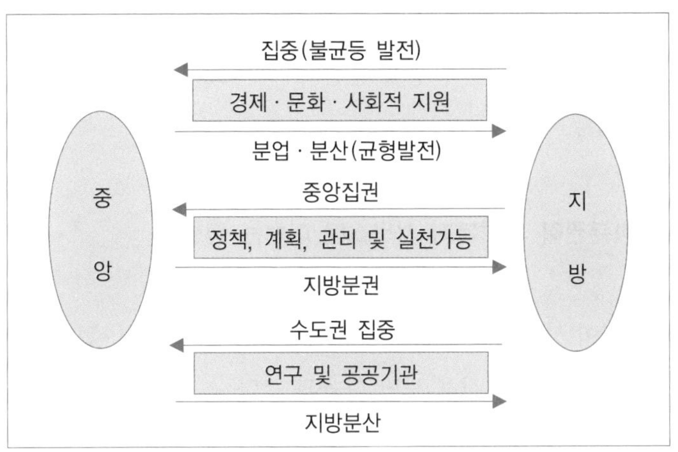

이양과 권력의 지방화를 위한 분권화 전략, 지역특성을 반영한 지역별 특화 산업과 전문기능의 육성을 위한 분업화 전략 등은 지방분권의 방향을 예시해 주는 것으로 볼 수 있다.

김영정(2003)은 주요 국가자원의 수도권 집중과 자원관리 기능의 중앙집중이라는 두 가지 기준을 중심으로 중앙과 지방 간의 관계를 〈그림 7-1〉과 같이 제시했다. 이 그림에서 보듯이 그간 정부의 지방분권 정책은 바로 이러한 두 가지 집중현상을 해소하는 데 초점을 두었다. 즉, 공간적 중심 집중을 완화시킴으로써 지방의 활성화를 도모하겠다는 국정목표가 '국가균형발전전략'이고, 중앙에 집중된 자원관리의 총괄기능을 지방으로 이양함으로써 자치역량을 키우고 그에 근거한 내생적 발전을 지원하겠다는 목표가 '분권화전략'이다.

지방분권의 바람직한 기본방향은 ① 중앙정부와 지방정부의 상호기능 회복과 합리적 기능조정, ② 지방 중심의 시각과 기준에 따른 분권화 추진, ③ 지역특성과 지방자치단체의 능력에 따른 신축성 있는 분권화 추진, ④ 부분적 · 개별적 분권이 아닌 권한과 기능의 포괄적 분권추진, ⑤ 지방의회에 대한 국회의 자치입법권 이양, ⑥ 의결기관과 집행기관의 기관 간 권력의 전형적 분권화 추진으로 요약된다(최봉기 외, 2015: 43~47).

3) 지방분권이 사회복지 서비스에 미치는 영향

지방분권이 사회복지 서비스에 미치는 영향을 긍정적 측면과 부정적 측면으로 구분하여 제시해 보면 다음과 같다(유진석, 2003: 43~45).

먼저 긍정적 측면으로 첫째, 중앙정부와 지방정부 간의 권력관계의 재조정이라는 차원에서 분권화를 이해할 경우, 지방분권은 지방정부의 역할과 권한의 강화에 있다. 지방정부의 역할과 권한 강화는 결국 지역주민들의 욕구에 보다 효율적으로 대응할 수 있기 때문에 보다 적합한 서비스를 제공해줄 수 있다. 즉 자원의 효율적 배분은 서비스 공급 책임을 지닌 지방정부에 의해 이루어질 때 보다 효율적이라는 것이다(Ter-Minassian, 1997; 유진석, 2003: 43, 재인용). 따라서 지방분권의 성공적 추진은 보다 민주적이고 참여적인 정부를 지향할 수 있고 지역주민의 욕구에 부응하는 공공서비스를 제공할 수 있다(Azfar et al., 1999; 유진석, 2003: 43, 재인용). 중앙정부보다 지방정부가 사회복지 서비스의 집행기관으로서 의미를 지니기 때문에 지방분권의 추진은 지역주민의 삶의 질과 연관된 복지서비스의 수준을 높일 수 있다.

둘째, 복지의 다원화와 분권화를 통해 복지집행체계 구축이 용이하다는 것이다. 일반적으로 20세기 이후 서구국가의 사회복지에 대한 대응은 중앙정부의 책임성으로 귀결되었으며 중앙집권화 방식으로 복지발전의 제도화가 이루어진 것이 복지국가의 역사적 경험이었다. 또한 재분배정책은 중앙정부의 책임이 보다 효율적이라는 관점에 근거하여 추진되었다. 그러나 세계화, 정보화라는 새로운 세계사적 변화를 맞이하여 중앙정부 중심의 복지급여체제에 대한 효율성 문제가 제기되었다. 그 결과 지방정부로의 역할 강화 및 책임증대로 복지의 분권화와 다원화라는 변화를 시도하고 있다. 이러한 점에 비추어 지방분권은 복지측면에서도 세계사적 조류를 반영할 수 있으며 보다 효율적 복지집행체계를 구축하는 데 용이하다는 것이다.

셋째, 지방분권의 추진으로 정책결정과정에 대한 지역주민의 참여가 활성화될 경우, 지역주민의 욕구에 부응하는 복지프로그램의 실현이 가능할 것이다. 그리고 지방정부의 구성도 투표라는 정치적 행위에 의해 이루어지기 때문에 차기에 선출되기 위해서는 친복지행정을 실현하는 것이 유리하며 그 결과 지방정부간 경쟁으로 이어질 수 있다. 이러한 지방정부간 경쟁은 친주민적 복지프로그램의 이전과 확산을 도모할 수 있다. 따라서 사회복지 서비스에 대한 지방분권의 긍정적 측면을 강화할 경우 중앙집권식 복지체제보다는 지역특성과 수요자의 특성에 맞는 지방정부의 독자적 복지체제, 이른바 '분권형의 복지체제'를 구축하는 데 기여할 것이다.

이와 같이 지방분권이 사회복지 서비스에 미칠 긍정적 영향은 지방의 자율성과 복지서비스의 효율성의 증대, 복지집행체계의 구축 용이성, 지방정부간 경쟁으로 복지프로그램 이전과 확산, 분권형 복지사회의 실현 등으로 예상할 수 있으나 그 반대로 다음과 같은 부정적 영향을 간과할 수 없다.

첫째, 사회복지 서비스의 급여와 전달은 재정력과 밀접히 연관되어 있다. 지역간 재정력의 격차는 복지발전의 수평적 불균형을 초래할 수 있다. 만약 복지서비스가 지방정부의 재정력의 수준에 따라 제공될 경우 재정이 열악한 지방정부에서는 인구의 이농과 자본유출로 인한 공동화 현상이 나타날 것이며 지방정부간 복지재정 운영상의 빈익빈 부익부 현상이 심화될 것이다. 그 결과 지역간 사회복지 서비스 격차를 확대재생산시킬 것이다.

둘째, 지방의 자율성 강화는 복지발전의 지역적 균형 간의 긴장관계가 발생할 수 있으며 복지권의 확립이라는 차원에서 전국적 통일성을 저해시킬 수 있다는 점이다. 지역복지 행정역량의 차이 및 복지자원의 불균등한 분포에 따라 일정한 복지행정 수준에 미달되는 지방정부의 출현은 복지 서비스 수급의 질적 차이를 야기시킬 수 있다. 따라서 복지 서비스의 공급관점보다는 수요관점에서 보면 동일한 자격요건을 갖추었음에도 불구하고 지리적 위치에 따라 복지 서비스 수급 여부가 결정되는 결과를 초래할 수도 있다.

셋째, 중앙정부와 지방정부 간의 책임성과 관련하여 복지재정의 책임전가현상이 나타날 수 있다. 또한 분권화는 지역주민의 선호에 따라 신속한 대응이 가능하며 빈민에게도 친복지적 자원배분이 가능하지만 다른 한편으로는 복지수급자, 빈민에게 불리할 수도 있다. 예컨대 재

〈표 7-1〉 지방분권이 사회복지 서비스에 미치는 영향

분권화의 영향	긍정적 영향	지방의 자율성과 복지 서비스의 효율성 증대 복지집행체계의 구축용이성 지방정부간 경쟁으로 복지프로그램의 이전과 확산 분권형 복지사회의 실현
	부정적 영향	지역간 복지 서비스 수준의 불균형 복지행정의 전국적 통일성 저해 복지재정의 책임전가 수급자의 사회경제적 자원으로부터의 불평등

정건전성을 위해 중앙정부보다 지방정부가 보다 복잡하게 지출을 통제하거나 지방의 지배계층에 의해 자원이 통제될 경우 발언력이 약한 복지수급자에게 불리할 수도 있다(Braun & Grote, 2000; 유진석, 2003: 44, 재인용).

이상과 같이 분권화는 지역간 복지 서비스 수준의 불균형, 복지행정의 전국적 통일성 저해, 복지재정의 책임전가 현상, 수급자의 사회경제적 자원으로부터 불평등과 같은 부정적 영향을 초래할 수 있다. 지방분권의 사회복지 서비스에 미치는 긍정적, 부정적 영향은 〈표 7-1〉과 같이 요약된다.

2. 중앙정부와 지방정부의 사회복지 서비스 역할분담

1) 사회복지 서비스 업무분담의 원칙

중앙정부와 지방정부의 서비스 업무분담은 행정의 민주성 측면과 행정의 효율성 측면에서 필요하다. 이러한 필요성에 기초하여 서비스 업무분담의 원칙을 다음의 5가지로 제시할 수 있다(최성재·남기민, 1993: 355).

첫째, 분권성이다(현지성의 원칙). 이 원칙은 기초자치단체 우선의 원칙이라고도 하며 기초자치단체가 주민들의 욕구를 가장 근접한 거리에서 가장 정확히 파악할 수 있을 뿐만 아니라 행정의 능률성을 향상시켜 줄 수 있다고 보는 것이다.

둘째, 현실성이다. 이 원칙은 지방정부의 규모, 능력, 재원확보 능력에 맞추어 기능배분이 이루어져야 한다는 원칙으로 중앙정부와 지방정부의 업무분담 시 실행가능성(*feasibility*)의 측면을 보여준다.

셋째, 전문성이다. 지방정부로 이양되는 서비스 업무를 담당할 수 있는 담당행정인력의 전문성이 확보되어야 한다는 원칙이다. 사회복지 서비스 업무의 경우 현재 중앙정부(보건복지부)가 책임지는 업무 중 많은 부분들을 지방으로 이전하였지만 이를 비전문적 행정인력이 담당할 경우에 행정의 효율성을 기대하기는 어렵다.

넷째, 종합성이다. 지방자치제하의 중앙정부와 지방정부는 물론 지방정부, 즉 광역자치단체와 기초자치단체 간에는 서비스 업무상 분업과 조정의 협력체계가 이루어져야 하며 계획과 집행의 분업체계가 확보되어야 한다. 그렇지 않을 경우에는 서비스 업무상의 혼돈과 중첩현상이 발생할 것이며 서비스 전달의 효율성을 기대할 수 없게 된다.

다섯째, 책임성이다. 이것은 곧 행정책임 명확화의 원칙으로 주어진 권한과 이에 걸맞은 책임이 주어져야 함을 말한다. 지금과 같이 권한보다는 일방적 책임만이 과도하게 부과된 현실에서는 소신 있는 행정업무를 기대할 수 없으며 이것은 곧 행정의 효율성을 고려할 수 없다는 점을 보여준다.

2) 사회복지 서비스 전달체계 원칙

사회복지 서비스 전달체계의 합리화 방안으로서 다음의 원칙들을 제시할 수 있다(최성재 · 남기민, 1993: 366~367).

첫째, 계층의 단순화이다. 이것은 각 계층 간의 과다한 계층적 접근방법에 의한 보고, 지시, 감독, 통보 등을 완화하여 계층의 수를 줄이는 방법이다. 왜냐하면 전문직이 제공하는 서비스의 효율성을 향상시키기 위해서는 가능하면 단계가 적은 것이 더 나은 것이다.

둘째, 서비스 업무를 하급기관으로 이양하는 방법이다. 서비스 업무를 상급기관에서 담당하도록 하는 경우는 기획조정, 통합기능을 강화하거나, 담당업무가 고도의 전문성과 기술성을 필요로 하는 경우 그리고 장비, 기술, 인력, 자원, 정보획득 능력의 강화가 필요할 경우에 한정하고 가능하면 서비스 업무는 하급기관으로 이전하도록 한다. 하급기관에 이양해야 할 경우를 구체적으로 살펴보면 무엇보다도 서비스 전달에서 개별화가 필요한 서비스 업무가 있고, 담당업무가 단순하거나 현지성, 경제성이 요구되는 사무 혹은 지역환경의 변화에 따라 즉각적으로 대응할 필요가 있는 사무 등이 있다.

셋째, 사회복지 서비스 전달체계는 수직적이고 지시적, 감독적, 후견적 관계에서 상호보완, 수평적, 협동적 관계로 전환되어야 한다. 사회복지 행정조직의 필요성은 지역주민들의 사회복지 서비스 욕구를 효율적이고 효과적으로 제공하는 데 있다. 따라서 조직의 존속에 필요한 최소한의 수직적 통제를 제외하고는 조직 간에는 가능한 한 수평적 협조관계가 더욱 요구된다. 수평적 협조관계의 구축 이전에 현재 시설 및 기관의 지역적 불균형의 시정이 먼저 이루어져야 한다.

넷째, 독자적 전달체계의 확립을 위해 전문인력의 적극적 활용과 독자적 조직이 완비되어야 한다.

다섯째, 정부담당업무 중 자율적 민간조직의 활성화를 위하여 민간부문에서 담당해야 하는 서비스 업무는 과감하게 민간조직에서 담당하게 한다. 따라서 민간 사회복지시설이나 기관의 활성화 방안을 적극적으로 추진해야 한다.

3) 사회복지 서비스 재원조달의 방법

현대 국가에서 사회복지 서비스 재원을 중앙정부가 최우선으로 책임져야 한다는 것은 사회경제적 체제의 상이성에 관계없이 대다수 국가에서 관철된다. 중앙정부가 지방정부에 재정지원을 하는 방법은 크게 3가지로 요약된다(송근원 · 김태성, 1995: 365~366).

첫째, 항목별 보조금(*categorical grants*)으로 이 방법은 재원이 사용될 세부적 항목을 지정하여 제공한다. 둘째, 기능별 보조금(*block grants*)으로 이것은 항목별 지원처럼 프로그램의 항목별로 지원하는 것이 아니라 프로그램의 기능별로 크게 묶어 지원하는 것이다. 셋째, 특별보조금(*special revenue sharing*)으로 중앙정부의 예산 가운데 일정 부분을 지방정부에 넘겨주는 것이다. 이것은 지방정부의 독립성을 가장 높여 지방정부 전달체계의 장점을 크게 살릴 수 있다.

지방정부 사회복지 서비스 재원조달의 경우 현재 지방자치단체의 재정자립도가 아주 낮으므로 당분간 중앙정부의 재정지원을 받을 수밖에 없으나 중앙정부의 재정에 의존하는 정도가 심하면 그만큼 자율성을 상실하게 되어 지역사회 주민의 복지증진을 꾀하기 어렵게 될 수 있다. 따라서 장기적으로는 지방정부 자체의 사회복지 서비스 재원을 마련하는 별도의 방안들이 마련되어야 한다.

지방정부의 재정수입은 자주재원과 의존재원이 있다. 재정수입의 결정권이 지방자치단체에 있는 지방수입은 자주재원이고, 재정수입의 결정권이 국가나 상급자치단체에 있는 지방수입은 의존재원이다. 자주재원은 공권력에 입각하여 강제 징수되는 지방세와 행정서비스의 사용대가 또는 반대급부로서 수납하여 얻어지는 세외수입이 있다. 의존재원은 국가가 일정한 기준에 따라 고정적으로 교부하는 지방교부세

수입과 국가의 재량에 의해 교부되는 국고보조금 등의 보조금수입이 있다(최봉기 외, 2015: 281).

3. 정부와 민간의 사회복지 서비스 역할분담

1) 사회복지 서비스 역할분담 유형

순수한 정부부문은 사회복지 서비스의 제공자가 정부이고 재원은 전부 정부예산에서 나오며 운영도 공무원들이 하는 형태를 말하며, 순수한 민간부문은 사회복지 서비스의 제공자가 민간인이고 재원도 민간에게서 나오며 운영도 민간인이 하고 정부의 규제도 받지 않으며 세제상의 혜택도 없고 따라서 정부에 대한 책임도 갖지 않는 형태를 말한다.

복지국가가 발전되기 이전에는 위와 같은 순수한 형태의 정부부문과 민간부문이 많이 존재하였으나 오늘날 이러한 순수한 형태는 오히려 드물다. 특히 순수한 민간부문의 형태는 오늘날의 복지국가들에서 발견하기 어렵다. 왜냐하면 거의 모든 형태의 민간부문은 정부로부터 규제를 받으며 그 대가로 세제상의 혜택 등을 받기 때문이다(김태성, 1992: 60).

정부부문은 중앙정부와 지방정부를 포괄하는 개념이다. 한편 민간부문의 범주에는 정부를 제외한 모든 부문이 이에 속하는데 개인, 가족, 이웃과 같은 비공식 민간부문, 영리민간부문과 비영리민간부문으로 구분된다. 사회복지 서비스 역할분담에 있어 정부부문과 민간부문이 차지하는 비중은 국가에 따라 차이가 있는데 스칸디나비아 3국을 비롯한 유럽국가들은 정부부문의 비중이 상대적으로 높고 미국과 같은 국가의 경우 민간부문의 비중이 다른 나라에 비해 상대적으로 높은 편이다.

Kramer는 정부부문과 민간부문의 사회복지 서비스 역할분담 관계를 국유화 모형, 정부주도 모형, 실용적 동반자 모형, 민간강화 모형, 민영화 모형의 5가지 유형으로 분류하여 다음과 같이 설명한다(Krame, 1981: ch. 14; 백종만, 1995: 129~132).

첫째, 국유화 모형(*nationalization model*)은 정부부문이 서비스 전달체계의 대부분을 차지하며 비영리 민간부문이나 영리 민간부문은 극소수인 경우이다. 이 모형에서는 정부가 최대의 서비스 제공자이기 때문에 영리 민간부문과 비영리 민간부문의 역할은 최소한의 주변적인(*marginal*) 것으로 축소되고 만다는 것이다. 정부주도 모형과는 서비스 제공을 주도하는 정도에서 차이가 존재한다.

둘째, 정부주도 모형(*government operation model*)은 정부만이 보편적이고 형평성과 책임성이 있고 권리로 이용 가능한 포괄적 사회복지체제를 운영할 수 있다고 가정한다. 이 모형에서는 가능한 한 대부분의 서비스가 정부를 통하여 직접 제공되며 민간 비영리부문은 정부의 역할을 메우거나 보충하기 위해 필요하다는 것이다. 여기서 민간부문의 역할은 주변적인 것은 아닐지라도 정부역할에 부수적이고 종속적인 것이다.

셋째, 실용적 동반자 모형(*pragmatic partnership model*)은 정부가 기본적 서비스의 제공을 지속적으로 추구하지만 서비스의 전달과정에서 비영리 민간부문에 자금을 제공하고 운영권을 위임하여 관료화를 방지하고 다양성을 살리고자 한다. 즉 이 모형에서도 정부주도 모형에서와 같이 서비스가 권리로 인정되는 공공정책이 채택되나 독립되고 포괄적인 공공서비스센터를 강화하는 대신에 비영리 민간부문과의 계약을 실용적으로 선택한다. 비록 이 모형이 보편적이고 책임성 있고 형평성 있는 서비스의 구축이라는 이상과는 어느 정도 거리가 있지만 비영리 민간부문에 대한 자금지원방식은 사회변화를 점진적으로 추구하는 미국 전통이 전형적으로 발휘된 것이라 할 수 있다.

넷째, 민간강화 모형(*empowerment voluntary organization model*)은 복지국가 위기론 이후 영미에서 주목된 모형으로 비영리 민간부문 및 비공식 민간부문에 대한 믿음에서 출발하여 자원단체, 종교조직, 근린지역, 일차적 사회체계의 활용을 강조한다. 민간강화 모형 옹호자들은 사회복지 서비스의 생산과 분배는 이타주의가 시장보다 우월하다는 믿음을 갖는다. 이 모형의 서비스 전략은 서비스 기준의 설정에 대한 정부의 역할은 인정하나 서비스 전달은 비공식 민간부문, 비영리 민간부문, 영리 민간부문을 이용한다는 것으로 특히 비공식 민간부문과 비영리 민간부문의 활용이 강조된다. 그러나 민간의 역할강화는 재원의 경우에도 정부의 역할보다 민간의 역할이 강조되기 때문에 서비스의 축소를 가져올 것이라는 비판도 제기된다.

다섯째, 민영화 모형(*privatization model*)도 복지국가 위기론 이후 영미에서 주목된 모형으로 그 특징은 가능하면 영리부문을 활용하고 가장 합리적 가격으로 양질의 서비스를 전달하기 위해 시장경제에서의 경쟁에 의존한다. 정부의 부담을 감소시키고 정부의 권력을 줄이려는 정책목표를 추구한다. 서비스 전략은 정부가 재정 및 기준에 대한 어느 정도의 규제와 서비스를 감독하지만 직접적으로 서비스 제공에 대한 책임을 지지는 않는다. 따라서 서비스 제공의 책임은 개인이나 가족에 주어지며 실제 서비스 제공은 시장 메커니즘에 의해서 지배되는 영리 민간부문이 주로 담당하게 된다.

1970년대 이후 복지국가 위기에 대응하여 정부역할의 축소를 강조하는 복지 다원주의가 등장했는데 복지 다원주의는 정부의 사회복지 서비스 역할과 부담을 비공식 민간부문, 비영리 민간부문, 영리 민간부문에 적극적으로 떠맡기는 전략을 시도하였다. 특히 복지 다원주의자들은 민간강화 모형이나 실용적 동반자 모형을 선호하며 영리기업과 같은 민영화 모형에로의 지향도 나타난다. 반면, 자본주의를 기초로 복지국가를 지향하는 나라에서 정부와 민간의 사회복지 서비스 역할분담의 유형을 보면 주로 민간강화 모형, 실용적 동반자 모형, 정부주도 모형의 테두리 안에서 그 틀이 정해진다고 볼 수 있다.

2) 사회복지 서비스 역할분담의 필요성과 기준

어느 나라나 어느 시대에 있어 정부와 민간의 사회복지 서비스 역할은 계속 변화되면서 다양하게 분담된다. 정부와 민간의 역할분담의 필요성은 다음과 같다(정경배, 1998: 12).

첫째, 제한된 자원에 비해 사람들의 욕구는 다양하기 때문에 역할분담이 필요하다. 기초적 욕구는 모든 사람에게 공통되지만 기초적 욕구가 충족되면 사람들에 따라 특수한 욕구들이 생겨난다. 따라서 정부의 획일적 서비스로는 그러한 개별적 욕구를 충족시킬 수 없으며 자원이 낭비될 수 있다. 민간부문은 이러한 소수의 특별한 욕구에 보다 융통성 있게 반응할 수 있다.

둘째, 연대성 강화와 사회통합을 유지하기 위해 역할분담이 필요하다. 우리 사회가 연대성이 강한 사회가 되기 위해서 사회구성원들의 기초적 욕구에 대하여 정부가 개입하여 서비스를 제공하는 것은 정부의 고유한 기능이다. 그러나 정부는 관료적 조직체로서 획일적 서비스를 행하므로 개별적 욕구에 대응하기 어려운 특성을 가지고 있다. 이와 같은 문제들을 민간부문과 적절히 역할을 분담함으로써 사회적 연대성이 강화되고 사회통합을 유지하게 된다.

셋째, 사회구성원들의 욕구에 효율적으로 대응하기 위해 역할분담이 필요하다. 기초적 욕구를 충족시키기 위해서 정부가 획일적 서비스를 제공할 수 있지만 사회변화에 따른 새로운 욕구의 충족이나 소수의 특수한 욕구의 충족, 보다 고급의 서비스에 대한 욕구 등에 대해서는 민간부문이 보다 효율적으로 대응할 수 있다.

위의 사회복지 서비스 역할분담의 필요성에 의해 서비스를 어떤 부문에서 제공하는 것이 바람직한지 결정하는 기준들을 논의해 보면 다음과 같다.

첫째, 서비스의 공공재적 성격의 정도와 외부효과의 정도를 고려해야 한다(김태성, 1992: 73). 서비스가 공공재적 성격이 강한 경우 이러한 서비스는 사람들이 집합적으로 소비할 수밖에 없기 때문에 대가를 지급하지 않은 사람을 이용하지 못하도록 배제할 수 없다. 그러므로 이러한 서비스는 민간이 아니라 정부에 의해 제공되는 것이 바람직하다. 또한 서비스의 외부효과가 큰 경우 이러한 서비스가 개인의 수요에 따라 시장에 공급된다면 사회적으로 필요한 만큼 서비스가 투입되지 못하는 경향이 있다. 그러므로 사회적으로 필요한 정도로 이러한 서비스가 제공되려면 정부가 직접 제공하는 것이 바람직하다.

둘째, 사람들이 어떤 서비스를 선택하는 데 있어 이러한 서비스에 대한 정보를 사람들이 많이 갖고 있지 않거나 혹은 갖기에는 비용이 많이 드는 경우 정부에서 제공하는 것이 바람직하다(김태성, 1992: 73). 사람들의 합리적 선택이 어려운 속성을 지닌 서비스를 민간에서 제공하게 되면 서비스의 형태, 가격, 질 등에 있어 비효율적 배분이 일어난다.

셋째, 어떤 서비스는 속성상 대규모로 혹은 강제적으로 제공하는 것이 기술적 측면에서 바람직할 수 있는데(송근원 · 김태성, 1995: 355) 이런 서비스는 민간부문에서의 자발적 가입형태로 제공할 경우 유지하기 어렵기 때문에 정부부문에서 제공하는 것이 이상적이다. 예를 들면 사회보험의 경우 많은 사람들을 강제적으로 가입시킴으로써 많은 유리한 점을 갖고 있는데 이러한 속성 때문에 사회보험은 정부에서 제공하는 것이 바람직하다.

넷째, 어떤 서비스는 그 속성상 여러 부문에서 보완적으로 제공되는 것이 바람직할 수 있다(송근원 · 김태성, 1995: 355). 즉 이러한 서비스는 어느 한쪽 부문에서 제공되면 다른 부문에서의 제공이 필요 없는 대체적 성격이 아니라 다른 부문에서 보완적으로 제공할 때 바람직한 제공이 이루어질 수 있는 것이다.

다섯째, 어떤 서비스 제공이 추구하는 중요한 가치가 평등인 경우 이러한 서비스는 민간부문보다 정부부문에서 제공하는 것이 바람직하다. 왜냐하면 순수한 민간부문 쪽에 가까울수록 평등의 가치는 무시되는 경향이 있다.

여섯째, 어떤 서비스를 사람들에게 제공할 때 단편적이 아닌 지속적이고 안정적으로 제공할 필요가 있을 때 이러한 경우 재정이 불안정한 민간부문보다는 정부예산에 의존하는 대규모 정부부문이 바람직하다.

일곱째, 어떤 서비스 제공이 추구하는 중요한 가치가 공평성인 경우 정부부문보다는 민간부문에서 제공하는 것이 바람직하다. 왜냐하면 일반적으로 민간부문 쪽에 가까울수록 이러한 개별적 공평성의 가치가 크게 반영되기 때문이다.

여덟째, 사람들의 사회복지 서비스에 대한 욕구형태는 시간이 지남에 따라 변한다. 특히 오늘날과 같은 복잡한 사회에서는 더욱 그러하다. 이때 변화된 욕구에 대하여 얼마나 신속하고 융통성 있게 대응할 수 있느냐 하는 점도 역할분담에서 중요하게 고려해야 할 점이다(송근원·김태성, 1995: 357~358). 일반적으로 변화를 싫어하고 새로운 것을 받아들이기를 꺼리는 관료제적 속성을 갖는 정부부문이 민간부문보다 이러한 점에서 불리하다.

3) 사회복지 서비스 역할분담의 방향

앞의 사회복지 서비스 역할분담 유형과 사회복지 서비스 역할분담의 필요성과 기준에 관한 논의를 바탕으로 사회복지의 주요 영역인 소득보장, 의료보장, 주거보장, 사회 서비스 등의 4가지 영역에서 역할분담의 방향을 제시해 보면 다음과 같다.

첫째, 한 나라의 국민들이 인간답게 살 수 있는 최소한의 소득보장을 해주는 것은 정부부문에서 이루어져야 한다. 그 이유는 최소한의 소득보장은 공공재적 성격이 강하고 외부효과가 크기 때문에 민간부문에서 국민들의 소득보장을 이루는 데는 한계가 있기 때문이다. 반면에 최소한의 소득보장을 넘는 경우 공공재적 성격이 약해진다. 따라서 이를 반드시 정부부문에서 제공할 필요가 없고 민간부문과 다양하게 혼합하는 유형이 바람직하다(김태성, 1992: 76).

이러한 유형에서는 정부가 사용자에게 세제상의 혜택을 주어 기업복지의 차원에서 소득보장을 할 수 있고 개별적 공평성의 가치를 높일 수 있다. 또한 개인에게 직접 세제혜택을 주어 가족 내 혹은 가족 간의 소득이전을 권장하여 소득보장을 이룰 수도 있다.

둘째, 의료보장도 소득보장처럼 공공재적 성격이 강하고 산업사회에서 건강한 노동력의 지속적 공급이라는 외부효과가 매우 크기 때문에 정부부문에서 제공하는 것이 바람직하다.

특히 민간부문에서 의료보장을 제공하여 일반 소비자들이 선택하게 될 때 필요로 하는 정보가 다른 것들에 비하여 많고 복잡하며 이러한 불완전한 정보에서 발생하는 문제가 심각해질 수 있기 때문에 정부부문에서 제공하는 것이 좋다(김태성 · 성경륭, 1993: 284).

그러나 의료보장에 관련된 모든 서비스를 정부부문에서 제공할 필요는 없다. 의료보장 서비스를 예방, 치료, 요양으로 구분한다면 예방과 치료는 정부부문에서 제공하고 요양은 민간부문에서 제공하는 것이 효율적이다. 또한 예방과 치료도 순수 정부부문의 형태로 하기보다는 정부는 서비스의 조정자와 지출자의 역할만 하고 민간부문에서 서비스의 제공자의 역할을 하는 것이 서비스 제공자들 사이의 경쟁을 높일 수 있고 소비자들의 선택의 폭을 넓힐 수 있다.

셋째, 주거보장은 소득보장이나 의료보장보다 공공재의 성격이 약하고 또한 외부효과도 상대적으로 적어(많은 사람들이 열악한 주택에 거주해도 그것이 사회 전체에 미치는 부정적 효과는 상대적으로 적다는 의미에서) 정부부문에서 이런 서비스를 제공할 필요성은 상대적으로 적다(김태성 · 성경륭, 1993: 285).

이 영역에서 정부부문과 민간부문의 혼합 유형은 정부에 의한 공공주택의 제공, 민간부문 서비스 제공자에 대한 보조, 소비자에 대한 직접보조(예: 주택수당) 그리고 소비자에 대한 세제혜택 등의 방법이 있는데 소비자에 대한 직접보조와 세제혜택의 방법이 민간부문 서비스 제공자들의 경쟁을 유발시키고 소비자 선택의 폭을 넓힐 수 있다.

넷째, 사회 서비스는 앞의 소득보장, 의료보장, 주거보장 등의 서비스보다 공공재의 성격이 약하기 때문에 정부부문에서 이와 같은 서비스를 제공할 필요성이 가장 적은 서비스이다. 사회 서비스는 특히 정부가 재정지원을 해도 서비스의 운영은 민간부문에서 하는 경향이 크다

(김태성 · 성경륭, 1993: 286). 이러한 경우에 경쟁과 소비자선택의 문제를 고려해 사회 서비스를 제공하는 민간 사회복지기관 및 시설에 정부가 재정보조를 해주거나 소비자에게 사회 서비스를 구입할 수 있는 증서를 제공하거나 또는 소비자들이 사회 서비스를 구입한 경우 상환해주는 방법 등이 바람직하다. 또한 이러한 서비스는 가족 내에서 가족구성원들 사이에 이루어지는 것이 효율적이기 때문에 세제혜택의 방법을 통하여 동기부여하는 것도 좋은 방안이 될 수 있다.

우리나라의 경우 복지공급량 자체가 지속적으로 증가했어도 선진국과 비교해 볼 때 정부부문의 비중이 상대적으로 낮은 특징이 있다. 따라서 정부는 국민복지 수준을 향상시키기 위하여 현재보다 좀더 적극적으로 개입할 필요가 있다. 그간 우리의 사회복지 서비스 역할분담유형은 실용적 동반자 모형으로 분석되기도 했지만(백종만, 1995: 139~140) 최근에는 민영화 모형이 강조되고 있는 추세이다. 그러나 빈곤과 소득의 양극화와 같은 현재의 사회적 위기를 극복하기 위해서는 정부의 적극적 역할을 좀더 확대하는 방향으로 나가는 것이 필요하다.

적어도 국민의 최저생활을 보장하는 선까지는 정부의 복지개입이 증가되어야 한다. 어떠한 경우라도 정부는 모든 국민에게 기초소득보장, 기초의료보장, 기초주거보장을 실시해야 하며 사회 서비스의 효율적 제공을 위하여 다양한 정부의 지원방법을 활용하면서 민간부문과 적절히 역할분담을 이룩해야 한다. 아울러 역할분담의 방법으로 민간강화모형이나 민영화 모형의 장점을 부분적으로 수용하여 사회복지 서비스의 공평성과 효율성, 융통성을 도모하는 것이 요구된다.

· 제 8 장 ·

기획과 의사결정

개인이건 단체건 어떤 목표를 세우고 그것을 달성하려면 계획을 세우고 의사결정을 하는 것은 상식적으로 생각하여도 너무나도 당연하다. 사회복지 조직은 시민의 문제나 욕구를 해결하기 위한 서비스를 제공하도록 사회로부터 인가를 받았을 뿐만 아니라 시민들이 부담한 세금과 시민들의 기부금으로 서비스를 제공하고 있기 때문에 사회복지 조직은 효과적이고 효율적인 서비스를 제공할 책임을 지고 있다. 사회복지 조직의 목표인 서비스의 효과적이고 효율적인 달성을 위해서는 무엇보다도 적절한 기획과 의사결정이 필요하다. 특히 사회복지 조직의 과업환경과 일반환경의 요인들은 급속히 변화하면서 때로는 불리한 조건으로 때로는 유리한 조건으로 작용하고 있기 때문에 사회복지 조직의 행정책임자는 이러한 환경적 변화상황 속에서 장래를 예상하며 적절한 계획을 수립하고 신속하고 현명한 의사결정을 하지 않으면 생존하고 발전할 수 없게 된다.

이리하여 지난 20여 년 동안에 기획과 의사결정은 사회복지 조직에 있어서도 중요한 관심사가 되어왔다. 그러므로 여기서는 사회복지 조직의 운영과 서비스 전달에서 핵심적인 지식과 기술이 되는 기획과 의사결정의 필요성과 절차에 대하여 살펴보기로 하겠다. 후술하는 바와 같이 기획은 일련의 의사결정 과정이라는 의미에서 상호 밀접한 관계를 갖고 있기 때문에 이 장에서 기획과 의사결정을 같이 다루기로 하겠다.

1. 기획

1) 기획의 개념

다른 사회과학적인 용어의 개념정의에서와 마찬가지로 기획(*planning*)에 대한 개념정의도 다양하다. 몇몇 사람의 정의를 소개하면 다음과 같다.

Gilbert와 Specht(1977: 1)는 기획을 "통찰력, 체계적인 사고(思考), 조사, 선호하는 가치에 입각한 행동대안 선택을 통해 문제를 해결하고 장래 일의 방향을 통제하려는 의식적 시도"라고 정의하고 있다.

Ewell(1972: 68)은 기획을 "행동이 요청되기 이전에 무엇을 하고 어떻게 할 것인가를 결정하는 것"이라고 하고, Dror(1967: 99)는 "최적의 수단을 통하여 목표를 달성하기 위한 미래의 행동에 대해 의사결정을 준비하는 과정"이라 하고 있다. 이들의 정의를 종합해 보면 기획은 "목표를 달성하기 위한 장래의 행동에 관하여 일련의 의사결정을 하는 과정"이라고 할 수 있다.

기획의 개념은 기획의 특성적 요소들을 생각하면 보다 잘 이해할 수 있다. York(1982: 12~13)에 의하면 기획은 ① 미래 지향적이고, ② 계속적인 과정이고, ③ 의사결정과 연결되어 있고, ④ 목표 지향적이고 ⑤ 목표를 위한 수단적인 것이라는 특성을 지닌다.

기획(*planning*)은 계획(*plan*)과 많이 혼용되고 있는데 두 가지는 좀 다른 의미를 지니고 있다. 기획은 계획을 세워가는 활동과 과정에 초점을 둔 계속적 행동의 포괄적 개념이라 할 수 있다. 반면에 계획은 기획에서 도출된 결론 또는 이미 결정된 행동노선이라는 보다 단편적 개념이라 할 수 있다. 다시 말하면 기획은 과정에 초점을 둔 동적 개념이고 계획은 기획의 결과에 초점을 둔 정적 개념이라 할 수 있다. 이러한 의미에서 기획은 계획을 세워가는 과정이라고도 할 수 있다. 사회복지 행정에서는 많은 경우 기획은 프로그램(*program*)이라는 말과 같이 연결되어 프로그램 기획(*program planning*)이라는 말로 쓰이고 있다. 프로그램 기획은 기획의 동적이고 포괄적인 과정이 어떤 구체적인 프로그램에 적용된 것으로 볼 수 있다.

우리나라에서는 프로그램 기획과 더불어 프로그램 개발이라는 말이 많이 사용되고 있다. 특히 민간 사회복지단체에 대한 기업복지재단이나 사회복지공동모금회 등의 지원이 늘어남에 따라 프로그램 제안서를 제출하면서 프로그램 개발이라는 말이 많이 쓰이게 된 것으로 보인다. 그런데 프로그램 개발의 의미는 명확하게 정의되지 못하고 있으며 몇몇 학자들의 연구물에서는 프로그램 개발을 프로그램 기획을 포함한 폭넓은 개념으로 사용하고 있다(정무성, 2005; 김통원, 2003). 프로그램 기획은 프로그램 설계라는 의미로도 많이 사용되고 있다(Rapp & Poertner, 1992: 30~31; Kettner, Moroney & Martin, 1999: 111~138).

2) 기획의 필요성

이상에서 기획의 의미가 명확해졌다면 기획이 왜 필요한가라는 의문을 제기하게 될 것이다. 그러면 기획이 조직, 특히 사회복지 조직에서 왜 필요한지 살펴보기로 한다(Skidmore, 1990: 42~43; York, 1982: 13~14).

첫째, 기획은 불확실성을 감소시키기 위하여 필요하다. 기획과정이 없다면 사회복지 조직은 급변하는 환경과 불확실한 미래상황에 대한 불확실성이 증가될 것이고 이로 인하여 사회복지 조직의 목표가 혼돈되거나 조직성원과 클라이언트가 권력지향적인 행정책임자에게 희생당할 가능성도 있다.

둘째, 기획은 합리성을 증진시키기 위하여 필요하다. 기획은 문제해결과 의사결정을 위해 경험적으로 증명되고 보다 타당하게 적용될 수 있는 수단을 제공함으로 합리성을 높여준다.

셋째, 기획은 효율성 증진을 위해 필요하다. 사회복지 조직의 자원은 제한되어 있으므로 최소의 비용과 노력으로 서비스 목표를 달성하는 것이 바람직한데 이를 위해서는 사전에 치밀한 기획이 필요한 것이다.

넷째, 기획은 효과성 증진을 위해 필요하다. 사회복지 조직이 클라이언트에게 제공한 서비스는 그의 문제나 욕구를 해결하는 데 효과가 있어야 하는데 소기의 효과를 얻기 위해서는 사전에 기획이 반드시 이루어져야 한다.

다섯째, 기획은 책임성 증진을 위해 필요하다. 사회복지 조직은 사회의 인가를 받아 국고와 개인의 기부금을 사용하고 있기 때문에 조직이 목표하는 서비스를 효과적이고 효율적으로 제공할 책임을 사회에 대하여 지고 있다. 효율성과 효과성에 대하여 책임을 져야 하고 그 책임을 잘 수행하기 위해서는 서비스에 대한 기획이 반드시 필요한 것이다.

여섯째, 기획은 사회복지 조직 성원의 사기진작을 위해서 필요하다. 기획과정에는 많은 조직성원이 참여할 수 있고 참여를 통하여 자신들이 조직에 기여하였고 자신들의 생각이 받아들여졌고 자신들의 참여로 어떤 계획이 이루어졌다는 데서 타인으로부터 인정받고 성취감도 얻을 수 있기 때문에 기획은 사기진작을 위해 필요하다.

3) 기획의 유형

기획에는 기준에 따라 (1) 조직의 위계적 수준에 따른 유형, (2) 시간차원에 따른 유형, (3) 대상에 따른 유형 등 여러 가지 유형이 있다.

(1) 조직의 위계수준에 따른 유형

이는 실제로 조직에서 기획이 필요한 위계수준에 따라 〈표 8-1〉과 같이 분류될 수 있다(Mcfarland, 1970: 149).

(2) 시간차원에 따른 유형 : 장기기획과 단기기획

장기기획은 1년 이상 5년, 10년 또는 그 이상의 기간에 걸친 기획으

〈표 8-1〉 조직의 위계수준에 따른 기획의 유형

위계수준	기획의 유형
최고 관리층	조직전체 기획, 장기적 기획, 전략적 기획
중간 관리층	부분별 프로그램 기획, 운영기획
감독 관리층	구체적 프로그램 기획, 운영기획
관리 실무자	구체적 프로그램 기획

로 주로 외부환경의 영향을 중시하고 주기적으로 조직의 목적과 목표를 재설정하는 것도 포함한다. 이와 같은 기획은 창의성과 미래에 대한 비전을 가지게 한다. 특히 우리나라에서는 장기적인 안목에서 계획을 세우는 것을 별로 선호하지 않는 경향이 있는데 조직의 발전을 위해서는 장기적인 계획을 수립하는 것이 필요하다. 단기기획은 장기기획에 근거한 주로 1년 미만의 기간에 걸친 프로그램 기획이다. 이런 기획은 보다 구체적이고, 상세하고, 행동 지향적이고, 실행방법에 관한 것이다. 조직의 하위층에서 상위층으로 올라감에 따라 단기기획으로부터 장기기획으로 책임이 커진다. 단기기획은 장기기획과 상호 밀접한 관련성을 가지고 장기기획 속에 통합되어야 한다.

(3) 대상에 따른 유형 : 전략적 기획과 운영기획

전략적 기획(*strategic planning*)은 "조직의 구체적 목표의 설정 및 변경, 구체적 목표달성을 위한 자원 및 그 자원의 획득, 사용, 분배를 위한 정책을 결정하는 과정"(Anthony, 1965: 69)이다. 관리운영 기획(*operational planning*)은 획득된 자원이 조직의 목표를 효과적이고 효율적으로 달성되도록 사용하는 과정에 대한 것이다. 다시 말해서 전략적 기획은 목표설정, 우선순위 설정, 자원획득 및 분배에 관한 것이며, 관리운영 기획은 자원의 관리에 관한 것이다.

4) 기획과정

사회복지 조직의 기획과정은 기본적으로는 영리조직이나 공공조직의 기획과정과 비슷하지만 사회복지 조직의 특수성을 살린다면 다음과 같이 6단계로 하는 것이 바람직하다(Skidmore, 1990: 44~51).

(1) 구체적 목표의 설정

기획의 첫 단계는 구체적 목표(*objective*)를 설정하는 것이다. 사회복지 조직은 목적(*purpose*)을 달성하기 위하여 한 가지 이상의 일반적 목표(*goal*)가 설정된다. 그러면 그 일반적 목표를 달성하기 위한 하위목표 또는 구체적 목표(*objective*)가 설정된다. 조직에서의 구체적 목표설정은 반드시 목적으로부터의 논리적 추론, 즉 목적 → 일반적 목표→구체적 목표의 식으로 설정되는 것은 아니고 경우에 따라서는 사회문제 또는 지역사회 문제의 해결을 위하여 어떤 사업(일반적 목표)이 설정되고 이에 따라 구체적인 목표가 설정되는 경우도 있다. 예를 들면 어떤 사회복지 조직이 '지역주민의 복지향상'을 목적으로 한다면 이 목적을 달성하기 위하여 아동복지 사업, 노인복지 사업, 소득증대 사업 등을 일반적 목표로 설정할 수 있다. 소득증대 사업이라는 일반적 목표를 달성하기 위한 구체적인 목표로 "2년 이내에 55세 이상의 저소득층 노인 30%에 대한 취업알선"이라는 구체적 목표를 설정할 수 있다.

많은 경우 일반적 목표(*goal*)와 구체적 목표(*objective*)가 구분되지 않고 혼용되고 있다. 그러나 구체적 목표는 일반적 목표를 향한 단계(Bergwall, 1974: 77)로서 사용하는 경우도 많다. 목표라는 개념의 추상적 수준(또는 구체성의 수준)을 달리하는 의미에서 일반적 목표와 구체적 목표를 구분하는 것이 바람직하다고 본다.

어떤 프로그램의 구체적 목표는 "주어진 기간 내에 계량화될 수 있는 의도된 결과"로서 ① 그 프로그램에 적합한 것이어야 하고, ② 바라는 결과가 명시되어야 하고, ③ 바라는 결과가 계량화될 수 있어야 하고, ④ 결과를 얻기까지의 시간을 명시하여 서술하는 것이 바람직하다(Weiner, 1982: 232). 위에서 제시한 구체적 목표 "2년 이내에 55세 이상 저소득층 노인 30%에 대한 취업알선"은 바로 이러한 기준에 합당한 것이다.

(2) 관련정보 수집 및 가용자원 검토

기획의 대상과 구체적 목표에 대한 다양한 정보를 수집하고 그러한 프로그램을 실시하는 데 필요한 인적, 물적, 사회적 자원 등을 검토해야 한다. 특히 정보수집은 관계 연구문헌 검토, 면접, 관찰, 설문조사 등의 방법을 사용하여야 할 것이다. 위에서 든 예의 목표달성을 위해서는 노인취업에 관한 연구문헌 검토, 저소득 노인가구의 수 및 지역별(동별) 분포에 대한 통계자료 입수, 직업소개소 방문, 외부의 가용자원 조사 등으로 정보를 수집할 필요가 있다. 그리고 조직 내의 예산, 프로그램 담당 가능 직원, 프로그램 사무실, 조직 외부의 지지자 및 경쟁자(기관) 등에 대한 것을 알아보아야 한다.

(3) 목표달성을 위한 대안적 방법 모색

구체적 목표가 설정되고 목표달성을 위한 관련정보 및 가용자원에 대한 검토가 이루어진 후에는 목표달성을 위한 다양한 방법들을 찾아야 한다. 목표를 달성하는 방법에는 여러 가지가 있을 것이므로 집단토의나 개별적 대화나 수집된 정보로부터 방법들을 발견할 수 있을 것이다. 이 단계에서는 창의성 발휘가 아주 중요하다. 위에서 예로 든 저소득층 노인에 대한 취업알선의 목표달성을 위한 대안으로는 취업훈련, 취업알선센터 운영, 일반 직업소개소와 계약에 의한 취업의뢰, 노인공동작업장 운영 등이 있을 수 있다.

(4) 대안의 실시조건 및 기대효과 평가

목표달성을 위한 각각의 대안들을 택해서 실시할 경우 실시에 관련되는 여러 가지의 조건(예를 들면 조직의 타업무의 조정 필요성 정도, 비용, 인적 자원 등)은 어떠한가와 기대효과는 어느 정도 될 것인가를 검토하고 장점과 단점도 찾아내어 평가해야 한다. 이때 어떤 공통적이고 객관적인 검토 및 평가영역을 만들어 그것에 의하여 평가하는 것이 바람직하다. 앞에 든 예에서 취업훈련, 취업알선센터 운영, 일반 직업소개소와의 계약에 의한 취업의뢰, 노인공동작업장 운영이라는 각각의 방법이 있었는데 이 중에 취업알선센터 운영의 실시조건을 검토하고 기대효과를 평가해 본다면 다음과 같다. 취업알선센터는 우선 고령자고용촉진법에 의해서 지원받을 수 있고, 노인 인력만을 전문으로 하여 다양한 취업관련 정보를 전문으로 취급할 수 있고 고용업체와의 연결이 비교적 쉬운 조건이 있다. 반면에 취업정보를 신속히 처리하기 위하여 컴퓨터를 갖춰야 하고 상당한 정도의 컴퓨터 프로그래밍 기술이 있는 직원을 두어야 하고, 별도의 공간과 전화 등을 갖추어야 하고 필요한 경우 다른 취업정보센터와의 정보연결망도 갖추어야 할 것이다. 공신력이 있게 하고 취업한 이후에도 계속적인 점검을 하고 노인과 기업주측의 어려운 문제를 상담해 준다면 기대되는 효과는 아주 클 것이다.

(5) 최종대안의 선택

각 대안의 실시조건 및 기대효과를 비교하여 적절한 비중으로 점수를 주어 우선순위를 정한 후에 가장 점수가 높은 것을 최종적인 대안으로 선정한다. 앞 단계에서 말했듯이 어떤 객관적인 평가기준에 의하여 가중치를 정하여 점수를 부여한 후 전체점수가 제일 많은 것을 택하도록 한다. 위의 예에서는 여러 대안들을 비교하여 취업알선 센터 운영이 최종대안으로 선택될 수 있다.

(6) 구체적 실행계획 수립

목표달성을 위해 선택된 방법(프로그램)을 실시하기 위하여 시간과 활동이 연관된 구체적인 계획을 수립해야 한다. 실행계획에 사용할 수 있도록 개발된 몇 가지 방법이 있는데 이러한 기법들을 이용하면 크게 도움이 될 수 있을 것이다. 이러한 기법들에 대하여는 다음에 설명을 하겠다.

5) 프로그램 실행 · 시간계획기법

실행하기로 정해진 프로그램을 보다 효율적이고 효과적으로 준비하여 실시하기 위하여 많이 사용되는 방법으로 (1) 시간별 활동계획표(Gantt Chart) (2) 프로그램 평가검토 기법(PERT : *Program Evaluation and Review Technique*) (3) 월별 활동계획 카드(Shed-U-Graph)가 있다(Lauffer, 1978: 163~184). 각각에 대해 간략히 설명하면 다음과 같다.

(1) 시간별 활동계획표(Gantt Chart)

Gantt 표는 1910년경 Henry Gantt라는 미국의 사업가가 고안해 낸 것으로 세로에는 사업(행사)을 위한 주요 세부목표 및 관련활동을 기입하고 가로에는 월별 또는 일별 시간을 기입한 표에 사업의 시작 또는 완료시까지의 기간 동안 계획된 세부목표 및 활동 기간과 그것의 실제 수행 현황을 병행하여 막대모양으로 표시한 표이다. 이와 같은 표는 우리나라에서도 오래 전부터 군조직, 행정관서, 기업체 및 기타 사회단체 등에서 많이 이용되어 오고 있는 것이다. 위의 예에서 선택된 취업알선센터를 개소하는 것을 1차적인 목표로 한 Gantt 표를 그려보면 〈그림 8-1〉과 같다.

〈그림 8-1〉 Gantt 표

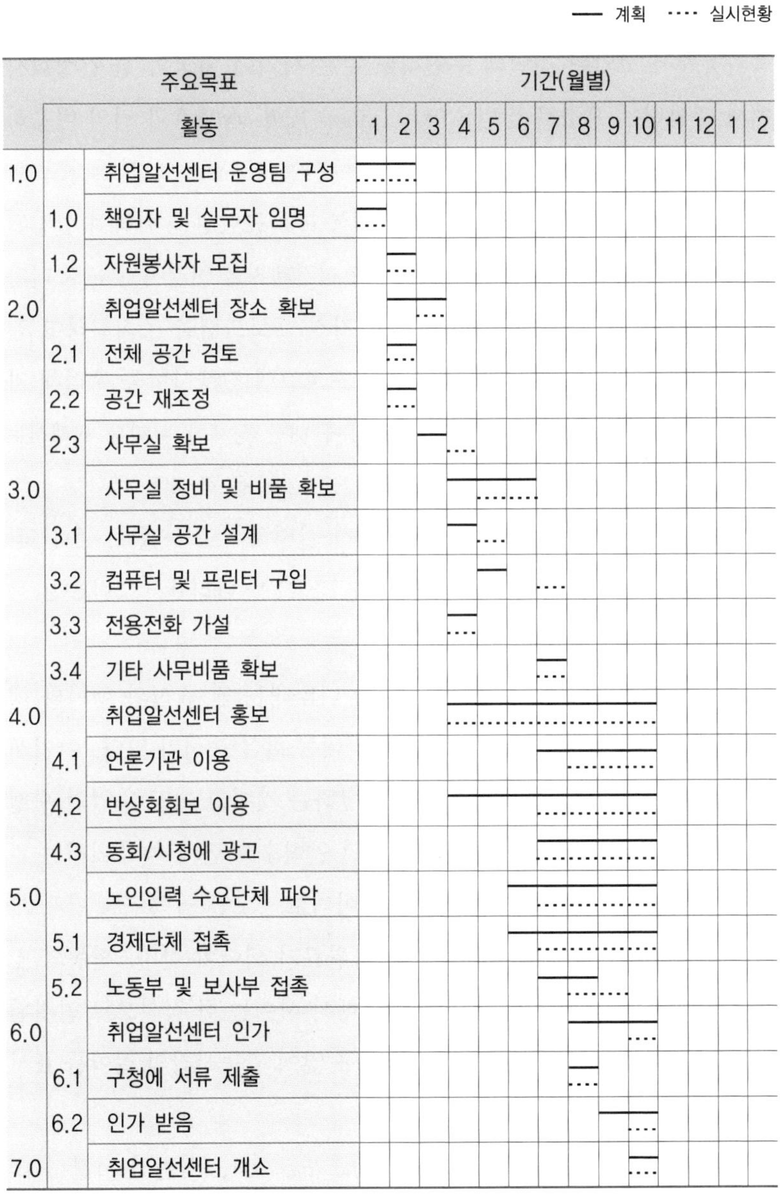

— 계획 ···· 실시현황

주요목표			기간(월별)													
	활동		1	2	3	4	5	6	7	8	9	10	11	12	1	2
1.0		취업알선센터 운영팀 구성														
	1.0	책임자 및 실무자 임명														
	1.2	자원봉사자 모집														
2.0		취업알선센터 장소 확보														
	2.1	전체 공간 검토														
	2.2	공간 재조정														
	2.3	사무실 확보														
3.0		사무실 정비 및 비품 확보														
	3.1	사무실 공간 설계														
	3.2	컴퓨터 및 프린터 구입														
	3.3	전용전화 가설														
	3.4	기타 사무비품 확보														
4.0		취업알선센터 홍보														
	4.1	언론기관 이용														
	4.2	반상회회보 이용														
	4.3	동회/시청에 광고														
5.0		노인인력 수요단체 파악														
	5.1	경제단체 접촉														
	5.2	노동부 및 보사부 접촉														
6.0		취업알선센터 인가														
	6.1	구청에 서류 제출														
	6.2	인가 받음														
7.0		취업알선센터 개소														

(2) 프로그램 평가검토 기법

프로그램 평가검토 기법(PERT)은 1950년대에 미해군의 핵잠수함 건축과정에서 고안된 것인데 우연히도 같은 시기에 미국의 한 건설회사에서 개발된 주요경로 방법(CPM : *Critical Path Method*)과 거의 비슷하다(Weiner, 1982: 282). 그리하여 일부에서는 CPM으로 불리기도 한다. 이 기법은 목표달성의 기한을 정해놓고 목표달성을 위하여 설정된 주요 세부목표 또는 활동의 상호관계와 시간계획을 연결시켜 표로 나타내는 것이다. PERT는 명확한 목표를 가진 프로그램을 조직화하고 진행 시간표를 작성하고, 예산을 세우고 프로그램 진행사항을 추적해 가는 데 매우 유용한 관리기법이다〔PERT에 대한 상세한 이해를 위해서는 Lauffer(1978: 163~174)와 성규탁(1993: 243~254)을 볼 것〕.

여기서는 PERT기법에 대하여 간단히 설명하기로 하겠다. 우선 취업알선 센터를 개소하는 것을 목표로 한 PERT를 나타낸 〈그림 8-2〉를 보고 설명하기로 하겠다.

표에는 어떤 사건이나 행사(*event*)를 나타내는 원 표시와 행사와 행사 사이의 활동(*activities*)과 관계를 나타내는 화살 표시가 있다. 여기서 행사는 어떤 과업의 출발이나 완료를 말하는 것이고 어떤 과업의 수행을 말하는 것은 아니다. 예를 들면 '노인 인력수요 단체 파악'이라는 과업을 수행하는 것은 계속적인 행동이 아니고, '노인 인력수요 단체 파악 완료'와 같이 일 시점에서의 행동의 완료가 되어야 한다. 활동의 흐름은 좌에서 우로 되어야 하고 행사와 행사 사이는 한 직선으로 연결된다. 화살표의 길이는 의미가 없고 화살표 옆에 활동시간의 길이를 표시한다.

기대시간(t_e)은 낙관적 시간(*optimistic time*) (*O*), 비관적 시간(*pessimistic time*) (*P*), 통상적 기대시간(*most likely time*) (*M*)을 이용하여 다음

〈그림 8-2〉 취업알선센터 개소를 위한 PERT

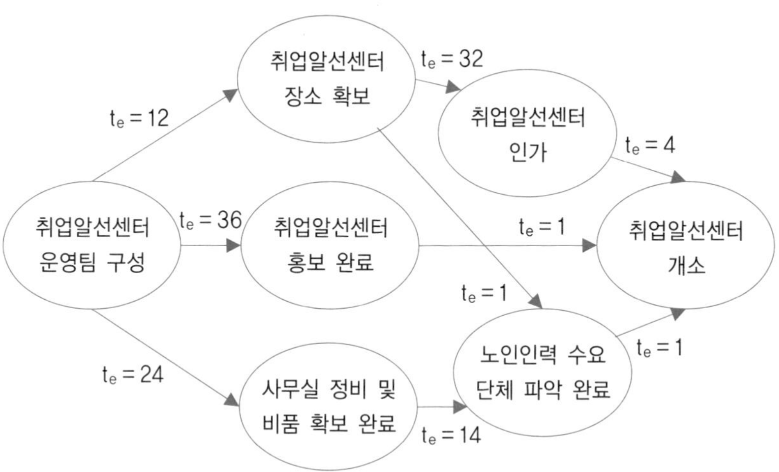

과 같이 계산된다. $t_e=(O+4M+P)/6$. 낙관적 시간은 이상적인 상황에서 가장 짧게 걸릴 수 있는 시간이고, 비관적 시간은 최악의 사태가 벌어졌을 가장 많이 걸릴 것으로 생각되는 시간이고, 통상적 기대시간은 비슷한 활동이 여러 번 반복된다면 가장 흔하게 걸리는 시간이다. 행사의 연쇄망 속에서 가장 긴 시간이 걸리는 통로를 임계통로(*critical path*)라 하고 이 통로는 기획자가 최종행사에 도달하는 데 소요될 것으로 생각되는 꼭 필요한 시간이 된다. 〈그림 8-2〉에서는 취업알선센터팀 구성 → 취업알선센터 장소확보 → 취업알선센터 인가 → 취업알선센터 개소의 통로가 가장 시간이 많이 걸리는(48주) 임계통로이다.

Gantt 표는 활동만을 나타내고 행사를 나타내지 않으며 활동과 행사 사이의 상관관계를 나타내지 않아 전반적인 계획을 잘 이해하기 힘든 점이 있는데, PERT는 이러한 단점을 해결해 주고 활동에 기대되는 시간까지 나타내 주기 때문에 아주 유용한 기획기법이라 할 수 있다.

(3) 월별 활동계획 카드(Shed-U Graph)

이 기법은 미국의 Remington-Rand라는 회사에서 고안해 낸 것인데 Gantt 표와 비슷한 성격을 갖고 있다. 원래 개발된 모양은 24″×42″(61×107㎝) 크기의 바탕종이에 3″×5″(8×13㎝) 크기의 카드를 꽂을 수 있는 주머니가 달려 있었다. 이 바탕종이의 위쪽 가로에는 월별이 기록되어 있고 특정 활동이나 업무를 조그만 카드(3″×5″)에 기입하여 월별 아래 공간에 삽입하거나 붙인다. 이 카드는 업무의 시간에 따라 변경하여 이동시키는 데는 편하지만 Gantt 표에서와 같이 과업과 완성된 행사들 간의 상관관계를 잘 알 수 없다. 예를 들면 어떤 계획자가 이사회에 다음 해의 예산안을 제출하기 위하여 준비하고 있다면 〈그림 8-3〉과 같은 월별 활동계획 카드를 만들 수 있을 것이다.

〈그림 8-3〉 월별 활동계획 카드

○○기관 예산서 작성계획

7월	8월	9월	10월	11월
예산서를 복사함	예비적 예산안을 완성함	임시예산안을 완성하여 경리담당 이사에게 제출함	최종예산안을 경리담당 이사가 승인이사회에 제출함	이사회에서 예산을 승인함

2. 의사결정

공적 조직이건 사적 조직이건, 또는 영리 조직이건 비영리 조직이건 그 조직을 운영한다는 것은 어떤 의미에서 계속적으로 의사결정을 하고 그것을 실행해 나가는 과정이라 할 수 있다. 그러므로 의사결정은 조직의 운영에서 핵심적인 요인이 되며 행정책임자가 하는 의사결정을 어떻게 하느냐는 조직의 목표달성 활동을 좌우하게 된다. 사회복지 조직에서도 행정책임자는 매일 의사결정을 해야 하며 그의 의사결정은 서비스의 전달에 직접 및 간접으로 지대한 영향을 미치게 된다. 그리고 사회복지 조직에서는 지위의 고하를 막론하고 차이는 있지만 어떤 형태로든 의사결정에 참여하여야 한다. 그러므로 의사결정은 양적으로 그리고 질적으로 사회복지 조직 행정의 전반적인 수준에 있어서 필요하고 핵심적인 부분이 되는 것이다. 특히 사회복지 조직은 내적 및 외적으로 많은 요청과 압력을 받고 도덕성과 윤리성을 고려해야 하는 인간을 대상으로 하고 있다는 면에서 결정은 더욱 어렵다. 무계획적이고 단순히 상식적인 수준의 의사결정은 비효율적이고 비효과적인 결과를 가져올 뿐만 아니라 비도덕적이고 비윤리적인 결과까지도 초래할 가능성이 높다. 따라서 사회복지 조직의 행정에도 의사결정에 대한 특별한 지식과 기술이 필요한 것이다.

1) 의사결정의 개념

의사결정에 대한 여러 사람들의 정의는 상당한 정도의 합의점이 있다. 예를 들면 Ives(1973: 38)는 의사결정을 "행동노선의 여러 대안 가운데서 하나를 택하는 데 있어 양적이고 질적인 수단을 고려하려는 합리적인 시도"라고 정의하였고, Loomba와 Levey(1973: 169)는 "일단의 바라는 목표를 달성하기 위하여 가능한 여러 가지 대안들 가운데서 하나를 선택하는 과정의 결론"이라고 정의하였다. Ables와 Murphy(1981: 106)는 의사결정을 "조직의 표명된 목표를 가장 잘 달성하기 위하여 여러 가지 대안들 가운데서 선택하는 것"이라고 정의하였다. 이러한 정의에서 보면 의사결정이란 기본적으로 "목표달성을 위한 여러 가지 대안들 가운데 최적의 것을 선택하는 과정"이라고 할 수 있다.

의사결정의 핵심은 여러 가지 대안들 가운데 하나를 택하는 것인데 선택의 대안이 없다면, 즉 한 가지 방법밖에 없다면 의사결정이란 있을 수 없다. 기획(*planning*)의 핵심적인 과정도 의사결정이라는 면에서 보면 기획과 의사결정은 구별하기 어렵지만 다른 여러 가지 측면에서 구분된다. 기획은 일련의 의사결정이 체계적으로 이루어진 과정이라는 의미에서, 즉 기획은 여러 가지 의사결정으로 연속된 과정이라는 의미에서 의사결정과 구분된다. 그리고 기획은 목표달성이라는 데 목적을 두고 있지만 의사결정은 문제해결이라는 데 목적을 두고 있고, 기획은 그 과정에서 의사결정 외에 자원동원, 활동통제, 동기부여 등과 같은 폭넓은 행정적 기술과 과정이 포함된다는 면에서 의사결정과 구분된다.

2) 의사결정의 방법

의사결정을 하는 방법에는 여러 가지가 있는데 Carlisle(1987: 112~113, 재인용)은 조직에서 의사결정을 하는 기본적인 방법을 다음과 같은 3가지로 분류하여 제시하고 있다.

(1) 직관적 결정

직관적 의사결정(*intuitive decisions*)은 합리성보다는 감정(*feeling*)에 근거하여 결정하는 것이다. 즉 결정은 결정자가 옳다거나 최선의 것이라고 느끼는 것, 또는 육감(*hunch*)에 의하여 이루어지는 것이다. 일선 사회복지사들이 클라이언트에 대하여 자신의 느낌과 자신이 갖고 있는 정보를 결정하거나 행정상 결정자들이 사람에 대한 인상과 하고 있는 일에 근거하여 결정을 하는 경우가 있는데 이러한 의사결정이 직관적 의사결정에 해당된다고 할 수 있다.

(2) 판단적 결정

판단적 결정(*judgemental decisions*)은 개인이 가지고 있는 지식과 경험에 의하여 결정하는 것이다. 이러한 결정은 일상적이고 정해진 절차의 일을 하는 가운데 얻어진 경험과 지식에 근거하여 결정을 하는 것인데 거의 대부분의 결정은 이러한 방식으로 이루어진다.

(3) 문제해결적 결정

문제해결적 결정(*problem solving*)은 관련된 사항에 대한 정보수집, 연구, 분석과 같은 합리적이고 과학적인 절차를 밟아 이루어지는 결정이다. 그러므로 즉각적으로 해결해야 할 사항에 대하여는 적용할 수 없다. 보다 시간적인 여유가 있고 중요한 사항에 대한 의사결정은 이와 같은 방법으로 이루어지는 것이 바람직하다. 다음에 이러한 의사결정 방법의 절차를 설명하기로 하겠다.

3) 의사결정의 절차

Skidmore(1990: 56~60)는 문제해결적 결정의 지침으로 다음과 같은 8가지 사항을 제시하고 있다. 즉 ① 상황이나 문제를 정의하라, ② 관련 사실을 수집하고 조사하라, ③ 문제해결을 위한 대안을 찾아라, ④ 대안으로 예상되는 결과를 생각하라, ⑤ 관련자의 감정도 고려하라, ⑥ 건전한 대안을 선택하라, ⑦ 결정된 대안의 실천을 지원하라, ⑧ 융통성을 발휘하라는 것이다.

Ables와 Murphy(1981: 108~110)는 의사결정자가 조직의 어떤 측면이 옳지 않다고 인식하고 불만을 갖게 됨으로써 체계적인 의사결정의 과정이 시작된다고 보고 그 절차를 다음과 같이 제시하고 있다. 즉 ① 문제정의·욕구규정, ② 관련정보의 확보, ③ 해결대안의 개발 및 평가, ④ 최선책의 선택, ⑤ 대안의 실행이라는 5단계인데 각 단계는 환

〈그림 8-4〉 의사결정의 순환과정

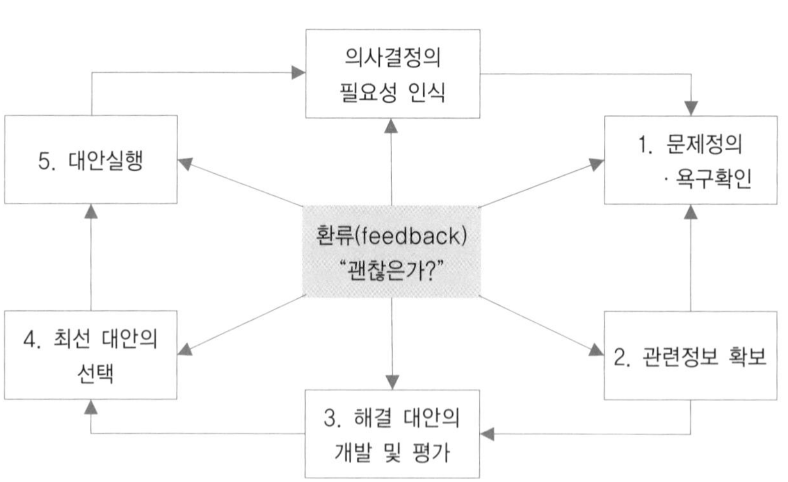

출처: Ables & Murphy(1981: 107).

류(*feedback*)를 수용하는 것이 바람직하다는 것이다(〈그림 8-4〉 참조).

Skidmore가 제시한 문제해결적 결정의 지침에서 ⑤번 관련자의 감정고려와 ⑧번의 융통성 발휘는 Ables와 Murphy가 제시한 과정의 환류에 포함되는 것으로 볼 수 있으므로 두 가지의 절차는 거의 같은 것이라 할 수 있다. 여기서는 Ables와 Murphy가 제시한 과정을 중심으로 의사결정 과정을 설명하기로 하겠다.

(1) 문제정의 · 욕구확인

첫 단계에서는 불만족스럽기 때문에 개선 또는 해결되어야 한다는 문제나 욕구가 어떤 것인가를 정확히 규정해야 한다. 그 문제에 관련된 상황, 심리적, 사회적 및 문화적 요인과 관련자의 감정도 알아야 한다. 그리고 문제의 심각성, 피해자, 문제를 해결하려는 조직원과 구성원의 욕구도 알 필요가 있다. 많은 경우 표면적으로 문제시되는 것과 이면에 감추어져 있는 것이 다를 수 있다. 예를 들면 어떤 직원이 조직의 구조변경을 건의한 경우는 그 문제를 깊이 파고들면 사실은 그 직원은 보다 많은 권한을 갖기를 원하거나 인정을 받기를 원하는 것이 조직의 구조변경의 문제로 표출된 것일 수도 있다는 것이다.

보다 명확한 이해를 위하여 지역사회 사람들로부터 모금을 하여 기관 재정의 30% 정도를 충당해 온 K 노인복지회의 경우를 예로 들어보기로 하겠다. 이 기관의 기부자 가운데 거액기부자들에 의한 기부금이 지난 2년 동안에 상당히 줄어든 것이 발견되었고 이러한 기부금 감소현상으로 모금부의 거액모금과의 운영에 문제가 있다는 것이 발견되었다. 따라서 해결되어야 할 문제는 '거액모금과의 운영방식이 효과적이지 못한 것'으로 규정할 수 있다.

(2) 관련정보의 확보

규정된 문제나 욕구에 관련된 정보를 얻기 위하여 여러 가지 방법으로 조사활동을 해야 한다. 정보수집 방법은 여러 출처에서 여러 가지 형태로 할 수 있다. 조직 안과 밖에서 수집될 수 있으며 개인이나 동료, 관련자와의 면접, 전화, 기록된 자료의 수집 등으로 할 수 있으며, 면밀하게 객관적으로 그리고 중요성을 고려하여 수집되어야 한다. 자료를 수집한 후 검토하여 정리하여야 하며 또한 대안적 행동방침을 판단할 수 있는 기준도 마련해야 한다.

위의 예에서 거액모금과의 운영문제에 관련된 기부금액 자료, 직원의 기부금 모금활동 방법, 거액 기부자와의 면접 등의 자료에 의하여 100명의 거액 기부자 가운데 60명은 직원의 모금활동에 관한 문제 때문에 그렇게 된 것이 발견되었고 나머지 40명은 이사, 퇴직, 질병 등의 기관에서 통제불가능한 원인으로 기부금액을 줄이거나 기부를 하지 못한 것으로 판명되었다. 관련정보를 검토해 본 결과 이들 60명의 기부금액을 50% 더 증가시킬 수 있다고 판단되어 '거액 기부자 60명의 기부금액을 현재보다 50% 증가시키는 것'을 목표로 정할 수 있다.

(3) 해결대안의 개발 및 평가

관련정보를 정리한 결과를 참고하고 조직의 문제해결의 목표, 잠재적 및 현실적 제약사항을 고려하여 문제해결을 위한 여러 대안을 개발해야 한다. 이를 위해서 창의력의 발휘가 크게 요청된다. 비교가 가능한 방식으로 대안을 영역별로 구분하고 전 단계에서 설정한 기준에 의거하여 각 대안의 장단점, 성공 가능성, 기대효과 등이 검토되어야 한다.

위의 예에서 보면 모금활동 방법 문제를 해결하기 위해 3가지 대안이

〈표 8-2〉 모금활동방법 대안 예상 결과

대안	대안 1	대안 2	대안 3
내용	60명의 거액기부자들에게 모금활동 방법을 변경하기 위해 별도의 독립된 반을 편성함	특별모금반을 편성하되 거액모금과 내에 둠	거액모금담당 직원의 모금활동 기술을 향상시킴
결과예측	상당히 성공적	가장 성공적	약간 성공적
선택기준	모금전담직원 4명이 추가로 확보되면 성공적; 비용이 많이 들 것임	모금전담직원 2명이 확보되면 성공적; 비용은 상당한 정도 들 것임	모금기술이 향상되면 성공적; 기술향상은 저조하고 비용은 많이 들 것임

개발되었고 그 각각의 대안의 예상결과를 예측해 본 결과는 〈표 8-2〉와 같다.

(4) 최선의 대안선택

최선의 대안을 선택하기 위해서는 각 대안의 장단점, 성공 가능성 및 기대효과, 윤리적 측면 등을 비교하고 적절한 가중치를 주어 우선순위를 정하고 최선의 대안을 선택하여야 한다. 대안선택을 위한 결정은 신중하게 시간적 여유를 가지고 이루어져야 하지만 너무 오랫동안 시간을 끄는 것은 바람직하지 못하다. 결정에 필요 이상의 오랜 시간이 걸리는 경우가 많은 결정자는 능력이 없는 사람일 가능성이 크다.

위의 예에서 3가지의 대안 중에 가장 장점이 많고(성공의 가능성이 가장 높음) 단점이 가장 적은(비용이 가장 적음) 것으로 대안 2가 선택될 수 있을 것이다.

(5) 대안의 실행

전 단계까지의 노력과 행동은 대안의 실행으로 귀착되기 때문에 실행단계가 의사결정단계에 포함되는 것이 바람직하다. 대안이 결정되면 조직 내의 필요한 모든 사람에게 알리고 이해시켜 조직 내의 개인, 부서 또는 조직 전체가 그 대안이 실행되도록 지원하여야 한다. 소극적인 태도나 무관심은 많은 사람들이 시간과 노력을 들여 결정한 사항을 실패로 이끌게 할 것이다.

위의 예에서 특별반 편성의 필요성을 직원들에게 알리고 부서 간의 업무협조와 필요한 정보와 새로운 아이디어를 특별반에게 제공할 것을 요청하고 거액모금과의 기존직원 중에 2명을 선정하여 거액모금 담당반으로 편성하고 훈련을 시켜서 60명에 대한 모금 활동을 전담케 한다.

(6) 환류

의사결정의 전과정에서 개방적인 태도와 유연성을 가지고 의사결정의 각 과정 자체와 그 각 과정에서 이루어진 것과 실행의 결과에 대하여 문제가 없는지 또한 실수는 없는지에 대한 의견을 들을 필요가 있다. 필요한 경우에는 이미 결정된 것도 실행되기 전에는 재검토가 될 수 있다는 태도를 가지고 의견을 받아들여 변경하거나 다음의 의사결정 과정에 반영할 수 있는 융통성이 있어야 한다.

위의 예에서의 환류는 3가지 대안을 잠정적으로 정하고 그것을 직원들에게 알려 이에 대한 직원들의 의견을 듣도록 하는 것과 제2안에 의한 특별반의 활동과 모금실적을 평가하는 것이 될 수 있다.

4) 의사결정 접근방법론

의사결정의 접근방법에는 의사결정 과정에서의 분석적 측면과 상호작용적 측면을 고려하는 정도에 따라 일반적으로 3가지가 있다(Etzioni, 1976: 79~101; York, 1982: 16~19). 즉 (1) 합리주의적 접근방법 (2) 점진주의적 접근방법 (3) 제한된 합리주의적 접근방법(혼합적 접근방법)이다.

(1) 합리주의적 접근방법

합리주의적 접근방법은 의사결정에 관련된 완전한 종합적인 정보를 얻을 수 있고 또한 그 정보를 처리할 수 있는 능력이 있다는 것과 의사결정에 고도의 합의를 끌어낼 수 있다는 것을 전제로 한 접근방법이다(York, 1982: 16). 이 방법에서는 의사결정자는 관련된 모든 정보를 체계적으로 수집하여 현실적인 제한점을 고려하지 않고 문제와 요구를 정의하고, 해결을 위한 모든 대안을 개발하여 선택하는 것이다. 이러한 방법은 가장 이상적인 것이기는 하나 인간의 능력으로 완전하고 종합적인 정보수집과 처리가 사실상 어렵고 문제의 정의와 해결대안의 개발에서 현실적인 제약점을 고려하지 못함으로 해결책의 실행 가능성이 희박하다고 할 수 있다.

(2) 점진주의적 접근방법

점진주의적 접근방법은 인간의 정보수집과 처리에 대한 능력은 제한되어 있고 현실적인 제한점을 고려할 수밖에 없고 고도의 합의를 이끌어내는 것도 어렵다는 것을 전제로 하고 있다(Gilbert & Specht, 1977: 75). 이 접근방법에서는 현실적인 제약을 먼저 고려하여 현재 문제가 되고 있는 것에만 초점을 맞추어 문제에 대한 정보를 수집하고, 그 대안들도 전체적으로 기존의 방법과 크게 다르지 않고 다만 몇 가지 점에서만 다른 것들을 제한적으로 개발하여 현실적인 여건에 적당히 적응하여 나갈 수 있는 것을 선택한다는 것이다. 다시 말해서 이 방법은 과거의 경험과 정형적 문제해결의 습관에 의거하여 문제를 해결하려는 것이고 지금 현재 문제되고 있는 것에만 관심을 두려는 것이다. 이 방법은 현재의 상황에 가장 저항을 적게 받고 문제를 효율적으로 해결할 수 있다는 점에서는 그 장점을 인정할 수 있고 대부분의 의사결정에서 이러한 접근방법이 이용되고 있다. 그러나 이 접근방법은 결국은 현상유지 지향적인 문제해결방법에 지나지 않고(York, 1982: 17), 기존세력의 이익을 반영하는 결과가 되고(Etzioni, 1976: 87), 과거의 결정에 기초하고 있으므로 과거의 결정이 반드시 타당하지 않을 수도 있고, 급속한 환경의 변화에 점진적인 변화로 대응하는 것이 부적절한 경우도 많고, 전례가 없는 문제에 대한 해결방법으로는 적합하지 않다는 비판을 받고 있다(성규탁, 1993: 57).

(3) 제한된 합리주의적 접근방법

이 방법은 합리주의적 방법과 점진주의적 접근방법의 절충이라는 점에서 절충적 방법 또는 혼합적 방법이라고도 한다. 이 방법에서는 인간의 정보수집 및 처리능력의 한계와 현실적 제약을 인정하면서도 문제를 전체적으로 체계적으로 검토한 후에 문제가 된다고 판단되는 것에 초점을 맞추고 현실적인 제약의 한계 내에서 가능한 모든 대안을 개발하여 효과성과 효율성이 가장 높을 것으로 경험적으로 증명될 수 있는 것을 택한다. 이 방법은 문제의 정의과정에서 현재 문제되지 않는 사항도 전반적으로 검토한다는 점에서 점진주의적 접근방법과 다르고, 모든 가능한 대안을 체계적으로 검토하지 않고 현실적인 제약 속에서 가능한 대안들만 검토한다는 점에서 합리주의적 접근방법과 다르다. 이 방법은 사회복지 조직의 기획과 의사결정에서 이용할 만한 가장 바람직한 방법이다(York, 1982: 26).

이상에서 말한 3가지 방법을 상호 비교하여 보다 쉽게 이해할 수 있도록 한 가지 비유를 들어보기로 하겠다. 우리가 세계적인 기상관측 인공위성 체계를 만들 결정을 한다고 가정해 보자. 합리주의적 접근방법에서는 세부적인 관찰이 가능한 카메라를 가지고 창공전체의 기상조건을 철저히 관찰하여 발견된 세부적인 사실들을 분석할 것이다. 점진주의적 접근방법에서는 최근에 문제가 되었던 지역과 특별히 문제가 일어나기 쉬울 것으로 생각되는 지역에 관심을 갖고 관찰하여 사실들을 분석할 것이다. 제한된 합리주의적 방법에서는 두 대의 카메라를 사용하여 첫 번째 카메라로는 아주 자세하지는 않지만 창공전체를 넓은 각도에서 관찰하고, 두 번째 카메라로는 첫 번째 카메라에 의해서 더 자세한 검사가 필요한 것으로 밝혀진 지역에 초점을 맞추고 관찰하여 사실들을 분석한다. 제한된 합리주의적 접근방법은 자세한 사진만이 문제를 드러내 줄 수 있는 지역을 놓칠 수도 있겠지만 점진주의적 접근방법이 잘 알지 못하는 지역의 문제점을 간과하는 것보다는 나을 것이며, 매번의 정밀조사마다 창공의 모든 부분을 다 포함하는 것보다는 더 실용적일 것이다.

5) 의사결정의 기술

의사결정은 개인에 의하여 이루어질 수도 있고 집단에 의하여 이루어질 수도 있는가 하면 어떤 일상적이고 습관적인 방법에 의하여 이루어질 수도 있고 문제마다의 특별한 방법에 의하여 이루어질 수도 있다. 이와 같이 의사결정의 기술에는 결정자의 수에 따라 개인 의사결정(*individual decision-making*)과 집단 의사결정(*group decision-making*)이 있고, 결정절차의 형태에 따라 정형적 의사결정(*programmed decision-making*)과 비정형적 의사결정(*nonprogrammed decision-making*)이 있다.

(1) 개인 의사결정과 집단 의사결정 기술

① 개인 의사결정 기술

ⓐ 의사결정나무분석(*decision tree analysis*)

이 방법은 개인이 가능한 여러 다른 대안을 발견하여 나열하고 각각의 대안을 택했을 경우와 그렇지 않은 경우의 결과를 그림(〈그림 8-5〉 참조)을 그려서 생각하는 방법인데 그림의 모양이 나무와 같다는 의미에서 의사결정나무분석이라 한다(Coulshed, 1990: 97~98).

〈그림 8-5〉 의사결정나무분석의 예

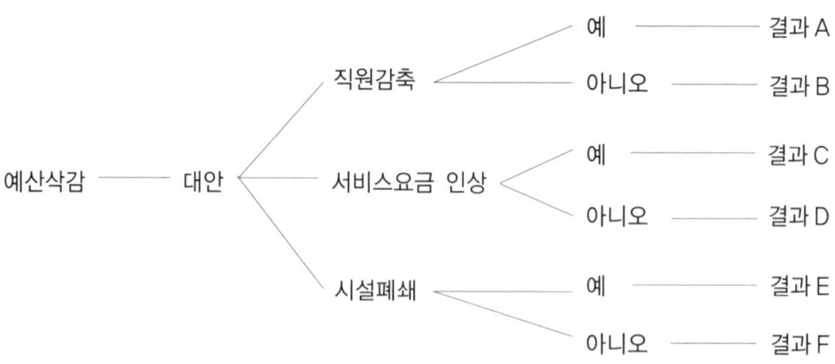

ⓑ 대안선택 흐름표(*alternative choice flow chart*)

이 기술은 목표가 분명하고 예상가능한 사항의 선택에 적용될 수 있는 것인데 어떤 사항의 연속적 진행과정에서 '예'와 '아니오'로 답변할 수 있는 질문을 연속적으로 하여 예상되는 결과를 결정하도록 하는 표를 말한다(〈그림 8-6〉 참조).

〈그림 8-6〉 대안선택 흐름

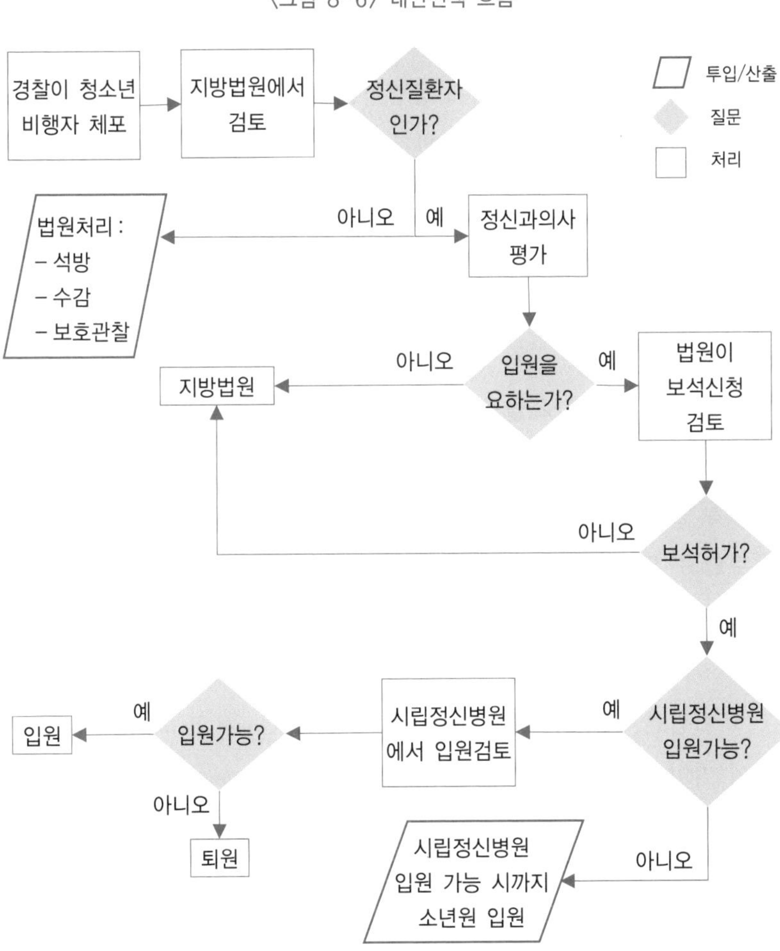

② 집단 의사결정 기술

ⓐ 델파이(Delphi) 방법

이 기법은 희랍의 델파이신전 여사제들이 전국의 현인들로부터 의견을 청취하기 위하여 사자들을 보낸 일이 있었던 사실에서 유래되었고(Skidmore, 1990: 61), 1950년경 미국의 Rand Corporation의 Dalkey와 그의 동료들에 의하여 개발된 것이다. 이 기법은 일단(一團; *a group*)의 전문가 또는 관련자들로부터 우편으로 의견이나 정보를 수집하여 그 결과를 분석한 후 그것을 다시 응답자들에게 보내어 의견을 묻는 식으로 만족스러운 결과를 얻을 때까지 계속하는 방법인데 어떤 불확실한 사항에 대한 전문가들의 합의를 얻으려고 할 때 적용될 수 있다. 이 기법의 절차를 예를 들어 좀더 상세히 설명하면 〈그림 8-7〉과 같다. 지역사회 생활에서의 불만사항과 그 개선 가능성의 우선순위에 대한 의견을 알기 원한다면 지역사회의 각계각층의 주요 인사 및 지역 사회문제 전문가를 대상으로 델파이 절차가 필요하다. 이와 같은 델파이기법은 전문가를 한 장소에 모으는 수고를 덜고 전문가가 자유로운 시간에 의견을 말할 수 있고 자신의 의견과 다른 사람들의 의견을 비교하여 재검토할 수 있는 기회를 가진다는 점에서 이점이 있으나 시간이 많이 걸리고 절차를 반복하는 동안에 응답자 수가 줄어드는 문제점이 있다.

ⓑ 소집단 투표 의사결정법(NGT : *Nominal Group Technique*)

이 기법은 미국의 한 지역사회 행동기관(*community action agency*)에서 개발된 기법인데(Delbecq & Van De Ven, 1977: 334) 일단의 전문가 또는 관련자들을 한 장소에 모아 각자의 의견을 적어낸 것을 가지고 종합하여 정리한 후 집단이 각각의 의견을 검토하는 절차를 만족스런 수

〈그림 8-7〉 델파이기법 절차의 예

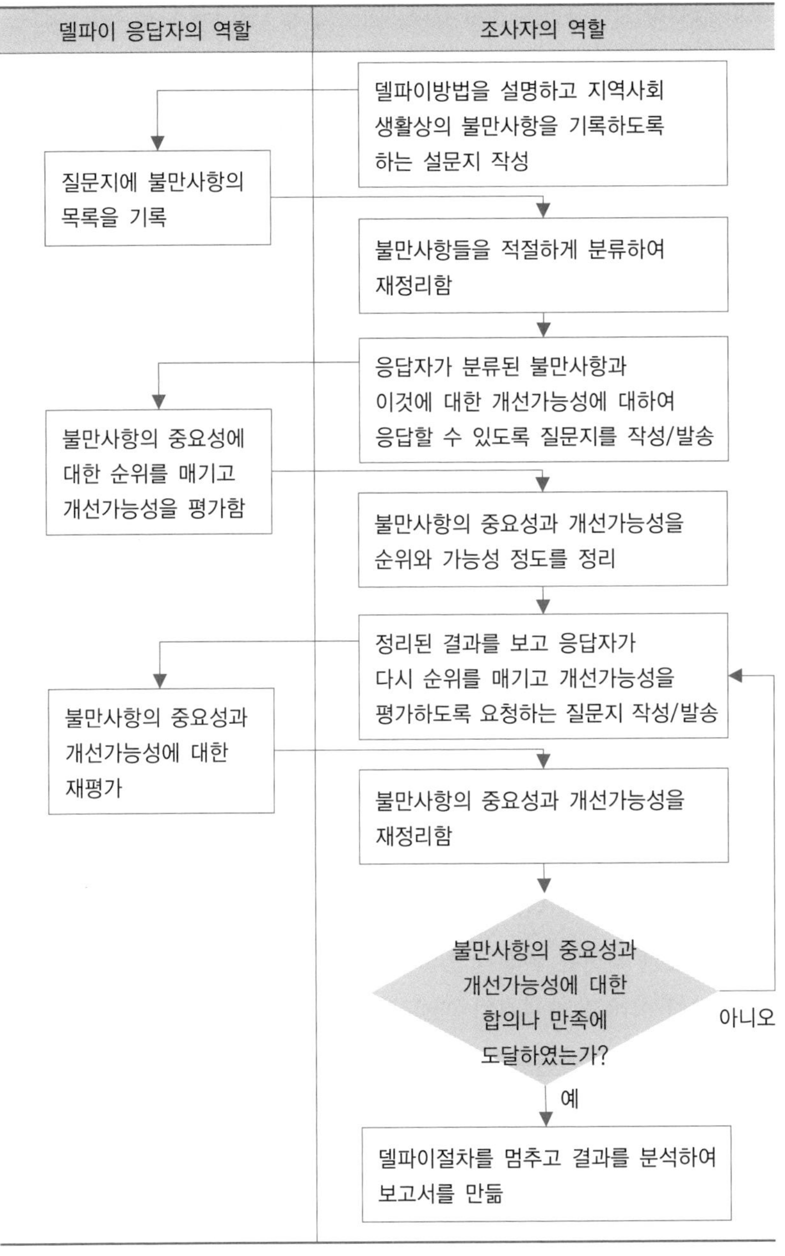
델파이 응답자의 역할
조사자의 역할
델파이방법을 설명하고 지역사회 생활상의 불만사항을 기록하도록 하는 설문지 작성
질문지에 불만사항의 목록을 기록
불만사항들을 적절하게 분류하여 재정리함
응답자가 분류된 불만사항과 이것에 대한 개선가능성에 대하여 응답할 수 있도록 질문지를 작성/발송
불만사항의 중요성에 대한 순위를 매기고 개선가능성을 평가함
불만사항의 중요성과 개선가능성을 순위와 가능성 정도를 정리
정리된 결과를 보고 응답자가 다시 순위를 매기고 개선가능성을 평가하도록 요청하는 질문지 작성/발송
불만사항의 중요성과 개선가능성에 대한 재평가
불만사항의 중요성과 개선가능성을 재정리함
불만사항의 중요성과 개선가능성에 대한 합의나 만족에 도달하였는가?
아니오
예
델파이절차를 멈추고 결과를 분석하여 보고서를 만듦

준의 합의가 이루어질 때까지 계속하는 것을 말한다. 이 기법의 절차를 보다 상세히 설명하면 다음과 같다(Delbecq & Van De Ven, 1977: 333~348; York, 1982: 103~108).

① 집단토의에 대한 지침전달 : 참여자를 한 장소에 모으고 참여자에게 어떤 의견을 말해 주기를 원하고 어떤 절차로 의견을 종합하여 결정할 것인가를 설명한다.

② 개인별 의견 기록 : 참여자를 6~9명 정도의 소집단으로 나누고 종이나 카드(10×15㎝ 정도의 크기)를 나누어주고 요청된 것에 대한 여러 가지 의견을 간단한 어구나 또는 서술문으로 기록하도록 하되 다른 사람과의 의견교환 없이 독자적인 의견을 기록한다.

③ 집단별 순차적 개인의견 개진 : 진행자는 각자가 기록한 것을 한 사람씩 돌려가며 말하게 하고 한 사람이 말한 각각의 의견을 조그만 종이(10×15㎝ 정도) 한 장씩(종이철의 경우 한 페이지마다)에 적고 같은 의견이 나왔을 때는 의견이 같은 다른 사람들이 손을 들게 하여 그 수를 세어 종이 위에 체크 표시를 그 수만큼 한다. 여기서 자기가 생각한 것이 다른 사람과 같은지에 대한 토의는 피하고 의견만 개진한다. 각각의 의견을 적은 종이를 모든 사람들이 보는 곳에 붙인다.

④ 집단별 제시된 의견확인 : 각 집단의 참여자는 제시된 각각의 의견의 의미를 이해하기 위하여 토의를 한다. 이때 각자는 자기의 찬성·반대 의견을 이야기할 수는 있지만 자기의견을 받아들이도록 설득 또는 강요해서는 안 된다.

⑤ 집단별 예비투표 : 각자에게 종이를 나누어주고 각 집단별로 제시된 의견 가운데 가장 중요한 것 몇 가지를 선택하거나 또는 각 의

견에 대한 중요성의 점수(5점 또는 10점 만점 척도)를 부여하는 예비투표를 하게 한다. 집단별로 투표결과를 정리한다.

⑥ 집단별 예비투표 결과 토의 : 예비투표의 결과에 대하여 간략하게 토의한다.

⑦ 최종투표 : 집단별로 최종투표를 실시한다. 불만족스러울 경우는 만족스러운 결과를 얻기까지 투표와 토의를 계속한다.

⑧ 전체집단에 대한 보고 : 집단별 최종투표가 끝난 후 재토의의 필요성이 없는 경우 정리된 결과를 집단별로 전체집단에 보고한다.

이 기법은 기본적으로 6~9명 정도의 소집단을 이용하여 의사결정을 하는 기법이며 사람이 많은 경우는 전체를 소집단으로 나누어 할 수 있고 각 집단에 각각의 다른 문제를 제시할 수도 있다. 이 기법은 또한 문제확인 → 대안개발 → 우선순위 설정 → 프로그램 개발 → 프로그램 평가에 이르는 전반적인 과정과 연계되어 사용될 수도 있고(Delbecq & Van De Ven, 1977: 333~348), 다양한 의견을 청취할 수 있고 참여의식을 높이고 동기부여에 크게 기여할 수도 있다. 그러나 이 기법은 특히 많은 사람을 참여시킬 경우 시간이 많이 걸리는 문제가 있다.

(2) 정형적 의사결정과 비정형적 의사결정

전통적으로 의사결정에는 여러 가지의 기법들이 사용되어 왔고 현대사회에서는 정보산업의 발전과 혁신적인 사고(思考)의 발전으로 새로운 기법들이 개발되었다. Simon(1971: 193~197)은 이러한 의사결정의 기법을 정형적 의사결정(*programmed decision-making*)과 비정형적 의사결정(*non-programmed decision-making*)으로 구분하고 다시 전통적 기법과 현대적 기법으로 나누어 〈표 8-3〉과 같이 제시하였다.

〈표 8-3〉 선통적 및 현대적 의사결징 기법

<table>
<tr><th rowspan="2">의사결정유형</th><th colspan="2">기법</th></tr>
<tr><th>전통적</th><th>현대적</th></tr>
<tr><td>정형적
(일상적이고 반복적인 결정, 조직에서는 이러한 사항의 처리를 위하여 특별한 절차를 마련하고 있음)</td><td>1. 습관
2. 일상적 사무규정
표준운영절차(내규)
3. 조직의 구조 :
공통적 기대
하위목표 설정절차
잘 규정된 정보통로</td><td>1. 오퍼레이션스 리서치
(operations research)
2. 전자자료처리</td></tr>
<tr><td>비정형적
(일회적이고 비조직적이고 새로운 정책결정, 일반적인 문제해결적 절차로 처리함)</td><td>1. 판단, 직관, 창의성
2. 경험에 의한 처리
3. 책임자의 엄선 및 훈련</td><td>자기발견적 문제해결기술
(1) 의사결정절차 훈련
(2) 자기발견적 컴퓨터
프로그램 제작</td></tr>
</table>

출처 : Simon(1971: 196).

Simon은 의사결정이 정해진 특별한 절차에 따르느냐 그렇지 않느냐에 따라 편의상 정형적 의사결정과 비정형적 의사결정으로 나누었지만 모든 의사결정 과정과 기법이 이러한 두 가지의 형태로 확연히 구분되는 것이 아니라 오히려 두 가지의 형태와 그 사이의 계속선상에 있다는 것이다(Simon, 1971: 193). 여기서 우리의 관심의 대상이 되는 것은 비정형적 의사결정이다. 사회복지 조직을 포함한 모든 조직에서는 지금까지 일상적으로 어떤 정해진 절차에 의하여 처리할 수 없는 의사결정 사항들이 많이 발생하게 된다. 특히 사회복지 조직은 환경에 크게 의존하고 있고 환경은 급속하게 예측하기 어렵게 변하기 때문에 이에 대처하기 위한 의사결정 사항이 많이 발생하게 된다. 이러한 사항은 현재까지 조직에서 정해진 절차에 의하여 일상적으로 처리하던 방법으로는 처리할 수 없고 평소의 일반적인 문제해결 능력에 의존할 수밖에 없다.

이러한 일반적 의사결정 능력은 위의 분류표에 있는 것과 같은 의사결정자 훈련 및 컴퓨터를 이용한 자기발견적 문제해결 기술(*heuristic problem-solving technique*) 훈련과 같은 현대적 훈련을 통하여 향상될 수 있다. 따라서 사회복지 조직에서도 행정책임자를 포함한 조직요원에게 연수훈련 기회 등을 통하여 의사결정의 훈련을 체계적으로 시킬 수 있어야 할 것이다.

사람들은 누구나 쉽고 편하게 정해진 절차에 따라 의사결정하기를 바라기 때문에 의사결정을 요하는 문제가 발생하면 우선적으로 정형적 의사결정을 하려는 충동을 느낀다. 이와 같은 현상을 가리켜 "정형적 의사결정이 비정형적 의사결정을 구축한다"고 하고 이를 기획의 그레샴 법칙(*Gresham's law of planning*)이라 부른다. 같거나 비슷한 선례를 따라 의사결정하려는 현상은 바로 기획의 그레샴 법칙이 적용되는 예라 할 수 있다.

비정형적 의사결정에 대한 훈련과 기술이 없거나 부족한 경우는 같거나 비슷한 선례를 따라 비슷한 의사결정을 하거나 아니면 의사결정을 미루는 현상이 나타날 수 있다.

6) 의사결정에서 행정가의 역할

행정가(행정책임자)는 의사결정 과정의 중심부에 위치하고 있으며 내려진 결정에 대하여 궁극적인 책임을 져야 한다. 그러나 행정가가 모든 의사결정을 해야 할 필요는 없다. 의사결정에서 행정가의 역할은 의사결정을 내리는 것이 아니라 의사결정을 관리하는 것이라는 말이 더 적합할 것이다(Trecker, 장인협 편역, 1982: 147). 이러한 관점에서 행정가의 역할은 다음과 같이 요약될 수 있다.

① 행정가는 기관의 구조가 의사결정의 성격에 의하여 결정되는 점에 유의하여 의사결정 과정이 효율적으로 운영될 수 있도록 조직의 구조를 형성해야 하고, 내려진 결정이 가능한 한 효과적인 행동 원천이 되도록 해야 한다.

② 행정가는 조직성원에게 발의의 자유를 제공할 수 있도록 조직의 구조를 형성해야 한다.

③ 행정가는 민주적인 운영과 분권화된 의사결정을 할 수 있도록 조직의 구조를 형성하여야 한다.

④ 행정가는 조직의 최상부에 단일한 의사결정원이 위치하도록 조직의 구조를 형성해야 하며, 상급행정가가 권한이나 책임을 이양할 때는 한 가지 사항에 대하여 단일한 결정이 이루어지도록 이양되어야 한다.

⑤ 행정가는 조직이 효과성과 효율성이라는 기준에 의해 평가되고 조직의 방향이 조정될 수 있도록 하여야 한다.

· 제9장 ·

프로그램 설계

가장 중요하나 가장 소홀히 하곤 하는 사회복지 행정가의 책임 중의 하나가 프로그램 설계이다. 종종 프로그램은 자원이 쉽게 활용될 수 있기 때문에 또는 사회적으로 매우 이슈가 되기 때문에 단순히 실행된다. 그러나 프로그램은 실행 이전에 조심스럽게 설계되지 않으면 클라이언트의 욕구를 효과적으로 충족시킬 수 없다. 즉, 프로그램의 실행에는 프로그램의 설계가 선행되어야 한다. 이는 자동차에 대한 설계 없이 자동차를 생산할 수 없고, 자동차 설계가 잘못되면 자동차를 제대로 만들 수 없는 것에 비유될 수 있다. 사회복지 조직에서 행정가는 프로그램을 설계하는 역할을 직접 하지 않더라도 프로그램 설계를 지도하고, 그 설계에 따라 프로그램이 실행되고 있는지 감독할 책임이 있기 때문에 프로그램 설계에 대한 지식은 행정가에게 필수적이다.

이 장에서는 먼저 프로그램과 프로그램 설계를 정의하고 다음으로 프로그램 설계가 왜 중요한지 설명하며 프로그램 설계에 있어서의 고려사항을 살펴본 후 프로그램 설계의 절차를 9단계로 나누어 고찰해 보기로 하겠다.

1. 프로그램과 프로그램 설계의 정의

1) 프로그램

Rapp & Poertner(1992: 29)는 프로그램을 "하나의 단일 목표를 달성하기 위한 활동들의 집합체"로 정의하고, 사회복지 프로그램은 사람들을 돕는 방법과 관련된 것으로 보고 있다. 사회복지 프로그램을 통해 사회복지사들은 업무에 만족하고 성취감을 갖게 된다. 또한 사회복지 프로그램들은 사회구성원들을 돕기 위한 사회의 바람을 나타내는 것이다. 사회복지 조직은 적어도 하나 이상의 프로그램을 수행하고 있다. 황성철(2005: 18)은 프로그램을 "특정한 목적 달성을 위하여 자원과 기술이 투입되어 일정한 절차에 따라 이루어지는 조직의 계획적 활동체계"로 정의하고 있다. 이 정의에서 핵심이 되는 단어는 목적, 자원과 기술, 계획적 활동인데, 이러한 것들은 프로그램으로 간주되기 위해서 필요한 가장 기본이 되는 요소들로 보고 있다. 또한 정무성(2005: 25)은 사회복지 프로그램을 "사회복지 조직에 의해 실행되는 사회복지적 목표를 달성하기 위한 활동들의 집합체"로 정의하고 있으며 사회복지 프로그램은 사회복지적 목적과 목표가 있어야 하며 사회복지기관과 같은 비영리 조직이 주관하고, 사회복지 인력과 같은 전문인력에 의해 실행되는 다양한 활동들로 구성되었다고 설명하고 있다.

이상의 정의를 종합해 볼 때 사회복지 프로그램이란 "사회복지 조직의 목표를 달성하기 위한 활동들의 집합체"로서 사회복지 조직에서 우연히 생겨나는 것이 아니라 의도적으로 만들어진 계획적 활동체계인 것이다.

2) 프로그램 설계

프로그램 설계(*program design*)는 하나의 생산물(*product*)이고, 하나의 방법(*method*)이다(Rapp & Poertner, 1992: 30).

생산물로서의 프로그램 설계는 프로그램의 목표를 달성하기 위해 요구되는 프로그램 실행자들의 최소한의 행위를 기술한 문서이다. 생산물로서의 프로그램 설계는 명년도 예산을 요청할 때 예산을 받아내고 자금을 조달받기 위해 제출되는 제안서라기보다 준수해야 할 업무서류로 간주된다. 프로그램 설계는 텔레비전이나 자동차 또는 집과 같은 생산물의 설계에 비유된다. 자동차 제조업자가 새로운 모델을 설계할 때 많은 자원이 설계 노력에 소요된다. 마케팅 전문가뿐만 아니라 다양한 기술자들이 설계과정에 포함된다. 새로운 생산물을 만들어 내기 위해 생산설계의 많은 구성요소들을 검토하고 또한 그들이 어떻게 조립될 것인가 검토해야 한다. 사회복지 프로그램 설계도 이와 같이 해야 하나 실제로 사회복지 프로그램을 설계할 때 별로 세심한 주의를 기울이지 않는다. 자동차 설계를 잘못하면 좋은 제품이 나오지 않듯이 설계가 잘못된 사회복지 프로그램은 프로그램 성과를 어렵게 만들 것이다. 생산물로서의 프로그램 설계는 실제로 클라이언트를 돕고 정치적 지원을 얻기 위한다면 간결하고 논리적이고 분명하고 클라이언트의 이익에 초점을 두어야 한다. 그러나 간결성이 바람직하긴 하지만 애매모호함이 정치적 지원을 얻기가 더 쉽다고 믿는 사람들은 간결성에 반대하기도 한다(Gruber, 1986).

방법으로서의 프로그램 설계는 중요한 관리상의 결정이 수립되는 하나의 틀(*framework*)이다. 프로그램 설계는 직원들을 분명하게 만들고 관리상의 결정을 내리며 이러한 결정들을 내리기 위한 분석적 도구를 제공하는 하나의 과정이다. 프로그램 설계시 전체 사회, 개개 클라이언트, 프로그램담당 직원 간에 각각의 요구사항이 체계적으로 어우러질 수 있도록 고려되어야 한다. 사실상 프로그램 설계과정은 직원들을 단합시키고 중요한 외부세력의 지원을 끌어들이는 메커니즘이 될 수 있다(Patti, 1983). 방법으로서의 프로그램설계 틀은 관리자들로 하여금 더 나은 성과를 위해 장애물을 제거하기 위한 하나의 진단적 도구로서 그 틀을 활용하도록 허락한다. 프로그램 설계의 틀은 낯선 도시에서 길을 안내하는 도로지도(*roadmap*)와 같은 것이다.

2. 프로그램 설계의 중요성

Rapp & Poertner(1992: 31)는 프로그램 설계의 중요성을 설명하기 위해 빈약한 프로그램 설계로 인해 나타나는 공통된 문제점들을 다음과 같이 제시하고 있다.

① 직원과 관리자들은 너무 빈약한 것을 가지고 너무 많은 것을 하도록 요구받는다.
② 직원과 클라이언트들은 무슨 목적으로 무엇이 그들에게 기대되는가에 관해 분명히 알지 못한다.
③ 다른 조직, 전문가, 클라이언트, 일반 공중은 프로그램의 목적에

관해 분명히 모르기 때문에 결과적으로 갈등을 일으키고 그 프로그램을 지원하는 데 실패하게 된다.

④ 자금조달자는 비현실적 기대를 일으키는 일을 하기 위해 무슨 조치를 취해야 할지 알지 못한다.

⑤ 회의와 서류업무가 늘어나고 그것들로 인해 더 분명한 일단의 기대사항들이 방해받는다.

⑥ 위기개입 또는 기타 다른 조직행동의 방식들로 인해 많은 에너지가 소비되나 성과는 나타나지 않는다.

⑦ 잠재력 있는 더 강력한 대안들의 탐색을 피하고 프로그램 개입을 위해 요즈음의 반짝 아이디어가 선택된다.

이런 문제점들은 ① 애매한 프로그램 목표, 개입의 불명확한 성격, 사명(*mission*)과 직접적으로 관련된 성과기준 결여, ② 일부 전문가들이 분별없이 편리함이나 관례에 의해서만 서비스를 제공하고자 하는 경우, ③ 모범적이고 다루기 쉬운 클라이언트만을 선정하여 서비스를 제공하고 문제가 많은 사례들에게는 자원이 가지 않는 문제, ④ 관련기관, 정부, 후원자와 같은 외부의 지원적 행동 결여, ⑤ 많은 직원들의 낮은 직무만족도 등과 관련되어 있다(정무성, 2005: 158).

빈약한 프로그램으로 나타나는 문제점을 해결하기 위해 보다 세심하게 프로그램을 설계한다면 첫째, 프로그램 수행에 대한 책임성이 증가한다. 둘째, 프로그램의 효과성과 효율성이 증진된다. 셋째, 자금조달자에 대한 확실한 프로그램 활동계획을 보여주게 된다. 넷째, 다른 조직, 전문가, 클라이언트 및 일반공중이 프로그램의 목적과 목표를 분명히 알게 된다. 다섯째, 관련 직원의 역할과 역할기대가 분명해진다. 여섯째, 관련 직원의 직무만족도가 높아진다. 일곱째, 지역사회 자원을 무절제하게 이용하는 것을 방지하게 된다.

프로그램 설계는 조직의 수행능력을 증진시키고 개선시킬 수 있는 경영전략 중의 하나이다. 그리고 무엇보다도 프로그램 설계는 계속적으로 수정되고 보완되는 하나의 과정이다. 이는 프로그램을 실행하는 동안 클라이언트들에 관해, 그들의 문제에 관해, 그리고 개입에 관해 더 많이 알게 될 때마다 프로그램은 수정되고 개정된다는 측면을 강조한 것이라고 볼 수 있다(지은구, 2005: 49).

3. 프로그램 설계에 있어서 고려해야 할 사항

프로그램 설계는 단순한 일회성 작업이라기보다는 끊임없는 재검토가 요구되는 반복과정이다. Rapp & Poertner(1992: 33~36)는 사회복지 프로그램 설계시 사회복지 행정가가 고려해야 할 사항으로 ① 사회복지 프로그램과 사회복지 실천가치의 상호조화, ② 계속적으로 필요한 정보의 확보, ③ 다양한 개입수준의 활용을 들고 있는데 이를 구체적으로 설명하면 다음과 같다.

1) 사회복지 프로그램과 사회복지 가치의 상호조화

사회복지 프로그램의 설계는 사회문제의 분석에서부터 시작된다. 사회문제의 원인에 대한 시각에는 크게 두 가지가 있는데 하나는 원인을 개인에 돌리는 시각, 즉 희생자 비난의 시각(*blaming-the-victim*)이며, 다른 하나는 원인을 사회환경에 돌리는 시각, 즉 환경 비난의 시각(*blaming-the-environments*)이다. 문제의 원인을 개인으로 보고 접근하는 사회복지 프로그램은 비교적 지원과 승인을 받기 쉬우나 문제의 원인을 사회환경적 요소로 보고 접근하는 사회복지 프로그램은 단일한 프로그램 접근으로 해결하기 어렵거나 이해관계자들이 복잡하여 프로그램 지원을 받기 쉽지 않다(정무성, 2005: 160).

한편 사회문제를 분석해 보면 대부분 위의 두 가지 원인을 다 포함하는 경우가 많다. 최근의 사회복지 실천은 개인과 사회환경 양쪽에서 약점보다는 강점을 찾으려는 경향이 있고, 환경 속의 개인을 중시하며 대상자의 역량강화(*empowerment*)를 사회복지의 중요한 가치로 인식하고 있다.

또한 지역사회 통합(*community integration*)을 사회복지의 중요한 가치로 보고 있다. 많은 사회복지 프로그램들이 대상자들을 시설 등에 분리시키지 않고 지역사회의 자신의 집에 머물게 하면서 역량강화를 받아 이웃과 더불어 통합되어 살아 나가도록 설계되고 있다. 이와 같이 사회복지 프로그램 설계시 사회복지 행정가가 사회복지의 가치를 인식하고 이를 바탕으로 사회문제에 대한 대책을 세워 나가는 것이 중요하다.

2) 계속적으로 필요한 정보의 확보

효과적인 사회복지 프로그램의 설계를 위해 많은 정보가 필요하다. 여기에는 사회문제에 관한 정보 및 자료, 사회문제에 직면하고 있는 사람들의 상황설명 및 범위, 과거에 수행된 사회문제에 관한 개입자료 등이 포함된다. 이와 같은 정보의 원천은 인구조사 자료 및 정부의 각종 통계 출판물로부터 전공문헌 및 기관 직원들의 실천지혜에 이르기까지 다양하다.

특히 개입방법을 선택할 때 많은 정보가 요구된다. 이때 프로그램 설계자는 몇 가지 장애에 직면하게 되는데 이들은 다음과 같다(Rapp & Poertner, 1992: 35).

첫째, 개입이론이 가장 최신의 유용한 것이어야 하나 항상 연구성과가 적절한 것은 아니고 때로는 관련연구가 부족할 수도 있다.

둘째, 인기에 편승해서 또는 효능성의 입증보다도 특별 프로그램의 막연한 평판에 기초해서 개입방법을 선택하는 경향이 있다.

셋째, 새로운 문제나 또는 새로운 표적집단에 현재 기관에서 사용하는 개입방법을 적용하려는 경향이 있다.

넷째, 프로그램 관리자가 직면하는 중요한 제약은 알려진 것에만 접근한다는 것이다. 가장 최근의 연구에 익숙해지기 위해 시간을 내는 프로그램 관리자들은 별로 없다.

3) 다양한 개입수준의 활용

사회복지 실천의 생태학적 시각은 클라이언트는 개인, 집단, 조직, 기관, 지역사회, 전체사회 등 사회적 단위의 다양한 수준의 개입을 통해 도움을 받아야 한다고 제시하고 있다. 각각의 수준에서 여러 가지 전략들이 활용될 수 있을 것이다. 과거에는 주로 개인 수준에 초점을 맞추었고 통상 한 가지 전략만 활용되었다. 그러나 우리가 직면하는 문제는 복잡하여 성공적으로 문제를 해결하기 위해서는 다양한 수준에서의 개입을 필요로 한다. 일반적으로 다양한 수준에 초점을 맞춘 개입은 클라이언트의 이익을 도모하고 프로그램 목표를 달성하는 데 훨씬 더 유리할 수 있다.

개입방법을 선택할 때 필요한 원리는 다음과 같다(Rapp & Poertner, 1992: 36).

① 사회복지 실천적 시각(생태학적 시각 또는 환경 속의 개인적 시각)은 하나의 사회문제를 바라보고 개입방법을 결정하는 유용한 방법이다.
② 클라이언트를 희생시키지 말고 클라이언트를 보호하는 개입이 이루어져야 한다.
③ 개인과 환경의 강점을 고려해야 한다.
④ 개입은 클라이언트의 욕구와 전체 사회의 욕구가 조화되는 방향으로 이루어져야 한다.
⑤ 다양한 수준에서의 개입이 더 바람직하다.

4. 프로그램 설계의 단계

여기에서는 프로그램 설계의 단계를 ① 사회문제의 분석, ② 프로그램의 직접적 수혜자 결정, ③ 사회복지 개입이론(원조이론)의 결정, ④ 목표설정, ⑤ 서비스 절차의 구체화, ⑥ 클라이언트에게 도움을 주는데 필요한 주요 인물의 확인, ⑦ 원조환경의 구체화, ⑧ 실제 원조행동의 서술, ⑨ 감정적 반응의 확인 등 9단계로 구분하여 설명하고자 한다.

1) 제1단계 : 사회문제의 분석

프로그램 설계의 첫 단계는 프로그램이 제기하는 사회문제의 분석이다. 사회문제의 분석은 프로그램 목표를 설정하기 위한 기초가 된다.

(1) 사회문제의 정의

Horton, Leslie & Larson(1991: 4)은 사회문제는 많은 사람들에게 바람직하지 못한 방법으로 영향을 미치며, 집단적·사회적 행동에 의하여 어떤 대책이 강구될 수 있다고 느껴지는 현상이라고 정의하였으며, Julian(1980: 19)은 사회문제를 개선이나 치료를 필요로 하는 것으로 널리 인정된 사회적 현상이라고 정의하였다. 그러나 학자들의 다양한 정의 중 공통적이고 중요한 요소를 찾아내어 좀더 포괄적으로 사회문제를 정의하면 다음과 같다(최성재, 2000a: 25).

사회문제는 어떤 사회적 현상이 ① 사회적 가치에서 벗어나고, ② 상당수의 사람들이 그 현상으로 인하여 부정적 영향을 받고 있으며, ③ 그 원인이 사회적인 것이며, ④ 다수의 사람들이나 영향력 있는 일부의 사람들이 문제로 판단하고 있고, ⑤ 사회가 그 개선을 원하고 있으며, ⑥ 개선을 위하여 집단적·사회적 행동이 요청되는 것이라고 할 수 있다.

현대의 모든 사회에서는 종류의 다양성과 문제의 심각성 정도에 따라 차이는 있겠지만 어떤 형태로든 사회문제가 발생하고 존재한다고 할 수 있다. 예를 들면 빈곤문제, 실업문제, 청소년 비행문제, 마약문제, 성차별문제, 성폭력문제, 가족문제, 치매노인문제, 아동학대문제, 노숙자문제, 환경문제 등 많은 사회문제들이 신문, 방송, 잡지 등의 뉴스로 계속해서 등장하고 있는데, 이는 현대사회에서 다양한 사회문제들이 많이 발생하고 심각성을 더해 감을 잘 입증해 주는 것이라 할 수 있다.

(2) 사회문제의 분석틀

복잡 다양한 사회문제를 체계적으로 분석하기 위해서는 개념적 틀이 필요하다. Taber & Finnegan(1980: 7~8)은 특정 사회문제가 일차적으로 사회에 귀속되는가 아니면 개인에 귀속되는가 판단하고, 그러한 사회문제의 존재나 확산에 영향을 주는 요인은 무엇인가 규명하는 작업으로 구성된 사회문제의 분석틀을 다음과 같이 제시하였다(황성철, 2005: 91~92, 재인용).

① 개인에 대한 문제

건강과 생활유지를 위한 최저기준의 박탈, 학대와 착취와 같은 위협, 사회참여에 대한 장애 등의 기준이 사회문제의 존재로 개인에게 일차적으로 영향을 미치는 요소이다.

② 사회에 대한 문제

사회적 자원비용의 문제, 사회구성원의 건강과 안전에 대한 위협, 사회통합과 같은 사회적 가치에 대한 위협 등이 사회에 대한 문제의 기준으로 설정된다.

③ 사회문제의 존재나 확산에 영향을 주는 요인

사회문제의 근본적 원인으로 간주되거나 그러한 사회문제를 더욱 사회적으로 확산 또는 유포시키는 데 기여하는 요인들에는 개인의 생리 또는 물리적 요인, 행동적 요인, 사회 또는 심리적 요인이 있으며, 그 밖에 정치·경제적 요인, 개인 또는 가족적 요인, 지역사회 요인, 역사 또는 문화요인, 전체 사회요인 등이 있다.

어떤 사회문제는 개인에 대한 문제가 되기도 하고 동시에 사회에 대한 문제가 되기도 하기 때문에 위의 기준은 절대적 기준이 될 수 없지만 프로그램 설계자가 사회문제로 영향을 받는 개인과 사회를 나누어 생각해 볼 수 있는 틀을 제시해 준다. 치매노인의 문제를 위의 사회문제의 분석틀에 따라 분석해 보면 〈표 9-1〉과 같다.

이상의 사회문제의 분석틀은 이론적으로 유용하기는 하지만 사회문제를 좀더 실용적 차원에서 분석하고 해결책을 찾는 데 미흡하다. 따라서 현재까지 개발된 기존의 분석틀을 종합하고 부족한 점을 보충하여 새로운 하나의 분석틀을 요약 제시하면 〈표 9-2〉와 같다(최성재, 2000b: 73~76).

〈표 9-1〉 사회문제의 분석틀과 치매노인 문제

	분석틀	치매노인 문제
개인에 대한 문제	1. 건강과 발전을 위한 최소기준 결여 2. 학대나 착취와 같은 위협 3. 적극적이고 능동적인 사회참여의 장벽	1. 재가 치매노인의 생활문제와 가족갈등 2. 치매노인에 대한 가족의 방치 또는 학대 3. 건강한 노후생활과 사회활동의 제약
사회에 대한 문제	1. 사회가 부담해야 할 비용과 부담 2. 사회구성원의 건강과 안전에 대한 위협 3. 사회가 중요시하는 가치에 대한 위협	1. 치매노인 보호 및 치료비용 급증 2. 노인들의 건강과 생명, 삶의 질 위협 3. 경로효친사상의 퇴조
사회문제의 존재나 확산에 영향을 주는 요인	1. 생물 또는 물리적 2. 행동적인 면 3. 사회 또는 심리적 4. 정치 · 경제적 5. 개인 또는 가족 6. 지역사회 7. 역사 또는 문화 8. 전체 사회	1. 알츠하이머병 2. 가족의 보호부담 가중 3. 허약한 노인경시 4. 노인의 사회적 가치평가 절하 5. 가족의 무관심과 방치 6. 적절한 보호기관 결여 7. 노인경시풍조의 만연 8. 질병노인에 대한 무관심과 정책 부재

출처: 황성철(2005: 93).

〈표 9-2〉 사회문제의 분석틀

1. 문제의 정의 및 현황

(1) 문제에 대한 일반적 정의
문제의 범위와 개념을 명확히 하는 의미에서 ① 개념적 및 ② 조작적 정의를 내림

(2) 문제의 현황과 양상
문제에 대한 정확한 통계적 현황 제시

(3) 문제의 영향
① 개인에 대한 영향 : 최저생활조건의 박탈, 학대나 착취의 위험성, 사회참여 장애 등
② 사회에 대한 영향 : 사회적 비용, 구성원의 건강과 안정에 대한 위협, 사회적 가치위협 등

(4) 문제의 계속적 존재 및 발생에 기여하는 요인들

(5) 사회문제로서의 문제정의
왜 사회문제가 되는지 말할 것

2. 문제의 원인

(1) 사회과학의 주류이론(기능주의, 갈등주의, 상호작용주의, 교환주의)에 의해 문제의 원인을 설명하고 가장 설명력 있는 이론을 택하여 기본적 이론으로 제시함

(2) 사회과학적 거대이론(*grand theory*)으로 설명이 너무 추상적이거나 설명이 부적합하면 보다 구체적 이론으로 설명함

(3) 개인적 및 사회적 원인과 문제의 발생과 지속에 기여하는 요인을 분석함

3. 문제에 대한 현행 사회복지 정책 및 프로그램

그 사회문제에 대응하는 사회적 대책인 사회복지 정책과 프로그램을 검토하여 문제해결에 어느 정도 효과적이고 효율적인지 평가할 것

4. 문제에 대한 해결책 및 대안

(1) 현행 정책 및 프로그램이 없다거나 그 효율성과 효과성이 약하다면 어떻게 그 문제를 해결하고 개선할 수 있는지 구체적 방안을 제시할 것

(2) 많은 경우 대안이나 개선책이 이상적이거나 달성하기 어려운 경우가 많은데 현실성 있는 대안이나 개선책을 제시하여야 할 것임

5. 문제해결을 위한 구체적 전략(사회복지적 전략)

문제해결의 대안이 정책 및 프로그램으로 결정되기 위하여 구체적으로 어떠한 전략이 필요한지 제시하는 것이 바람직함

2) 제 2단계 : 프로그램의 직접적 수혜자 결정

사회복지 프로그램을 설계하는 데 있어서 중요한 문제 중의 하나는 누가 프로그램의 직접적 수혜자, 즉 대상자가 될 것인지 결정해야 한다. 지금까지 사회복지 프로그램 담당자들은 막연하게 대상자를 결정하였다. 따라서 원칙 없이 대상자를 결정하거나 프로그램의 효과성이 나타날 가능성이 큰 대상자만을 선정하는 이른바 크리밍(*creaming*) 현상이 나타나기도 하였다.

프로그램 대상자의 결정은 클라이언트의 욕구, 프로그램이론, 법적 규정, 행정적 관례 등을 고려하여 일정한 원칙에 따라 신중하게 이루어져야지(정무성, 2005: 223) 프로그램 담당자 임의대로 결정해서는 안 된다. 대상 인구집단(*population group*)을 분석하는 것은 서비스 대상자를 결정하는 하나의 방법이 될 수 있다. 이 방법은 일련의 관리 및 프로그램 결정에 따라 유자격 집단을 좁혀 가는 것이다. 이 방법의 일반적 과정은 〈그림 9-1〉과 같이 대상 인구집단 깔때기(*population funnel*)로 나타낼 수 있으며, 이를 구체적으로 설명하면 다음과 같다(Rapp & Poertner, 1991: 44~46).

(1) 일반 인구집단

일반 인구집단은 문제가 있는 해당 지역의 모든 사람을 포함한다. 예로 노인복지 프로그램의 경우 "청주시 65세 이상 노인인구 전체 5만 명"으로 표시할 수 있다.

(2) 위험 인구집단

위험 인구집단은 일반 인구집단의 하위집단으로 특별히 사회문제에

〈그림 9-1〉 대상 인구집단 깔때기

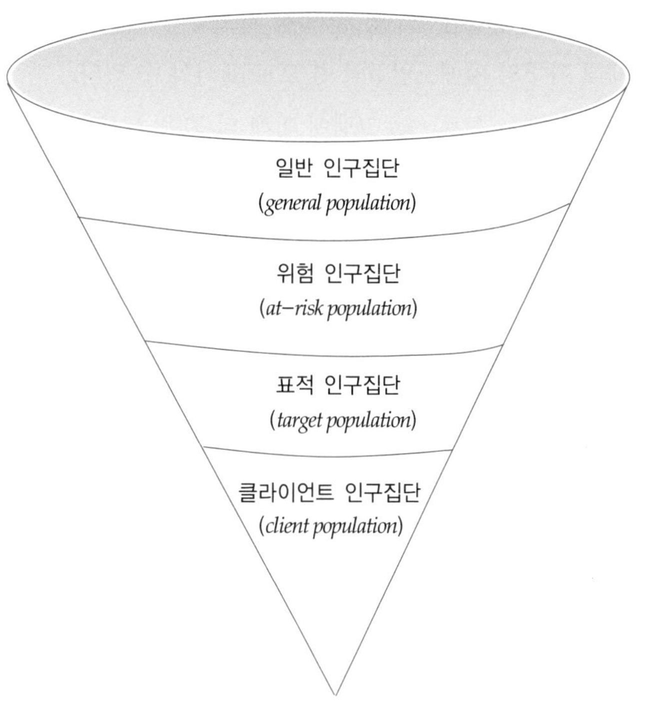

취약한 인구집단을 말한다. 위험 인구집단은 사회복지 프로그램을 통해 특별한 개입을 필요로 하는 사람들을 추정하여 산출해야 한다. 예로 "청주시 65세 이상 노인인구 중 치매노인으로서 전체 노인의 5%인 2천 5백 명"으로 표시할 수 있다.

(3) 표적 인구집단

표적 인구집단은 위험 인구집단의 하위집단으로 프로그램 대상자로 자격 있는 인구집단을 말한다. 위험 인구집단의 모든 사람들이 표적 인구집단으로서 대상자가 될 수 없기 때문에 대상자의 특성과 법률이나 규정, 프로그램이론, 기관의 자원, 후원기관의 요구 등을 고려하여 대상자를 좁혀 나간다(황성철, 2005: 181). 표적 인구집단의 예로 "청주시 65세 이상 치매노인 2천 5백 명 중 법정 저소득가구인 국민기초생활보장수급세대 가구의 치매노인 5백 명"으로 표시할 수 있다.

예방 프로그램은 치료 프로그램에 비해 더 넓은 표적 인구집단을 갖는다. 예방 프로그램이 이미 문제를 갖고 있는 사람들을 배제한 전체 위험 인구집단의 사람들이 대상이 되는 반면 치료 프로그램은 문제가 있는 사람만을 대상으로 하기 때문이다.

(4) 클라이언트 인구집단

클라이언트 인구집단은 표적 인구집단의 하위 집단으로서 프로그램의 대상자인 클라이언트가 되는 사람들을 말한다. 예로 "청주시 65세 이상 법정저소득가구의 치매노인 5백 명 중 본인이나 가족이 주간보호를 희망하고 기관의 송영(送迎) 서비스가 가능한 지역에 거주하는 치매노인 15명"으로 표시할 수 있다. 프로그램에 자격 있는 사람들 중 일부만이 실제로 서비스를 받게 되는데 사회복지 프로그램 관리자는 표적 인구집단 중 누가 서비스를 받고 누가 받지 못할 것인가를 결정해야 한다. 이와 같은 결정의 기준으로 작용하는 3가지 요인이 있는데 이 요인들은 다음과 같다.

① 실용성

가장 공통적인 실용적 고려사항은 프로그램 능력이다. 프로그램 능력인 인적, 물적 자원의 범위를 넘어선 클라이언트 선정은 결과적으로 프로그램에 부담을 주고 프로그램의 질을 저하시킨다. 프로그램의 한계가 정해지면 프로그램 관리자는 어떤 사례를 우선시해야 하는지 기준을 정해야 하고, 이러한 기준은 프로그램 설계단계에서 미리 정해야 한다.

② 윤리성

프로그램 대상이 될 수 있는 자격이 되더라도 서비스받는 것을 원하지 않을 수도 있다. 많은 프로그램의 경우 클라이언트들은 적어도 그들이 그들 자신을 서비스받도록 활용할 수 있다는 의미에서 대상자 선정이 자발적이어야 하며 그럴 경우 윤리성은 보장되는 것이다. 젊은 만성질환자들에 대하여 전통적 사후관리 프로그램의 성과가 낮은 것은 그들의 자발적 참여를 이끌어내고 유지하지 못한 것과 관련되어 있다.

③ 클라이언트 능력

프로그램으로부터 이득을 얻기 위해서 클라이언트는 어떤 능력을 보여주거나 어떤 자원을 소유하고 있어야 한다. 프로그램은 이런 것들을 참작해서 설계되어야 한다. 표적 인구집단 속의 개인들이 프로그램에 참여하기 위해서는 교통수단을 필요로 하고 낮시간 일정한 때에 참여할 수 있어야 하며 집단 속에 참여할 능력이 있어야 한다. 프로그램 관리자를 위해 중요한 것은 프로그램으로부터 얻을 수 있는 타당한 기회를 이용할 최소한의 능력을 클라이언트가 소유해야 한다는 것이다.

3) 제 3단계 : 사회복지 개입이론(원조이론)의 결정

사회복지 프로그램의 설계는 다양한 사회복지 개입이론(*intervention theory*)을 바탕으로 한다. 역사적 경험이나 과학적 접근을 통해 구축된 개입이론들을 프로그램이란 수단에 적용함으로써 문제해결을 위한 방법으로 사용할 수 있다. 특히 사회복지개입은 이론적 관점에 따라 다양한 접근방법이 존재하는데 먼저 진단주의와 기능주의를 기본으로 하여, 전통적 3대 접근방법인 개별사회사업이론, 집단사회사업이론, 지역사회조직이론 등과 이들을 통합하는 통합적 접근방법들, 그 밖에 급진주의 이론 등 다양하다.

사회복지 행정가에게 있어서 사회복지 개입이론의 결정은 프로그램 설계과정의 가장 중요한 부분이 될 수 있다. 바람직한 클라이언트 성과를 가져오기 위해 가장 효과적 개입이론을 결정하여 적용하는 것이 사회복지 행정가의 책임이기 때문이다. 개입이론의 핵심이 되는 프로그램 설계요소로는 ① 클라이언트의 일반적 성과목표, ② 클라이언트의 구체적인 성과목표, ③ 클라이언트의 기대사항, ④ 사회복지사의 기대사항 등이 있다(Rapp & Poertner, 1992: 49).

이상의 프로그램 설계요소들 간의 연계는 각 요소들을 통합할 뿐 아니라 이론 및 행정의 실제를 위한 유용한 틀이 된다. 클라이언트를 돕는 과정은 클라이언트의 긍정적인 성과를 가져오는 일반적 목표(*goal*)에 대한 합의에서부터 시작된다. 이와 같은 일반적 목표를 달성하기 위해 구체적 목표들(*objectives*)이 설정된다. 이때 구체적 목표의 설정은 클라이언트와 사회복지사의 기대사항이 반영된다. 따라서 사회복지사와 클라이언트는 구체적 목표에 나타난 그들에게 요구되는 행동을 잘 한다면 구체적 목표는 달성될 것이고 구체적 목표가 달성되면 그에 따라 일반적 목표도 달성될 것이다.

사회복지 개입이론은 감정, 지식, 환경, 행동, 지위의 변화를 통해서 나타나는 클라이언트의 성과를 종합적으로 다룬다. 종종 개입이론은 첫 번째 변화는 두 번째 변화를 가져오고 두 번째 변화는 세 번째 변화를 가져옴으로써 궁극적으로 성과를 나타내고 있음을 가정한다. 행동의 변화와 그로 인해 궁극적으로 지위의 변화를 가져오는 경우 먼저 감정, 지식 및 환경의 구체적 변화가 선행됨을 가정하는 프로그램을 발견하는 것이 어렵지 않다. 예로 학대받는 아동의 부모인 클라이언트 인

〈그림 9-2〉 부모교육 개입이론

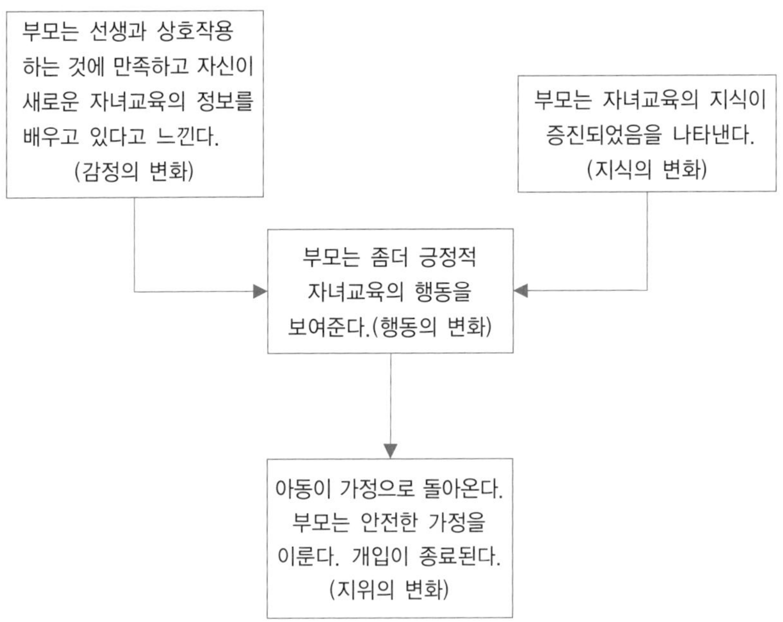

구집단을 대상으로 하는 부모교육프로그램의 일반적 목표는 다음의 과정을 거쳐 달성된다(Rapp & Poertner, 1992: 49~50).

첫째, 학대부모들이 그들의 선생과 상호작용하는 것을 기뻐하고 그들이 배우고 있다고 느낀다(감정의 변화). 둘째, 부모들은 또한 그들의 자녀교육지식이 증가하였음을 나타낸다(지식의 변화). 셋째, 부모들은 자녀교육행동에서 긍정적인 변화를 나타내고 안전한 가정을 이룬다(행동 및 지위의 변화). 넷째, 상황에의 개입이 중단된다(종료). 이와 같은 과정을 그림으로 나타내면 〈그림 9-2〉와 같다.

4) 제 4단계 : 목표설정

프로그램이론은 문제의 분석으로부터 직접 생겨나는 것이다. 일반적 목표는 클라이언트를 위한 바람직한 성과를 나타내는 것이며, 구체적 목표 및 기대사항은 긍정적 변화를 가져오는 데 필요한 기여요인을 결정하는 것이다.

(1) 일반적 목표설정의 기준

대부분의 프로그램들은 통상 구체적 목표는 여러 개 갖고 있지만 일반적 목표는 하나만을 갖고 있다. 모든 일반적 목표는 다음과 같은 목표설정의 기준을 충족시켜야 한다(Rapp & Poertner, 1992: 50~52).

① 일반적 목표는 사회문제 분석과 연관되어야 한다

일반적 목표 진술은 문제분석으로부터 직접 파생되어야 한다. 대부분의 사회문제들은 복잡하고 많은 원인들을 포함하고 있기 때문에 단독 프로그램이 사회문제에 영향을 미치고자 하나 미미하다. 사실상 사회문제의 원인들에 대처해서 긍정적 변화를 가져오기 위한 현재의 사회복지 개입들은 상당히 미흡하다. 문제-목표 관계를 확립하기 위해서 프로그램 관리자는 사회문제 원인의 목록을 작성하고 프로그램이 그 원인들에 영향을 주고 원인들을 변화시키도록 힘써야 한다. 사회문제의 원인들은 프로그램 일반적 목표의 본질을 구성한다.

② 일반적 목표는 성과지향적이어야 한다

일반적 목표는 기관을 위해서가 아니라 클라이언트를 위해서 진술되어야 한다. 예로서 프로그램의 일반적 목표는 “그 프로그램이 제공할 것이다"라는 식으로 구성되어서는 안 된다. 이런 식은 기관이 무엇을 하려고 하는 것이지 바람직한 성과를 나타내는 것이 아니다. "기관이 사전직업훈련과 취업배치를 제공할 것이다"라고 말하는 대신 "클라이언트는 사전직업훈련을 끝내고 일자리를 얻게 될 것이다"라고 일반적 목표를 진술해야 한다.

③ 일반적 목표는 실현 가능해야 한다

일반적 목표는 재정적으로, 기술적으로, 윤리적으로, 법적으로 가능해야만 한다.

④ 일반적 목표는 분명하게 진술되어야만 한다

일반적 목표의 진술은 대부분의 사람들이 이해할 수 있어야만 한다. 일반적 목표의 진술은 기관에서만 내부적으로 사용하거나 전문적 용어, 형용사 및 부사를 사용하는 것을 피해야만 한다. 일반적 목표는 프로그램이 존재하는 핵심적 이유를 포함해야 한다.

⑤ 일반적 목표는 클라이언트 인구집단을 언급해야 한다

일반적 목표의 진술은 표적 인구집단과 어느 정도 관계가 있어야 하고 클라이언트 인구집단에 관해 반드시 언급할 필요가 있다.

⑥ 일반적 목표는 정확해야 한다

일반적 목표는 관찰 가능하고 측정 가능하거나 적어도 그와 같음을 강하게 나타내 주어야 한다.

⑦ 일반적 목표는 긍정적이어야 한다

목표진술은 무엇이 되지 않을 것이라는 부정적 관점에서보다 무엇인가 성취될 것이라는 긍정적 관점에서 씌어져야 한다(예 : 실업의 감소보다 고용의 증가).

(2) 구체적 목표설정의 기준

구체적 목표는 클라이언트가 구체적으로 급여(서비스)를 받을 수 있도록 일반적 목표를 분절한 일련의 진술이다. 이와 같은 클라이언트-성과목표는 하나만 필요한 것이 아니고 여러 개가 요구된다. 프로그램은 또한 자원을 획득하고 서비스 행사를 필요로 한다. 그러나 개입이론의 관점에서 볼 때 구체적 클라이언트-성과목표만이 요구된다. 구체적 목표는 문제분석과 클라이언트 인구집단, 핵심적 프로그램 담당자들 그리고 기타 프로그램 설계의 구성요소들에 대한 정보를 필요로 한다. 구체적 목표설정은 사회복지 행정가가 동시에 다양한 설계의 측면을 고려하도록 요구하는 상호작용과정이다. 구체적 목표설정의 기준에는 8가지가 있는데 이 중 "성과지향적이어야 한다", "실현 가능해야 한다", "분명하게 진술되어야 한다", "긍정적이어야 한다" 등의 4가지 기준은 일반적 목표설정의 기준과 중복되어 생략하고 나머지 4가지 기준을 설명하면 다음과 같다(Rapp & Poertner, 1992: 52).

① 구체적 목표는 단일기준을 설정해야 한다

각각의 구체적 목표는 적절한 성과를 규정하는 숫자나 퍼센티지 또는 비율로 나타내 주어야 한다. 구체적 목표의 예를 들면 "모든 클라이언트의 75%가 최소한 일주일에 10시간 동안 고용될 것이다"와 같다.

② 구체적 목표는 측정할 수 있어야 한다

모든 구체적 목표는 직접 측정할 수 있고 관찰할 수 있어야 한다. 즉, 모호하지 않아야 한다.

③ 구체적 목표는 시간의 한계를 갖고 있어야 한다

시간제한이 진술되어야 한다. 공통된 시간의 변수는 회계연도, 프로그램 연도, 캘린더 연도 등이다.

④ 구체적 목표는 일반적 목표와 연관되어 있어야 한다

구체적 목표는 프로그램의 일반적 목표를 구체적 급여(서비스)의 진술로 분해한 것이다.

(3) 클라이언트와 사회복지사의 기대사항

클라이언트와 사회복지사의 상호 간의 의무사항을 구체화하는 것이 사회복지 개입이론을 풍부하게 해준다. 정당한 상호 의무사항을 확인하는 일은 상호과정을 인식하게 해주며 상호 간의 권한과 책임을 명백히 해준다. 이때 최소한의 의무사항을 구체화하는 것이 중요한데 이와 같은 최소한의 기대사항은 돕는 과정을 의미 있게 만들어 준다. 이와 같은 기대사항들은 여러 가지 다양한 요인들에서 나오게 되는데 이를 제시하면 〈표 9-3〉과 같다(Rapp & Poertner, 1992: 53).

(4) 기타 구체적 목표

전체적 프로그램 설계 및 관리상의 관점에서 볼 때 부가적인 구체적 목표가 요구된다. 프로그램은 자원, 서비스, 행사, 최소한의 직원사기, 효율성에 대한 관심 없이는 제대로 운영될 수 없다. 이와 같은 수행

〈표 9-3〉 클라이언트와 사회복지사의 기대사항

요 인	가능한 기대사항
1. 전문적 또는 기관의 윤리	비밀보장
2. 클라이언트 욕구	모든 가족구성원이 다 출석했을 때에만 회합이 시작됨
3. 개입의 성격	
4. 기관의 정책	1개월 동안 활동에 출석하지 않을 경우 활동하지 않은 것으로 보고 멤버십 재신청 요구
5. 전문적 책임	클라이언트의 명시적 승인이 없으면 클라이언트를 위한 어떤 행동도 취하지 않음
6. 법적 규정	3주 이내에 문서상으로 계획 완성
7. 관례	클라이언트와 사회복지사는 3개월마다 계약을 검토

영역에서 구체적 목표를 설정할 때 선택적으로 선별하는 것이 중요하다. 프로그램에는 많은 자원이 필요하지만 그 모두가 구체적 목표가 될 필요는 없다. 예로 펜과 연필이 필수적 자원일 수 있으나 그러한 것들은 사무용품으로 일괄 처리될 수 있다. 반면에 클라이언트에게 급여를 제공하기 위해 한 달에 5백 시간의 서비스가 필요하다면 그것은 구체적 목표가 되어야 한다. 각각의 수행영역에서 문서화할 필요가 있는 구체적 목표들은 프로그램 관리자가 그 프로그램이 성공하도록 관심을 기울일 필요가 있는 것들이다.

5) 제 5단계 : 서비스 절차의 구체화

프로그램 목표를 설정한 후 다음 단계는 서비스를 구성하고 서비스가 작동되는 중요한 요소들이 결정되는 단계이기 때문에 프로그램 설계에서 심장에 해당되는 부분이라고 할 수 있다.

서비스 절차는 전형적으로 돕는 과정이다. 모든 돕는 과정은 초기단계, 중간단계, 종결단계를 갖고 있다. 물론 이런 과정이 선형적(*linear*)으로 이루어지지 않지만 이 과정은 프로그램 관리자, 사회복지사, 클라이언트가 프로그램 목표에 초점을 두고 함께 움직여 나가도록 도움을 주는 과정이다. 서비스 절차에 통상 포함되는 내용에는 각각의 돕는 단계, 각 단계의 길이, 각 단계의 기대되는 성과, 주요한 결정사항들이다. 가장 공통적이고 일반적인 공식화된 단계는 사정, 사례나 개입계획(계약), 개입, 평가 등이다. 그러나 이런 분류는 제공하는 구체적 서비스를 나타내지 못하고, 그 범주, 특히 개입부분이 너무 광범위하다. 관리자는 자신이 제공하는 서비스에 잘 맞는 명칭을 사용해야 한다. 서비스 절차단계의 기타 다른 분류의 예는 다음과 같다(Rapp & Poertner, 1992: 56).

(1) 사례관리

① 사정
② 종합계획의 개발
③ 서비스 처리
④ 모니터링과 옹호
⑤ 추적 및 평가

(2) 동년배 프로그램

① 의뢰요청 : 자원봉사자 모집

② 클라이언트 접수 : 자원봉사자 사정
③ 전문적 오리엔테이션 : 자원봉사자 훈련
④ 자원봉사자 계약
⑤ 초기 · 중간 · 종결단계 개입
⑥ 평가

(3) 심리사회적 직업교육 프로그램

① 업무기술 훈련단계
② 적용단계
③ 업무개시 및 사정단계
④ 계약단계
⑤ 업무단계

6) 제 6단계 : 클라이언트에게 도움을 주는 데 필요한 주요 인물의 확인

사실상 모든 서비스의 효과성은 사회복지사 및 클라이언트에 의해서뿐만 아니라 2차적 모든 프로그램 관련자들에 의해 결정된다. 프로그램 설계활동에 있어서 이 부분은 별로 역점을 두는 부분이 아니었다. 그러나 만성정신질환 서비스 프로그램과 같은 프로그램에서 관련된 모든 담당자들의 파트너십과 협력이 없다면 그 프로그램의 성공은 거의 기대할 수가 없는 것이다. 병원 퇴원담당 직원, 관련 협조기관의 관리자 및 사회복지사, 그룹홈 관리자, 고용주, 의뢰기관, 행정가, 이사회 등 모든 관련자들은 서비스의 성과에 영향을 미친다. 이 단계에서 프로그램 관리자는 3가지 질문에 직면하게 되는데 이는 다음과 같다(Rapp & Poertner, 1992: 57).

① 관련된 주요 인물이 누구인가?
② 그 주요 인물은 프로그램의 구체적 목표를 달성하기 위해서 최소한 어떤 구체적 행동을 지속적으로 수행해야 하는가?
③ 그와 같은 구체적 행동을 이끌어내고 유지하기 위해서 프로그램 관리자는 무슨 일을 해야 할 것인가?

첫 번째 질문에서 중요한 것은 그 주요 인물의 협조가 없다면 프로그램의 구체적 목표달성이 가능할 것인가 하는 점이다. 두 번째 질문에서는 구체적 행동으로 응답되어야 하며 프로그램 관리자가 원하는 모든 행동이 아니라 최소한의 중요한 행동들이 포함되어야 한다. 종종 프로그램 관리자는 필요한 행동의 양과 빈도를 명세화할 필요가 있다.

7) 제7단계: 원조환경의 구체화

사회복지 실천의 강점 중의 하나는 사람들을 기능화시키는 데에 환경의 중요성을 인식한다는 점이다. 장소에 대한 서술은 클라이언트와 사회복지사의 교류를 증진시키고, 궁극적으로 클라이언트의 성과를 높이는 특징적 환경을 구체화하는 것이다. 서비스 장소는 상호작용이 발생하는 전형적인 물리적·사회적 환경이다(Rapp & Poertner, 1992: 57).

물리적 환경은 상담자의 사무실, 사례관리를 위한 거리모퉁이 또는 클라이언트의 아파트, 직업훈련을 위한 작업장, 또는 옹호서비스를 위한 지역사회기관의 사무실이 될 수 있다. 특별한 공간이 필요한 경우 그에 맞도록, 프라이버시가 보장 될 수 있도록, 장애인의 경우 안락감을 느낄 수 있도록 적절한 공간이 분명히 명시되어야 한다. 오락 및 사회화 프로그램의 경우 참여 및 상호작용을 촉진시킬 수 있는 제반조건을 구비한 물리적 환경을 갖는 것이 중요하다. 한편 프라이버시라는 물리적 환경이 어떤 프로그램에는 중요하기는 하지만 저소득 지역에서 임차인을 조직화하는 프로그램이나 만성 정신질환자를 위한 사회활동 프로그램과 같이 프로그램에 따라 때로는 개방성과 접근성이 높은 물리적 환경이 더 중요할 수도 있다.

서비스 장소의 사회적 환경은 물리적 환경 못지 않게 중요하다. '그 장소에서 서비스를 실시할 경우 통상 얼마나 많은 사람들이 참여할 것인가?', '다양한 참여자들에게 그 장소가 주는 상징적 가치는 무엇인가?', '서비스 장소를 클라이언트가 익숙한 곳으로 하는 것이 바람직한가?' 또는 '사회복지사가 익숙한 곳으로 하는 것이 바람직한가?' 등은 서비스 장소의 사회적 환경과 관련된 질문이다. 클라이언트와 사회복지사의 상호작용을 위한 무대를 마련한다는 것은 전등의 밝기를 조정하거나 문을 닫는 것 못지 않게 가치, 목표, 또는 목적을 규정하는 것을 포함하는 것이다.

또한 접근을 촉진하는 프로그램의 특별한 특징이 서술되어야 한다. 필요한 경우 교통수단의 제공이라든가 서비스가 며칠간 몇 번 제공될 것이며 어린아이 돌보는 프로그램의 존재 등이 적절한 예가 될 것이다. 접근은 물리적 요인과 사회적 요인 모두에 의해 영향을 받는다. 클라이언트가 기다리는 대기실이 안락하면 접근성이 높아질 것이고 사회복지사가 같은 민족이거나 같은 인종이면 또한 접근성이 높아질 것이다.

8) 제 8단계 : 실제 원조행동의 서술

어떤 복잡한 현상의 완전한 서술은 불가능하다. 그러나 우리는 어떤 현상을 다양한 시각에서 검토하고 우리의 통찰과 이해를 높일 수 있다. 높은 담벼락에 둘러싸인 도심 한복판에 자리잡은 빅토리아 시대의 한 저택을 상상해 보자. 그 저택의 웅장함과 복잡함은 어떤 한 곳에서만 바라보아서는 알 수가 없다. 그러나 담벼락에 다가가서 이곳저곳 담벼락의 틈새나 구멍이 나 있는 곳을 통해 그 저택을 전체적으로 바라보게 되면 그 저택에 대한 다양한 모습을 알 수 있게 되는 것이다. 전체적 시각을 통해 거의 완전한 모습이 드러나는 것이다. 사회복지 실천의 교류 과정도 이와 같이 복잡하다. 우리가 기대사항들을 확인하고 행동들을 명세화하다 보면 이것은 어느새 최소한의 행동목록이 되는 것이다. 프로그램설계의 이 단계는 원조과정을 각기 다른 시각으로 바라보고 그 전체를 좀더 상세히 서술한다. 이 단계에서는 정상적으로 사회복지사와 클라이언트의 대표적이고 관찰 가능한 행동들이 서술된다(Rapp & Poerter, 1992: 60).

원조행동의 서술이 어렵기는 하지만 의사소통 및 행동형태 그리고 전형적 행동들이 확인될 수 있다. 예시가 전형적 행동을 나타내 보여주는 가장 효율적 방법이 될 것이다. 한 주간 치료시설의 사회복지사는 아무도 피해를 입지 않도록 하기 위해 폭력적 클라이언트를 물리적으로 제지할 수 있다. 집단치료사는 반사회적 활동을 제어하기 위해 고함을 지르고 분노를 표출할 수 있다. 성폭력 피해자와 상담하는 사회복지사는 피해자의 말을 경청하고 온정적인 지지적 행동을 보여주며 증거 보존을 위해 사실에 근거한 자료를 파기하지 않는다.

어떤 서비스 프로그램들은 서비스 상황 내부에서뿐만 아니라 외부에서 관찰 가능한 행동을 명세화하기도 한다. 아주 두려워서 시험을 치를 수 없는 대학생의 경우 강의실을 떠나지 않고 필기시험을 끝까지 치르는 행동목표를 갖게 되고, 가족상담을 받는 사춘기 학생은 격렬한 말싸움을 하지 않고도 부모와 의견을 달리할 수 있는 능력을 기르는 행동목표를 갖게 된다. 주요 인물 확인의 경우처럼 프로그램 개발자는 원조행동들이 프로그램 성공에 필수적인 것으로 생각해야 하며, 그러한 행동들은 개괄적으로 요약되어 예시로서 보여야 한다.

9) 제 9단계 : 감정적 반응의 확인

모든 사회복지사는 클라이언트를 원조하는 동안 여러 감정들을 경험하게 된다. 이와 같은 감정적 반응은 어떤 상황 속에서 정상적으로 나타난다. 사회복지사와 마찬가지로 클라이언트도 감정상의 반응을 경험한다. 사회복지사들은 감정적으로 반응을 제대로 함으로써 클라이언트를 도와주기도 하나 그렇지 못한 경우도 많다. 원조과정에서 이와 같은 감정상의 반응은 프로그램 설계자에 의해 별로 고려되지 않았던 부분이다.

원조과정은 그것이 변화에 초점을 두었든 또는 구체적인 서비스의 유지 및 전달에 초점을 두었든 강한 감정을 촉발한다. 게다가 원조과정에서 취해지는 수단적 조치가 클라이언트와 사회복지사의 합작품인 것처럼 감정적 관여도 합작품인 것이다. 오늘날 대부분의 원조전문가들은 원조가 감정적으로 중립이 아니라는 사실을 잘 인식하고 있다. 이와 같은 사실은 전문가 훈련에서뿐만 아니라 프로그램 서술(*program descriptions*)에서도 인식할 필요가 있다.

클라이언트의 감정과 사회복지사의 감정은 프로그램의 성공에 중요하고 따라서 분명히 표현되어야 한다. 지역사회 지지프로그램 사업은 클라이언트와 사회복지사의 편에서 볼 때 집중적인 개인적 관여를 필요로 한다. 클라이언트는 제한된 적응기술을 가지고 복잡한 사회 및 작업환경 속에서 살아 나가려고 안간힘을 쓰지만 좌절되기 쉽다. 사회복지사는 종종 클라이언트의 발전이 느리거나 클라이언트가 원래 상태대로 회귀하는 경우 실망하게 된다. 클라이언트의 망상상태의 재발은 최근의 성과를 위태롭게 하고 사회복지사로 하여금 성과에 대해 걱정하게끔 하는 원인이 된다. 이러한 경우 감정이 폭발하는 대결상황이 발생할 수 있다.

프로그램 설계의 마지막 단계에서의 과업은 첫째, 클라이언트가 경험하였을 것으로 예상되는 감정들을 확인하고 이와 같은 감정에 가장 도움이 되는 반응을 구체화하는 것이다. 둘째, 사회복지사가 경험하였을 것으로 예상되는 감정과 그에 따른 반응을 확인하는 것이다. 사회복지사는 확인된 감정에 어떻게 반응할 것인가? 사회복지사를 돕기 위해 어떤 대응방안을 마련할 것인가? 수퍼비전, 팀 개입, 지지집단, 훈련 등이 있다(Rapp & Poertner, 1992: 61).

· 제 10 장 ·

인사관리

인사관리는 조직의 목표를 달성하는 데 가장 도움이 되는 방향으로 직원을 채용하고 능력을 개발하며 근무의욕을 갖고 조직에 헌신할 수 있도록 동기부여하고 유지하는 관리활동을 말한다. 이 장에서는 인사관리를 채용, 직원개발, 동기부여, 직원유지 등의 4가지로 구분하여 검토하기로 하겠다. 채용에서는 이것이 이루어지는 과정을 중심으로 모집, 선발, 임명 등으로 나누어 살펴보고, 직원개발에서는 직원개발의 개념 및 목적, 직원개발의 종류, 직원개발의 방법 등을 설명하고, 동기부여에서는 6가지 동기부여이론들을 그 특징을 중심으로 간략히 소개한 후 사회복지 조직에서 동기부여의 공통적 요소들을 살펴보고 마지막으로 직원유지에서는 직무수행평가, 승진, 보수 등을 다루기로 하겠다.

1. 채용

채용은 사회복지 조직의 직원으로서 적절한 인물을 신규로 충원하는 것을 의미하며 이것이 이루어지는 과정을 기준으로 하여 모집, 선발, 임명으로 나누어진다.

1) 모집

모집(*recruitment*)이란 자격 있는 지원자들을 공석중인 직위에 유치하는 과정이다(Mangum, 1982: 96). 모집의 목적은 전문적으로 유능하고 클라이언트 및 다른 직원들과 원만한 대인관계를 맺을 수 있는 능력을 지닌 직원을 고용하려는 데 있다. 직원의 전문적 능력의 여부는 그 사람이 받은 훈련 및 이전의 경험과 관련되어 있다. 또한 다른 사람과 원만한 대인관계를 맺을 수 있는 능력은 퍼스낼리티 특성뿐 아니라 경험과 훈련으로부터 생겨난다. 사람이 아무리 전문적으로 유능하더라도 다른 사람과 같이 잘 어울려 지낼 수 없다면 사회복지 조직에 도움을 주지 못할 것이다(Skidmore, 1990: 192).

직원을 모집하는 데 활용되는 절차로서는 먼저 모집해야 될 직위(*position*)에 대한 직무분석(*job analysis*)을 하고 직무의 종류 및 내용 등을 중심으로 직무명세서(*job description*)를 작성하는 것이다. 다음으로 자격 있는 후보자들이 지원할 수 있도록 지방 및 전국적 수준의 일간지, 사회복지 신문, 사회복지와 관련된 각종 월간 및 계간지 등에 모집공고를 하거나 사회복지학과 및 대학의 취업보도소 또는 개인적 접촉 등을 통하여 모집을 알린다. 모집공고 등에 포함될 내용은 다음과 같다(Klinger, 1988: 250).

① 직무명, 직무분류 및 봉급범위
② 근무지역 및 직무부서
③ 직무명세서
④ 최소한의 자격요건
⑤ 시험 및 면접일시
⑥ 신청절차
⑦ 지원신청 마감일시

좋은 모집이 되려면 인사담당자 및 기타 관리자가 사전에 채용될 직원의 역할 및 책임에 동의할 필요가 있다. 일반적으로 인사부서의 사전승인 없이는 모집공고를 낼 수 없고 또한 새로 채용될 직원이 일하게 될 부서의 문서에 의한 동의 없이 직원채용을 해서도 안 된다. 따라서 모집공고 전에 신규직원이 일하게 될 부서의 장과 인사담당자가 함께 공석중인 직위에 대한 최소한의 자격요건을 규정할 필요가 있다.

2) 선발

직원선발에서는 두 가지 요소가 특히 중요하다. 하나는 조직의 요구와 기대이며 다른 하나는 채용될 사람의 요구이다. 특히 모집과정의 초기단계에 직무에 대한 조직의 요구와 기대에 대한 세심한 배려가 있어야 한다. 이는 앞의 직무명세서에 나타나게 된다. 지원자의 요구를 알기 위해서는 지원자로부터 교육, 경험, 기타 관계자료를 포함한 문서자료를 획득하는 것이 필요하며 그 밖에 지원자의 지원동기와 같은 조직에 대한 관심의 진술이 요청된다(Skidmore, 1990: 193).

한편 직원선발의 방법으로서 시험이 부과된다. 시험과정은 객관도

(*objectivity*), 타당도(*validity*) 그리고 신뢰도(*reliability*)가 있어야 한다. 표면적으로는 이러한 속성을 확보하기 쉬운 것 같지만 실제로는 어렵다. 표준화된 시험방법으로는 필기시험(*written test*), 실기시험(*performance test*), 면접시험(*oral test*) 등이 있다.

필기시험은 관리가 용이하고 시간과 경비를 절약할 수 있고 객관도, 타당도를 높일 수 있다는 점에서 많이 이용되고 있다. 필기시험은 다시 주관식 시험과 객관식 시험으로 나눌 수 있다. 주관식 시험은 통찰력, 추리력, 판단력 등과 같은 고도의 복잡성을 지닌 사고능력을 측정하는 데 효과적이며 시험출제에 비교적 적은 시간이 소요된다. 그러나 채점자의 객관도가 문제가 되며 채점에 많은 시간과 경비가 소요된다는 흠이 있다. 객관식 시험은 주관식 시험과는 반대로 채점이 용이하고 고도의 객관도를 확보할 수 있다는 장점 때문에 많이 이용되나 고도의 복잡성을 지닌 사고능력을 측정하는 데 비효과적이다(안해균, 1982: 445~446). 현재 우리나라 사회복지 전담공무원의 선발은 객관식 필기시험 방법에 의존하고 있다.

실기시험은 시험을 치르는 데 필기나 면접 이외의 방법으로 실제 근무하는 경우와 같은 조건하에 같은 도구나 기구를 써서 일을 해보는 것이다. 예를 들면 타자원 채용을 하는데 실제 타자를 시켜보는 것을 말한다. 이러한 시험의 장점은 타당도가 높다는 것이다. 그러나 많은 사람을 한 번에 테스트하기 곤란하거나 또는 채점에서 객관도나 신뢰도가 저하될 우려가 있는 단점이 있다(박동서, 1987: 325).

면접시험은 필기시험에서 알아보기 힘든 사람의 태도, 성격, 창의성, 협조성 등을 파악하기 위해서 절대적으로 필요하다. 그러나 우리나라에서는 필기시험만 합격되면 사실상 면접시험은 문제시하지 않는 경우가 많이 있다. 면접시험은 면접관의 선입견이 개입될 가능성이 있으나 면접관의 훈련, 면밀한 면접조사 방법의 개발 등을 통해 보다 긍정적인 인식을 높여야 할 것이다(안해균, 1982: 446). 특히 사회복지 조직에서의 직원선발은 개별적인 면접이 중요하다. 면접은 질문뿐 아니라 생각과 감정을 함께 나눌 기회를 제공하면서 마음 편한 것이 되어야만 한다. 사회복지 조직에서의 직원선발은 무엇보다도 조직에서의 충성심을 포함하는 조직의 요구에 기초하여 이루어져야 하며 전문성뿐 아니라 직원들과 원만한 인간관계를 맺을 수 있는 능력, 그리고 클라이언트 및 직원들을 보호할 수 있는 능력이 충분히 고려되어야 한다.

한편 시험과정의 가장 어렵고 논쟁의 여지가 있는 부분 중의 하나가 실제로 시험이 실시되기 전에 이루어지는데, 직위에 필요한 최소한의 자격을 충족시키지 못한 자격 없는 사람들을 걸러내기 위해 신청서류를 사전에 체계적으로 검토하는 것이다. 대부분의 경우 이와 같은 심사 및 평가는 거의 자동적이다. 왜냐하면 지원자들 중에는 자격 없는 사람들이 포함되어 있는 경우가 종종 발생하기 때문이다. 그러나 경우에 따라서는 자격요건에 관하여 논쟁이 발생하기도 하는데 이럴 경우 여러 명의 인사부서의 시험관들이 이를 평가함으로써 객관도를 높일 수 있을 것이다(Weiner, 1990: 335).

시험이라는 것이 때로는 아주 불완전한 것같이 보이기도 하지만 이것은 직원선발 과정에서 중요한 부분이다. 따라서 지속적으로 시험장치를 개선하고 새로운 선발기법을 발전시켜 나가는 것은 사회복지 행정가들에게 던져진 도전이다.

3) 임명

어떤 시험방법이 사용되었든 채점이 끝나면 성적순, 직종별로 등급이 매겨진 임용후보자 명부(*eligible list*)가 작성된다. 이 명부에는 시험 성적은 물론 전공분야, 근무희망지, 기타 필요한 사항이 기재된다. 임용후보자 명부는 일정한 기간 동안 유효하다. 따라서 바로 임명되지 않은 임용후보자들도 빈자리가 발생하였을 때 다시 시험을 치르지 않고 임명될 수 있는 자격이 부여된다.

인사부서에 의한 추천은 임용후보자 명부에 오른 사람들 중 몇 사람으로 제한된다. 보통 임명권자는 임용후보자 명부의 꼭대기에 있는 3~5명의 이름을 받으며 빈자리가 하나 이상일 경우는 그 수가 늘어난다. 임명권자는 그들이 채용을 원하고 있는지 여부를 확인하기 위해 그들과 접촉을 하며 후보자 중에서 선택하여 임명을 결정한다. 그리고 그와 같은 사실을 인사부서에 알린다. 이때 임명되지 않은 나머지 후보자들은 그대로 임용후보자 명부에 유효하게 남게 되며 임명된 사람들이 빠져나감으로써 서열이 조정된다(Weiner, 1990: 336).

사회복지 조직에서 직원의 임명은 관리자에게 조직을 해석하고 설명할 기회를 제공한다. 현명한 관리자는 이를 잘 이용한다. 직원에게 조직의 목표, 조직구성, 조직의 직원들, 이사회, 그리고 환경으로서의 지역사회에 관한 정보가 제공되어야 한다. 또한 직원의 구체적인 직무와 책임, 봉급, 봉급지불일자, 특별급여, 일하는 시간, 휴가정책, 직원모임, 여행규정, 위원회 구조, 직원개발 계획, 다른 조직과의 관계, 서비스를 받는 지역사회 사람들과의 관계를 밝힐 필요가 있다. 조직에 대해, 그리고 서비스와 성취를 위한 조직의 잠재력에 대해 적극적으로 말하는 관리자는 새로 임명된 직원에게 도움이 될 것이다. 통상 임명수준은 직원의 배경과 경험에 부합되어야 할 뿐 아니라 다른 직원들과 비교해서 공정해야 한다.

2. 직원개발

1) 직원개발의 개념 및 목적

직원개발(*staff development*)은 사회복지 조직에서 활동하는 직원들의 소양과 능력을 개발하고 직무수행에 필요한 지식과 기술을 향상시키며 가치관과 태도를 바람직한 방향으로 변화시키기 위한 교육 및 훈련활동이라 할 수 있다(성규탁, 1989: 281, 재인용).

이와 같은 직원개발의 1차적 목적은 직원들로 하여금 새로운 지식과 기술 및 전문적 태도를 향상시켜 사회복지 조직이 제공하는 서비스의 효과성을 높이려는 데 있다. 전문적 지식과 기술 및 태도는 사회가 변함에 따라 변하며 이에 관한 무수히 많은 문헌들이 존재한다. 그러나 직원들이 이들을 모두 구독하여 읽을 시간도 없으며 혼자서 이를 이해하고 습득하는 데 많은 어려움에 직면하게 된다. 따라서 직원개발을 통해서 직원들에게 새로운 지식과 기술 및 태도를 효과적으로 제공해 줄 수 있다. 직원개발의 2차적 목적은 함께 토론하고, 감정을 공유하고, 함께 활동하는 것과 같은 직원들 간의 상호작용을 통해 상호 간에 더 잘 이해하고 연대감을 높임으로써 직·간접으로 조직효과성을 높이려는 데 있다.

2) 직원개발의 종류

(1) 신규채용자 훈련

적응훈련, 또는 기초훈련이라고도 하는데 조직에 대한 안내를 위해 반드시 실시하는 것이 일반적이다. 이는 새로운 직원에게 조직과 조직의 서비스 및 지역사회를 소개하는 과정이다(Skidmore, 1990: 196). 따라서 이 훈련은 조직의 직원이 되기 위한 첫 단계이며 조직의 장 또는 부서의 장에 의해 이루어진다. 일반적으로 다음과 같은 사항들이 소개된다.

① 조직의 역사와 서비스
② 기본정책, 규정 및 절차
③ 조직구조
④ 봉급, 작업시간, 휴가, 병가 등에 관한 기본적인 정보
⑤ 직원을 위한 사무실 배열
⑥ 특별급여
⑦ 승진, 봉급인상과 같은 제반 기회와 도전

(2) 일반직원 훈련

직무수행의 개선을 위한 교육훈련으로 일반직원들에게 필요한 새로운 기법을 습득하게 하는 등의 직무수행 능력을 향상시키는 것을 목적으로 한다. 이와 함께 사회복지 조직의 직원으로서 갖추어야 할 가치관과 태도의 변화를 위한 교육 프로그램이 첨가되기도 하는데 이는 직무에 대해 바람직한 방향으로 생각하고 실천하는 행동규범을 확립시키기 위한 것이다(성규탁, 1989: 286~287). 일반직원 훈련은 주로 현직 훈련

의 형태로 실시되며 이러한 훈련의 효과를 내기 위해서는 장기적이고 지속적으로 실시되어야 한다. 최근 일부 지역에서 사회복지협의회를 중심으로 사회복지 조직의 일반 직원들을 대상으로 한 교육훈련이 활성화되고 있음은 바람직한 일로 평가된다.

(3) 감독자 훈련

1인 이상의 부하를 통솔하고 감독할 책임을 진 수퍼바이저들에 대한 훈련을 말한다. 수퍼바이저란 보통 제일선의 지도감독을 맡고 있는 계장이나 과장을 의미한다. 종래에는 이들 수퍼바이저들에 대한 훈련이 경시되어 오다가 일선 업무의 감독에 대한 중요성이 커짐에 따라 점차 강조되고 있다. 이들에 대한 훈련의 내용은 업무수행에 필요한 지식은 물론 사기, 리더십, 의사전달, 인간관계, 인사관리 등 거의 전분야에 걸치고 있다. 훈련방법으로서는 강의, 회의, 토의방법, 사례발표 등이 이용되고 있으나 가장 많이 쓰이는 것은 회의(*conference*)이다(안해균, 1982: 453~454).

(4) 관리자 훈련

관리자 훈련은 전술한 수퍼바이저보다 높은 계층에 속한 중·고급 관리자에 대한 훈련을 의미한다. 일반적으로 이들 관리자들에게 요구되는 능력의 유형은 정책수립에 관한 것 및 리더십에 관한 것으로 구분할 수 있다. 정책수립에 필요한 능력이란 합리적으로 목표와 정책 및 계획 등을 선택, 결정할 수 있는 것을 뜻한다. 리더십이란 조직체의 발전을 유도, 촉진하고 인간관계를 조성하며 동기부여를 행하는 것을 의미한다(성규탁, 1989: 287). 훈련방법으로서는 사례발표, 회의, 토의방법, 그리고 신디케이트(*syndicate*)가 널리 이용되고 있다.

3) 직원개발의 방법

(1) 강의

강의는 직원개발을 위한 가장 공통적인 도구로서 일정한 장소에 직원들을 모아놓고 사회복지에 관한 전문적 지식과 기술 및 태도를 전달하는 방법이다. 강의가 끝난 후에는 질문 및 토론할 시간을 허락해 주는 것이 바람직하다(Skidmore, 1990: 229). 강의는 짧은 시간에 많은 사람을 대상으로 교육내용을 체계적으로 전달할 수 있으며 경비를 절약할 수 있다는 장점이 있으나 강사가 유능하지 못하거나 직원들이 무성의할 때 소기의 효과를 거둘 수 없다는 단점이 있다. 따라서 영화, 슬라이드 등의 시청각 기재를 사용함으로써 강의방법을 보완하는 것이 바람직하다.

(2) 회의

회의(*conference*)는 어떤 주제에 관한 논의 내지 토의가 이루어지는 공식적 모임이다. 집단을 대상으로 1명 혹은 그 이상의 연사가 발표, 토론을 하거나 구성원 간의 상호의견을 통해서 학습이 촉진된다. 토의과정을 통해서 피교육자들은 그들의 생각을 정립하고 평가를 받고 수정을 받는다. 회의에서는 정보의 상호교환이 강조되며 일반적인 지식의 전달이 아니라 서로 간의 의견교환을 통해서 배우게 된다. 반면 이 방법은 상호 간의 토의가 강조되기 때문에 회의의 참여자들은 회의에 임하기 전에 토의될 주제에 관해 적어도 어느 정도의 지식을 갖고 있어야 하며 소규모 집단에만 적용할 수 있고 그 과정이 느리다는 결함이 있다(성규탁, 1989: 288).

(3) 토의

한 주제에 대하여 소수의 사람이 먼저 주제발표를 한 다음 여러 사람이 토론을 벌이는 방법을 말한다. 이 방법의 장점은 자유롭고 공개적인 분위기에서 집단사고를 통해 중지를 모을 수 있다는 데 있다. 그러나 많은 사람이 참여하기 때문에 사람마다 자기의견을 개진할 기회를 갖기 힘들며 결론 없이 끝나는 데 대해 불만이 생길 가능성은 물론 토의의 초점을 잃을 염려가 있기 때문에 주의를 요한다. 토의방법은 근소한 차이에 따라 자유토의, 포럼(*forum*), 패널(*panel*) 및 심포지엄(*symposium*) 등으로 나눌 수 있다(안해균, 1982: 457).

(4) 계속교육

계속교육(*continuing education*)은 학교교육이 끝난 사회복지 조직의 직원들을 대상으로 그들의 전문성을 유지하고 향상시키기 위해 계속적으로 필요에 맞게 교육하는 것을 의미한다(성규탁, 1989: 289). 학교교육이 정형적인 데 비해 계속교육은 지역사회의 필요 및 직원들의 욕구에 따라 융통성있게 실시할 수 있다는 장점이 있으나 이 방법은 철저한 계획이 마련되어 있지 않다면 일시적일 가능성이 많고, 교육기관(통상 대학의 사회복지학과)과 일선 사회복지 조직 간에 협조가 이루어지지 않는다면 큰 실효를 거두기 힘들다는 단점이 있다.

(5) 수퍼비전

수퍼비전(*supervision*)은 직원이 실제 직위에 앉아 일을 하면서 윗사람으로부터 직무에 관하여 지도감독을 받는 것을 말한다. 사회복지 조직의 직원개발에서 특히 수퍼비전은 중요하다. 서비스 전달을 담당하고 있는 일선 사회복지사들의 경우 유능한 수퍼바이저로부터 전문적인 수퍼비전을 받으면 크게 능력을 키울 수 있다. 수퍼비전은 1 대 1의 기초 위에서뿐 아니라 집단적으로도 가능하다(Skidmore, 1990: 206). 수퍼비전의 장점은 직무를 수행하면서 직무와 관련된 훈련을 받는다는 점이며 단점은 다수인을 동시에 훈련할 수 없으며 수퍼바이저로부터 많은 시간을 빼앗아간다는 것이다(수퍼비전에 대한 상세한 것은 이 책 제 14장을 볼 것).

(6) 사례발표

사례발표(*case presentations*)는 직원개발의 공통적인 방법이다. 통상 사례발표는 직원들 간에 돌아가면서 한다. 이는 직원들의 이해와 능력의 개선을 돕는 것 외에 사례를 계획하고 개입기법을 배우는 데 도움을 준다. 사례발표시 발표시간은 보통 30분에서 45분이 허용된다. 그리고 나서 가능한 개입 대안들을 비롯한 평가와 토의에 몇 분이 주어진다. 직원들은 전문적 윤리규범상 그밖에 다른 곳에서는 이들 사례들을 공개하고 토의하지 않도록 요청된다(Skidmore, 1990: 229). 사례발표의 장점은 분석적 사고 능력과 문제해결능력의 개발에 도움을 준다는 점이나 사례선정을 잘못하여 흥미와 관심을 끌지 못할 경우 비효과적이다.

(7) 역할연기

이 방법은 명칭 그대로 어떤 사례를 여러 직원들 앞에서 2인 또는 그 이상의 직원들이 실제로 연기한 후 여러 직원들이 이 연기를 평가하고 토론한 후 사회자가 결론적인 설명을 하는 것이다. 예를 들면 10대의 두 딸을 가진 가족의 부부관계 및 가족의 역동성을 이해하려는 시도에서 4명의 직원들이 실제로 이들의 역할을 떠맡아 역할연기를 해볼 수 있다(Skidmore, 1990: 230). 이 방법은 인간관계 훈련에 효과적이며 좋은 경험을 몸소 얻을 수 있다는 장점이 있으나 연기에 소질 없는 사람은 직접 역할연기를 하기 힘들며 또 사전준비가 많이 요구된다는 단점이 있다.

(8) 집단행동

다양한 집단적 접근이 직원개발에 활용된다. 직원개발을 위한 대표적인 집단행동 중의 하나가 감수성 훈련(*sensitivity training*)이다. 감수성 훈련은 소집단의 구성원들이 자신들이 어떻게 생각하고 느끼고 행동하며 다른 사람들의 행위에 어떻게 반응하고 있나를 알 수 있도록 수용적이고 열린 분위기를 제공하려고 노력한다. 감수성 훈련 집단의 목적은 직원들로 하여금 그들 자신, 특히 자신의 감정에 대한 이해를 증진시키는 것을 도우려는 것이다(Skidmore, 1990: 230). 이와 같은 훈련은 보통 격리된 장소에 가서 1일 또는 2일 합숙훈련을 하면서 이루어지게 되는데 성인의 태도와 행동의 변화를 기하는 데 가장 효과적인 방법이라 생각되나 자칫 잘못 인도되는 경우 상호 간의 감정을 상하게 되는 역효과를 가져올 수도 있다는 것이 단점으로 지적되고 있다.

그밖에 직원개발의 방법에는 시찰(*observation*), 시청각교육(*audio-visual aids*), 전직(*transfer*), 순환보직(*rotation*), 실습(*internship*), 신디케이트(*syndicate*) 등이 있다. 많은 직원개발의 방법 중에서 어떤 것을 선택하느냐 하는 것은 직원개발의 목적, 직원들의 특성 및 기타 시설과 경비 등의 제반 사항을 감안하여 결정해야 할 것이다.

3. 동기부여

동기부여(*motivation*)는 사회복지 서비스를 관리하는 데 중요한 요소이다. 최근 사회복지 행정에서도 동기부여에 관하여 많은 관심을 집중시키고 있다. 사람이 어떠한 경우에 근무의욕이 생기고 사기가 높아져 열성적으로 일을 하는가에 관한 몇 가지 동기부여이론들과 특히 사회복지 조직에서 동기부여에 기여하는 몇 가지 핵심적 요소들을 살펴보기로 한다(Skidmore, 1990: 151~162).

1) 동기부여이론

(1) 고전이론

Taylor(1911)는 경영 및 관리에서 동기부여의 중요성을 인식하고 고전이론(*classical theory*)의 기초를 이루고 있는 몇 가지 생각들을 제안했다. 그는 열심히 일하는 사람이 자기가 한 일에 대해 게으른 사람과 똑같이 보수를 받는다면 열심히 일하는 사람은 곧바로 일의 속도를 늦추고 덜 생산적이 될 것이라고 결론지었다. 결과적으로 그는 열심히 일하고 생산성을 높이는 사람에게 보상을 주어야 한다고 주장했다.

그는 스톱워치(*stopwatch*)의 사용과 일한 양에 따라 보수를 받는 상여금제도(*piece-work bonus-pay system*)를 소개하였다. 스톱워치는 주어진 과업을 수행하는 데 얼마나 오래 걸리는가를 정확히 측정하고 기록하기 위해 사용되었고 상여금 제도의 도입을 통하여 열심히 일하는 근로자는 기대 이상으로 일한 양에 대해 응분의 화폐적 보상을 받아야 한다는 것을 강조하였다. 고전이론은 금전 및 소득의 증가가 생산에 있어 주요한 동기부여의 요소라는 생각에 기초를 두고 이루어진 것이다. 이와 같은 고전이론은 주목받을 만하지만 금전적 보상 그 자체가 생산 및 서비스의 증가를 가져올 수 있는 유일한 요소는 아니라는 것은 분명하다.

(2) Maslow의 욕구이론

Maslow는 인간의 기본적 욕구와 만족에 대하여 설명하고 있는데 그는 기본적인 욕구의 내용을 ① 생리적 욕구, ② 안전 욕구, ③ 사회적 욕구 및 사랑의 욕구, ④ 자존의 욕구, ⑤ 자아실현의 욕구 등 5가지로 분류하고 이들을 가장 낮은 수준의 생리적 욕구로부터 가장 높은 수준의 자아실현의 욕구에 이르기까지 계층을 이루는 것으로 본다.

그에 의하면 개인들은 다르기 때문에 각각 다르게 취급되고 대우를 받아야 한다는 것이다. 따라서 생산성을 증가시키고 동기부여를 할 수 있는 방법은 직원들의 욕구가 무엇인지를 이해하고 작업기회를 통해서 그들의 욕구를 충족시킬 수 있도록 도움을 제공해야 한다는 것이다. 기본적으로 근로자들이 조직에서 동기부여될 필요가 있는 경우 근로자들은 각각 하나의 개인으로서 이해되어야 하고 그들의 개인적 집단적 욕구가 고려되어야 하며 그들의 욕구를 충족시킬 수 있도록 작업조건이 제공되어야 한다고 그는 주장하고 있다. 특별히 그들에게는 자아실현의 욕구와 같은 좀더 복잡한 욕구가 충족될 수 있는 기회가 제공되어야 하는데 자아만족, 개별성, 독립성 및 성취감과 같은 개인들의 욕구와 이에 관련된 사회적 인정 같은 것이 여기에 해당된다(Maslow, 1943: 370~396). Maslow의 이론은 많은 연구들에 의해 그 기본적 생각에 관한 타당성은 인정받고 있으나 인간의 행동은 아주 개별적이기 때문에 그의 5가지 욕구의 계층 순서에는 많은 예외가 있다는 비판을 받고 있다.

(3) 인간관계이론

금전 및 보상과 개인의 기본적 욕구의 중요성을 강조하는 것과는 대조적으로 인간관계이론(*human relations theory*)은 인간과 인간관계의 중요성을 강조한다. Likert(1961)에 의하면 행정가 또는 관리자는 동기부여자(*motivator*)가 되는 것이 당연하고 작업의 개발과 생산성을 높이는 데 핵심적인 인물이 되어야 함을 지적하고 있다. 그의 기본적인 생각은 관리자와 같은 동기부여자는 중요한 인물이기 때문에 그가 제대로 적합한 신호를 보내기만 하면 생산성이 높아질 것이라는 것이다. 따라서 행정가 및 관리자들은 가능한 한 동기부여 요소들을 많이 활용하도록 해야 한다는 것이다.

인간관계이론에서는 생산성이 높은 조직의 부서는 부서의 구성원들 각자가 서로 간에 호의적인 태도를 갖고 있는 것으로 보고 있다. 즉 그들은 모두 사이가 좋고 서로 간에 도우며 동기부여한다는 것이다. 인간관계이론의 생각은 서로를 좋아하고 도울 수 있는 만족한 사람들끼리는 서로를 동기부여하고 바람직한 생산수준을 달성한다는 것이다. 이 이론은 의사결정 및 기획과정에 직원들을 관여시키고 직원들의 광범위한 참여를 강조한다. 직원들이 조직의 일부라고 느끼며 조직을 통제하고 운영하는 데 일조를 한다고 느낄 때 그들은 최선을 다하도록 동기부여가 된다는 것이다. 사회복지 서비스에서도 사회복지 조직의 직원들이 기획하고 의사결정하는 데 중요한 역할을 할 수 있다고 느낄 때 그들은 더욱더 적극적으로 참여하고 더 좋은 서비스를 제공하도록 동기부여될 수 있을 것이다.

(4) 행동수정이론

직무만족뿐 아니라 개인적 상담과 관련하여 많은 학습이론들이 제시되고 있는데 이들 중의 하나가 행동수정(*behavior modification*), 또는 조작적 조건화(*operant conditioning*)이다. 이 심리학적 이론에 의하면 개별적인, 그리고 집단에서의 인간행동은 보상과 처벌(*rewards and punishment*) 기대에 의하여 영향을 받는다. 행동은 지속적인 처벌 또는 지속적인 보상을 통해서 변화될 수 있다는 것이다. 행동수정이론은 보상이 일반적으로 처벌보다 더 바람직한 것으로 강조한다. 상담에서 스티커(쿠폰) 및 기타 다른 선물들과 같은 물품들이 아동 및 청소년들의 행동을 변화시키기 위해 사용될 수 있다. 아동들이 어떤 행동이 보상받는다는 것을 깨달을 때 일정한 기간을 거치면서 그들의 행동에 변화를 일으킨다. 직장의 업무에서도 꼭 마찬가지이다. 봉급인상과 승진과 같은 보상이 직무성과와 관련하여 상당한 기간 지속적으로 제공될 경우 그렇지 않은 경우와 비교해 볼 때 엄청난 차이를 가져올 것이다.

Jablonsky와 Devries(1972: 340~358)는 조작적 조건화를 통하여 조직구성원들에게 최대한의 영향을 미치기 위한 조직의 기본적 규칙을 다음과 같이 제시하고 있다.

① 바람직한 행동을 얻기 위한 주요한 수단으로서 처벌을 사용하는 것을 피하라.

② 바람직한 행동을 적극적으로 강화하라. 그리고 가능한 한도에서 바람직하지 않은 행동을 무시하라.

③ 바람직한 반응과 강화 사이의 시차를 최소화하라.

④ 적극적 강화를 상대적으로 자주 적용하라.

⑤ 각 개인의 반응수준을 확인하고 최후의 복합적인 반응을 얻기 위

한 구체적 절차를 사용하라.

⑥ 적극적인 것으로서 또는 소극적인 것으로서 개인이 경험하는 상황들을 확인하라.

⑦ 아주 명백한 용어로 바람직한 행동을 명시하라.

(5) X이론과 Y이론

McGregor(1960: 33~57)는 동기부여의 X이론과 Y이론을 제시하였다. McGregor의 X이론과 Y이론이라고 하는 용어는 고전이론과 인간관계이론을 상호 비교함에 있어 용어의 다양성과 혼란을 피하기 위해 사용한 것으로서 X이론은 고전적 접근법을, Y이론은 인간관계적 접근법을 의미한다고 볼 수 있겠다.

X이론에 의하면 근로자에게는 민주적 참여를 최소화해야 하며, 집권적이고 권위적인 지시와 통제가 필요하다는 것이다. 보통 인간은 본질적으로 일하기를 싫어하고 가능하면 일을 피하려고 한다는 것이다. 따라서 근로자들이 일을 수행하도록 하기 위해서는 강제하고 통제하여야 하며 일하지 않을 경우 처벌의 위협을 가할 필요가 있다는 것이다. 보통 사람은 별로 야심도 없고 지시받기를 원하며 무엇보다도 안정감을 중시한다고 본다. 한편 Y이론은 근로자들을 의사결정에 광범위하게 참여시킴으로써 덜 집권화시킬 것과 최소한의 통제와 지시를 강조한다. Y이론의 기본적 가정은 일을 위한 육체적, 정신적 노력은 오락이나 휴식처럼 자연스러운 것이며, 따라서 외부 통제의 필요성과 처벌에의 위협을 최소화시켜야 한다는 것이다. 보통 사람은 책임을 받아들일 뿐만 아니라 그것을 추구한다는 것이다. 조직의 문제를 해결하는 데 있어서 상상력, 진실성 및 창의성을 발휘할 수 있는 능력을 근로자들은 누구나 다 갖고 있다는 것이다.

한편 Lundstedt(1972: 328~333)에 의해 Z이론이 제시되었는데 관리자들은 주어진 시점에서 존재하는 특수한 상황에 따라 변화를 가지고 중간적 접근을 사용할 것을 강조하고 있다. 이 이론에서 고려하는 인간들은 과학자나 학자와 같은 특수 분야에 종사하는 사람들로서 그들이 각자 자유 의지에 따라 행동하도록 분위기만을 조성할 뿐 인위적 동기부여는 가능한 한 억제하자는 것이다.

(6) 동기부여-위생이론

Herzberg는 동기부여-위생이론(*motivation-hygiene theory*)을 제시하였다. 이 이론에 의하면 일은 2가지 기본적인 인간의 욕구를 충족시켜야 한다. 그 하나는 심리적 성장과 만족을 성취하려는 욕구이고, 다른 하나는 고통(*pain*)을 피하려는 욕구이다. 이 이론은 근로자들을 만족시키는 요소들은 그들이 무엇을 하느냐 하는 것과 관련되어 있다고 제시한다. 즉 중요한 것은 일의 내용과 심리적 만족이다. 한편 불만은 고통에 의해 생겨나는데 이 고통은 작업환경 속의 위생적인(*hygiene*) 문제들이 원인이 된다. 이와 같은 위생적인 문제들이란 부적절한 봉급, 노동착취적 작업환경, 동료 및 윗사람과의 불편한 관계 등을 말한다. Herzberg는 생산성이 떨어지는 주요한 이유 중의 하나는 효율성이라는 미명하에 대부분의 일로부터 일의 의미와 심리적 소득이 박탈되기 때문이라는 것이다. 그는 "어떤 사람이 좋은 일하기를 원하면 그에게 좋은 일을 주라"고 제시하고 있다(Herzberg, 1976: 53~101).

Herzberg는 직장에는 그 자체가 직무만족이나 적극적인 동기부여를 가져오는 것은 아니나 특히 그것이 결핍되면 불만의 요인이 되어 근무의욕에 영향을 미치는 중요한 위생적인 요소들이 있다고 제시하고 있다. 이것들은 직장의 정책 및 행정, 기술적인 수퍼비전, 윗사람과의 대인관계, 동료와의 대인관계, 아랫사람과의 대인관계, 봉급, 일에 대한 안정감, 개인적인 생활, 작업조건, 지위 등을 말한다. 따라서 위생적인 요소들은 어떤 면에서 소극적인 동기부여 요소들이라고 볼 수 있다. 한편 적극적인 면에서 진정한 동기부여요소들은 ① 성취(*achievement*), ② 인정(*recognition*), ③ 향상(*advancement*), ④ 일 자체(*the work itself*), ⑤ 성장 가능성(*the possibility of growth*), ⑥ 책임(*responsibility*) 등이다.

Herzberg의 이론이 제시된 후 많은 경험적 연구들이 나왔으나 그 결과 중에는 이 이론과 반대되는 것도 나오고 있어 무엇이 진정한 동기부여의 요인이냐 하는 것은 다분히 구성원이 무엇을 원하느냐 하는 문제와 관련되어 있다고 보겠다. 한편 Herzberg 이론에서 얻을 수 있는 것은 직원들의 불만의 요인을 제거함으로써 근무의욕을 가질 수 있는 예방적(위생적) 조건을 구비한 후 동기부여를 하는 것이 바람직하다는 점이다.

2) 동기부여의 공통적 요소들

앞에서 살펴본 동기부여이론들을 보면 특별히 중요한 것으로 보이는 몇 가지 공통적 요소들이 있다. 정도 차이가 있기는 하나 이와 같은 요소들은 여러 동기부여이론들에게 발견된다. 다음은 사회복지 조직에서 동기부여와 관련된 몇 가지 실용적 원리와 요소들이다(Skidmore, 1990: 159~161).

(1) 개인적 관심

조직 및 과업에 대한 개인적 관심은 동기부여와 양질의 사회 서비스 제공에서 아주 중요하다. 만약 직원들이 자신들이 하고 싶은 것을 하게 된다면 양적인 산출물이 증가할 뿐만 아니라 일의 질도 높아질 것이다. 만약 그들이 어떤 일을 억지로 한다면 그 반대의 결과가 나타날 것이다. 물론 일에 관한 관심이 개발되거나 증가하는 것은 가능하다. 유능한 행정가들은 개인적 관심을 높이기 위해 그들이 할 수 있는 모든 것을 다 한다. 관심은 조직에서 사례와 경험을 함께 나누어보거나 조직의 운영에 중요한 기획 및 의사결정 과정에 직원들을 참여시킴으로써 개발될 수 있다. 민주적이고 참여적인 분위기는 개인적 관심을 불러일으키는 데 도움이 된다.

(2) 시간관리

조직에서 일반적으로 시간과 관련하여 2가지 고려를 필요로 한다. 하나는 행정가들이 조직의 틀 내에서 시간을 효과적으로 사용하는 것을 중시하는 것이다. 다른 하나는 직원들 스스로 창의적이 되기 위해, 그리고 그들이 제공하는 서비스를 계획하고 개선하기 위해 일정한 시간을 갖는 것이다. 행정가를 포함한 개개 직원의 시간가치를 존중하는 조직에서는 사기와 생산성이 높은 것 같다. 이는 행정가들이 자신들의 시간을 효과적으로 사용함으로써 모범을 보여야만 한다는 것을 뜻한다. 행정가들은 최소의 시간을 들여 최대의 결과가 발생하도록 위원회 운영과 의사결정 과정을 조직화한다. 또한 행정가들은 조직의 목표, 조직의 문제, 조직의 결정을 고려하기 위해 시간을 적절히 배분하며 모임에 상정할 의제를 준비하기도 한다. 또한 개개 직원들이 조직의 이익을 위해 심사숙고하고 평가하며 계획하고 창조할 얼마의 시간을 갖는 것도 중요하다.

(3) 행정적 지지

행정가들이란 공동의 목표를 달성하기 위해 함께 일하면서 조직의 생산성을 높이고 직원들의 사기를 진작시키기 위해 도움을 주는 사람들을 말한다. 신뢰는 신뢰를 불러일으키고 지지는 또다시 지지를 불러일으킨다. 지지적이 된다는 것은 직원들이 하고 있으며, 또 하려고 하는 일에 직원들을 뒷받침하는 것뿐만 아니라 적당할 때 승인과 인정을 주는 것을 말한다. 직원모임에서 간단히 승인과 인정을 해주는 것도 좋다. 모든 직원들은 인정에 굶주려 있고 성취 및 가치감을 갖고 싶어한다. 따라서 그런 감정을 충족시켜줌으로써 직원들로 하여금 다른 직원들과 더불어 일할 의욕을 불어넣어 줄 수 있다.

(4) 책임 및 권한의 명확화

직원들이 자신들의 특수한 책임을 이해하고 그 책임을 수행하기 위한 권한을 갖고 있다고 느낄 때 직원들은 긍정적 감정을 갖게 되며 조직의 이익과 서비스를 높이기 위해 그들이 할 수 있는 것을 하도록 동기부여된다. 책임을 아주 일반적으로 규정하여 그 의미가 거의 없거나 전혀 없는 경우도 종종 있다. 책임이 구체적이고 분명할수록 그 책임은 수행하기가 용이해진다. 어떤 행정가들은 책임할당은 열심히 하나 그 책임에 수반되는 권한을 부여하는 데는 소홀하다. 이러한 상황은 직원들을 어렵게 만들고 치료과정을 방해한다.

(5) 승인과 칭찬

직원들은 상관으로부터 항상 환류(*feedback*)를 필요로 한다. 유능한 행정가는 직원들에 대해 칭찬을 할 줄 아는 사람이다. 승인은 말로 할 수도 있고 글로도 할 수 있다. 직원들은 그들이 한 일이 조직의 목표와 서비스에 비추어 볼 때 만족할 만한 것인지 아닌지를 알 필요가 있다. 현명한 행정가는 종종 환류를 제공하면서 직원들에게 그들의 행위가 제대로 이루어졌다는 것을 알려 준다. 유능한 행정가는 개별면담 및 직원모임에서 직원들이 직무를 잘 수행했을 경우에 칭찬을 아끼지 않는다.

(6) 성취기회

가치 있는 무엇인가를 할 수 있는 기회는 직원의 동기부여와 조직의 사기를 위해 아주 중요하다. 진정한 성취기회는 활짝 공개되어 개인 및 집단의 만족을 가져오도록 해야 한다. 반면에 아무 활동도 하지 않거나 어리석은 활동을 하는 것은 불안함과 싫증 그리고 비효율 및 비효과성을 가져온다. 사람들은 가치있는 무엇인가를 성취하는 것으로부터 진정한 만족과 긍정적 감정을 얻는다. 사회복지 조직에서 성취기회를 제공하는 것은 사기진작을 위해 아주 중요하다. 직원들에게 사람들이 그들의 개인, 가족 및 지역사회 문제를 스스로 처리할 수 있도록 도울 수 있는 기회를 제공할 때 직원들의 동기가 부여되고 만족이 높아진다.

4. 직원유지

동기부여는 직무만족과 관련된 내부적 요소를 강조하는 반면 직원유지(*maintenance*)는 직무수행평가, 그리고 승진 및 보수와 같은 외부적 보상체계를 강조한다.

1) 직무수행평가

직무수행평가(*performance appraisal*)는 일반적으로 조직의 장을 포함한 상관들에 의해 수행되는데 조직에서는 승진, 직원개발, 서비스 전달과 같은 이유 때문에 직무수행을 평가하게 된다. Robbins(1978: 219)는 직무수행평가의 과정을 다음과 같이 연속적인 6단계로 설명하고 있다.

첫째, 직무수행 기준을 확립한다. 이 단계에서는 직무명세서의 개발을 필요로 한다. 이 직무명세서에는 직무에 대한 기대치, 직무책임자, 평가시기, 그리고 직무와 관련된 기타 사항들이 나타나 있다.

둘째, 직원에게 직무수행의 기대치를 전달한다. 많은 사회복지 조직들이 규모가 작다고 해서 이와 같은 분명한 직무기대치를 직원들에게 전달하지 않고 직무수행을 하고 있으나 직원들이 하는 일이 조직의 목표에 부합되는가를 확인할 수 있는 유일한 방법은 문서화된 직무명세서를 만들어 정기적으로 직원과 상관이 함께 이를 검토해 보는 것이다.

셋째, 실제로 직무수행을 측정해 본다. 직무수행을 측정하기 위해 도구를 사용하게 되는데 지금까지 다양한 도구가 개발되었다. 그러나 사회복지 직무수행을 측정하는데 현재까지 개발된 이와 같은 도구들 중의 어떤 것도 충분히 만족할 만한 수준이 되지 못하고 있는 것으로 나타났다.

넷째, 실제의 직무수행을 직무수행 기준과 비교해 본다. 이 단계는 앞의 3가지 단계가 성공적으로 이행된 경우이면 이루어질 수 있다.

다섯째, 평가의 결과를 직원과 더불어 토의한다. 이 단계는 평가회의를 말하는 것으로서 평가회의에서는 1단계로부터 4단계까지의 자료를 검토해 보는 것이 포함된다. 이 평가회의에서는 직원의 직무수행에 대한 평가뿐만 아니라 현재의 직무수행 기준척도에 대한 평가, 그리고 직원의 직무수행이 직무수행 기준과 비교되는 방식에 대한 평가도 이루어진다. 이 단계에서는 클라이언트의 욕구의 변화와 관련해서 사회복지업무의 성격도 부단히 변화해야 함을 분명히 인식할 필요가 있다.

여섯째, 필요한 경우 직무수행 기대치 및 직무수행기준 등에 관한 수정은 건설적이고 구체적이어야 하며 시간상의 제한을 갖고 이루어져야 한다.

한편 전문적인 직무수행의 측정은 수십 년 동안 실천가들의 주요한 관심사가 되어왔다. 지금까지 개발된 여러 사회복지 조직에서 사용되는 공통적인 측정도구 6가지는 다음과 같다(Meenaghan, Washington & Ryan, 1982: 205~207).

첫째, 도표평정식(*graphic rating scale*)이다. 이것이 가장 공통적인 측정도구이다. 이 도표평정식은 한쪽에 바람직한 평정요소를 나열하고 다른 쪽에는 이들 요소와 관련된 직무수행의 등급을 나타내는 척도가 있어 평가자가 각각의 요소에 대하여 직무수행의 등급을 표시하는 것이다. 이 방법은 평정표의 작성과 평정이 손쉬운 반면 여러 직위 간에 직무 차이를 구별하지 못한다는 점과 평정요소가 아주 일반적이어서 직무기대와 관련된 직무수행을 평가하는 데 있어 한계가 있다는 점이 단점으로 지적되고 있다.

둘째, 개조서열식(*alteration ranking*)이다. 이 기법도 평정요소들이 있다는 점에서 도표평정식과 비슷하나 평가자가 각각의 평정요소에 대하여 모든 직원들에 대하여 최상으로부터 최하까지 등급을 매긴다는 점이 다르다. 따라서 직원들이 받은 총점수에 따라 최상으로부터 최하까지 서열이 매겨진다. 이 기법의 특징은 경쟁적인 상황 속으로 직원들을 몰아넣는다는 점과 도표평정식의 단점을 그대로 가지고 있다는 점이다.

셋째, 이분비교식(*paired comparison*)이다. 이 기법도 또한 평정요소들이 있다는 점에서는 도표평정식과 비슷하다. 이 기법은 각각의 요소에 대해 모든 직원들을 서열등급을 매기는 개조서열식과는 달리 각각의 요소에 대해 직원 개개인을 자신을 제외한 모든 다른 사람들과 비교한다. 직원들은 서열등급 등이 매겨지는 것이 아니라 주어진 직위 내에서 그 밖의 다른 사람들과 관련하여 평가되는 것이다. 도표평정식의 형태 중에서 이 기법은 직원에게 기대되는 직무에 대해 좀더 구체적이라는 것이 특징이다.

넷째, 강제배분식(*forced distribution*)이다. 많은 사람의 직무수행을 공정하게 평가하는 경우 대체로 소수가 최고와 최하의 점수를 받게 되고 대부분의 사람이 중간에 집중하게 되므로 이것을 곡선으로 표시하면 종 모양인 정상분포 곡선이 된다고 하는 것이다. 따라서 평정을 하는데 있어서 이러한 정상형이 되도록 강제로 분산시키면 어느 정도 사실에 가까운 평정이 될 것으로 보는 것이 강제배분식의 근본적인 생각이다. 이 기법은 도표평정식에서 나타나는 집중현상이나 관대화 경향 등의 결점을 배제하기 위한 것이 그 특징이다.

다섯째, 중요사건평가식(*critical incident*)이다. 이 기법은 오늘날 전문적인 직무의 실제를 평가하는데 유용한 평가기법 중의 하나이다. 이 기법은 수퍼바이저로 하여금 직원들의 직무수행에 관하여 특별히 바람직한 사건과 특별히 바람직스럽지 못한 사건을 기록유지하게끔 하고 바람직한 사건은 강화하고 바람직스럽지 못한 사건은 교정해 주려는 목적을 가지고 직원과 함께 이 사건들을 3개월 또는 반년에 한 번씩 검토해 본다. 이와 같은 검토를 통해 직원들은 계속적인 평가와 환류를 제공받는다.

여섯째, 행동기준평정식(*behaviorally anchored rating scale*)이다. 이 기법은 중요사건평가식과 도표평정식의 장점을 통합하여 세련화한 방식이다. 중요한 사건들은 델파이(*delphi*)기법을 사용해서 전문가들에 의해 등급이 매겨진다. 델파이기법에서는 중요한 사건들이 그 사건들과 관련된 직원들의 행동에 대해 가장 바람직한 행동으로부터 가장 바람직하지 못한 행동까지 등급화되어 평점이 되도록 평가가 이루어진다. 가장 높은 등급의 행동이 바로 직무수행의 기대치가 된다. 이 기법은 시간이 많이 소요되고 따라서 값비싼 도구이긴 하나 사회복지의 직무수행을 평가하기 위한 도구로서 타당성이 가장 높은 기법이다.

2) 승진

승진(*promotion*)은 보다 높은 직위로의 상향이동을 의미한다. 거의 모든 직원은 직위 및 봉급에서 위로 올라가기를 원한다. 건전하고 합리적인 인사관리를 위해서는 승진을 위한 절차와 기준을 정의해 놓는 것이 바람직하다(Skidmore, 1990: 197). 따라서 승진기준을 문서화 해놓은 조직들이 많이 있다. 직원들이 승진이 공정하게 이루어진다는 것을 알고 있을 때 조직의 사기는 높아질 것이다.

승진기준의 성격은 주관적인 것과 객관적인 것으로 구별할 수 있다. 전자는 면접시험, 근무성적평정 등을 들 수 있으며 후자로서는 필기시험, 경력평정, 훈련성적 등을 들 수 있다. 인간의 주관적인 판단의 공정성만 믿을 수 있다면 승진에 있어서 주관적인 판단 이상 좋은 것이 없겠지만 현실적으로 그렇지 못한 경우가 많이 있어 차선의 길인 객관적인 것을 고려해야 할 필요성이 생겨난다(박동서, 1984: 461).

승진기준의 내용에도 여러 가지 분류방법이 있겠으나 일반적으로 보통 경력(*seniority*)과 실적(*merit*)으로 구분한다. 경력에는 학력, 근무연한, 경험 등이 속하며 실적에는 인사권자 개인의 판단, 승진심사위원회의 결정, 근무성적평정, 그리고 실적의 객관적인 것으로서 시험을 들 수 있다. 일반적으로 승진을 결정하는 데는 경력이나 실적 가운데 어느 한 쪽에 의존하는 것이 아니라 양자를 혼합하여 결정하며 실적이 동일한 경우 경력에 따라 승진을 결정한다(안해균, 1982: 464; 박동서, 1984: 462).

그간 우리나라 공공사회복지 전문인력은 사회복지직렬로 제도화되어 있지 않고 별정직으로 되어 있었기 때문에 승진이 되지 않고, 동일한 직급으로 장기간 근무하는 데서 오는 타성과 근무의욕저하 등이 문제점으로 지적되어 왔으나 사회복지 전담공무원의 사회복지직렬화가 이루어짐으로써 이와 같은 문제점이 개선되기에 이르렀다.

3) 보수

고전이론을 제외한 기타의 동기부여이론들에서는 금전적 보상을 경시하고 있으나 우리의 경우 현실적으로 박봉에 시달리고 있기 때문에 사회복지 조직의 직원들의 사기와 근무의욕에 가장 직접적으로 관련된 것이 보수의 문제라 생각된다. 미국의 전국사회복지사협회(NASW)가 채택한 봉급정책을 보면 직무분류수준에 따른 최소한의 봉급수준을 건의하고 있는데 봉급수준을 결정하는 데 고려해야 할 요소로서 ① 생활비의 변화, ② 생활수준의 변화, ③ 국민생산성의 증가, ④ 교육과 경험을 필요로 하는 직위에 지불되는 봉급의 변화, ⑤ 형평에 맞고 달성 가능한 최저수준의 보장, ⑥ 지역적 봉급형태에 기초한 변화 등을 지적하고 있다. 유능하고 책임감 있어 정상적인 직무기대치를 충족시키는 전문직원들에 대해 협회에서는 매년 6~8%의 봉급인상을 건의하고 있다(Slavin, 1985: 213).

사회복지 조직의 직원들이 봉급에서 공평한 처우를 받도록 하고 사회복지 조직의 효율적인 행정을 보장받기 위해 개개 직위 분류에 따른 봉급범위를 설정하는 보수계획이 세워져야 한다. 보수계획은 ① 직위분류계획에 각각의 직위집단을 포함시킨다. ② 각각의 직위등급에 대한 봉급범위와 봉급인상의 양과 횟수를 나타내야 한다. 또한 봉급인상은 정기적인 것인지 그렇지 않으면 실적에 기초를 두고 있는지를 진술해야 한다. ③ 교육, 훈련, 그리고 경험과 같은 요구조건을 반영하기 위해 직무수준 내에서 그리고 직무수준 간에 적절한 봉급차이를 내야 한다. ④ 1년에 한 번씩 직원과 함께 보수계획에 대한 검토와 협상을 한다. ⑤ 조직의 자원이 허락되는 한, 매년 충분히 생활비 조정을 한다(Slavin, 1985: 213).

우리나라는 전반적으로 아직 직위분류에 따른 보수표작성 및 시행이 정착되지 못하고 있으나 사회복지직무의 전문적 성격에 비추어 점차적으로 직위분류제를 지향해 나가야 할 것으로 생각된다. 우리나라의 경우 사회복지 조직의 직원들에 대한 보수수준은 여타 직종에 비해 전반적으로 낮은 수준에 있다. 특히 일부 사회복지 조직 근무자들의 보수수준은 최저수준의 문화생활을 영위해 나가기에도 부족한 상태이며 전반적으로 민간사회복지 조직의 직원들의 보수수준이 사회복지 전담공무원을 포함한 공공사회복지 담당공무원들의 보수수준에 미달하고 있는 실정이다. 이와 같은 보수수준의 격차는 공공사회복지와 민간사회복지를 조화롭게 발전시켜나가는 데 커다란 장애요인이 되고 있다.

· 제 11 장 ·

재정관리

사회복지 조직에 있어서 재정자원은 다른 일반조직에서와 마찬가지로 가장 중요한 자원이 된다. 사회복지 조직에서는 정부와 다양한 민간단체 및 개인으로부터 재정자원을 획득하고 있는데 대부분의 경우 재정자원은 충분하지 못하다. 게다가 사회복지 서비스에 대한 효율성과 이에 대한 책임이 강조되고 있고 많은 경우 다른 사적 및 공적 서비스 조직과 경쟁적인 운영을 해야 하기 때문에, 행정가는 재정자원의 획득을 위한 예산수립, 재정운영, 회계절차 관리 등에 대한 지식과 기술을 적용하여 효과적인 재정관리를 하지 않으면 안 된다. 이 장에서는 재정관리의 개념을 이해하고 재정관리의 핵심적인 요소가 되는 예산수립과 집행 및 회계절차에 대하여 알아보기로 하겠다.

1. 재정관리의 개념

재정관리는 재무관리 또는 재무행정이라는 말과 혼용되고 있으며 조직이 목표달성을 위해 필요한 재정자원을 합리적이고 계획적으로 동원하고 배분하고 효율적으로 사용하고 관리하는 과정을 의미한다. 재정관리는 예산(재정계획)을 수립하고(예산수립), 예산상의 수입(세입)과 지출(세출) 활동을 관리하고(예산집행), 재정자원의 수입과 지출에 관한 사항을 기록·정리하고(회계), 재정관리의 전반적인 과정을 평가(재정평가)하는 절차로 이루어진다. 그러면 다음에 이런 절차를 하나씩 살펴보기로 하겠다.

2. 예산수립

1) 예산의 개념

예산(*budget*)이라는 말의 어원은 '작은 가방'이라는 의미의 불어 'bougette'인데 영국의 재무장관이 의회에서 예산안의 서류를 작은 가방에서 끄집어내어 제출하는 동작을 서술한 것에서 만들어진 말이다(United Way of America, 1975: 3). 예산은 "어떤 독립적인 실체의 장래 일정 기간 동안의 계획된 지출과 그 지출을 위한 자금조달 계획의 서술"이라 할 수 있다(United Way of America, 1975: 4). 예산이라 하면 일반적으로 다음 1년 간의 재정계획을 말하는데, 이런 의미에서 예산은 다음 1년 간의 조직의 목표를 금전적으로 표시한 것이고 1년 동안의 재정활동의 감시장치를 제공하는 것이 된다(Gross, 1978: 233, 재인용).

2) 예산수립의 성격

예산수립은 단순히 1년 간의 수입과 지출의 재정계획을 수립하는 것만이 아니라 다음과 같은 성격도 아울러 가지는 것이라는 면에서 중요시된다(Weiner, 1990: 289~292).

첫째, 예산수립은 정치적 과정이다. 예산은 자원배분이 초점이 되는데 이러한 자원배분에 대한 의사결정은 정치적으로 이루어진다는 의미에서 그렇다.

둘째, 프로그램 기획과정이다. 예산수립은 조직의 목표달성을 위한 프로그램을 수행하기 위한 것이고, 예산수립 과정은 목표설정, 대안개발 및 기대효과 분석, 효과성 평가기준 설정 등의 프로그램기획 절차와 병행・통합되므로 프로그램 기획과정이라 할 수 있다.

셋째, 프로그램 관리 과정이다. 예산수립은 조직의 관리자가 조직 각 단위의 활동과 그 책임자 및 시행일정 등을 검토하므로 프로그램 관리 과정이 된다.

넷째, 회계 절차이다. 예산서는 회계 담당자가 자금의 내적 및 외적 흐름을 통제하고 재정활동을 승인하는 근거가 되므로 예산수립은 회계 절차의 성격을 가진다.

다섯째, 인간적인 과정이다. 예산은 클라이언트와 예산을 집행하는 조직성원, 지역사회인들에게 커다란 영향을 미치게 되므로 예산수립을 잘하려면 이들과 접촉하여 대화하는 기회를 가질 필요가 있기 때문에 예산수립은 인간적인 과정이라 할 수 있다.

여섯째, 미래를 변화시키는 과정이다. 예산은 장래에 대한 활동계획에 대한 재정계획이므로 미래의 목표를 새로 설정할 수 있고 이에 따른 새로운 활동을 할 수 있기 때문에 미래를 변화시키는 과정이 된다.

3) 예산체계의 모형

예산수립에서 무엇을 가장 중요한 요소로 삼느냐에 따라 예산체계는 주로 4가지 모형으로 분류될 수 있다. 이는 (1) 품목별 예산(*Line-Item Budget* : LIB), (2) 성과주의 예산(*Performance Budget* : PB), (3) 계획예산(*Planning-Programming-Budgeting Systems* : PPBS), (4) 영기준 예산(*ZeroBased Budget* : ZBB)이며, 실제로는 어느 한 모형이 전적으로 적용되기보다는 두 가지 이상의 모형이 결합되어 적용되는 경우가 많다. 예산수립에서 어떤 예산체계를 택하느냐 하는 결정은 관리방식에도 크게 영향을 미친다. 예를 들면 예산체계 모형이 구입한 모든 물품이나 서비스의 가격을 나타내도록 되어 있다면, 관리적인 측면에서 조직성원의 생각은 넓은 목표보다는 하나하나의 좁은 사항에 초점을 맞추려는 방향을 취하게 될 것이다. 우선 4가지 모형을 각각의 특성에 따라 비교한 표(〈표 11-1〉 참조)를 제시한 후 각각에 대하여 설명하기로 하겠다.

〈표 11-1〉 예산체계 모형

모형 특성	품목별 예산 (LIB)	성과주의 예산 (PB)	계획예산 (PPBS)	영기준 예산 (ZBB)
정의	구입하고자 하는 물품 또는 서비스별로 편성하는 예산 (투입중심 예산)	활동을 기능별 또는 프로그램별로 구분한 후에 이를 다시 세부 프로그램으로 나누고 각 프로그램의 단위원가와 업무량을 계산하여 편성하는 예산 (과정중심 예산)	목표달성을 위한 장기적 기본계획을 수립하고 기본계획을 연차적으로 실행하기 위하여 프로그램별로 편성하는 예산 (산출중심 예산)	전년도 예산을 전혀 고려하지 않고 계속 프로그램 또는 신규 프로그램의 정당성을 매년 새로이 마련하고 다른 프로그램과의 경쟁적 기반 위에서 우선순위를 정하여 편성하는 예산

〈표 11-1〉 계속

모형 특성	품목별 예산 (LIB)	성과주의 예산 (PB)	계획예산 (PPBS)	영기준 예산 (ZBB)
특징	• 전년도예산이 주요근거가 됨 • 회계계정별로 구입품목별로 편성 • 통제적 기능이 강함 • 회계자에 유리한 예산임	• 단위원가×업무량 = 예산으로 계산함 • 장기적 계획을 고려하지 않음 • 효율성을 중시함 • 관리기능이 강함 • 관리자에 유리한 예산임	• 장기적 계획(*Planning*)과 단기적 예산편성(*Budgeting*)을 구체적인 프로그램 실행계획을 통하여 유기적으로 연결시킴 • 장기적 계획을 전제로 함 • 목표를 분명히 하고 달성을 강조함 • 계획기능이 강함 • 계획자에 유리한 예산임	• 매년 프로그램의 목표와 수행능력을 새로 고려함 • 목표달성을 위한 다양한 프로그램을 고려함 • 사업의 비교평가에 기초하여 우선순위를 정하여 프로그램을 선택함 • 성과(결과)의 한계증가량에 관심을 둠 • 의사결정 기능이 강함 • 소비자에게 유리한 예산임
장점	• 지출근거를 명확히 하므로 예산통제에 효과적임 • 회계에 용이함	• 목표와 프로그램을 분명히 이해할 수 있음 • 자금분배를 합리적으로 할 수 있음 • 프로그램별로 통제가 가능함 • 프로그램의 효율성을 기할 수 있음	• 목표와 프로그램을 분명히 이해할 수 있음 • 자금분배를 합리적으로 할 수 있음 • 장기적 프로그램 계획을 신뢰할 수 있음 • 프로그램 계획과 예산수립의 괴리를 막을 수 있음 • 프로그램의 효과성을 높일 수 있음	• 예산절약과 프로그램의 쇄신에 기여함 • 재정운영과 자금배분의 탄력성을 기할 수 있음 • 관리에의 참여를 확대할 수 있음 • 자금의 배분을 합리화할 수 있음 • 프로그램의 효율성과 효과성을 기할 수 있음

〈표 11-1〉 계속

모형 특성	품목별 예산 (LIB)	성과주의 예산 (PB)	계획예산 (PPBS)	영기준 예산 (ZBB)
단점	• 예산의 신축성을 저해할 우려가 있음	• 예산통제가 어려움	• 목표설정이 어려움	• 효과적인 의사소통, 의사결정, 프로그램 평가에 대한 관리자의 훈련이 필요함
	• 예산증대의 정당성 부여의 근거가 희박함 • 결과나 목표달성에 대한 고려가 부족함 • 프로그램 내용을 알기 어려움 • 효율성을 무시함	• 비용산출의 단위 설정과 비용책정이 어려움 • 효과성이 무시됨	• 결과에만 치중하므로 과정을 상대적으로 무시함 • 권력과 의사결정이 중앙집중화되는 경향이 있음	• 정치적 · 심리적 요인을 무시함 • 장기계획에 의한 프로그램 수행이 곤란함

(1) 품목별 예산

품목별 예산(LIB)은 가장 오래되고 전통적이고 일반화된 예산체계이다. 여기서는 구체적인 대상품목은 목적이나 이유에 의해서보다는 그 자체의 성격별로 구분되는데 예를 들면 봉급, 수당, 일급 등을 묶어서 '급료'로, 의약품, 식품, 음료, 사무용품 등을 묶어서 '소모품'으로, 우표, 소포, 화물운임, 배달료 등을 묶어서 '우송료'의 품목으로 예산항목이 만들어지고 예산항목별로 비용이 정리된다. 이러한 예산상의 품목은 회계에 있어서 회계계정이 되는 것으로 회계담당자가 지출을 통제하는 근거가 된다. 품목별 예산체계로 준비된 예산안의 예는 〈표 11-2〉와 같다.

품목별 예산은 전년도 예산을 근거로 하여 일정한 양만큼 증가시켜

〈표 11-2〉 품목별 예산서의 "예"

지출항목[1)]	2016년도 예산	2016년도 예산	
		제출	승인
급료	85,460,000	95,500,000	90,000,000
직원 보건 및 퇴직 급여비	6,155,000	7,000,000	7,000,000
임금세	9,135,000	10,100,000	9,800,000
전문가 이용비	3,650,000	4,000,000	3,900,000
소모품비	4,653,000	5,000,000	4,700,000
전화비	1,120,000	1,200,000	1,200,000
우송료	800,000	850,000	850,000
사무실 점유비	15,000,000	20,000,000	20,000,000
장비 임대 및 정비	3,570,000	4,000,000	4,000,000
인쇄 및 출판비	900,000	1,000,000	1,000,000
여비	4,500,000	5,000,000	5,000,000
회의비	2,500,000	3,500,000	3,000,000
수혜자 특별원조비	2,300,000	2,500,000	2,500,000
회비	500,000	600,000	600,000
상품 및 보조금	2,000,000	2,500,000	2,000,000
잡비	4,000,000	5,000,000	4,500,000
지출예산 총계	146,243,000	167,750,000	160,050,000

주 : 1) 지출항목은 United Way of America의 예산편성지침(1975)에 따른 항목임.

나가는 것으로 점진주의적 특성을 가지고 있어 예산의 증감을 신축성 있게 할 수가 없다. 그리고 예산증대의 근거가 프로그램의 특성과 평가에서 나오지 못하고, 전반적인 인상률을 적용하는 것이 되어 타당한 근거가 되지 못하고 따라서 효율성도 무시된다. 그리고 투입 중심적인 것이어서 결과나 목표달성에 대한 고려가 부족한 것이 문제이다. 이 예산체계는 사회복지 조직에서 선석으로 이용하는 데는 문제가 있으므로 회계의 편의와 예산의 통제를 위해서 다른 예산체계와 결합하여 도입하는 것이 바람직하다.

(2) 성과주의 예산

성과주의 예산은 기능주의 예산(*Functional Budget*) 또는 프로그램예산(*Program Budget*)이라고도 부르는데(United Way of America, 1975: 6) 1912년에 미국행정부의 한 위원회에서 처음으로 도입하여 행정부의 각 부서에서 이용하게 되었다(성규탁, 1993: 290). 이 예산체제는 조직의 활동을 기능별 또는 프로그램별로 나누고 이를 다시 세부 프로그램(*performance*)으로 나누어 세부 프로그램 단위의 원가를 계산하고 여기에 업무량을 곱하여 예산액을 정하고 있다.

예를 들면 조직의 활동을 서비스 제공활동과 서비스 후원활동으로 나눌 수 있는데 다시 서비스 제공활동은 상담, 입양, 위탁보호로 나누고, 서비스 후원활동은 일반관리, 모금으로 나눌 수 있다. 그 다음에 각 세부 프로그램인 상담, 입양, 위탁보호, 일반관리, 모금의 단위비용을 계산할 수 있다. 상담의 단위는 클라이언트(1인당), 또는 상담에 소요되는 시간(1시간당)이 될 수 있다. 연간 목표는 클라이언트 수로는 4백명, 상담시간으로는 4천 시간이 되고 클라이언트당 상담비용은 20만원, 상담시간당 비용은 2만 원이 된다면 연간 상담비용은 8천만 원이 될 것이다. 이런 식으로 편성된 예산서 양식의 예는 〈표 11-3〉과 같다.

이 예산체계는 목표와 프로그램을 분명히 알 수 있고 단위 원가를 계산하여 자금을 배분함으로써 합리성을 도모할 수 있으며, 프로그램별로 통제하기 쉽고 프로그램의 효율성을 기할 수 있는 장점이 있다. 이 예산의 핵심적 특징은 프로그램 단위의 원가를 계산하는 것인데 프로

〈표 11-3〉 성과주의 예산서의 "예"

(단위 : 원)

예산항목	2015년도 예산	2016년도 예산	
		제출	승인
서비스 제공활동			
상담	71,400,000	80,000,000	80,000,000
입양	19,000,000	25,000,000	23,000,000
위탁보호	29,600,000	33,000,000	30,000,000
서비스 후원활동			
일반관리	10,000,000	12,000,000	10,000,000
모금	16,243,000	17,750,000	17,050,000
지출예산 총계	146,243,000	167,750,000	160,050,000
실행자료			
1. 상담			
목표 클라이언트 수	340(명)	380(명)	400(명)
단위비용			
클라이언트당	210,000	210,000	200,000
시간당	21,000	21,000	20,000
2. 입양			

그램 단위를 정하는 것과 비용계산이 용이하지 않다는 것이 대표적인 단점이라 할 수 있다. 예를 들면 상담에서는 클라이언트를 단위로 할 것이냐 아니면 시간을 단위로 할 것이냐, 입양에서는 입양된 아동 수, 입양신청 아동 수, 입양신청자 수 중에 어느 것으로 할 것이냐 등은 각기 장단점이 있기 때문에, 어느 것을 단위로 삼아야 가장 적합할 것인가는 논란이 있을 수 있고 정하기 어려운 면이 있다. 전문적 서비스는 프로그램단위(서비스 단위)를 시간으로 하는 것이 보다 의미 있는 경우가 많지만(Hildreth & Hildreth, 1988: 88) 일괄적으로 적용되기는 어렵

다. 그리고 비용의 계산에도 직접비용과 간접비용을 고려해야 하며 그 범위를 정하는 문제 등도 쉽지 않다. 성과주의 예산은 프로그램의 목표를 분명히 하고 실행 단위에서의 비용을 계산하는 과정을 통하여 서비스의 효율성을 기하는 데 크게 기여할 수 있을 것이므로 사회복지 조직에서 도입하는 것은 바람직하다.

(3) 계획예산

이 예산체계는 1954년에 미국의 Rand연구소에서 처음으로 개발되어 1965년 이후 미국 행정부의 부서에서 채택된 바가 있다. 이는 장기적인 사업계획(*planning*)을 세우고 그것을 실천하기 위한 당해연도의 프로그램 계획(*programming*)과 이를 뒷받침하는 예산을 통합하여 수립하는 예산체계이다. 이 예산체계의 핵심적인 특징은 바로 프로그램 계획과 예산을 통합하는 것이다. 이 예산체계의 수립과정은 다음과 같다(United Way of America, 1975: 7~15).

① 조직의 장기적이고 일반적인 목표를 확인 또는 개발한다.
② 일반적이고 장기적인 목표를 달성하기 위하여 구체적이고 시간제한적이며 계량적인 목표를 잠정적으로 정한다.
③ 구체적 목표달성에 관련된 사실에 대한 정보를 수집한다. 특히 누가 무엇을 어느 정도로 필요로 하고 가용자원이 얼마나 되며 제약조건들이 무엇인가 하는 점을 중심으로 정보를 수집한다.
④ 수집된 자료를 근거로 구체적 목표설정과 우선순위를 정한다.
⑤ 목표달성을 위한 수단으로 기존 프로그램을 포함한 제반 대안들을 개발하고 그것들의 실제적 또는 예상되는 효과성과 효율성을 비교·분석하여 최적의 것을 선택한다.

⑥ 선정된 프로그램에 대한 예산을 수립하여 예상되는 수입 원천과 접촉하여 실행 가능성을 검토한다.

⑦ 현실성 있게 예산안을 수정한다.

⑧ 최종적인 예산안을 채택한다.

이 예산체계는 목표와 프로그램을 분명히 하고 장기적인 프로그램 계획의 바탕 위에 이루어지기 때문에 프로그램 계획과 예산수립의 괴리를 막을 수 있고 프로그램의 효과성을 높일 수 있다는 장점이 있다. 그러나 목표설정 과정이 용이하지 않고, 결과에만 치중함으로 과정을 등한시하고 의사결정이 중앙집권화되는 문제점이 있다. 이러한 예산체계를 도입하기 위해서는 조직의 장기적 계획에 따른 프로그램 목표가 설정되어 있어야 하고, 조직이 목표달성을 위해 효과적인 대안을 선택할 능력이 있어야 하며, 또한 장기적 계획을 뒷받침할 재정계획이 있어야 한다(유종해, 1992: 524~628). 이 예산체계의 단점과 도입가능 조건으로 보면 목표가 비교적 불분명한 속성을 지니고 있는 사회복지 조직에서는 도입하기 어렵겠지만, 목표설정의 명확성과 구체성을 통한 효율성과 효과성 달성의 책임이 강조되는 경향을 생각하면 사회복지 조직에서 가능한 한 이 예산체계를 도입하는 것이 바람직하다. 계획예산만의 특별한 예산 양식은 없고 품목별 예산체계의 양식과 성과주의 예산체계의 양식을 혼합하여 사용하는 경우가 일반적이다(Skidmore, 1990: 71; Weiner, 1990: 295). 특히 미국의 공동모금기구인 United Way of America(1975)에서 개발한 예산양식은 계획예산체계를 많이 반영하고 있어 참고가 될 수 있을 것이다.

(4) 영기준 예산체계

이 예산체계는 1960년대 초에 미국 행정부의 농무성에서 처음 시험되어 1960년대 중반부터 미국 행정부 내에서 채택되고 있던 계획예산체계(PPBS)에 통합되어 사용되었고, 1970년대 초에 제도가 폐기된 이후에도 미국의 행정부 조직 및 주정부 등에서 사용되었다. 이 예산체계는 지금까지의 관행이나 전년도 프로그램의 계속성과는 무관하게 처음부터(영의 상태에서) 새로 프로그램을 시작한다는 전제하에서 예산을 세우는 것을 말한다. 다시 말하면 조직은 모든 프로그램을 매년 처음 시작한다는 전제하에 매년 프로그램의 필요성에 대한 정당성을 제시하고 다른 프로그램과의 경쟁적인 상태에서 우선순위에 입각하여 예산을 수립하는 것이다. 이 예산체계에서 가장 중요시하는 질문은 ① 현재의 프로그램은 효율적이고 효과적인가, ② 현재의 프로그램은 우선순위가 높은 다른 프로그램에 예산을 배정하기 위하여 중단해야 하는가 아니면 프로그램에 대한 예산을 줄여야 하는가이다(Phyrr, 1977: 1). 영기준 예산의 수립절차는 기본적으로 다음과 같은 4가지의 단계를 거쳐서 이루어진다(Phyrr, 1977: 2~7; Furst, 1981: 45~46).

① 의사결정 단위의 확인 : 독자적으로 의사결정할 수 있는 의미 있는 단위(일반적으로 프로그램 운영팀 등이 될 수 있음)를 확인한다.

② 의사결정 단위의 분석 : 각 결정단위에서는 프로그램을 어느 수준에서 어떻게 수행할 것인가에 대한 의사결정 대안을 3가지 정도 개발한다. 이러한 대안은 다른 의사결정 단위의 대안들과 비교하여 예산배분 결정을 할 수 있도록 문서로 정리되어야 한다. 이는 의사결정 단위의 목표, 활동, 비용과 편익, 업무량, 업무측정, 목표달성을 위한 대안, 업무수행의 예상결과(효과) (각 대안의 수

준에서 어느 정도의 효과가 있을 것인가?) 등을 분석한 것이다. 의사결정 3가지 대안은 일반적으로 의사결정 단위가 할 수 있는 최저 수준의 활동과 소요예산, 현행과 같은 수준의 활동과 소요예산, 현행 수준 이상의 활동과 소요예산이 된다.

③ 각 대안의 비교 및 우선순위 부여 : 각 의사결정 단위의 대안과 다른 의사결정 단위의 대안들과 비교하여 우선순위를 부여한다.

④ 대안에 대한 예산배정 수준 결정 : 우선순위에 따라 적합한 대안들을 택한다. 그러나 어떤 결정단위의 대안은 폐기될 수도 있기 때문에 결정단위마다 대안이 반드시 하나씩 선택되지 않을 수도 있다.

이 예산체계의 장점은 예산의 절약과 프로그램의 쇄신에 기여하고 예산배분에 합리성을 기하며 재정운영과 예산배정에 탄력성을 기할 수 있고 나아가서 프로그램의 효율성과 효과성을 높일 수 있다는 것이다. 반면에 이러한 절차는 합리성만을 강조하고 정치적 및 심리적 요인을 등한시하고 있으며, 특히 장기적 계획에 의한 프로그램수행을 위한 예산으로는 부적합하다. 이와 같은 예산체계가 도입되려면 관리자(의사결정 단위)가 의사소통, 프로그램 평가에 대한 지식이 있어야 하는 것도 문제이다. 이러한 예산체계는 단독적으로 사회복지 조직에 도입하기는 어렵지만 프로그램의 효과성과 효율성을 증진하고 프로그램의 쇄신에 기여할 수 있으므로 다른 예산체계에 통합시켜 도입할 수 있을 것이다(성규탁, 1993: 293).

4) 예산수립의 절차

사회복지 조직에서 예산은 주로 최하부 단위에서 지출예산을 수립하여 상부단위에 제출하면, 그 상부단위에서는 하부단위들의 예산안을 취합하여 자체예산을 수립하고 다시 그것을 상부단위로 제출하는 식으로 하여 최고 행정책임자에게 제출하는 계통을 밟는다. 최고 행정책임자 또는 예산위원회에서 예산작성 지침을 마련하여 하부단위에 하달하여 각 단위에서 이 지침에 의거하여 예산을 수립하도록 하는 것이 바람직하며, 예산작성 지침서에는 조직의 목표, 정책변경 사항, 가용자원, 예산통제 사항 등이 포함되어야 한다. 행정단위의 각 부서와 조직전체에 공히 적용될 수 있는 예산수립 절차는 없다. 승인(인준) 받기 위해(주로 이사회에서 승인됨) 제출하는 예산안은 최종적으로 행정책임자의 수준에서 결정되어야 하기 때문에 조직전체의 예산수립이 가장 중요하다. 따라서 여기서는 조직전체의 입장에서 예산을 수립하는 바람직한 절차를 제시해 보기로 하겠다(Skidmore, 1990: 73~74; United Way of America, 1975: 9~15). 이와 같은 절차의 일부 또는 거의 전체를 조직의 하부단위의 예산수립에 적용할 수 있다.

(1) 조직의 단기적 구체적 목표설정

조직의 예산은 조직의 목표달성을 위한 가장 핵심적인 수단이므로 먼저 조직의 기존목표를 재검토하고 필요한 경우 새로운 목표를 설정해야 한다. 조직의 목표에는 장기적이고 일반적인 목표(*goal*)와 단기적이고 구체적인 목표(*objective*)가 있다. 예산수립에서는 주로 조직의 단기적이고 구체적인 목표에 초점을 맞추어야 한다. 이때 조직의 단기적 목표는 장기적 일반목표와 부합되는지 또는 새로운 단기적 목표를 설정하는 경우 장기적 일반목표와의 관계는 어떤지를 명시해야 할 것이다. 조직의 단기적 구체적 목표는 그 달성의 정도를 정기적으로 평가할 수 있도록 관찰가능하고 측정가능하게 제시되어야 한다.

(2) 조직운영에 대한 자료수집

조직의 과거 및 현재의 운영전반에 관한 정보를 수집해야 하는데 여기에는 조직 전체, 부서별 및 개인별 업무와 프로그램실적, 프로그램 평가, 조직 내외의 가용자원, 재정사항 등에 관한 정보가 포함되어야 할 것이다.

(3) 운영대안의 고려

수집된 정보를 기초로 하여 조직의 기존목표 및 새로 설정된 목표달성을 위해 가능한 대안을 생각해 보는 것이 필요하다. 기존의 운영방법이나 프로그램의 효율성과 효과성뿐만 아니라 새로운 대안의 효율성과 효과성을 검토해 보아야 한다. 이때 운영대안들에 대한 비교가 가능한 기준을 만들고 그러한 기준에 의하여 각 대안을 고려하여야 할 것이다.

(4) 조직활동의 우선순위 결정

각각의 운영대안들을 비교·검토하여 조직의 장기적 및 단기적 목표와의 관련성, 조직으로서의 필요성, 시급성, 효과성, 효율성, 재정가용성 등을 비교하여 우선순위를 정한다.

(5) 우선순위에 따른 예산안(지출 및 수입 예산) 잠정적 확정

우선순위에 따라 지출예산을 운영단위, 프로그램 단위, 기능단위에 배정하여 지출예산안을 잠정적으로 확정하되 다양한 수입원에 대한 정

보를 수집하여 재정자원의 동원가능성을 검토, 지출예산을 잠정적으로 확정한다.

(6) 재정원천과의 접촉 및 확인

사회복지 조직에서 아무리 좋은 프로그램 계획과 예산계획을 세웠다 하더라도 재정원천으로부터의 수입이 불확실하면 프로그램 계획과 예산계획을 확정할 수 없다. 그러므로 잠정적으로 확정된 예산안을 가지고 가능하다고 생각되는 재정원천과 접촉하여 수입을 확인해야 한다. 이러한 일은 조직의 행정책임자 또는 관련직원뿐만 아니라 이사가 해야 할 것이다. 특히 우리나라에서는 사회복지 법인의 이사회 및 이사의 역할이 형식적이고 유명무실하게 인식되고 실제로 그렇게 운영되고 있어 문제인데, 이사의 주요역할 중의 하나는 재정자원을 확보하는 일이라는 것에 유의하여야 할 것이다.

(7) 예산안 수정 및 확정

재정원천과 접촉하여 수입의 확인이 이루어지면 수입예산 및 지출예산을 수정(삭감 또는 증액)하여 최종적으로 예산안을 확정하고 이사회에 제출하여 승인을 얻도록 한다.

5) 재정원천 및 수입추정 방법

사회복지 조직의 수입원천은 공적 조직의 경우는 주로 정부가 되겠지만 사적 조직의 경우는 다양하다. 공적 및 사적 사회복지 조직의 재정원천이 될 수 있는 것을 나열해 보면 다음과 같은 것이 있다.

(1) 정부측 재정원천

① 정부 보조금(일률적 보조금)
② 그랜트(*grant*) (선택적 보조금)
③ 정부의 위탁(계약)
④ 정부로부터 받는 서비스 비용

(2) 민간측 재정원천

① 일반 기부금
② 기금조성 기부금
③ 결연 후원금
④ 특별행사(만찬, 공연, 특별모금 방송)
⑤ 유증(遺贈)
⑥ 개인 및 타조직으로부터 받는 회비
⑦ 동료회원 조직으로부터의 기부
⑧ 지역 공동모금의 배분
⑨ 서비스 요금(유료 서비스 요금)
⑩ 자체 수익사업(건물임대, 이자증식, 특별사업 등)

이러한 재정원천으로부터 예상되는 수입을 정확히 확인할 수 없는 경우는 주로 다음과 같은 방법으로 수입을 추정할 수 있다.

① 자동예측법 : 가장 최근의 수입액으로 산정하는 방법
② 평균예측법 : 최근 3~5년 간의 평균으로 산정하는 방법

③ 경험적 판단법 : 개인의 경험과 판단력에 의한 방법

④ 조건적 판단법 : 체계적 자료분석과 경험적 판단법

⑤ 체계적 자료분석 방법 : 과거의 세금 및 경제상태와 관련한 상관관계분석, 기부예상자 및 일반인에 대한 설문조사 등

이러한 방법 중에 가장 바람직한 방법은 조건적 판단법이라 할 수 있다. 이 방법은 기존의 관련자료를 상관관계 및 여론조사의 방법에 의해 체계적으로 분석한 결과를 개인적인 경험과 자신의 판단력으로 판단하는 방법이다(United Way of America, 1975: 19).

3. 예산집행

아무리 잘 편성된 예산이라 할지라도 실제로 그것을 잘 집행하지 못한다면 예산수립의 의미를 크게 상실하고 따라서 조직의 목표를 효율적 및 효과적으로 달성할 수 없을 뿐 아니라 나아가서는 조직의 존속까지 위협을 당하게 된다. 따라서 재정관리에는 재정집행에 대한 관리가 반드시 포함되어야 한다. 예산의 집행은 수입과 지출에 관한 단순한 관리나 통제로서의 의미만 가지는 것이 아니고 회계의 통제, 프로그램관리 통제, 인사관리의 통제, 산출(제공된 서비스)의 통제, 관리행위(형태)의 통제라는 의미도 아울러 갖고 있다(Weiner, 1990: 299~301). 사회복지 조직에서 예산통제의 원칙과 예산집행 통제기제를 간략히 살펴보기로 하겠다.

1) 예산통제의 원칙

사회복지 조직에서의 예산통제의 기본원칙은 4가지 요소를 기초로 한다. 첫째, 활동을 허가하고 금지시키는 규칙; 둘째, 한계, 표준, 구체적 요구조건을 정함으로써 규칙을 해석하게 하는 기준; 셋째, 규칙이나 기준에 따른 이해 혹은 상호 간의 동의; 넷째, 규칙이나 기준에 의하여 타결된 합의서이다. 이러한 요소들을 기초로 하여 다음과 같은 원칙들이 나올 수 있다(Lohmann, 신섭중 · 부성래 역, 1989: 266~270).

(1) 개별화의 원칙

재정통제 체계는 개별기관 그 자체의 제약조건, 요구사항 및 기대사항에 맞게 고안되어야 한다.

(2) 강제의 원칙

재정통제 체계는 강제성을 띠는 명시적인 규정이 있어야 한다. 강제성이 없는 규칙은 효과성이 없다. 강제성은 때로는 개별성을 무시할 수 있으나 규칙의 동일한 적용을 통한 공평성과 활동을 공식화하는 것이다.

(3) 예외의 원칙

규칙에는 반드시 예외상황을 고려하여야 하고 예외적 상황에 적용되는 규칙도 명시되어야 한다.

(4) 보고의 원칙

통제체계는 보고의 규정을 두어야 한다. 재정활동에 대한 보고의 원칙이 없으면 재정관련 행위를 공식적으로 감시하고 통제할 수가 없다.

예를 들면 예산의 남용이나 개인적 유용, 항목변경 등의 사실들이 있는데도 보고되지 않으면 재정활동에 큰 문제가 생길 수 있는 것이다.

(5) 개정의 원칙

규칙은 많은 경우 일정한 기간 동안만 적용할 수 있도록 제한되어 있거나, 적용할 때 부작용이 나타날 경우를 대비하여 일정한 기간이 지난 후에는 규칙을 새로 개정할 수 있어야 한다. 예를 들면 여비, 연료비 등은 물가의 상승과 연계되어 있으므로 일정기간마다 개정되어야 한다.

(6) 효율성의 원칙

통제에는 시간과 비용이 많이 드는 경우가 있다. 통제는 비용과 노력을 최소화하는 정도에서 이루어질 수 있어야 한다. 예를 들어 보고서의 수를 많게 하거나 통제업무를 위해 인원을 새로 증가시키는 것은 비효율적이 되는 경우가 많으므로 효율성에 항상 유의하여야 할 것이다.

(7) 의미의 원칙

효과적인 통제가 되기 위해서는 규칙, 기준, 의사소통 및 계약 등은 관계되는 모든 사람들이 의미 있게 잘 이해할 수 있도록 전달되어야 한다. 그러므로 규칙은 명확하게 쓰이고 통제자료는 쉽게 얻을 수 있어야 하며 절차의 분류와 해석을 위한 것도 명확히 쓰여야 한다.

(8) 환류의 원칙

재정통제 체계에 관한 규칙, 기준, 의사소통, 계약 등을 적용할 때 발생할 수 있는 여러 가지의 부작용 및 장단점 등을 관련자들로부터 들을 수 있기 때문에 그 개정과 개선의 기초가 되어야 한다.

(9) 생산성의 원칙

재정통제는 서비스가 효과적이고 효율적으로 전달되도록 하기 위한 수단이므로 이로 인하여 서비스 전달이라는 생산성에 장애와 갈등이 발생하지 않도록 유의하여야 한다. 예를 들면 청소년 프로그램에서 장비의 훼손, 남용, 도난을 방지하기 위하여 장비를 단단히 자물쇠로 잠근다면 문제가 될 수 있다.

2) 예산집행 통제기제

예산집행을 통제하는 기제는 여러 가지가 있지만 여기서는 주로 많이 활용되는 기제를 소개하기로 하겠다(Weiner, 1990: 301~304; Hildreth & Hildreth, 1988: 97~98).

(1) 분기별 할당

수입예산이 계획된 대로 들어오지 않을 경우도 있고 또는 한 기간에 집중되어 들어오는 경우가 있는가 하면 비용의 지출이 월별로 또는 분기별로 동일하지 않고 어떤 시기에 집중되는 경우도 있고, 한편으로는 집중하여 지출하는 것이 절약이 되는 경우도 있다. 이러한 경우 수입예산의 수입과 지출예산의 지출을 분기별로 조정하여 수입과 지출의 균형을 유지할 필요가 있다. 행정책임자는 이러한 재정집행 사정을 하부활동 책임자에게 이해시키고 상의하여 할당의 효과가 나타나도록 하여야 할 것이다.

(2) 지출의 사전승인

조직에서 일정액 이상의 지출을 할 경우 최고 행정책임자의 사전승인을 받도록 하거나 또는 지출액수에 따라 중간 행정책임자의 사전승인을 받도록 하는 것이 일반적이다. 이와 같은 사전승인은 수입과 지출의 균형을 유지하는 데 도움이 되고 때때로 승인을 의도적으로 연기하여 지출을 억제할 수도 있다.

(3) 자금지출의 취소

예상된 재정원천으로부터의 수입이 인가되지 않거나 또는 삭감정책에 의하여 예상된 수입액이 입금되지 않을 경우는 자금지출을 잠정적으로 취소하거나 또는 최종적으로 취소할 수밖에 없다.

(4) 정기적 재정현황 보고서 제도

행정책임자는 월별, 분기별로 재정현황을 보고받아 검토하여야 한다. 보고서의 내용은 수입지출 현황, 변제비용, 인원당 비용, 기능별 비용, 서비스 단위당 비용 등이 포함되는 것이 바람직하다.

(5) 대체

회계연도 말쯤에 재정현황이 사업별 또는 계정별로 과도지출이 되었거나 또는 과소지출이 된 경우에는 과소지출분에서 과다지출분을 메우기 위하여 대체할 필요가 있다. 이러한 대체는 조직의 구조와 액수에 따라 중간 행정책임자 또는 최고 행정책임자의 승인을 받아야 한다.

(6) 지불연기

이 방법은 조직의 내외부로부터의 지불요청에 대하여 의도적으로 적당한 방법을 통해 지불을 연기함으로써 수입예산의 입금 여유를 갖는 것이다. 특히 지불연기로 벌칙이나 벌금이 없는 경우는 요청자의 양해를 얻어 최대한으로 지불연기를 할 수 있다.

(7) 차용

차용은 은행 또는 특별단체(협회, 연합회, 정부기관 등)로부터 자금을 빌리는 것을 말하다. 수입예산이 계획대로 확보되지 않을 경우, 불가피한 지출을 위해서는 일반적으로 은행, 사회복지 관련 특별단체 또는 정부의 기금으로부터 장기적 또는 단기적인 대부를 받을 필요가 있을 수 있다.

4. 회계

회계(*accounting*)는 재정적 거래를 분류, 기록, 요약하고 그 결과를 해석하는 표준화된 기술적 방법이라 할 수 있고 목적에 따라 재무회계(*financial accounting*)와 관리회계(*managerial accounting*)로 나누어진다(남상오, 1988: 16~17; Hildreth & Hildreth, 1988: 100~101). 재무회계는 내부 및 외부 정보 이용자의 경제적 의사결정에 유용하도록 일정기간 동안의 수입과 지출사항을 측정 보고하는 것인데, 거래자료 기록, 분개, 시산표 작성, 재무제표 작성을 주요 내용으로 하고 있다. 관리회계는 행정책임자(경영자)가 행정적(경영적) 의사결정을 하는 데 필요하도록 재정관계 자료를 정리하는 것인데, 예산단위의 비용을 계산하여 예산의 실행성과를 분석하는 것을 주요 내용으로 하고 있다.

1) 주요 회계활동

회계는 기록업무, 정리업무, 재정보고서 작성 및 보고업무를 위주로 하고 있는데 이를 간략히 설명하면 다음과 같다.

(1) 기록업무

수입과 지출에 관한 다양한 기록장부를 마련하고 회계원칙에 따라 장부에 기록하는 일이다. 사회복지법인이 가장 대표적인 사회복지 조직이라 할 수 있으므로 여기서는 사회복지법인과 관련하여 회계업무를 설명하도록 하겠다. 사회복지법인 재무·회계규칙(1988년 6월부터 시행)에 의하면 법인 회계와 수익사업 회계는 복식부기에 의하도록 하고 있으며 시설회계는 단식부기에 의하도록 하고 있다. 시설(이용시설 및 생활시설)에서도 복식부기의 회계를 하면 시설의 전반적인 재정사항을 잘 파악할 수 있어 재정관리에 유익할 것으로 본다.

복식부기를 원칙으로 한 회계업무의 절차를 나타내면 〈그림 11-1〉 및 〈그림 11-2〉와 같다〔회계절차에 대한 자세한 설명은 남상오(1990)를 참고할 것〕. 이 그림에서 보면 수입과 지출이 발생할 경우 분개장에 적고 분개장의 사항을 총계정원장에 전기하여 시산표를 작성하며 정리분개를 한 후, 정산표를 작성하든지 아니면 바로 재무제표(대차대조표, 손익계산서, 이익잉여금 처분계산서, 재무상태 변동표)를 작성하여 결산분개를 한 후에 다시 거래로 돌아오는 순환과정을 거친다.

(2) 정리업무

장부에 기록된 회계사항을 주기적(월별, 분기별)으로 종결하여 정리하는 업무인데 이는 주기적으로 재정상태를 파악하기 위한 재정보고서

〈그림 11-1〉 회계의 순환절차

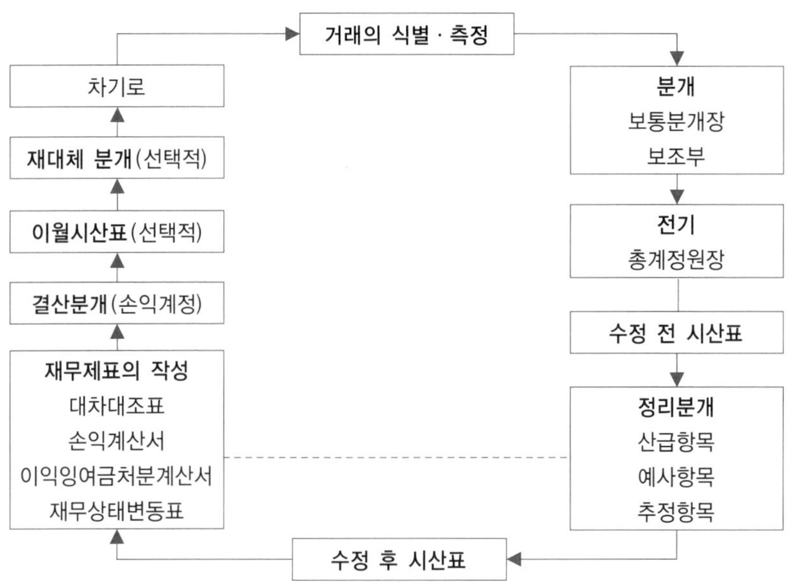

출처: 남상오(1990: 37).

〈그림 11-2〉 회계장부를 중심으로 본 회계업무절차표

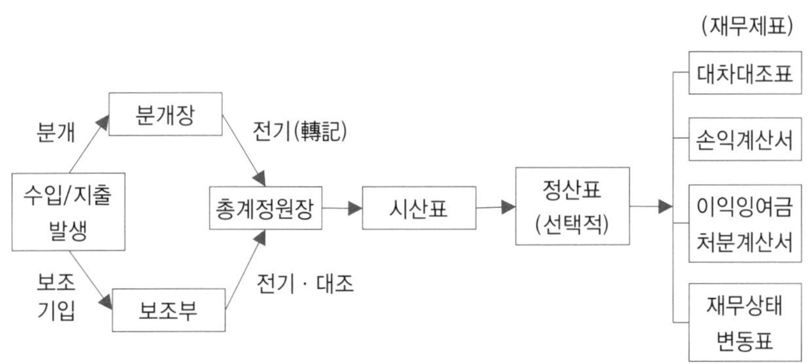

보조부: 현금출납장, 재산대장, 소모품대장, 비품관리대장, 유가증권수급대장, 신탁대장, 차입금대장, 미불금 대장, 당좌예금출납장 등.
출처: 남상오(1990: 37).

작성을 위해서도 반드시 필요한 절차이다.

(3) 재정보고서 작성 및 발행

사회복지 조직의 재정상태를 정기적으로 파악하기 위하여 월별, 분기별 재정보고서를 작성하여 시설내부 및 이사회에 보고할 필요가 있다. 회계연도 말에는 1년분의 수입지출 현황을 알 수 있는 적절한 양식의 보고서(대차대조표를 포함한 보고서)를 작성하여 정부기관 및 이사회에 반드시 보고해야 하고, 가능하면 재정원천이 되는 조직이나 개인에게도 보고하거나 공개하여 그들이 제공한 재정자원이 어떻게 사용되었는지를 알려주는 것이 바람직하다. 재정보고서와 병행하여 사업실적 보고서도 만들어 보고하는 것이 더욱 바람직하다. 특히 지방자치제하에서는 지역사회의 여러 기관 및 지역주민들의 참여가 기대되고 이들에 대한 보고를 통하여 더욱더 많은 사람들의 관심과 지원을 받을 수 있게 될 것이다.

5. 회계감사

회계업무는 조직의 재정활동에 관한 제반기록과 보고의 업무인데, 사회복지 조직의 회계업무는 조직의 예산서의 규정과 회계의 일반원칙 이외에도 보조금의 예산 및 관리에 관한 법률, 사회복지법인 재무회계 규칙, 공익법인의 설립·운영에 관한 법률, 보건복지부 및 그 소속청 소관 비영리법인의 설립 및 감독에 관한 법률의 규정도 준수하여야 한다. 회계감사(검사)란 조직의 수입지출의 결과에 관한 사실을 확인·검증하고 이에 관한 보고를 하기 위하여 장부 및 기타기록을 체계적으로 검사하는 행위를 말한다.

1) 회계감사의 종류

회계감사는 감사를 실시하는 주체에 따라 내부감사와 외부감사로 나눌 수 있다. 내부감사는 조직의 내부인인 최고 행정책임자 또는 다른 중간 행정책임자가 행하는 것을 말하며, 외부감사는 조직외부의 독립된 회계기관, 회계사 또는 정부의 업무감독 기관에서 행하는 감사를 말한다. 사회복지법인이나 공익법인에서 운영하는 사회복지 조직의 회계사항을 그 법인의 감사가 행할 때는 보는 입장에 따라 내부감사일 수도 있고 외부감사일 수도 있다.

그리고 감사는 대상조직에 따라 정부기관에 대한 감사, 법인(사회복지법인, 공익법인 등)에 대한 감사와 법인이 운영하는 사회복지 조직에 대한 감사가 있을 수 있다. 공적 사회복지기관에 대한 감사는 정부의 감독관청 및 감사원이 행할 수 있으며, 법인에 대한 감사는 법인의 감사, 법인에서 지정한 외부의 회계기관 또는 정부의 감독관청이 행할 수 있고, 사회복지 조직의 감사는 당해법인, 외부 회계기관 및 감독관청이 행할 수 있다.

2) 회계감사의 접근방법

회계감사는 관련되는 재정사항의 전부를 일일이 점검하는 전체점검 방법과 재정사항의 일부를 표본으로 추출하여 점검하는 일부점검 방법이 있다(Hildreth & Hildreth, 1988: 103). 전체점검방법은 전통적인 방법으로 회계사항이 복잡한 조직에 적용하는 데 시간이 많이 걸리는 것이 문제이고 전체점검을 하더라도 다른 회계사항과의 관련성을 체계적으로 점검하기 어려운 경우도 있다. 최근에 전산화 회계방법이 개발되어 외국에서는 물론 우리나라의 사회복지 조직에서도 점차 활용이 확산되고 있다. 일부 점검방법은 특히 전산화 회계방법을 사용하는 경우에 이용하기 쉬운데 자료의 입력과 처리가 올바르게 연결되어 있는지 먼저 확인한 후에 거래의 일부를 선택하여 그것을 점검해 보면 쉽사리 회계사항을 판단할 수 있다.

6. 정부의 법률 및 규정에 의한 재정관리관련 규정

사회복지 조직의 재정관리에 관련된 사항을 현행의 법률 및 행정부서의 행정규정으로 규정하고 있는데 주요 재정관련 규정을 간략히 소개하면 다음과 같다.

1) 사회복지법인 재무 · 회계규칙 (2015년 12월 24일 개정)

① 회계연도 : 정부와 같이 1월 1일에서 12월 31일까지로 한다.

② 회계의 구분 : 회계를 당해법인의 업무전반에 관한 법인회계와 법인이 설치운영하는 시설의 시설회계와 법인이 수행하는 수익사업에 관한 수익사업회계로 구분한다.

③ 예산편성 : 법인회계, 시설회계 또는 수익사업회계를 구분하여 예산을 편성하고 이사회의 의결을 거쳐 확정한다.

④ 예산편성 보고 : 법인의 대표이사는 법인회계 및 시설회계의 예산을 회계연도 개시 5일 전까지 시·군·구청장에게 제출해야 한다.

⑤ 결산서 제출 : 법인의 대표이사는 법인과 시설의 결산 보고서를 작성하여 이사회의 의결을 거친 후 다음 연도 3월 31일까지 시·군·구청장에게 제출하여야 한다. 결산보고서에는 반드시 감사 의견서가 첨부되어야 한다.

⑥ 후원금의 관리 : 후원금의 수입·지출 내용과 관리에 명확성이 확보되어야 하고, 후원금 영수 시에는 시·군·구청이 부여한 일련 번호가 기재된 후원금 영수증을 후원자에게 교부하여야 한다. 후원금은 후원자가 지정한 용도 외에 사용하지 못한다.

⑦ 회계 : 단식부기에 의하고, 법인회계와 수익사업회계 중 복식부기의 필요가 있는 경우는 복식부기에 의한다. 법인과 시설에는 다음의 회계장부를 둔다. ⓐ 현금출납부, ⓑ 총계정원장, ⓒ 총계정원장 보조부, ⓓ 재산대장, ⓔ 비품관리 대장, ⓕ 소모품 대장

⑧ 재무회계의 정보매체 이용 처리 : 회계는 컴퓨터 회계 프로그램으로 처리할 수 있으며, 이 경우 회계프로그램 출력물을 보관하는 것으로 각종장부 비치를 갈음할 수 있다.

⑨ 감사 : 법인의 감사는 당해법인과 시설에 대하여 연 1회 이상 감사를 해야 하며, 법인과 시설의 수입원과 지출원이 사망 또는 경질 시는 법인의 대표이사가 감사로 하여금 감사하게 해야 한다.

2) 보조금관리에 관한 법률(2015년 7월 20일 개정)

① 보조사업 비용 예산계상 신청 : 국가의 보조금으로 사업을 하고자 하는 자는 매년 중앙관서의 장에게 보조금을 위한 예산이 계상되도록 신청해야 한다.

② 보조금 교부신청 : 보조금의 교부를 받고자 하는 자는 신청서를

중앙관서의 장에게 제출하여야 한다.

③ 보조금 용도 외 사용금지 : 보조금은 신청내용과 다른 목적에 사용할 수 없다. 보조금에 의한 사업을 변경하고자 하는 자는 중앙관서 장의 승인을 얻어야 한다.

④ 보조금사용 별도계정 설정 회계 : 보조금의 수입과 지출에 대하여 별도의 계정을 두고 회계하여야 하고 예산회계법 제15조 및 제91조를 준용한다.

⑤ 보조금 사용에 대한 감사 : 필요한 경우 소속 공무원으로 하여금 감사하도록 할 수 있다.

3) 공익법인의 설립 · 운영에 관한 법률 (2014년 1월 7일 개정)

① 회계연도 : 정부의 회계연도와 같이 1월 1일에서 12월 31일로 한다.

② 회계 : 목적사업회계와 수익사업회계로 구분하고, 기업회계의 원칙에 따른다.

③ 법인감사 : 법인에는 2인의 감사를 두어야 하고 규정된 감사의 직무(제10조)를 수행해야 한다.

④ 수익사업의 승인 신청 : 공익법인이 수익사업을 하고자 할 때는 주무관청의 승인을 받아야 한다.

4) 보건복지부 및 그 소속청 소관 비영리법인의 설립 및 감독에 관한 규칙 (2013년 년 3월 23일 개정)

① 법인사무의 감사 · 감독 : 민법의 규정에 의하여 보건복지부가 주무관청이 되는 비영리법인에 대해, 보건복지부 장관은 법인사무

의 감사 및 감독이 필요한 경우, 관계서류를 제출하게 하거나 소속공무원으로 하여금 법인의 사무 및 재산사항을 감사하게 할 수 있다.

② 예산서 및 결산서 제출 : 매 사업연도 종료 후 늦어도 2개월 이내에 법인은 다음연도 사업계획서와 예산서 및 당해연도의 사업실적서 및 결산서를 제출해야 한다.

7. 재정관리절차 평가

재정관리의 평가는 예산수립에서 회계감사에 이르는 전과정이 조직의 목표를 효과적으로 그리고 효율적으로 달성하는 데 어떻게 기여하였으며 그 과정상에 문제는 없었는가, 있었다면 무엇이 문제였는가를 발견하여 다음의 재정관리 과정에서 개선하여 나갈 수 있도록 해야 할 것이다. 재정관리절차의 평가는 회계감사의 결과를 가장 중요한 바탕으로 하여 이루어진다. 특히 이런 재정과정의 평가는 조직의 전반적인 프로그램을 평가하는 것과 연계하여 이루어지면 더욱 바람직하다.

사회복지 조직에서 이루어지는 재정과정 평가는 사람을 대상으로 하는 서비스의 특성 때문에 어느 정도 질적인 판단을 수반함으로 행정책임자는 질적 평가에 대한 지식도 갖추는 것이 바람직하다.

· 제 12 장 ·

사회복지 조직의 마케팅

마케팅(*marketing*)은 개인이나 조직의 목표를 만족시키는 교환을 창출해내기 위해 아이디어, 재화, 서비스의 개념설정, 가격정책, 촉진 및 유통활동을 계획하고 집행하는 과정이라 할 수 있다(American Marketing Association, 이수동 외에서 재인용). 이와 같은 정의에 비추어 보면 마케팅은 영리 조직에 관련된 활동이지 사회복지 조직과는 상관없다고 생각할지 모른다. 사회복지 조직은 본질적으로 급여(給與; *benefits*)를 상품으로 보지 않는다. 따라서 사회복지 조직은 영리 조직이 아니기 때문에 상품의 생산, 유통, 교환 등과 관련된 활동인 마케팅이 적용될 여지는 거의 없다. 사회복지 조직이 영리 조직이 아니라는 면에서는 마케팅과 관계없을지 모른다. 그러나 사회복지의 급여의 성격과 대상과 전달전략 그리고 사회복지 조직의 성격 등이 변화하는 현상을 고려하면 마케팅은 영리 조직에만 적용되는 것은 아니다.

사회복지 조직은 사회복지 정책을 구체적 급여로 전환하여 수급자나 소비자에게 전달하는 조직적 장치의 총체적 활동이다. 사회복지의 급여는 금품이나 서비스의 형태이고 사회복지 조직은 찾아오는 사람들에게 급여를 단순히 전달하는 것에 그치는 것이 아니라, 그 급여를 적극적으로 국민과 지역사회 주민에게 알리고 수급자격이 있는 사람들이 그 급여를 받을 수 있도록 하는 것이 오늘날 사회복지 서비스 전달조직의 임무가 되었다.

그리고 사회복지 조직은 어떤 뜻있는 기부자의 기부금품을 받아 이를 단순히 전달하는 조직이 아니라 지역사회 주민으로부터 기부금품을 받아 조직운영의 주요한 재원으로 삼는다. 필요한 경우에는 사회복지 조직에서도 목적사업의 재원을 충당하기 위해 영리사업을 할 수도 있고 그렇게 하는 경우도 많다. 또한 사회복지 조직이 전적으로 정부의 재정지원으로 급여를 제공하는 경우도 자격 있는 사람들이 수급하도록 하기 위해서는, 어떤 의미에서 그 서비스를 잘 알리고 잘 받을 수 있도록 하기 위해서도 그 급여가 시장에서 제공되는 것과는 다른 비영리적인 것이지만 이를 일종의 상품으로 생각하고 수급자나 소비자에게 판매하는 등의 전략이 필요하다.

사회복지의 급여가 원칙적으로 이익추구의 상품은 아니지만 사회복지 급여가 국민의 보편적 급여로 확대됨에 따라 급여의 일부 또는 전부를 실비로 지급하고 수급하는 경우도 많아지고 있다. 이에 더하여 사회복지의 혼합경제화(*mixed economy of social welfare*)나 복지 다원주의(*welfare pluralism*)의 경향은 사회복지 급여의 성격과 급여제공 주체의 다양화를 촉진하는 요인으로 작용하여 사회복지 급여가 영리 조직에서도 전달 가능한 것으로 인정되고 있다.

이와 같은 사회복지 대상의 확대, 급여의 다양화, 재원의 다양화, 전달조직의 다양화가 사회복지 제도의 중요한 변화현상으로 나타나기 때문에 비영리 조직이든 영리 조직이든 사회복지 조직에서 마케팅은 조직의 효과성과 효율성을 제고할 수 있는 중요한 지식과 기술로 인정되고 있다.

비영리 조직(*non-profit organization*)은 사회복지 조직, 병원, 학교, 사회운동기관, 종교단체, 공공기관, 국가안보기관, 정치관련 단체, 문화단체, 교회 등 다양하다. 이러한 비영리 조직에 마케팅이 모두 적용될 수 있다.

사회복지 조직은 비영리 조직이기 때문에 사회복지 조직 마케팅을 비영리 조직 마케팅으로 보고, 마케팅의 개념, 마케팅 개념의 확대, 구매행동의 이해, 전략적 마케팅 기획과정을 살펴본 다음 마케팅 전략을 활용할 수 있는 모금에 대해서 생각해 보기로 하겠다.

1. 마케팅의 개념

1) 마케팅의 개념정의

마케팅의 개념은 다양하지만 이 장의 처음에 소개한 미국 마케팅협회의 정의를 다시 생각해 보기로 하겠다. 즉, 개인이나 조직의 목표를 만족시키는 교환을 창출해내기 위해 아이디어, 재화 및 서비스의 개념설정, 가격정책, 촉진 및 유통활동을 계획하고 집행하는 과정이라 할 수 있다(American Marketing Association, 이수동 외에서 재인용). 마케팅을 좀더 간단히 정의하면 소비자의 목표를 만족시키기 위해 시장에서 교환이 일어나도록 하는 일련의 활동이라 할 수 있다. 마케팅 개념의 속성은 목표달성(만족), 교환의 창출, 교환 당사자(개인과 단체), 교환의 대상, 교환을 가능하게 하는 활동과정으로 나누어볼 수 있다.

목표달성은 소비자인 개인이나 조직의 필요와 욕구를 만족시키는 것이다. 영리 조직에서는 이윤창출이 필요와 욕구가 되고 또한 목표가 되지만, 비영리 조직인 사회복지 조직에서는 지역사회 내의 개인이나 집단이 당면한 문제나 발전을 위한 과제를 해결하는 것이 필요와 욕구 그리고 목표가 된다.

교환의 창출은 교환이 가능하도록 하는 것인데 교환 당사자인 개인이나 조직이 자신이 주는 것(비용)이 받는 것(보상)보다 가치가 더 크거나 동등하다고 판단될 때 교환이 이루어지는 것이 일반적이다.

교환 당사자는 개인과 개인, 개인과 조직, 조직과 조직 모두가 될 수 있다. 개인이나 조직은 당면문제 해결이나 발전과제 해결을 위해 교환에 참여하게 된다. 교환이 이루어지는 구체적인 물리적 장소 또는 교환에 참여할 수 있는 잠재적 고객의 추상적 집합체를 시장(*market*)이라 한다. 교환이 이루어지는 구체적 장소는 '동대문 시장'과 같은 곳을 말하고 추상적 잠재적 집합체는 실버상품의 시장이라 할 수 있는 '50세 이상 고령자들' 또는 '노인들'과 같은 집단을 말한다.

교환의 대상은 재화, 서비스, 아이디어, 정서 및 인지적 변화 등이 될 수 있다. 영리 조직에서는 재화, 서비스, 아이디어가 주된 교환의 대상이나 매체가 되지만 비영리 조직에서는 재화, 서비스, 아이디어 외에 정서 및 인지의 변화까지도 주된 교환대상이 될 수 있다.

교환을 가능케 하는 활동과정이라 할 수 있는 마케팅은 단순하고 일시적인 활동이 아니라 의도적으로 계획된 일련의 활동이다. 마케팅은 교환대상에 대한 개념을 설정하고 그 가격을 결정하고 교환이 일어나도록 하는 제반활동을 포함한다. 영리 조직이든 비영리 조직이든 교환이 가능하도록 하려면 조직적이고 체계적인 연속적 활동이 이루어져야 한다.

2. 마케팅 철학의 변천

재화나 상품을 어떤 관점에서 생산하여 시장에서 교환되도록 하느냐는 마케팅 철학이라 할 수 있는데 이를 이해하는 것이 마케팅 전략이나 마케팅 관리에 중요하다. 마케팅 철학은 시대의 진전에 따라 변화되어 왔는데 5단계로 나눌 수 있다(Andreasen & Kotler, 2003; 안광호 외, 2004; 이수동 외, 2006; 오세조 외, 2005). 즉 ① 제품지향 마케팅, ② 생산지향 마케팅, ③ 판매지향 마케팅, ④ 고객지향 마케팅, ⑤ 사회지향 마케팅이다.

(1) 제품지향적 마케팅(*production orientation*)

마케팅 개념 적용의 초기단계라 할 수 있는 1900년대 초에는 공급자가 소비자에게 좋은 것이라 판단되는 제품을 생산하는 것이 중요하다고 생각하고 그러한 제품의 생산에 초점을 두었다. 이러한 철학은 수요가 공급보다 큰 경우에 적용될 수 있다.

(2) 생산지향적 마케팅(*production orientation*)

1910년대에 이르러서는 소비자들이 쉽고 저렴하게 구할 수 있는 것을 선호한다고 가정하고, 기업은 저가로 상품을 대량생산하여 유통하는 것에 초점을 두었다.

(3) 판매지향적 마케팅(*sales orientation*)

사회가 발전하고 소비자의 생활수준이 향상됨에 따라 1930년대 이후부터는 제품의 값을 싸게 한 것으로 소비자를 설득하여 판매하는 데 초점을 두고 소비자에게 필요하다고 생각하는 상품을 값싸게 생산하였다. 즉, "우리는 어떤 것이든 팔 수 있다"라는 태도를 가지고 판매원(*salesman*)을 훈련시켜 제품을 판매하는 데 역점을 두었다. 이와 같은 판매지향적 마케팅은 고객(소비자)의 욕구나 선호에는 별로 관심을 기울이지 못하였다. 그리고 이 시기는 판매에 너무나 역점을 둔 나머지 판매와 마케팅을 서로 분리된 활동으로 보았고, 판매가 마케팅의 주요 기능 중의 하나라고 생각하지 못하였다.

(4) 고객지향적 마케팅(*customer orientation*)

1950년대에 들어오면서 고객의 욕구와 선호에 초점을 둔 제품생산이 이루어지기 시작하였다. 이리하여 기업조직 활동을 고객의 욕구에 부응하도록 통합하고 고객의 욕구를 만족시킴으로써 기업의 목표를 달성할 수 있다고 생각하였다. 고객지향적 마케팅은 현저한 제품판매의 효과를 가져왔지만 지나친 고객지향적 태도는 다른 집단(예를 들면 소매업자)의 목소리를 무시하고 제품의 혁신에 장애요인이 되는 부작용을 낳는 경우도 있다.

(5) 사회지향적 마케팅(*society orientation*)

1970년대를 전후하여 고객지향적 마케팅으로 크게 번창한 기업이 장기적으로는 고객이나 사회복지를 해칠 수 있다는 문제점이 제기되었다. 아울러 공해나 환경오염, 생태계 파괴 등의 환경문제, 과소비, 과도한 물질주의, 과도한 정치력 행사 등으로 인한 소비자의 복지문제가 기업과 연관된 문제로 부각되면서 기업의 사회적 책임이 강조되기 시작하였다. 따라서 사회지향적 마케팅은 고객의 이익, 조직의 이익과 더불어 사회전체의 이익도 고려해야 함을 강조한다.

3. 마케팅 개념의 확대와 비영리 조직 마케팅

1) 마케팅 개념의 확대배경

전통적으로 제품은 가시적이고 물질적인 재화(*goods*)로만 한정되었으나 비물질적 의료서비스, 상담, 컨설팅 등도 상품으로 등장하였고, 사회복지 기관의 사회심리적 개입 등의 비물질적 서비스도 중요한 상품으로 등장하였다. 전통적 사회복지에서는 제공되는 것이 물질적이든 비물질적이든 관계없이 무료로 제공되었다가, 1950년대부터 유료로도 제공되기 시작하였고, 특히 사회복지 급여 중 비물질적 서비스의 대상이 중산층으로 확대되면서 사회복지 서비스도 유료로 제공되는 경우가 크게 증가하는 경향이 보인다.

미국과 같은 나라에서는 사회복지의 상담 또는 사회심리적 개입은 유료로 제공되고, 같은 서비스 제공조직 간의 가격경쟁도 나타나 사회복지 서비스의 일부는 시장서비스처럼 인정된다. 시장원리에 의해 제공되는 서비스를 사회복지 서비스로 인정하느냐 아니냐에 대해서는 상당한 논란이 있지만 외국에서는 유료 서비스(단순한 수익자 부담이 아닌 이윤창출이 포함된 서비스)가 사회적으로 인정되고, 같은 문제나 과제에 대해서도 정부의 공적 서비스와 민간의 사적 서비스 간 경쟁이 인정되는 것도 현실이다.

사회복지 급여가 유료로 제공되든 무료로 제공되든 또한 사회복지 급여가 물질적이든 비물질적이든 관계없이 교환의 대상이 된다는 의미에서도 사회복지 급여는 시장의 상품과 같은 의미를 지닌다. 예를 들면 기초생활보장 수급권자가 정부로부터 생활보조금을 받는 경우 정부는 기초생활보장 수급자에게 생활보조금을 제공하고, 기초생활보장 수급권자는 정부(국민)에 대하여 감사, 생활의 향상 또는 빈곤문제 해결(빈곤문제로 인한 다른 문제의 해결 또는 예방까지 포함)을 교환하는 것으로 볼 수 있다. 사회복지 조직이 모금을 하는 경우에는 사회복지 조직은 기부자로부터 기부금을 받고, 기부자는 사회복지 조직으로부터 직접적으로 감사의 표시를 받고 간접적으로 사회로부터 사회문제 해결에 기여했다거나 타인을 돕는 일에 참여했다는 심리적 만족감을 얻는다고 볼 수 있다.

무형이거나 비물질적이거나 비물리적인 서비스가 시장원리에 의해 제공되거나 아니거나에 관계없이 개인과 집단의 욕구충족을 위해 제공되고 교환되는 것은 교환의 대상이 되기 때문에 교환의 대상이라는 점에서 사회복지 서비스는 상품과 같은 특성을 지닌다. 사회복지 무료상담 서비스도 서비스 수급자와 정부(국민) 사이에 상담과 감사 또는 문제해결이 교환되는 것이다. 유료 서비스는 서비스와 금전이 교환되는 것이다.

마케팅은 교환을 가능하게 하는 계획과 절차라는 면에서 보면 교환대상이 물질적 상품이건 비물질적 상품이건, 상품의 교환이 이윤추구를 목적으로 하든 아니든 관계없이 마케팅의 대상이 될 수 있다는 점에서 마케팅의 개념이 확대되고 있다.

2) 비영리(조직) 마케팅(*nonprofit marketing*)

사회복지 조직은 적절한 급여를 자격 있는 수급자나 소비자에게 전달하고 수급자나 소비자는 문제해결이라는 것을 사회복지 조직에 제공한다는 면에서 교환관계가 성립하고 교환이라는 의미에서 마케팅의 기본적 개념이 적용될 수 있다. 비영리 조직은 영리 조직에서와 같이 상품과 화폐를 교환하는 교환관계는 아니지만 물질적 · 비물질적 급여와 문제 · 과제의 해결 또는 감사(감사의 표현)를 교환하는 것이라는 점에서 비영리 조직에도 영리 조직에서와 같은 마케팅 원칙을 적용할 수 있다. 이러한 의미에서 비영리 조직에 영리 조직의 마케팅 원칙을 적용한 것을 비영리 조직 마케팅(*marketing for non-profit organization*) 또는 비영리 마케팅(*nonprofit marketing*)이라 한다.

영리 마케팅 또는 영리조직 마케팅은 특정 소비자들의 구매행동이 어떤가를 다루고, 기업의 제품 · 가격 · 유통 및 촉진에 관한 의사결정을 포함하며, 이윤추구를 위한 효과적 마케팅 활동을 수행하는 방법을 주된 내용으로 한다. 그러나 비영리 마케팅은 영업 마케팅과 다음과 같은 점에서 다른 특성을 지니고 있다(정익준, 2005).

① 비영리 조직 마케팅은 이윤추구보다는 조직의 목표를 얼마나 효과적으로 그리고 효율적으로 달성하느냐에 주안점을 둔다.

② 비영리 조직 마케팅에서 조직이 얻는 이득은 사회의 이득이 되는 경우가 일반적이다. 예를 들면 알코올 중독자를 상담하는 복지기관에서는 상담서비스를 제공하고 알코올 중독자로부터는 문제해결을 얻지만 결국 이것은 조직에 직접적으로 이득이 되는 것이 아니라 사회에 이득이 되는 것이다.

③ 비영리 조직의 마케팅에서 교환되는 것은 비물질적인 것이 대부분이다. 사회복지 급여가 다양해지고 전달기술이 전문화되면서 사회복지 급여는 물질적인 것보다는 비물질적인 것이 더 많아지고 있다. 예를 들면 가족복지기관에서 아동학대 문제해결 서비스를 제공하는 경우 상담 서비스와 문제해결이라는 비물질적인 것이 교환되는 것이다.

④ 비영리 마케팅, 특히 사회복지 조직에서 제공되는 서비스는 다른 서비스(예를 들면 항공서비스, 은행서비스, 통신서비스 등)에 비해 명확하지 못하거나 그 효과가 잘 인식되지 못한다. 사회복지 조직에서 제공되는 서비스는 사회과학적 이론과 행동과학 이론에 근거하고 있으나 서비스를 명확히 인식하기 어렵고 그 효과가 장기적이거나 광범위하여 사회적으로 잘 인식되지 못하는 것이 일반적이다.

⑤ 비영리 마케팅에서 제공되는 서비스가 인간의 태도나 행동의 변화에 관련된 것이면 그 변화가 어렵다. 영리 마케팅에서도 소비자의 태도나 행동을 변화시켜 상품을 구입하도록 하는 것이 어려운 작업이지만 비영리 마케팅에서 수혜자나 소비자의 태도 또는 행동을 변화시키는 것은 더욱 어렵다.

4. 비영리 마케팅에서의 구매행동의 이해

영리 마케팅은 상품을 구매하는 행동, 즉 돈과 상품을 교환하는 행동이 실제로 일어나게 하는 것인데 마케팅을 비영리 영역으로 확대하면 교환되는 것은 돈뿐만 아니라 다른 물질과 심리사회적인 것까지 포함된다는 것은 앞에서 설명하였다. 여기서는 이와 같은 것들이 교환되는 활동을 통틀어 구매행동이라 부르기로 하겠다.

마케팅의 가장 핵심적 요소는 교환행동이 실제로 일어나게 하는 것이다. 마케팅에서 실제적으로 교환행동이 일어나지 않고 다만 마음의 변화나 정신적 변화만 일어나게 한다면 이는 마케팅이 아니라 단순한 교육이나 선전에 불과한 것이다(Andreasen & Kotler, 2003).

마케팅의 적용범위는 점점 더 확대되고 있는데 마케팅의 개념과 원칙은 행동변화를 목표로 하는 것에 모두 적용될 수 있다(Andreasen & Kotler, 2003). 마케팅의 구매행동이 적용될 수 있는 것은 다음과 같은 것들을 포함한다.

① 사람들이 상품과 서비스를 구입하도록 하는 것.
② 사람들이 바람직하지 않은 행동, 예를 들면 흡연이나 마약사용을 포기하게 하는 것.
③ 사람들이 바람직한 새로운 행동, 예를 들면 운동, 혈압약 복용을 하게 하는 것.
④ 사람들이 돈이나 시간을 기부하게 하는 것.
⑤ 조직의 구성원 또는 자원봉사자가 특별한 행동을 수행하도록 하는 것.
⑥ 입법관련자들이 바람직한 법률에 찬성하게 하거나 특별한 프로그램에 재정지원을 하도록 하는 것.
⑦ 대중매체들이 어떤 사건이나 프로그램을 보도하게 하는 것.

이상에서 본 바와 같이 마케팅은 영리 마케팅이든 비영리 마케팅이든 관계없이 개인이나 단체는 비용(돈, 시간, 노력봉사, 마약의 중단, 헌혈, 사회심리적 문제로 인한 고통 등)을 지불하고 어떤 보상(물질, 정신적 만족, 칭찬, 감사, 사회적 인정 등)을 받을 것인가를 생각하고 그러한 비용과 보상의 교환행동이 실제로 일어나도록 하는 과정을 이해하는 것이 대단히 중요하다. 마케팅은 다시 말해서 교환행동인 구매행동이 일어나게 하는 것이다.

먼저 구매행동이 일어나도록 하는 요인을 살펴본 후 구매행동의 절차를 살펴보기로 하겠다.

1) 구매행동의 요인

구매행동의 요인은 Andreasen(1995; Andreasen & Kotler, 2003에서 재인용)이 제시한 바와 같이 4가지로 생각해 볼 수 있다. 즉, ① 이익, ② 비용, ③ 자기효능감, ④ 기타요인의 4가지이다.

이익(보상)과 비용은 교환이론에서 주장하는 바와 같은 것이다. 즉, 주는 것(비용)보다 받는 것(이익)이 더 가치 있다고 판단하는 관점에서 구매행동이 유발된다는 것이다. 이와 같은 구매행동은 〈그림 12-1〉에서 같이 개인과 단체 그리고 영리적 및 비영리적 상황 속에서 이루어질 수 있다.

구매행동은 교환의 이익과 비용의 관계로만 유발되는 것이 아니다. 구매행동에는 자기효능감(*self-efficacy*)도 중요한 유발요인이 될 수 있다. 자기효능감은 "기대하는 대로 이루어진다" 또는 "나는 할 수 있다"는 확신적 믿음을 말한다. 다시 말해서 자기효능감은 구매행동이 실제로 일어날 수 있다고 믿는 믿음이다. 많은 경우 구매행동에는 이익과 비용의 계산에서 이익을 가져온다는 기대(예를 들면, 고통을 참으면서 마약문제 상담서비스를 받으면 마약을 중단하고 새로운 생활을 하게 될 것이라고 기대함)가 반드시 이루어질 수 있다고 믿는 것이 필요하다. 구매행동의 기타요인은 가족이나 친구의 압력이나 권유와 같은 요인들을 말한다. 예를 들면 마약상담은 가족이나 학교 선생님의 압력이나 권유로 그런 서비스를 받을 결심을 하는 경우가 많다.

이상에서 간단히 살펴본 바와 같이 구매행동 또는 교환행동은 이익과 비용의 계산결과만으로 유발될 수도 있지만 자기효능감이나 다른

〈그림 12-1〉 교환관계의 상황

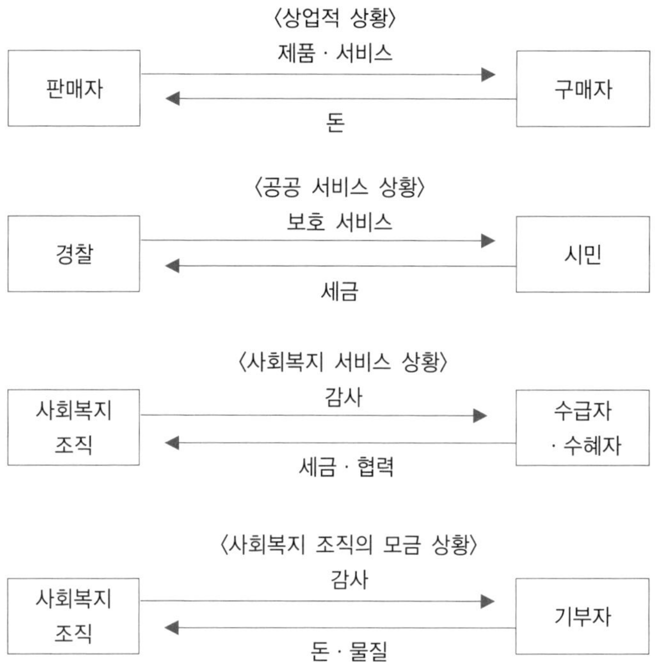

요인이 각각 또는 같이 작용하여 유발될 수도 있다. 여기서는 아주 간략하게 피상적으로 구매행동 요인을 설명하였는데 이에 대한 보다 구체적이고 상세한 이해를 위해서는 다른 서적을 참고할 필요가 있다(예를 들면, 정익준, 2005; Andreasen & Kotler, 2003 등).

2) 개인의 구매행동 절차

교환관계를 형성할 가능성이 있는 상품의 잠재적 소비자나 사회복지 급여의 잠재적 소비자(수혜자 또는 수급자)는 소비자가 지불하고 얻고자 하는 것, 금품이나 서비스의 구매경험, 가격, 종류 등에 따라 구매행동에 관여하는 정도에 차이를 보인다. 이와 같은 관여행동을 크게는 고관여 구매행동(*high-involvement buying behavior*)과 저관여 구매행동(*low-involvement buying behavior*)으로 나누어 볼 수 있다. 처음 구매하거나 가격이 높거나 구매행동이 자신의 품위나 이미지를 반영할 경우에는 고관여 구매행동을 하게 되고, 어떤 상품이나 서비스의 구매경험이 많거나 가격이 낮거나 구매 자체가 자신의 품위나 이미지를 반영하지 않는 경우에는 저관여 구매행동을 하는 것이 일반적이다. 저관여 구매행동에 대한 이해도 필요하지만 고관여 구매행동의 이해는 영리 마케팅과 비영리 마케팅 모두에 있어 훨씬 중요한 것으로 판단된다. Andreasen과 Kotler(2003)는 고관여 구매행동이 이루어질 가능성이 높은 경우를 다음과 같이 제시하고 있다.

① 소비자의 행동이 자신의 이미지를 반영하는 경우
② 구매행동이 개인적 또는 경제적으로 높은 비용을 요하는 경우
③ 잘못 결정하면 개인적 또는 경제적으로 손실을 초래할 위험이 큰 경우
④ 구매행동의 찬성 또는 반대에 대해 주위사람들의 압력이 상당히 큰 경우

위와 같은 경우에 나타날 고관여 구매행동은 대체로 몇 가지의 단계를 거쳐 일어나게 되는데, 4~6단계를 거치는 것으로 이해할 수 있다(정익준, 2005; Andreasen & Kotler, 2003). 여기서는 Andreasen과 Kotler(2003)가 제시한 4단계를 소개하고자 한다. 즉, (1) 사전 숙고단계(*precontemplation*), (2) 숙고단계(*contemplation*), (3) 준비 및 행동단계(*preparation and action*), (4) 유지단계(*maintenance*)이다. 그러면 각

단계에 대하여 간략히 설명해 보기로 하겠다.

(1) 사전 숙고단계

비영리 마케팅에서 집중적 마케팅의 대상이 되는 잠재적 고객이나 소비자 중에는 마케팅 담당자(*non-profit marketer*)와는 달리 관심을 갖고 있지 않는 사람들이 대단히 많은 것이 일반적이다. 이들 가운데 어떤 특정행동이 바람직한 것이라 하더라도 들어본 적도 없거나 들어본 적은 있으나 관심을 두지 않는 경우가 많다. 관심이 적은 것은 또한 주위의 압력이나 종교적 신념이나 관습적 또는 문화적으로 적합하지 않다고 생각하기 때문일 수도 있다. 이 사전 숙고단계는 달리 말하면 고객이나 소비자가 어떤 구매행동에 대한 욕구를 인식하지 못하거나 그러한 욕구가 나타나지 않은 상태라 할 수 있다. 이와 같이 욕구를 인식하지 못하는 것은 욕구에 대한 이해부족과 욕구인식의 기회나 그것을 유발할 어떤 자극이 없었기 때문일 수도 있다. 따라서 사전 숙고단계에서 마케팅 담당자가 욕구를 인식시킬 필요가 있다는 의미에서 필요인식단계라 부르는 경우도 많다(안광호 외, 2004; 정익준, 2005).

(2) 숙고단계

숙고단계는 초기 숙고단계(*early contemplation*)와 후기 숙고단계(*late contemplation*)로 나눌 수 있다.

초기 숙고단계는 필요를 인식한 후, 이를 충족하기 위한 어떤 구매행동(교환행동)을 하는 경우 이익(*benefits*)과 비용(*costs*)에 관심의 초점을 두는 단계, 특히 잠재적 고객이 이익에 더 많은 관심을 쏟게 되는 단계이다. 잠재적 고객이 판단하여 이익이 중요하거나 크다고 생각하지 않으면 구체적 구매행동을 하게 될 가능성은 낮다. 따라서 마케팅 담당자는 잠재적 고객에게 구매행동으로 인한 이익에 초점을 맞추어 특별히 개인적으로 어떤 이익이 되는지 강조할 필요가 있다. 즉, 개인적 이익을 1차적으로 강조하는 것이 중요하고, 타인이나 사회에 이익이 된다는 것은 제 2차적 강조사항이라 할 수 있다. 개인적 이익보다는 사회적 이익을 먼저 이해시키고 강조하는 것은 바람직하지 못한 것이 일반적이다. 비영리 마케팅에서는 이 점에 유의할 필요가 있다.

후기 숙고단계는 잠재적 고객이 이득을 인식하고 비용에 대해 깊이 있게 생각하는 단계이다. 이 단계에서 잠재적 고객은 선택 가능한 것에 대한 정보를 수집하여 선택의 세트(*choice set*)를 구성하고, 각각의 선택 대안을 평가할 기준을 정하여 최종적으로 선택하는 것이다. 최종적 대안선택을 결정함에 있어 잠재적 고객은 주위의 다른 사람들이 어떻게 생각하는지, 자신이 성공할 수 있을지도 고려하게 된다. 마케팅 담당자는 이 단계에서는 비용을 줄일 수 있고 부담을 느끼지 않을 방법을 제시하고 그런 구매행동을 하도록 사회적 압력을 받을 수 있게 하는 방법을 생각해야 할 것이다. 마케팅 담당자는 잠재적 고객이 정보를 수집하고 대안선택의 세트를 만들고 선택의 기준을 설정하여 최종적 대안선택을 하는 데 도움을 제공하는 것이 바람직하다.

(3) 준비 및 행동단계

이 단계는 최종적 대안을 선택한 후 구매행동을 하기로 결정하고 실제로 구매행동을 하는 단계이다. 구매행동은 때로는 의구심을 불러올 수 있고 연기할 수도 있기 때문에 구매행동의 기회를 최대한으로 확대하여 그렇게 하도록 압력을 가하고, 특별히 자기효능감을 재차 강조할 필요가 있다.

(4) 유지단계

유지단계는 구매자의 구매행동이 계속 유지되는 단계를 말한다.

구매행동이 단 한 번의 행동으로 끝날 수도 있지만 구매자로 하여금 계속 같은 상품이나 서비스를 구입하도록 하는 것, 즉 계속적 구매행동이 유지되도록 하는 것이 바람직하고 대단히 중요하다. 이와 같이 고객의 구매행동을 계속 유지하도록 하기 위해서는 마케팅 담당자는 구매자에 대해 감사표시를 하고(감사편지 발송 등) 구매자가 선택을 잘 했다고 느낄 수 있도록 계속적으로 정보를 제공할 필요가 있다(자체 뉴스레터, 홈페이지 및 다른 매체의 보도결과 정보 제공). 그리고 제공한 상품이나 서비스에 대해 계속적 의견청취를 할 수 있는 통로를 마련하고 구매자로부터 상품이나 서비스의 만족도에 대한 환류(*feedback*)를 받아 상품이나 서비스를 개선할 필요가 있다.

5. 전략적 마케팅계획

비영리 조직 마케팅, 특히 사회복지 조직의 마케팅에서 급여(금품이나 서비스)를 효과적이고 효율적으로 제공하는 것(전달하는 것)이 가장 중요한 조직의 존재목적이라 할 수 있기 때문에 사회복지 조직은 급여를 영리조직에서의 상품으로 생각하고 상품을 마케팅하는 것과 같은 태도로 급여를 전달하는 것이 바람직하다. 사회복지 조직에서는 급여가 가장 중요한 상품이므로 급여의 전달을 위한 조직 전체 차원의 기획으로 대처할 필요가 있다.

영리 마케팅에서 조직 전체의 차원에서 이루어지는 전략적 마케팅계획(*strategic marketing planning*)과 개별제품 차원에서 이루어지는 개별

〈그림 12-2〉 선략적 마케팅계획의 질차

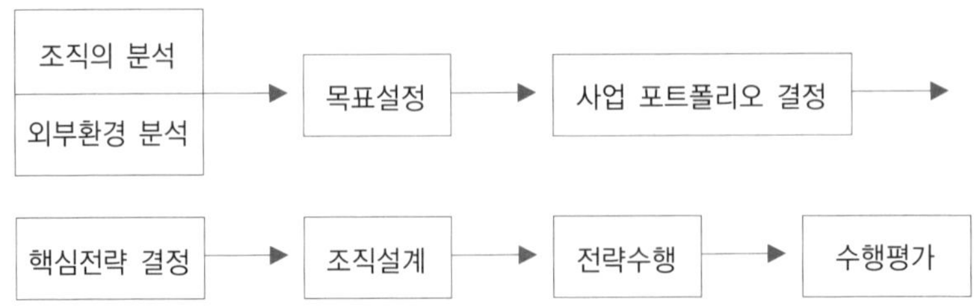

제품 마케팅계획(*product level marketing planning*)이 있듯이 비영리 마케팅에서도 같은 개념을 적용할 수 있다(planning은 '기획'이고 plan은 '계획'이지만 우리나라의 마케팅론에서는 'planning'을 계획으로 번역하고 있기 때문에 이 책에서도 우리나라의 마케팅론의 용어 번역을 따라 'planning'을 계획으로 번역함). 조직 전체 차원의 마케팅계획이 더 중요하기 때문에 여기서는 이를 간략히 설명하기로 하겠다.

전략적 마케팅계획의 절차는 일정하게 통일된 것이 없지만 몇몇 학자들(Andreasen & Kotler, 2003; 정익준, 2005; 안광호 외, 2004)이 제시한 과정을 통합하여 〈그림 12-2〉와 같이 제시할 수 있는데, 이 과정을 간략히 설명해 보기로 하겠다.

1) 조직분석 및 외부환경 분석

마케팅 담당자(*marketer*; 마케터)는 두 가지의 환경을 분석해야 하는데 하나는 조직이고 다른 하나는 조직의 외부환경이다. 조직의 경우 사회복지 조직의 설립목적, 일반목표(*goal*) 및 구체적 목표(*objective*), 조직의 문화 및 조직의 강점과 약점을 분석할 필요가 있다. 조직의 외부환경은 사회복지 조직의 급여전달의 대상이 되는 공중(*publics*), 사회복지 조직이 경쟁하고 있는 다른 조직(과업환경)과 사회적, 정치적, 기술적 및 경제적 환경(일반환경)을 분석하여 어떠한 여건에서 사회복지 급여의 마케팅이 이루어지게 될 것인가를 파악하는 것이 중요하다.

2) 목표설정

사회복지 조직의 설립목적과 일반 목표하에 계량가능하고 일정한 시한이 정해진 구체적 목표를 설정하여야 한다. 예를 들면 "2년 이내에 지역사회(○○구)에서 명성과 신뢰도가 가장 높은 사회복지관이 된다", "3년 이내에 지역사회의 저소득층 65세 이상 노인 30%가 이용하는 노인복지관이 된다", "2년 이내에 지역사회로부터 조직운영 예산의 30%를 모금하는 기관이 된다" 등이다.

3) 사업 포트폴리오 결정

포트폴리오(*portfolio*)의 사전적 의미(*meaning in dictionary*)는 서류가방, 자산목록, (정부의) 장관, 한 사람의 대표적 작품모음집, 학생들의 작품활동 경력과 능력을 잘 알 수 있도록 작품을 수집하여 정리해 놓은 묶음(철)을 의미하는데 조직의 사업 포트폴리오는 조직을 구성하는 사업단위와 제품의 집합체를 의미한다(정익준, 2005). 다른 말로는 수행하고 있거나 앞으로 수행 가능한 사업종류의 목록 또는 그 사업 수행단위의 목록을 말한다. 어떤 의미에서는 사회복지 조직의 프로그램이라 할 수도 있다. 사업은 구체적일 수도 있고(예: 노인학대 상담), 보다 범위가 넓은 것(예: 노인상담, 노인복지 서비스 등)일 수도 있다. 포트폴리오와 관련하여 구체적 사업별 또는 보다 넓은 범위의 사업별로 나누어진 조직적 단위를 전략적 사업단위(*strategic business unit*)라 한다.

조직의 각종 사업 포트폴리오는 조직의 목적 및 일반목표에 따라 중요성과 공헌도에 차이가 날 수 있다. 그 중요성과 공헌도는 사업 포트폴리오 분석(*business portfolio analysis*)을 통해 이루어지는데 이는 주로 사업의 경쟁적 강점과 시장에서의 매력도로 평가될 수 있다(구체적 분석방법은 정익준, 2005: 97~101을 참고하기 바람). 사업 포트폴리오 분석을 통해 어떤 사업을 수행할 것인지 결정하는 것이 바람직하다.

4) 핵심전략 결정

사회복지 조직에서 사업 포트폴리오가 정해지면 그 사업을 위한 핵심적 마케팅 전략을 결정해야 한다. 핵심적 마케팅 전략은 마케팅 목표를 달성하기 위해 상당기간 동안 조직이 취하기 원하는 기본적 공격 무기라 할 수 있다. 핵심적 마케팅 전략은 3가지 요소로 구성된다. 즉, ① 하나 또는 그 이상의 특정 표적시장(*target market*)의 선택, ② 명확하게 정의된 경쟁적 포지셔닝(*competitive positioning*), ③ 표적시장의 욕구를 충족하기 위해 면밀하게 설계되고 조정된 마케팅 믹스(*marketing mix*; 표적시장에서 마케팅 목표를 달성하기 위해 조직이 사용하는 도구를 말함)이다.

시장은 제품 또는 서비스에 대하여 현실적 또는 잠재적 관심과 지불능력을 가진 사람들의 집합이라 할 수 있다. 모든 시장은 동질적이 아니다. 즉, 시장은 요구조건이나 구매반응 또는 중요한 특성이 서로 다른 소비자로 구성되어 있다. 따라서 마케터는 소비자의 연령, 성별, 지리, 라이프스타일 등의 특성에 따라 시장을 세분화(*segmentation*)한 후 세분화된 모든 시장을 대상으로 할 것인지 아니면 그 중 유망한 것에 집

〈표 12-1〉 기부자 시장 세분화

모금방법 / 세분화 시장	결연후원	정기후원	자선 달리기	자선 바자회	자선만찬	동전 모으기
초등학생	—	*	***	—	—	*****
중 · 고등생	—	*	****	*	—	****
대학생 · 청년	**	***	*****	**	—	****
일반직장인	****	*****	****	****	**	***
전문인	*****	***	**	***	****	***
기업인	***	***	*	**	*****	**
주부	***	***	**	*****	**	***
군인	***	***	***	*	—	***

주 : 1) *표 수는 시장개발의 가능성 정도를 표시한 것인데 *표가 많으면 가능성이 높은 것을 의미함.
출처 : 양용희 외(1997: 53).

중할 것인지를 결정해야 한다.

시장세분화의 예를 들면 〈표 12-1〉과 같다. 이 표는 사회복지 조직에서 모금을 하는 경우 기부자 시장을 세분화하여 그 세분화된 시장에 효과적 모금방법을 제시하고 있다.

경쟁적 포지셔닝은 동일한 표적시장에 제공되는 제품이나 서비스가 다른 경쟁사나 경쟁조직의 제품 또는 서비스와 차이 있게 구별되는 경쟁적 요소로서의 상대적 위치를 말한다. 예를 들면 아동학대 상담에서 A기관은 학대가족 전체를 상담하여 문제를 해결하는 서비스를 제공하는 반면 B기관은 아동과 아동학대자만 집중적으로 상담하여 문제를 해결하는 기관으로 차별화하는 것으로 경쟁적 포지셔닝을 가진다고 할 수 있다. 차별화는 제품이나 서비스의 차별화, 관련직원의 차별화, 이미지 차별화 등으로 경쟁적 강점을 발휘할 수 있다.

마케팅 믹스는 마케팅 목표를 달성하기 위하여 마케터 또는 마케팅

관리자가 사용하는 마케팅의 도구를 말한다. 주요 마케팅 도구는 제품(*product*), 가격(*price*), 촉진(*promotion*) 및 유통(*place*)이고, 이 4가지 도구의 영문 첫 자를 따서 4P라고 부른다.

제품(*product*)은 비영리 조직 또는 사회복지 조직이 표적시장에 제공하는 물품이나 서비스를 말한다. 사회복지 조직에서 제공하는 급여는 현금이나 물품과 같은 것〔기초생활보장 현금급여, 경로연금, 장애수당, 미국의 식품교환권(*food stamp*) 등〕도 있지만 지역사회의 사회복지 조직에서 제공되는 급여의 거의 대부분은 비물질적인 것으로 서비스라 할 수 있다. 서비스는 소비자나 고객이 만족할 수 있어야 하고 서비스의 질이나 부수적 조건(비밀보장 등)이 보장되도록 하는 것이 중요하다. 유명인의 참여 및 후원, 유명 상품회사의 후원, 공신력 있는 기관의 후원, 반대급부적 혜택(기부를 하거나 서비스를 받는 경우 공연관람 티켓이나 특별할인 등의 혜택을 주는 것 등)이 포함된 패키지(*package*) 서비스도 서비스의 질과 공신력에 도움이 될 수 있다.

가격(*price*)은 서비스를 획득하기 위해 고객이나 소비자가 지불해야 하는 금액을 말한다. 사회복지 서비스 중에는 돈을 지불하는 경우는 많지 않지만(일부의 상담서비스는 유료로 제공됨) 반드시 돈을 지불하지 않더라도 고통의 감수(예: 마약치료에서의 금단현상 등), 서비스에 순응하거나 감사해야 하는 경우 자존심 약화나 사회적 낙인을 감수하는 것이 비용이 될 수 있다. 우선 가격이 서비스의 질에 부합되어야 하고 적절한 가격결정은 서비스의 구매(수요)에 큰 영향을 미친다. 다른 한편 가격이 높으면 질이 높다(반대로 '싼 게 비지떡이다'라는 속담도 있음)는 생각도 고려할 필요가 있다. 경쟁적 관계에 있는 조직이 서비스의 질에서 별로 차이가 없는 경우 가격을 높이는 것도 효과적 전략이 될 수 있다. 특히 후원금 모금이나 모금만찬 등에서는 가격의 범위나 급간을 크게 잡는 것이 효과적인 경우가 많고(예: 10~15만 원보다 10~20만 원), 하한선만 정해 놓는 것(10만 원 이상)도 효과적일 수 있다.

촉진(*promotion*)은 제품이나 서비스의 유익함을 알리고 표적시장에서 그것을 구매하도록 설득하는 활동을 말한다. 촉진은 다른 말로는 홍보라 할 수 있다. 사회복지 조직에서는 서비스에 대한 촉진뿐만 아니라 사회복지 조직의 운영철학, 법인조직, 후원자, 이미지 등에 대한 촉진(홍보)도 조직의 지역사회 환경 내에서의 생존과 발전을 위해 필수적이라 할 수 있다. 다양한 촉진방법을 활용할 수 있어야 하고 촉진의 방법과 그 효과도 분석할 필요가 있다. 이용 가능한 촉진의 방법으로 ① 언론사에 보도자료 제공, ② 정기적 뉴스레터(*newsletter*) 배포, ③ 전화에 의한 감사의사 전달, 애로사항, 불평문제 처리 등, ④ 행사(*event*), ⑤ 전시(플래카드, 홍보간판 등), ⑥ 언론기관과의 친밀한 관계유지 등, ⑦ 정기간행물에 광고, ⑧ 조직의 홈페이지(매력적으로 꾸밈) 등이 있을 수 있다.

유통(*place*)은 고객이나 소비자가 서비스를 쉽게 이용할 수 있도록 하는 조직적 활동을 말한다. 유통에 있어 가장 중요한 것은 사회복지 조직의 서비스가 제공되는 장소에 대한 접근이 구매자로부터 물리적으로 용이해야 한다는 것이다. 따라서 가능하면 지리적 접근에 장애가 없도록 해야 할 것이다. 이를 위해서 교통편의 서비스를 제공할 수도 있고, 분사무소나 이동사무소를 설치할 수도 있고, 아웃리치(*outreach*) 서비스도 제공할 수 있다. 사회복지 조직의 마케팅 믹스에서 같이 고려해야 할 점은 경우에 따라 심리적 장애를 제거해 주는 것이 필요하다는 것이다(유통은 사회복지 조직의 전달체계 구축방안과도 많은 관련이 있으므로 제 4장을 참고하기 바람).

5) 조직의 설계

조직에서 마케팅 전략을 성공적으로 수행하려면 조직의 구조가 이를 뒷받침해 주어야 한다. 사회복지 조직의 서비스를 마케팅 개념으로 접근하기 위해서는 마케팅 업무를 특별히 담당하는 부서를 별도로 편성하거나 적어도 마케팅 업무를 담당하는 전문가를 채용 또는 임명하는 것이 바람직하다. 이외에도 조직의 마케팅 목표를 보다 효율적으로 달성하기 위해서 그리고 마케팅 전략을 성공적으로 수행하기 위해서 기존의 조직을 재편성하거나 구조조정하는 방법도 생각할 수 있다. 다시 말해 사회복지 조직은 전달하는 서비스를 마케팅의 개념으로 인식하고 마케팅 전략을 제대로 수행하기 위해서는 조직을 과감하게 확대, 조정 및 재편성하는 것을 고려해야 한다.

6) 전략의 수행

전략적 마케팅의 제 4단계에서 결정된 마케팅의 핵심전략을 수행하는 것이 무엇보다 중요하다. 전략의 수행은 곧 교환 또는 구매행동이 실제의 행동으로 일어나게 하는 수단이 되는 것이다.

7) 수행평가

마케팅 전략을 수행한 후에는 마케팅 목표를 적절한 시기에 효과적이고 효율적으로 달성했는지 평가하는 것이 바람직하다. 단순한 구두평가나 간단한 설문조사 식의 평가가 아니라 구체적 자료에 의해 과학적으로 평가할 수 있는 정보체계를 구성하고 이를 활용하여야 할 것이다. 마케팅 목표의 달성은 조직의 사업평가라는 개념에서 평가될 수도 있지만 이보다는 마케팅이라는 개념에서 평가하는 것이 필요하다. 이 평가의 결과는 정부, 서비스 소비자, 지역사회 공중 및 각종 형태의 후원자들에게 적절하게 보고하는 것이 바람직하다.

6. 비영리 조직 마케팅과 모금

비영리 조직은 재단법인이나 사단법인을 구성하여 지역사회 주민 또는 국민을 대상으로 하는 공익사업을 시행하는 법인체 또는 법인체가 설립한 공익사업 조직으로 조직의 목적이 영리추구가 아닌 공익추구인 조직을 말한다.

사회복지 조직도 공익추구를 목적으로 하기 때문에 비영리법인이다. 비영리법인 중에는 재산을 출연하여 그 출연된 재산으로 공익사업을 전개하는 재단법인과 공익을 도모하기 위한 사회활동이나 사업을 위하여 그 목적에 찬성하는 사람들이 중심이 되어 공익활동을 전개하는 사단법인이 있다. 사회복지 법인도 일종의 재단법인이라 할 수 있다. 그 법인이 재단법인이건 사단법인이건 공익을 목적으로 하는 사업을 전개하기 위해서는 재원이 필요하다. 재단법인의 경우는 사업의 재원이 출연된 재산에서 많은 부분이 충당되기도 하지만 출연된 재산만으로는 조직의 목적이나 목표를 충분히 달성할 수 없고, 사단법인은 더구나 법인의 구성원인 사원의 회비에 의존하기 때문에 사업을 위한 재원을 회비만으로 충당하기는 크게 부족한 경우가 대부분이다.

따라서 공익을 목적으로 하는 법인체나 조직에서는 그 사업의 재원으로 정부의 보조금과 민간모금에 의존하는 경우가 대부분이다. 특히 사회의 발전과 더불어 지역사회 문제나 사회 전체의 문제가 다양해지고 개인의 욕구도 다양해지고 이에 따라 이를 충족하는 데 공헌하기 위한 공익단체들도 크게 늘어나고 있다. 예를 들면 미국에서 1982년에 1,180개였던 비영리기관의 수는 1998년에는 1,627개로 약 27%나 증가했다.

아무리 공익을 도모한다 하더라도 국가가 민간단체의 사업예산 부족분을 충분히 보충해 줄 수 없기 때문에 공익단체는 자체적으로 지역사회 주민 내지 국민들로부터의 모금으로 예산의 상당부분을 충당할 수밖에 없다. 따라서 비영리 조직의 모금은 조직운영의 재원으로서의 중요한 부분을 차지하고 있고 비영리 조직에서의 모금활동과 모금방법은 조직의 중요한 관심사가 되고 있다.

모금(*fundraising*)은 비영리 조직이 지역사회의 주민이나 국민들과의 사이에 금품과 감사·자선의 만족감을 교환하는 비영리 조직 마케팅의 기본지식과 기술을 적용할 수 있는 부문이다. 즉, 모금은 기본적으로 전략적 마케팅 계획을 통하여 수행될 수 있고 그렇게 하는 것이 가장 바람직하다.

여기에서는 모금기술과 모금에 대한 기본적 마케팅 방법의 변천과 더불어 모금을 위한 전략적 마케팅 계획에 필요한 몇 가지 사항을 설명하고자 한다.

1) 모금기술의 변천

모금기술은 4가지 단계로 발전하고 있다. 즉, ① 구걸(*begging*), ② 정기적 수금(*collection*), ③ 캠페인(*campaigning*), ④ 개발(*development*)의 단계이다(Kotler & Andreasen, 1991).

구걸단계는 가장 초기의 모금단계라 할 수 있는데 사회조직의 차원에서 모금을 한 것은 아니고 경제적으로 빈곤한 걸인이나 빈민이 개인적으로 타인에게 금품을 구걸하는 단계였다. 그 다음에 나타난 모금기술인 정기수금단계는 교회, 자선클럽이나 단체가 자발적으로 도와주겠다고 약속한 특별한 후원자들로부터 정기적으로 기부금을 모금하는 단계였다. 정기적 수금 이후 발전한 것이 캠페인단계인데 이는 정상적 모금방법으로 조직이 개인이나 한 집단을 임명하여 이들로 하여금 가능한 모든 모금 캠페인 방법을 동원하여 모금을 전개한 단계이다. 그리고 가장 최근의 모금기술은 조직개발이라는 성격(조직의 개발 또는 발전이라는 차원에서 모금의 중요성과 가치를 부여함)의 모금으로 조직이 여러 계층의 지속적 기부자를 체계적으로 개발하고 기부자들도 조직으로부터 혜택을 받을 수 있도록 하는 식의 기부자 개발 및 관리활동 방법으로 모금을 하는 단계이다. 즉, 최근의 모금기술은 모금을 개발의 의미로 생각하면서 마케팅이론이나 원칙을 적용하기 시작하였다.

2) 모금 마케팅방법의 변천

사회조직의 차원에서 전개되어 온 모금 마케팅방법은 3가지 단계로 발전되었다고 할 수 있다(Kotler & Andreasen, 1991).

(1) 제품지향적 단계

제품지향적 단계(*production orientation stage*)는 "우리가 하는 사업은 아주 좋은 사회적 명분이 있다. 그러므로 우리를 도와주어야 한다"는 사고방식으로 모금하는 단계이다. 모금은 주로 조직의 최고관리층의 조직망을 동원하여 이루어지고 소수의 기부자가 기부금 총액의 대부분을 기부한다. 교회나 대학 등에서 이런 식의 모금이 이루어지는 경우가 많다.

(2) 판매지향적 단계

판매지향적 단계(*sales orientation stage*)는 "돈을 기부할 수 있는 사람이 많이 있다. 나가서 그런 사람들을 찾아내어 돈을 내도록 설득하자"는 식의 사고방식으로 모금하는 단계이다. 모금은 모금담당자를 임명하거나 채용하여 가능한 출처로부터 모두 모금을 수행하는데 대부분의 비영리단체들이 이런 방식을 통해 모금한다.

(3) 전략적 마케팅단계

전략적 마케팅단계(*strategic marketing stage*)는 "시장에서의 우리 조직의 위치를 분석하고, 관심이 우리 조직과 가장 잘 맞는 기부자들에게 초점을 맞추고, 기부자들의 욕구를 만족시킬 수 있는 기부요청 프로그램을 설계하자"는 사고방식으로 모금하는 단계이다. 이와 같은 단계에서는 전략적 마케팅 기획으로 마케팅을 수행한다. 규모가 큰 비영리 조직에서는 이러한 방법의 모금방법을 사용하고 있고 점차 이런 방향으로 나가는 경향이 있다.

3) 기부자 시장

비영리 조직 또는 사회복지 조직에서 전략적 마케팅 계획에 의하여 모금하는 경우 중요한 기부자 시장은 4가지 형태로 생각할 수 있다.

① 재단

기업이나 개인이 출연한 재단(*foundations*) 법인으로 가족재단, 기업재단, 지역사회 재단 등이 이에 해당된다.

② 기업

기업(*corporations*) 자체가 중요한 기부시장이 된다. 미국과 같은 외국에서는 물론 우리나라에서도 기업이 여러 가지 경우에 아주 중요한 기부자가 되고 있다. 최근 한국사회에서 기업의 사회적 책임이 강조되면서 기업이 가장 중요한 기부자 시장으로 부상하고 있다. 특히 기업의 탈세 및 비자금 사건 등과 관련되어 몇몇 대기업의 총수들이 거액을 사회에 기부하는 것과 이와 같은 기부를 기업의 사회적 책임으로 볼 것이냐 아니면 기업의 비리에 대한 사회적 면죄부로 볼 것이냐는 논란의 여지가 많다. 우리나라의 기업도 사회지향적 마케팅의 추세를 거부할 수 없기 때문에 기부의 동기야 어떻든 기업이 사회적 책임을 더욱 중시할 것으로 보인다.

③ 정부

우리나라에서는 말할 필요도 없고 외국에서도 정부가 민간 비영리 조직의 중요한 재정원이 되고 있다. 특히 사회복지 시설의 경우 우리나라에서는 정부가 사실상 대부분의 재정을 지원하고 있다. 정부는 무료생활시설 입주자의 보호를 법률적으로 재정지원하는 외에 민간 비영리 조직에 대하여 상당한 정도 재정지원을 하고 있는데 이러한 지원은 프로그램 제안서(*proposal*)를 받아 공개경쟁으로 적절한 기관을 선정하여 지원하고 있다.

④ 개인

개인은 수적으로 기부자시장의 가장 큰 부분을 점하고 있다. 개인의 경우는 기부자가 되는 것과 더불어 지역사회의 지지자 또는 후원자로서의 가치도 높기 때문에 개인 기부자시장을 잘 이해하는 것이 바람직하다.

개인은 생활주기에 따라 기부금액이 달라지는 현상을 보인다. 우리나라와는 문화적 차이가 있어 그대로 적용된다고는 할 수 없으나 미국의 경우는 연령에 따른 기부형태의 차이를 보이고 있다(Andreasen & Kotler, 2003). 즉, 50세까지는 개인과 가족의 생활에 비용이 많이 들기 때문에 소액기부자가 제일 많고 정기적 기부자들이 대부분이다. 50 ~ 70세의 경우는 생활비용이 줄어들어 여유가 있기 때문에 정기적 기부는 계속 하면서 특별한 경우에 거액을 기부하는 경우도 많다. 그리고 70세 이상의 경우는 정기적 수입이 없기 때문에 정기적 기부자가 되는 경우보다는 특별한 경우의 거액 기부자나 아니면 약속 기부자(예를 들면 사망 후의 재산기부의 약속)가 되는 경향을 보인다.

개인 기부자시장과 관련하여 기부동기를 잘 이해할 필요가 있다. 많은 경우 사람들은 교환적 심리 또는 교환적 계산에서 기부하게 된다는 것이다. 다시 말해 사람들은 정말로 바라는 것 없이 순수하게 선물로 기부하는 것보다는 기부금을 받는 조직으로부터 기부자가 원하는 그 무엇을 받기를 바라고 기부한다는 것이다(Andreasen & Kotler, 2003). 사람들은 기부를 통하여 주는 자의 자존감을 느끼거나 자기이미지를 만들려는 경우가 많고 또한 다른 사람으로부터 인정받고 싶은 욕구를 충족시키려는 경우도 많다. 따라서 개인 기부자에게는 반드시 감사의 표시를 할 필요가 있고 간단한 선물이나 공연티켓이나 제휴카드 등의 혜택도 중요한 반대급부가 될 수 있다. 더 나아가 기부의 사실을 지역사회에 알리거나 그 기부사실을 인정받을 수 있는 기회를 여러 번 마련하는 것도 바람직하다.

개인으로부터 모금의 중요한 형태는 다음과 같이 3가지로 나눌 수 있다. 즉, ① 연간 계속모금(*annual giving*), ② 특별목적 거액모금(*major giving*), ③ 계획(약속) 모금(*planned giving*)이다.

① 연간 계속모금은 비영리 조직에서 1년 내내 전개하는 모금활동을 말하는데 모금의 가장 중요한 기반이 되는 것이다. ② 특별목적 거액모금은 비영리 조직이 특별한 사업이나 특별한 기금을 마련하기 위하여 한 번에 기부자로부터 거액을 모금하는 것을 말하는데 이와 같은 거액 기부 모금에는 일상적 연례 정기모금과는 다른 모금기술이 적용되어야 한다. ③ 그리고 계획모금은 기부자의 사망시 소유재산을 기부할 것을 약속받는 모금을 말한다. 상당한 거액의 기부금품을 약속하는 것이 일반적이며 이러한 형태의 기부가 늘어나는 추세에 있다. 미국과 같은 외국에서는 흔히 볼 수 있는 기부형태이지만 우리나라와 같이 가족과 인척에 대한 유산상속이 일반화되어 있는 문화에서는 아직도 크게 기대하기 어렵다. 그러나 유산상속을 중시하는 가치관이나 풍조가 서서히 약화되는 경향을 보이기 때문에 향후 우리나라에서도 이러한 약속모금은 장기적으로 볼 때 전망이 있다고 생각한다.

4) 모금의 구체적 방법

모금은 모금시장의 성격에 따라 다른 방법을 적용하는 것이 바람직하다. 미국 사회에서 적용되고 있는 방법을 소개하면 〈표 12-2〉와 같다. 최근에는 발달된 통신망을 통한 모금이 크게 그 효과를 발휘하고 있다. 예를 들면 모금안내 이메일(*e-mail*)을 보내고 모금 홈페이지 주소

〈표 12-2〉 기부자 시장에 따른 모금방법

시장 구분	모금 방법
익명의 공중 소액 기부시장	상점의 자선캔, 제휴카드, 직접 전화, 복권 판매, 가정방문 권유, 거리 권유, 자선기부 경매, 자선 운동경기, TV 및 라디오 마라톤, 여행, 절약상품 가게, 걷기 모금, 책읽기 모금, 자전거타기 모금, 댄스 모금, 조깅 모금, 수영 모금, 모금함 돌리기, 공익연계 마케팅, 인터넷 모금, 편지 보내기, 대중매체 광고, 옥외광고
회원 및 친구 시장	제휴카드, 책 판매, 댄스파티, 예술작품전, 식사(아침, 점심, 저녁), 경매, 바자회, 회원혜택 모금(영화관람, 스포츠 행사 등), 패션쇼, 빙고게임, 특별한 장소에서의 파티, 전화 걸기, 대중매체 광고, 옥외광고
여유 있는 중산층 시장	특별집회, 휴게실 초대모임, 초청식사, 유명인사의 전화, 유명인사의 편지
부유층 기부자 시장	향연, 간증식사, 유명인사 관리, 부유층 개인의 가정 및 클럽 초대, 회원 개인의 집 방문, 추도(기념)집회

출처: Kotler & Andreasen(1991: 296) table 9-2 일부 수정.

를 연결시켜 클릭하면 모금안내 홈페이지에 들어가게 되고 홈페이지를 통해 모금액을 정하고 신용카드로 결제하는 방법이다. 또한 기업이나 금융회사가 비영리 조직과 연계하여 고객이 상품을 구입하거나 신용카드를 사용할 경우 그 수입의 일정비율을 비영리 조직에 기부하는 방법, 즉 공익연계 마케팅(*cause-related marketing*: CRM; 공익마케팅 또는 대의마케팅이라고도 함) 방법의 모금도 크게 늘어나고 있다. 이는 기업과 비영리 조직에 모두 유리한 모금방법이고 기업의 사회적 책임이라는 차원에서도 바람직한 방법이라 생각한다.

5) 모금사업을 위한 조직화

체계적 모금활동은 단순한 계획과 상식적 수준에서 행할 수 없기 때문에 전략적 마케팅 계획을 활용하면서 모금사업을 위해 모금 전담직원을 두거나 전담부서를 두는 것과 같은 조직설계를 하는 것이 바람직하다. 중소조직의 경우는 행정책임자 또는 개발사업 담당자를 모금전담자로 임명하고, 대조직의 경우는 모금을 전담하는 개발부서를 두는 것이 바람직하다.

6) 모금목표와 전략의 수립

모금의 목표로 장기적 목표와 단기적 목표를 설정하는 것이 바람직하다. 2~5년에 걸친 장기적 모금목표의 틀 속에 당해연도의 모금목표를 수립하는 것이 바람직하다. 연간 모금목표액을 수립하는 방법은 대체로 3가지 방법을 활용할 수 있다.

① 점증적 방법(*incremental approach*) : 전년도 실적에 근거하여 일정 비율을 증가시키는 식으로 모금액을 결정한다.
② 재정수요 방식(*need approach*) : 비영리 조직의 재정수요 예측에 근거하여 연간 모금액을 결정한다.
③ 기회방식(*opportunity approach*) : 비영리 조직이 각각의 다른 종류의 기부자로부터 얼마나 모금할 수 있는지 과학적으로 예측하여 연간 모금액을 결정한다.

7) 모금의 전술과 기술

모금을 전략적 마케팅 계획으로 접근한다면 모금과 관련한 마케팅 전략, 즉 시장세분화, 포지셔닝 및 마케팅 믹스를 활용하여야 할 것이다. 여기에 더하여 잠재적 기부자에게 가장 효과적 의사소통 채널을 통해 메시지를 보내고, 기부자가 가장 효율적 수금채널을 통해 돈을 보낼 수 있도록 하는 것도 모금기술로서 같이 고려해야 할 것이다. 모금의 과정을 요약해서 나타내면 〈그림 12-3〉과 같다. 따라서 효과적이고 다양한 의사소통 채널과 수금채널에 대하여 연구할 필요가 있다.

모금의 기술로서 고려되어야 할 것은 모금활동과 관련된 조직의 직원과 자원봉사자를 고객 중심의 마음가짐으로 훈련시키는 것과 모금 캠페인이 끝난 후 기부자와 모금에 참여한 자원봉사자들을 인정하고 감사표시를 하는 것이다.

〈그림 12-3〉 모금을 위한 의사소통과 수금 채널

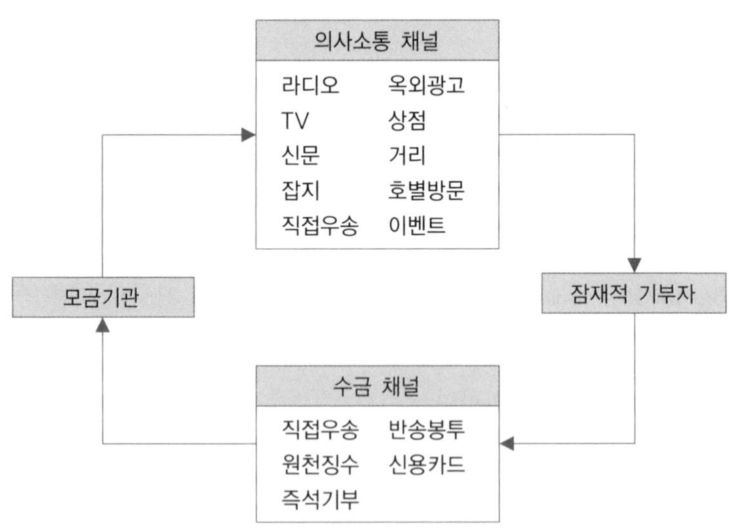

8) 모금의 효과성 평가

모금의 전략과 기술의 효과성 증진을 위해 모금과정에 대한 평가가 필요하다. 모금의 효과성 평가는 거시적 평가와 미시적 평가로 나누어 볼 수 있다. 거시적 평가는 ① 모금목표액에 비한 실제의 모금액의 비율(목표달성률), ② 다른 경쟁조직과 비교한 목표달성률, ③ 모금액에 대한 모금비용의 비율로 평가하는 것을 말한다. 미시적 평가는 실제로 투입한 노력(제안서 제출 횟수, 또는 모금 제안서의 모금 평균액 등)으로 평가하는 것을 말하는데 미시적 평가는 거시적 평가에 비하여 활용되는 경우가 적다.

9) 모금에 관한 법률사항

현재 우리나라에는 기부금품 모집에 관한 법률로서 2가지가 있다. 하나는 사회복지공동모금회법(1999년 시행)이고 다른 하나는 기부금품의모집및사용에관한법률(1996년 시행)이다.

사회복지공동모금회법은 사회복지공동모금회의 설립과 운영 및 모금활동에 관한 것을 규정하고 있다. 이 법의 시행과 감독은 보건복지부장관이 하도록 되어 있다. 사회복지공동모금회는 사회복지법인으로 설립하고 광역자치단체별로 지회를 두도록 되어 있다. 사회복지공동모금회를 통하여 모집된 기부금품의 모금총액 중 10분의 1 범위 내에서 기부금품 모집과 공동모금회의 관리운영에 필요한 비용으로 사용할 수 있도록 규정하고 있다.

기부금품의모집및사용에관한법률은 주로 사회공익단체의 기부금품 모집 및 사용에 관한 것을 규정하고 있다. 이 법은 행정안전부 장관이 시행하고 감독하도록 되어 있다. 1천만 원 이상의 금액으로 대통령이 정하는 금액 이상의 기부금품을 모집하고자 하는 자는 광역자치단체에 등록해야 하고, 모집금액이 3억 원 이하(특별시의 경우는 5억 원 이하)이면 광역자치단체장의 허가를, 3억 원 이상이면 행정안전부장관의 허가를 얻어야 한다. 기부금품의 규모에 따라 100분의 15 이내의 범위에서 대통령이 정하는 비율을 초과하지 않는 기부금품의 일부를 기부금품의 모집, 관리 및 운영비로 사용할 수 있다.

· 제 13 장 ·

정보관리

Daniel Bell(1973)은 1970년대 초에 정보와 지식을 기반으로 하는 후기산업사회의 도래를 예언한 바 있고, John Naisbitt(1982)는 1980년대 초에 후기산업사회 이후의 거대한 새로운 변화요소의 하나로 정보사회의 도래를 예언한 바 있다. 우리 사회는 이제 그러한 정보사회를 맞이하고 있다. 정보사회에서는 정보를 가진 개인이나 조직이 부유하게 되고 경쟁에서 이기게 된다. 현대사회의 특성은 조직을 중심으로 한 사회이고 현대의 정보사회는 조직과 정보를 중심으로 한 사회라 해도 별로 이의를 제기할 사람이 없을 것이다. 사회복지 서비스도 물질적인 것보다는 무형의 서비스와 정보를 중심으로 한 것이 더욱 많아지고 다양해지고 있다.

정보사회는 흔히 컴퓨터나 다른 첨단매체를 통하여 정보를 생산하고 확산하고 획득하고 관리하는 것을 말하지만 기존의 문서를 통한 정보도 결코 무시할 수 없다. 정보사회에 접어들었다고 하지만 아직은 전통적 양식의 정보매체, 즉 서류나 인쇄물에 의한 정보가 우리생활을 지배하고 있고 서류에 의한 정보는 중요성이 점차 약화되고 있지만 앞으로 적어도 10~20년간은 첨단매체에 의한 정보와 전통적 서류에 의한 정보는 병행하여 우리 생활의 중요한 의사소통과 정보전달 수단이 될 것이고 정보의 중요한 저장수단이 될 것이다.

사회복지 조직도 현대의 거대한 정보사회로의 발전의 틀 속에서 존재하고 정부의 지원과 정부와의 긴밀한 의사소통 속에 존재하며 앞으로도 그럴 것이기 때문에 사회복지 조직에서의 정보관리는 새롭게 관심을 쏟아야 하고 발전시켜 나가야 할 중요한 행정적 과제가 되고 있다. 특히 우리나라는 세계에서 가장 빨리 정보화하고 있고 정부에서는 전자정부를 표방하고 있기 때문에 사회복지 조직은 이러한 환경적 변화에 대응하여 나가야 하는 것이 당연하다.

이 장에서는 먼저 정보관리의 의미를 살펴본 후 전산화 정보체계와 문서 정보체계로 나누어 살펴보기로 하겠다.

1. 정보관리의 정의

정보관리(*information management*)라는 말은 종전에도 사용되었을 가능성이 크지만 1970년대 중반 미국의 연방정부 행정분야에서 주목받으면서 일반화되기 시작하였다. 정보관리라는 말은 여러 학문분야나 직업활동 분야에서 다른 의미로 사용되는 경우도 많고 정보원천관리(*information resource management*) 또는 지식관리(*knowledge management*)라는 말과도 혼돈하여 사용되고 있다(Wilson, 2002).

정보관리는 모든 조직의 효과적 운영에 적합한 정보의 획득, 조직,

통제, 전파, 사용 및 저장 등에 관한 원칙을 적용하는 것이라 할 수 있다(Wilson, 2002). 다시 말해 조직에서의 정보관리란 조직이 목표달성을 위해 필요한 각종 형태의 공식적 및 비공식적 자료와 정보를 입수·수집, 기록, 분석, 전달·배포, 보관하는 활동에 관한 체계와 절차를 말한다.

이러한 정보관리가 중요하게 인식되기 시작한 것은 3가지 경향과 연계되어 있다. 첫째는 자료구축, 정보저장과 인출, 정보의 경제성 추구 등이 사회의 여러 직업활동과 학문분야의 중요한 관심사가 되었다는 것이고, 둘째는 컴퓨터 체계에 근거한 정보의 가치와 비용-편익관계가 새로운 관심분야로 부상한 것이며, 셋째는 그 정보체계의 활용의 폭이 크게 확대된 것이다(Wilson, 2002).

사회복지 조직에서 급여의 경우 금품보다는 무형의 서비스가 훨씬 많아지고 있기 때문에 서비스에 관련된 기획, 실천과정, 평가는 물론 서비스의 대상이 되는 수혜자 또는 소비자의 개인신상 및 가족에 관한 정보의 수집, 기록, 분석, 보관도 중요시된다. 이런 면에서 사회복지 조직은 서비스 활동에 관한 모든 정보를 상세히 서술하는 것을 특징으로 삼는다.

사회복지 조직에서는 첨단매체를 통한 정보가 아니더라도 전통적 문서에 의한 정보관리가 행정의 중요한 분야였으나 이를 별도로 취급하는 경우는 별로 많지 않았다. 우리나라에서는 1990년 이후 사회복지 조직이 확대되고 컴퓨터를 통한 정보 교환이 활성화되면서 정보관리를 사회복지 행정에서 별도의 중요분야로 인식하기 시작하였다.

정보관리의 대상이 되는 범위는 정보의 전달 및 저장을 위한 2가지 수단인 서류와 전산화 체계(컴퓨터 체계)라 할 수 있다. 이 장에서는 정보관리를 정보전달 및 저장의 수단이 되는 문서와 컴퓨터 시스템을 통한 관리로 나누어 다루기로 한다. 편의상 전산화 정보관리 체계를 먼저 다루고 문서 정보관리 체계를 후에 다루기로 하겠다.

2. 전산화 정보관리

1) 전산화의 이점

정보의 전산화는 사회복지 조직의 서비스 대상자 및 조직의 관리 및 운영에 관한 자료와 정보를 컴퓨터 체계로 이용할 수 있도록 구축하고 컴퓨터 체계를 통하여 활용하는 것을 말한다. 정보의 전산화는 단순하게는 공문서를 워드 프로세서(*word processor*)로 작성하거나 간단한 자료를 컴퓨터에 입력하여 사용하는 정도에서부터 조직의 운영에 필요한 각종 자료의 데이터베이스(*database*)를 만들고 네트워킹(*networking*)을 통하여 자료를 활용하는 것에 이르기까지 범위가 넓고 정도가 다양하지만 적어도 자료의 데이터베이스를 만들어 사용하는 정도는 되어야 전산화되었다고 할 수 있을 것이다.

사회복지 조직에 관련된 정보를 전산화하면 어떤 이점이 있는지 생각해 보면 다음과 같다.

① 조직의 입·출력 자료·정보의 일괄적 처리

조직의 운영과 관리에 관한 자료를 일괄적으로 처리할 수 있는 이점이 있다. 특히 자료의 데이터베이스를 구축하면 다양한 정보가 상호 연계되어 일괄적으로 처리될 수 있다.

② 자동화로 인한 업무의 효율성 증진

자료가 컴퓨터에 입력, 처리, 산출되는 체계가 갖추어지면 자료를 손으로 쓰거나 계산하는 절차보다 훨씬 시간이 적게 걸리고 자료가 일괄처리될 수도 있어 시간의 절약과 더불어 업무의 효율성이 크게 증진될 수 있다.

③ 정보의 체계화 증진

자료는 단순한 개별적 항목이나 단편적 사항에 불과하지만 이것을 상호 연계하여 분석하고 의미를 부여하면 정보가 된다. 따라서 정보의 전산화는 바로 자료를 정보로 만들고 정보를 체계적으로 만들 수 있는 이점이 있다.

④ 사회-기술체계의 상호작용 이용

사회복지 조직은 사람들을 대상으로 하는(사람을 원료로 하는) 서비스 체계이고 사회적 관계를 주요 서비스로 다루기 때문에 이러한 사회적 관계에 관한 자료를 전산화하여 의미 있는 정보(예를 들면 문제의 진단, 치료방법이나 가이드라인의 도출 등)를 얻는다면 이는 사회체계와 기술체계의 상호작용을 이용하는 것이 된다. 사회복지 서비스는 표준화하기 어려운 것이 많지만 지난 20여 년간 많은 사회복지 서비스의 진단 및 개입에 전산화 방법이 활용되었고 따라서 서비스의 효과성과 효율성을 높이고 있다.

⑤ 자료분석능력 향상

서비스 대상자 자료나 조직의 운영 및 관리에 관한 자료가 컴퓨터에 입력되어 있으면 통계적 모형이나 논리적 모형을 통해 분석함으로써 자료분석의 능력을 획기적으로 높일 수 있는 이점이 있다.

⑥ 개인의 업무처리능력 향상

자료의 전산화는 개인이 손으로 기록하거나 계산기 등으로 처리해야 할 업무를 빠른 시간 내에 일괄적으로 처리할 수 있기 때문에 개인의 업무능력이 크게 향상될 수 있다.

2) 전산화 정보체계의 인프라스트럭처

전산화 정보체계의 인프라스트럭처(*infrastructure*)로 하드웨어, 소프트웨어 및 데이터베이스가 중요하기 때문에 이를 간략히 설명하기로 하겠다〔이 부분은 정철현의 《신행정정보체계론》(2006)을 주로 참고하였으므로 보다 상세한 이해를 위해서는 이 책을 보기 바람〕.

(1) 하드웨어

하드웨어(*hardware*)는 컴퓨터를 구성하거나 보조하는 물리적 장치를 말한다. 예를 들면 컴퓨터 본체, 모니터, 키보드 등이 하드웨어이다. 컴퓨터는 하드웨어만으로는 일을 처리할 수 없고 실제로 컴퓨터를 사용자가 원하는 대로 일의 순서를 지시하고 운영하는 프로그램인 소프트웨어(*soft ware*)가 필요하다.

하드웨어는 기본적으로 3가지 장치가 반드시 있어야 한다. 즉 자료를 입력시키는 키보드(*keyboard*)로 대표되는 입력장치, 프로그램을 운용하는 처리장치 및 처리된 정보를 보기 위한 출력장치가 있어야 하고, 보조 처리된 정보를 저장하기 위한 기억장치(주기억장치와 보조기억장치)가 있어야 한다(〈그림 13-1〉 참조). 이 각각에 대하여 간단히 살펴

〈그림 13-1〉 컴퓨터 하드웨어의 구성

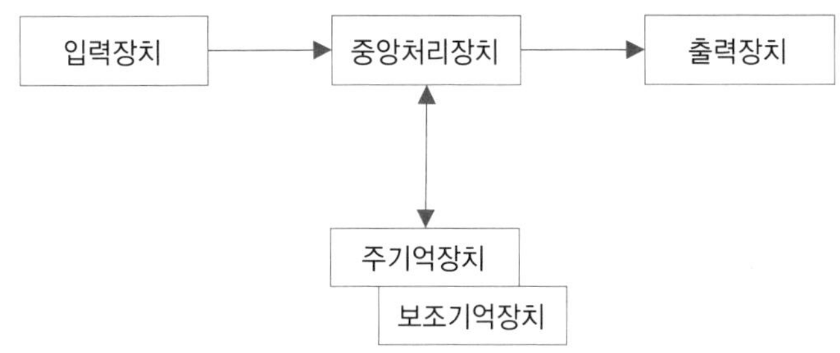

보기로 하겠다.

가장 보편적 입력장치는 키보드이다. 입력장치는 키보드 외에 음성 인식, 마우스, 터치스크린, 스캐너 등으로 직접 입력하는 방법이 있고, OMR 카드, 자기 테이프, 자기 디스크 등의 기록매체를 통하여 처리장치로 읽어들이는 간접적 입력방법도 있다. 중앙처리장치(*central processing unit*)는 제어장치와 연산장치로 구성되어 있다. 데이터가 처리될 때마다 그 데이터는 먼저 주기억장치에 저장되고 제어장치 내에 있는 전기회로가 프로그램에 있는 명령어를 번역하여 연산장치로 하여금 처리하게 한다.

중앙처리장치는 명령에 의하여 자료를 구분하고 연산하고 논리적으로 정보를 요약한다. 명령은 소프트웨어 프로그램을 통해서 하기 때문에 소프트웨어 프로그램이 있어야 하고 소프트웨어 프로그램이 들어가 일정한 자리를 차지하고 있어야 한다. 이때 소프트웨어 프로그램이 들어가 자리를 잡고 명령할 장소가 바로 메모리이다. 메모리가 중앙처리장치와 얼마나 빨리 명령문과 데이터를 주고받느냐 하는 속도와 얼마나 많은 명령문과 데이터가 동시에 메모리에서 활동할 수 있는가를 나타내는 메모리의 크기는 컴퓨터의 처리능력을 좌우한다.

주기억장치는 프로그램이 실행될 때 보조기억장치로부터 프로그램이나 장치를 이동시켜 실행시킬 수 있는 기억장소를 말한다. 주기억장치는 프로그램, 입력자료 및 출력자료를 기억하는 기억영역과 작업을 실행하는 작업영역으로 구성된다. 주기억장치의 매체에는 ROM(*read only memory*)과 RAM(*random access memory*)이 있다. ROM은 읽기만 가능한 기억장치로서 그 내용을 다른 데이터로 변경할 수 없고 전원공급이 중단되어도 데이터가 보존된다. RAM은 읽고 기억하는 메모리로서 데이터를 메모리 안으로 읽히게 하고 쓰이게 하는 역할을 하지만 전원공급이 중단되면 메모리에 있던 모든 자료는 소실된다.

컴퓨터를 통하여 작성한 각종 문서나 정보는 전원이 중단되면 소실되기 때문에 반드시 보조기억장치에 저장해 주어야 한다. 플래시 메모리(*flexible architecture for shared memory*)는 RAM처럼 읽고 쓰기가 가능하고 ROM처럼 전원이 중단되어도 내용이 지워지지 않는 메모리인데 디지털 카메라, 이동용 저장장치, MP3 플레이어 등에서 널리 사용되고 있다.

컴퓨터의 처리속도는 RAM 메모리와 큰 관련이 있다. 최근에는 PC(*personal computer*; 개인용 컴퓨터)에도 256M(*megabyte*)나 512M의 메모리가 일반화되었다. 메모리가 작으면 데이터를 수용할 수 없고 여러 프로그램의 명령문이 들어와도 활동할 수 없다. 컴퓨터가 여러 프로그램을 동시에 사용하거나 너무 많은 자료를 한꺼번에 처리하려는 경우 메모리가 적으면 처리속도가 크게 떨어진다.

주기억장치 또는 일차저장장치(*prime memory*)라 부르는 메모리는 대용량의 데이터를 장기간 저장할 수 없고, 현재 수행중인 작업의 프로그램뿐만 아니라 여러 응용 프로그램을 돌려야 하기 때문에 메모리가 대용량의 자료를 돌릴 수 없는 경우도 있다. 이 경우 보조기억장치 또는 이차저장장치(*secondary storage*)를 두고 여기에 저장하였다가 필요한 시점에 끄집어내어 사용할 수 있다. 보조기억장치는 PC의 경우 하드 디스크 드라이브(HDD), 플로피 디스크 드라이브(FDD), CD-ROM 드라이브, CD-RW, DVD 등이 있다. 하드 디스크 드라이브는 컴퓨터 본체 내에 들어 있는 저장장치인데 흔히 '하드'라 부르고 크기는 메가바이트(MB) 또는 기가바이트(GB)로 나타낸다. 최근 PC의 대부분은 40GB 또는 60GB 용량의 하드 디스크를 갖추고 있다.

출력장치는 컴퓨터에 의해 처리된 결과를 사람이 이해할 수 있는 형태로 변형시키는 장치인데 디스플레이 장치(CRT 모니터와 LCD 모니터), 프린터 장치, 그래픽 장치(출력을 도형으로 그려 나타내는 장치), 영상장치(정지화상이나 동영상으로 출력하는 장치) 등이 있다.

(2) 소프트웨어

컴퓨터의 소프트웨어(*software*)는 컴퓨터 하드웨어 장치들을 작동시키는 프로그램을 말한다. 프로그램은 하드웨어 장치들이 바르게 작업을 수행할 수 있도록 만든 명령어의 조합인데 프로그래밍(*programing*) 언어를 사용하여 프로그래머(*programer*)가 작성한다.

소프트웨어는 시스템 소프트웨어(*system software*)와 응용 소프트웨어(*application software*)로 구분된다. 시스템 소프트웨어는 하드웨어와 사용자의 응용 소프트웨어를 접속하는 기능을 한다. 시스템 소프트웨어는 다시 말하면 컴퓨터를 돌아가게 하는 기본 운영 프로그램이다. 응용 소프트웨어는 특정업무 수행을 위해 만든 프로그램을 말한다. 일반적으로 말하는 소프트웨어는 대부분의 경우 응용 소프트웨어이다.

시스템 소프트웨어에는 시스템 관리 소프트웨어〔DOS(*disk operating system*), Windows(95, 97, 98, ME, 2000, XP), IBM의 OS/2, UNIX,

Windows NT 등], 시스템 지원 소프트웨어〔배제변환 유틸리디, 디버깅(*debugging*) 유틸리티, 텍스트 에디터 유틸리티 등], 시스템 개발 소프트웨어〔컴파일러(*compiler*), 인터프리터(*interpreter*), 어셈블러(*assembler*) 등]가 있다. 응용 소프트웨어에는 워드 프로세서, 데이터베이스 프로그램, 그래픽 프로그램, 스프레드시트 프로그램(Excel, Lotus 1-2-3 등), 통신 프로그램(MS Explorer, Netscape 등), 통계프로그램(SPSS, SAS, BMDP 등), 통합프로그램(예: MS Office, 한컴 Office, 훈민 Office 등), 재무회계 프로그램 등 다양한 프로그램이 있다.

(3) 파일과 데이터베이스

정보 전산화의 핵심은 데이터베이스를 이용할 수 있는 체계를 만들고 이를 이용하는 것이라 해도 무리가 아닐 정도로 전산화 또는 정보화에서 데이터베이스 이용이 중요하다. 데이터베이스를 구축하면 파일의 중복문제를 해결하고 동일한 데이터를 다수의 사람들이 공유할 수 있고, 데이터 중복을 최소화하고 데이터의 표준화를 기할 수도 있다.

여기서는 데이터베이스가 파일로 구성되기 때문에 먼저 파일에 대해 알아보고 파일을 이용한 데이터베이스 구성방법과 데이터베이스 관리체계, 데이터베이스의 구조, 사회복지 정보체계 및 정보체계 구축단계를 간략히 살펴보기로 하겠다.

① 파일

파일(*file*)은 자료의 집합이고 자료는 문자, 숫자, 기호 등의 집합으로 되어 있다. 파일은 필드(*field*)와 레코드(*record*)로 구성된다. 파일의 논리적 구조는 마치 전화번호부와 같다. 전화번호부에서 어떤 사람의 이름과 주소 및 전화번호는 각각 필드라 할 수 있다. 한 사람에 대한 이

〈그림 13-2〉 파일의 논리적 구조

름, 주소 및 전화번호의 필드는 하나의 레코드를 구성하고, 각 사람의 필드로 구성된 레코드가 여럿이 합쳐서 하나의 파일이 구성되는데 그 파일이 전화번호부가 되는 것이다(〈그림 13-2〉 참조).

② 데이터베이스

데이터베이스(*database*; *dBase*, *DB*)는 필요로 하는 데이터만 선택적으로 편리하게 이용할 수 있도록 미리 일정한 방식에 의해 저장해 둔 자료의 집합을 말한다. 다시 말해서 데이터베이스는 어떤 조직에서 필요로 하는 자료 또는 정보를 일정한 양식으로 한 곳에 집중적으로 보관해 두었다가 각 부서 또는 개인이 필요로 하는 정보가 있을 때 필요한 정보만 뽑아서 사용할 수 있도록 만들어 놓은 자료의 창고라 할 수 있다.

데이터베이스는 파일로 구성되며(〈그림 13-3〉 참조) 다음과 같은 특성을 갖추어야 한다. 첫째, 데이터베이스는 다수의 응용프로그램에 적용될 자료를 체계적이고 종합적으로 정리한 자료의 집합체이다. 둘째, 데이터베이스에 저장된 자료는 상호 중복되지 않고 통합적이다. 셋째, 데이터베이스의 자료는 조직의 의사결정과 기능유지에 필요한 기본적 자료와 수시로 사용하는 운영자료를 모두 포함하고 있다. 넷째, 데이

〈그림 13-3〉 네이터베이스의 구성

터베이스의 자료는 일시적으로 기억되었다가 소멸되는 자료가 아니라 미래에 영구적 또는 반영구적으로 사용될 수 있는 자료이다. 다섯째, 데이터베이스의 자료는 상호 관련성이 있다.

자료의 정리와 저장을 위해 굳이 데이터베이스를 만드는 이유는 무엇일까? 그 답은 전통적 파일별 자료관리 방식보다 관리방식이 편하고 효율적이기 때문이다. 〈그림 13-4〉를 보면 이와 같은 이유를 잘 이해할 수 있을 것이다.

〈그림 13-4〉에서 보면 파일중심 관리방식에서는 데이터 교류의 결여로 같은 파일이 여러 부서에 중복 보관되어 있어 데이터의 공유가 제한되고 관리에도 여러 가지로 어려움이 있게 된다. 그리고 원하는 데이터

〈그림 13-4〉 파일중심 데이터 관리방식과 DB중심 데이터 관리방식

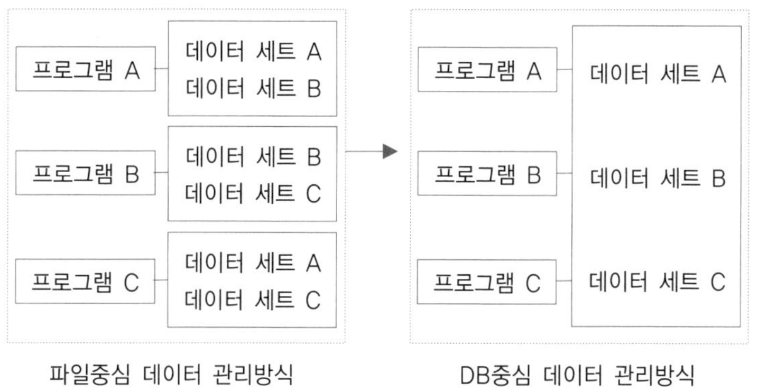

가 여러 파일에 분산 수록되어 있을 가능성이 높고 또한 각 파일의 필드가 상이하게 조직되어 있어 표준화가 어려운 문제가 있을 수 있다. 데이터베이스 중심 관리방식에서는 각각의 중복된 파일을 A, B, C 3가지로 정리하여 구성하고 각각의 프로그램은 3가지로 정리된 파일로 구성된 데이터베이스를 공유할 수 있게 된다. DB가 구축되면 자료처리에 시간과 인력이 크게 절약되고, 새롭고 다양한 형태의 정보가 창출될 수 있다. 이러한 장점에도 불구하고 DB는 운영기술이 복잡하여 전문가가 부족한 경우 관리운영이 어렵고, DB구축을 위한 초기비용이 많이 들고, 안정성에도 문제(자료의 해킹 또는 도난 등)가 있을 수 있다. DB는 대체로 4단계를 거쳐 구축될 수 있다. 첫 번째, 사용자가 어떤 용도로 DB를 사용할 것인지 요구사항을 수집한다. 두 번째, 사용자들의 요구사항을 만족시키는 개념적 모형을 설계한다. 세 번째, DB의 정보구조를 결정한다. 네 번째, 개념적 구조와 정보구조에 따라 실제로 파일을 재조직하여 DB를 구축하는 작업을 수행한다.

3) 사회복지 조직의 정보체계

사회복지 조직의 정보체계는 크게 3가지로 나누어볼 수 있다(Gates, 1980). 즉, 클라이언트 정보체계, 조직 정보체계 및 수행 정보체계이다. 이 3가지 정보체계는 조직에서 데이터베이스를 구축할 경우 각각의 다른 데이터베이스가 될 수도 있다. 각각의 정보체계에 대하여 간략히 살펴보기로 하겠다.

(1) 클라이언트 정보체계

클라이언트 정보체계(*client information system*)는 클라이언트 및 클라이언트와 프로그램과의 상호작용에 관한 정보를 생산, 조직, 보급하는 데 관련된 정보시스템을 말한다. 클라이언트 정보체계는 사회복지 조직에서의 급여(주로 서비스) 제공에 초점을 두고 그 급여가 제공되는 과정에 관련되는 것이지만 프로그램에 따라 다를 수 있다. 클라이언트에게 급여를 제공하는 전형적 과정을 ① 이용자 확인, ② 인테이크, ③ 수급자격 결정, ④ 문제 진단·계획, ⑤ 서비스 전달, ⑥ 사례 모니터링, ⑦ 사례평가, ⑧ 사례종결로 본다면 각각의 서비스 제공과정의 단계마다 클라이언트에 관련된 정보를 〈표 13-1〉에서와 같이 예시해 볼 수 있다.

〈표 13-1〉 클라이언트 정보의 형태 및 정보원

단 계	자료 및 정보
이용자 확인	프로그램 서비스의 잠재적 수요자 명단(다른 기관들의 의뢰, 비공식 접촉, 혹은 다양한 *out-reach* 활동을 통해서 얻어짐)
인테이크	개인이나 가족에 관한 인구학적 및 개인력 자료, 해결되어야 할 개인 및 가족 문제 등

〈표 13-1〉 계속

단 계	자료 및 정보
수혜자격 여부 결정	해당자의 프로그램에 대한 수혜자격 여부를 판단하는 데 적합한 자료(정부기관, 보험, 의뢰기관, 클라이언트 자신 등을 포함한 서비스 비용 지불자의 정보도 포함)
문제 진단 · 문제해결 계획	문제, 욕구, 계획들 간의 관계에 관한 기록, 문제 사정은 때로 구술형식으로 되어 있지만, 문제해결 계획은 보다 구체적 목표를 서술한 것이 필요함
서비스 전달	언제, 누구에 의해, 어떤 서비스가 제공되는지 등에 관한 자료로 연결된 서비스의 경우는 그 과정들에 관한 자료도 포함
사례 모니터링	실제적 문제해결 계획과 활동을 비교하는 자료로 계획과 활동 간에 차질이 있으면 그 차질에 관한 자료도 포함
사례평가	각 케이스 혹은 개인의 서비스 결과에 관한 정보로 케이스 종료 직전 혹은 후에 발생할 수도 있음
사례종료	케이스 종료 시점과 이유에 관한 정보(자발적 종결, 목표의 성공적 달성 또는 실패, 다른 지역으로의 이전 등을 포함)

출처: Bowers, G. E. & Bowers, M. R., "Cultivating Client Information System", in *Human Services Monograph Series*, Washington, D.C.: U. S. Department of Health, Education and Welfare, Project Share, 1997, Gates, 1980에서 재인용

(2) 조직 정보체계

조직 정보체계(*organizational information system*)는 전통적으로 조직의 욕구조사, 시설 및 운영기획, 예산, 인사, 회계, 비용통제 등에 관한 정보로 클라이언트 정보보다는 덜 상세하고 집합적인 것이다. 조직 정보는 조직의 관리층과 외부 재정지원자가 필요로 하는 경우가 많다.

(3) 성과 정보체계

성과 정보체계(*performance information system*)는 의사결정의 향상이나 프로그램의 생산성 및 효과성의 다양한 측면들을 평가하기 위해 요구

되는 정보인데 기존의 클라이언트 정보체계와 조직 정보체계의 결합에 의해서 얻어질 수 있다. 예를 들면 제공된 서비스 단위(클라이언트 정보)와 서비스 제공에 사용된 비용(조직 정보)이 결합되어 단위당 서비스 비용(성과 정보)이 만들어진다. 성과정보는 기획정보와 평가정보로 나눌 수 있다(김영종, 2001). 기획정보는 기획의 과정에서 필요한 제반 정보〔특히 기획과정의 "관련정보 수집 및 가용자원 검토"(기획의 제2단계)〕에서 필요한 정보이다. 평가정보는 조직의 효과성과 효율성 평가를 위해 조직이 제공한 서비스에 대한 정보뿐만 아니라 다른 기관과의 비교를 위한 정보도 포함한다.

4) 정보체계 구축단계

사회복지 조직의 정보를 새롭게 전산화하기 위해서는 물론 기존의 전산화된 정보체계의 개선을 위해서도 정보체계 구축이 필요하다. 정보체계의 구축은 다음과 같은 4단계를 거쳐 이루어지는 것이 바람직하다.

(1) 전체적 정보체계 구상단계

첫 단계는 조직이 왜 새로운 정보체계를 필요로 하는지에 대한 타당성을 확립하는 단계이다. 현재까지의 수동적 작업이나 일부의 단순한 사무자동화를 장기적 관점에서 완전히 새로운 사무자동화로 전환하는 것이 바람직하다거나, 현재 사용하고 있는 정보체계가 오래되어 제 기능을 발휘하지 못한다거나, 조직의 목적 변경에 따른 새로운 정보체계가 필요하다는 등의 이유와 조직의 경제적, 기술적 및 운영적 차원에서의 문제점과 연관하여 전체적 정보체계 구축의 필요성과 타당성을 판단해야 한다.

(2) 현재 정보체계 분석과 새로운 정보체계 설계단계

두 번째 단계는 현재 사용하고 있는 정보체계를 정확히 분석하고 그 장·단점을 파악하여 새로운 체계의 설계에 이를 적극 반영해야 한다. 설계는 조직이 필요로 하는 정보를 양적 및 질적 측면에서 조사하여 시스템 내용을 결정하는 것인데 주로 소프트웨어의 개발이 된다. 소프트웨어는 전문 프로그래머가 작성하므로 제3자가 이해하기 어려운 경우가 많다. 그러나 조직의 책임 있는 사람이 프로그래머의 설계에 참여할 필요가 있고 특히 자료를 어떻게 구축할 것인지 기존의 자료나 데이터베이스를 새로운 시스템에 어떻게 적용시킬 것인지도 생각해야 할 것이다.

(3) 새로운 시스템의 물리적 구축단계

세 번째 단계는 실제 시스템을 설치하고 조직에 적용하는 단계이다. 시스템을 성공적으로 실행시키기 위해서는 조직구성원이 시스템에 적응할 수 있는 조건과 환경을 마련해야 한다. 교육과 훈련 및 실험적 운영을 통하여 조직구성원이 과거의 시스템과 새로운 시스템의 차이를 알고 공백 없이 새로운 시스템에 적응할 수 있어야 한다. 그리고 새로운 시스템을 잘 점검하고 비상상황에도 대처하고 필요한 경우 문제를 해결할 수 있는 특별 직원의 훈련 또는 전문가 채용도 고려해야 할 것이다.

(4) 시스템 유지보수와 평가단계

마지막 단계는 시스템이 새로 설치된 후 시스템의 운영에 따른 규칙과 표준 그리고 지침을 설정하고 정보체계에 필요한 자원의 효율적 관리방법을 정하고 새로운 시스템을 평가하는 것이다. 시스템의 원활한 접속을 위한 기술적 문제의 해결과 통제요건을 확립해야 하고 정기적 유지보수와 시스템 고장과 실패를 미리 예방해야 한다. 새로운 시스템을 객관적 기준을 정하여 평가하고 다음 주기적 정보체계를 구축하게 될 때 반영하도록 하여야 할 것이다.

3. 문서 정보관리

21세기의 세계는 정보사회 또는 지식정보사회로 진전하고 있고 통신수단도 전자화(컴퓨터를 이용)하여 다양하게 발전하고 있고 이에 따라 공공기관간, 민간기관간 그리고 공공기관과 민간기관 간의 의사소통 양식도 전자화되고 있지만 아직도 전통적 (종이) 문서에 의한 의사소통 내지 문서전달이 지배적이다.

사회복지 조직에서 문서로 된 정보는 다양하지만 여기서는 그 중에 공문서의 작성, 발송, 접수처리 및 보관에 관련된 관리를 중심으로 살펴보고자 한다. 공문서를 중심으로 한 문서관리는 사회복지 조직에서 아직도 그 중요성이 잘 인식되지 못하고 있고 사회복지 조직의 구성원들도 이를 잘 알지 못하기 때문에 많은 경우 문서관리를 잘못하여 어려움과 낭패를 당하고 있다. 여기서는 지면이 제한되어 있어 문서관리의 핵심적 내용만을 간략히 설명할 수밖에 없지만 사회복지 조직의 구성원은 공공기관이든 민간기관이든 문서관리에 대한 충분한 지식을 갖추는 것이 바람직하다.

사회복지 조직은 대부분의 경우 민간조직(사적 조직)이지만 순수한 사적 조직이라기보다 사회적으로 인가된 법인에 의해 설립된 경우가 대부분이고 사회적으로 책임을 지는 조직이기 때문에 공적 조직의 성격도 아울러 가진다고 할 수 있다. 그리고 사회복지 조직은 공공기관으로부터 재정지원을 받거나 감독을 받는 경우가 대부분이고 따라서 업무상 공문서를 통한 정보의 생산, 입수, 전달 및 보관활동을 빈번히 하고 있다. 이러한 의미에서 여기서는 정부의 '사무관리규정및사무관리규정시행규칙'(행정안전부 소관)에 따른 문서관리 사항을 중심으로 문서관리, 특히 공문서의 기안, 시행, 접수, 처리 및 보관 등을 소개하고자 한다. 문서관리에 대해 보다 상세하게 이해하기 위해서는 신경식 저 《신 행정사무관리론》(2006)을 보기 바란다.

1) 문서의 정의

문서는 기본적으로 조직의 업무 담당자의 의사나 사물의 형태, 관계 및 현상 등을 문자, 숫자, 기호 등을 통해 매체에 기록하여 표기한 것을 의미한다. 정보의 전산화에 따라 컴퓨터 디스켓, 테이프, 마이크로필름, 광디스크 등 각종 전자매체에 기록한 것도 문서로 간주할 수 있다. 우리나라의 사무관리규정에서는 공문서를 "행정기관 내부 또는 상호간이나 대외적으로 공무상 작성 또는 시행되는 문서 및 행정기관이 접수한 모든 문서로 정의하고 있고 전산망을 활용하여 작성, 시행 또는 접수·처리된 문서도 공문서로 포함시키고 있다.

문서의 기능은 다양하지만 그 주된 기능은 ① 기록 및 보존의 기능, ② 의사전달의 기능, ③ 자료전파의 기능, ④ 사무연결 기능이라 할 수 있다(신경식, 2006).

2) 문서의 종류

문서는 여러 분류 기준이 있지만 작성 용도와 처리절차에 의한 분류가 문서관리에 중요한 의미를 갖는다고 생각된다. 문서는 작성 용도에 따라 공문서와 사문서로 나누는데 공문서는 "행정기관 내부 또는 상호간이나 대외적으로 공무상 작성 또는 시행되는 문서 및 행정기관에서 접수한 모든 문서"(사무관리규정 제3조 1항)를 말한다. 사문서는 공무원이 아닌 개인이 사적 용도로 작성한 문서를 말하는데 사문서 중 법적으로 "권리, 의무 및 사실증명에 관한 중요성이 있는 문서"(형법 제225조)도 있다.

문서는 처리절차에 따라 여러 가지로 분류된다. 기안, 선결, 완결, 시행, 보관, 보존, 폐기, 마이크로필름 문서 등이 있다. 기안문서는 업무담당자가 결재권자에게 보고하거나 그의 결심을 얻기 위해 작성하는 초안을 서식에 따라 작성하는 문서를 말한다. 기안문서는 결재권자의 결심을 받기 위해 작성하는 것이므로 결재문서라고도 한다. 기안문서가 결재를 거쳐 시행이 완료된 경우 이를 완결문서라 한다. 결재는 직무 서열이 낮은 사람으로부터 최고결정권자까지의 순서를 거치는 품의제(稟議制; 직위가 낮은 사람이 의견을 내어 높은 사람의 결심을 받는 제도, 일본의 제도를 모방한 것임)가 일반적이다. 문서 시행을 위해 모든 절차를 거치기 전에 최고결정권자의 결재를 미리 받는 경우에 해당하는 문서를 선결문서라 하고, 결재가 아직 완료되지 않거나 유보된 문서를 미결문서라 한다.

결재가 완료된 문서를 규정된 서식에 따라 수신자별로 작성한 문서를 시행문서라 하고 시행문서를 발송한 경우에는 발송문서라 한다. 그리고 업무상 필요한 기간 동안 해당 부서에서 보관하고 있는 문서를 보관문서라 하고, 보관기간이 만료되어 이를 다시 일정한 곳(조직 내부 또는 외부)에 기간에 따라 보존하는 경우의 문서를 보존문서라 한다. 또한 보관하고 있던 문서가 더 이상 업무에 필요 없어 이를 폐기하는 경우 이를 폐기문서라하고, 보존문서 중 중요하거나 영구보존이 필요한 경우 마이크로필름에 수록하는 경우의 문서를 마이크로필름 문서라 한다.

3) 문서의 성립과 효력

문서는 별도의 규정이 있는 경우를 제외하고는 원칙적으로 정당한 결재권자가 해당문서에 대한 결재(전자서명 포함)를 함으로써 성립된다. 결재는 정당한 권한이 있는 공무원이나 일반 사회조직의 직원이 기안한 문서나 외부로부터 접수한 문서를 조직의 최고결정권자가 이해하고 검토하여 분명한 의사표시를 나타내는 것을 말한다.

발송문서의 효력에 대해서는 여러 가지의 견해가 있다. 표백(表白)주의에서는 시행문이 완성된 시점을 효력발생 시기로 보고, 발송주의에서는 시행문의 발송시점을, 도달주의에서는 문서가 상대방에게 도달한 시점을, 요지(了知)주의에서는 시행문이 상대방에게 전달되어 그 내용을 보아 알게 되는 시점을 문서의 효력발생시점으로 본다(신경식, 2006). 우리나라에서는 도달주의를 채택하고 있다. 전자문서는 수신자의 컴퓨터 파일에 등록된 시점을 효력발생 시기로 본다. 공고문서의 경우는 특별한 규정이 없는 경우 공고 후 5일이 경과한 날부터 효력이 발생하고, 법규문서 중 법률, 명령, 조례 및 규칙은 특별한 규정이 없는 경우는 공포일로부터 20일이 경과하면 효력이 발생한다.

4) 문서의 작성

(1) 공문서 구성 및 양식

공문서는 두문, 본문, 결문으로 구성된다(〈그림 13-5〉 참조). 우리나라 사무관리규정시행규칙에도 그렇게 규정하고 있다. 사무관리규정의 공문서 작성 규정이 2004년 1월 1일부터 변경되었으나 현재까지 종전 방식도 병행 시행되고 있다.

〈그림 13-5〉 공문서 구성부문

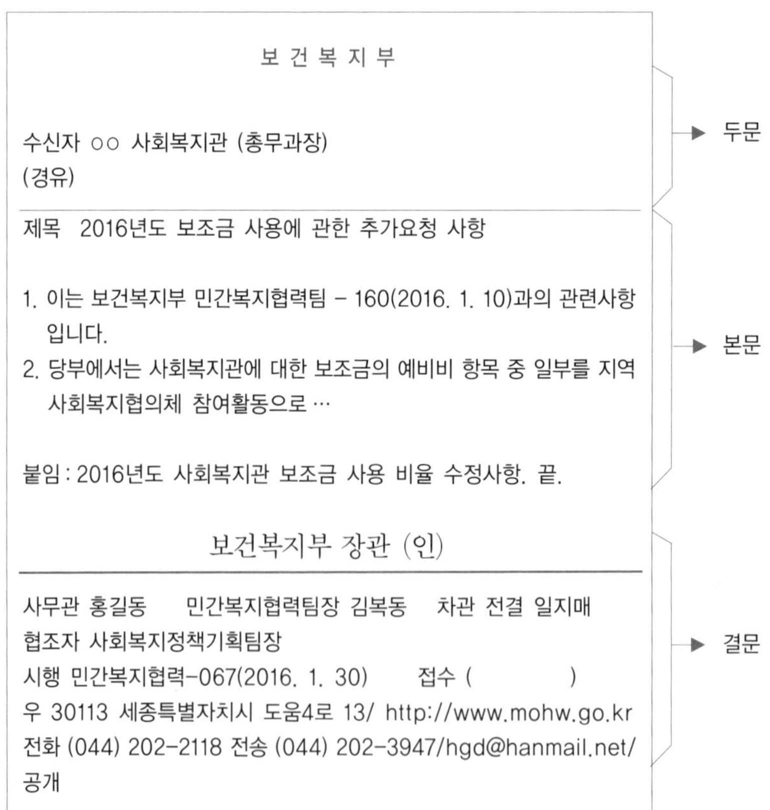

보 건 복 지 부

수신자 ○○ 사회복지관 (총무과장)
(경유)

제목 2016년도 보조금 사용에 관한 추가요청 사항

1. 이는 보건복지부 민간복지협력팀 – 160(2016. 1. 10)과의 관련사항 입니다.
2. 당부에서는 사회복지관에 대한 보조금의 예비비 항목 중 일부를 지역 사회복지협의체 참여활동으로 …

붙임 : 2016년도 사회복지관 보조금 사용 비율 수정사항. 끝.

보건복지부 장관 (인)

사무관 홍길동 민간복지협력팀장 김복동 차관 전결 일지매
협조자 사회복지정책기획팀장
시행 민간복지협력-067(2016. 1. 30) 접수 ( )
우 30113 세종특별자치시 도움4로 13/ http://www.mohw.go.kr
전화 (044) 202-2118 전송 (044) 202-3947/hgd@hanmail.net/
공개

〈그림 13-6〉 공문서(기안/시행 문서) 양식

행 정 기 관 명

수신자
(경유)

제목

문서 내용

붙임: ××××× 끝

발 신 명 의 [인]

기안자(직위/직급) 서명　　검토자 (직위/직급) 서명　　결재권자(직위/직급) 서명
협조자 (직위/직급) 서명
시행 처리과-일련번호(시행일자)　　접수 처리과명-일련번호(접수일자)
우　주소　　/홈 페이지 주소
전화 (　)　전송(　)　　/공무원의 공식 전자우편/공개구분

두문은 발신기관인 '행정기관명'과 '수신'란으로 구성된다. 본문은 제목, 내용, 및 붙임(붙임이 없는 경우도 있음)으로 구성된다. 그리고 결문은 발신명의, 기안자, 검토자, 협조자, 결재권자의 직위 또는 직급 및 서명, 문서의 생산등록번호와 시행일자, 문서의 접수등록번호와 접수일자, 행정기관의 우편번호, 주소, 홈페이지 주소, 전화번호, 모사전송(팩스)번호, 공무원 개인의 공식적 전자우편 주소 및 공개구분으로 구성되어 있다.

전자문서의 경우 두문, 본문, 결문 및 붙임으로 구성하거나 표제부와 본문부로 구성할 수 있다. 표제부와 본문부로 구성하는 경우 표제부는 두문, 본문의 제목 및 결문으로, 본문부는 제목, 내용 및 붙임으로 구성한다.

2004년 1월 1일부터 시행된 사무관리규정의 공문서 양식은 〈그림 13-6〉과 같다.

(2) 문서작성 규칙

공문서 작성은 공공기관인 경우는 사무관리규정 및 동 시행규칙에 따라 작성해야 하지만 민간 사회복지 조직의 경우도 정부의 사무관리규정에 따르는 것이 바람직하고 일반적으로 정부의 규정을 따른다. 따라서 여기에 공문서 작성 규칙을 간략히 설명하기로 하겠다.

① 문서는 쉽고 간명하게 한글로 작성하되 특별한 사유가 있는 경우를 제외하고는 한글 맞춤법에 따라 가로로 쓴다.

② 문서의 일부 수정 또는 삭제는 원안의 글자를 알아볼 수 있도록 해당 글자의 중앙에 가로로 두 선을 긋고 서명 또는 날인한다(전자문서는 재작성하여 처리하고 필요 시 수정 전의 문서를 보관한다).

〈표 13-2〉 공문서 작성 시의 구분항목 및 순서

1., 2., 3., 4. ……
가., 나., 다., 라.……
1), 2), 3), 4) ……
가), 나), 다), 라) ……
(1), (2), (3), (4) ……
(가), (나), (다), (라) ……
①, ②, ③, ④ ……

③ 문서가 두 장 이상이 되는 경우는 전후 관계를 명확히 할 필요가 있으며 사실 또는 법률관계의 증명에 관계되는 문서와 허가, 인가 및 등록 등에 관한 문서는 앞장을 앞쪽으로 접어 뒷장과 겹친 선에 관인이나 직인으로 날인(간인) 해야 한다.

④ 문서의 내용을 항목으로 구분할 필요가 있는 경우는 다음과 같이 숫자와 한글 순서로 번갈아 가면서 항목을 반복하여 구분한다. 문서 내용을 구분하는 항목의 순서와 방법을 나타내면 〈표 13-2〉와 같다. 필요한 경우는 □, ○, -, · 등과 같은 특수한 기호를 사용할 수 있다.

⑤ 문서가 두 면 이상으로 이루어지는 경우 아래 중앙에 전체 면의 수와 일련번호를 붙임표(-) 로 이어 쓴다. 예를 들면 전체 면 수가 3이면 3-1, 3-2, 3-3으로 표시한다.

⑥ 공문서 작성에 사용되는 용지의 크기는 특별한 사유가 있는 경우를 제외하고는 A4(가로 210mm 세로 297mm) 로 한다.

⑦ 문서작성은 편철(분류하여 묶음) 이나 내용보호 등을 위해 용지에 여백을 둔다. 여백은 위로부터 30mm, 왼쪽부터 20mm, 오른쪽 및 아래로부터는 각각 15mm로 한다. 용지의 색깔은 흰색으로,

글자의 색깔은 검은색 또는 푸른색으로 하고 표의 작성 및 수정 또는 주의 환기 등 특별한 표시가 필요한 경우에는 다른 색깔로 할 수 있다.

(3) 문서의 기안

문서의 작성은 기안(起案; 문안을 기초하는 것)으로부터 시작된다. 기안은 다시 말해서 조직 또는 조직 내 부서의 의사결정과 관련하여 문서의 형태로 결정권자의 결심을 요청하기 위한 예비문서를 작성하는 것이다. 문서의 구성양식은 문서관리규정에 규정된 양식대로 해야 하는데 그 양식은 앞의 〈그림 13-6〉에서 제시한 바와 같다.

공문서의 양식(〈그림 13-6〉의 양식)의 용어와 작성요령을 간략히 설명하면 다음과 같다(문서관리규정시행규칙 참조).

① 행정기관명

문서를 기안한 행정부서(가, 나 팀)가 속해 있는 독립 행정기관의 명칭을 기입한다.

② 수신자

수신자명 또는 수신자 기호를 먼저 쓰고, 이어 괄호 안에 처리할 자의 직위를 쓰되, 처리할 자의 직위가 분명하지 아니한 경우 '○○업무 담당과장' 등으로 쓴다. 수신자가 많아 본문 내용을 기재할 난이 줄어들어 본문의 내용을 첫 장에서 파악하기 곤란한 경우 두문의 수신자란에 '수신자 참조'라고 쓰고 결문의 발신명의 밑의 왼쪽 기본선에 맞춰 수신자란을 설치하여 수신자명 또는 수신자 기호를 표시한다.

③ (경유)

경유문서인 경우는 (경유) 란에 "이 문서는 경유기관의 장은 ○○○(또는 제1차 경유기관의 장은 ○○○, 제2차 경유기관의 장은 ○○○) 이고 최종수신기관의 장은 ○○○입니다."라고 표시하고 경유기관의 장은 제목란에 '경유문서의 이송'이라고 표시하여 순차적으로 이송한다.

④ 제목

그 문서의 내용을 쉽게 알 수 있도록 간단하고 명확하게 기재한다.

⑤ 발신명의

합의제 행정기관 또는 행정기관의 장의 명의를 기재하고 보조기관 또는 보좌기관 상호 간에 발신하는 문서는 그 보조기관 또는 보좌기관의 명의를 기재한다.

⑥ 기안자, 검토자, 협조자, 결재권자의 직위/직급

직위가 있는 경우 직위를 온전하게 쓰고, 직위가 없는 경우에는 직급을 온전하게 쓴다. 다만 기관장과 부기관장의 직위는 간략하게 쓴다.

⑦ 기안자, 검토자, 결재권자 서명

'기안자', '검토자' 및 '결재권자'의 용어는 표시하지 않고 기안자, 검토자 및 결재권자의 직위/직급만 쓰고 서명한다.

⑧ 협조자(직위/직급) 서명

'협조자'의 용어를 표시한 다음에 이어 직위/직급을 쓰고 서명한다.

⑨ 전결 및 서명표시의 위치

결재권이 위임된 사항을 결재하는 경우에는 행정기관의 장의 결재란을 설치하지 아니하고 전결하는 자의 서명란에 '전결'표시를 한 후 서명한다.

⑩ 전결, 대결 및 서명표시의 위치

위임전결 사항을 대결하는 경우에는 행정기관의 장의 결재란을 설치하지 아니하고 전결하는 자의 서명란에 '전결' 표시를 한 후 대결하는 자의 서명란에 '대결'표시를 하고 서명하며, 위임전결 사항이 아닌 사항을 대결하는 경우 행정기관의 장의 결재란을 설치하지 아니하고 대결하는 자의 서명란에 '대결' 표시를 하고 서명한다.

⑪ 시행처리과명-일련번호(시행일자) 접수처리과명-일련번호(접수일자)

처리과명(처리과가 없는 행정기관은 10자 이내의 행정기관명의 약칭)을 기재하고, 일련번호는 연도별 일련번호를 기재하며, 시행일자와 접수일자란에는 연월일을 각각 온점(.)을 찍어 숫자로 기재한다. 다만 민원문서인 경우로서 필요한 경우에는 시행일자와 접수일자란에 시, 분까지 기재한다.

⑫ 우 주소

우편번호를 기재한 다음 행정기관이 위치한 도로명, 건물번호 다음에 괄호하여 주소를 기재하고, 사무실이 위치한 층수와 호수를 괄호 안에 기재한다.

예: 우 110-034 서울특별시 종로구 효자로 39 (창성동 117) (2층 208호)

⑬ 홈페이지 주소

행정기관의 홈페이지 주소를 기재한다.

⑭ 전화( ) 전송( )

전화번호와 모사전송(Fax) 번호를 각각 기재한다. 기관 내부의 문서는 구내전화번호를 기재한다.

⑮ 공무원의 공식 전자우편 주소

행정기관에서 공무원에게 부여한 전자우편 주소를 기재한다.

⑯ 공개구분

공개, 부분공개, 비공개로 구분하여 표시한다. 부분공개 및 비공개의 경우는 공공기관의기록물관리에관한법률시행규칙 제16조의 규정(별표 11)에 의한 공개여부 구분번호를 선택하여 괄호 안에 표시한다.

⑰ 관인생략 등 표시

발신명의의 오른쪽에 '관인생략' 또는 '서명생략'을 표시한다.

(4) 문서의 결재

결재는 그 조직의 의사를 최종적으로 결정할 권한을 가진 결재권자가 어떤 사안에 대하여 자신의 의사를 결정하는 문서상의 절차행위를 말한다. 결재권자는 통상 그 조직의 최고 행정책임자가 된다. 조직의 결재는 직위 서열의 밑에서 위로 향해 계층적으로 결재란을 설정하여 보조 및 보좌기관의 결재를 거쳐 최종적으로 이루어진다.

결재는 누가 하느냐에 따라 정상결재, 전결 및 대결로 나눌 수 있다.

정상결재는 규정에 의해 기관장이 소관사항에 대해 직접 문서에 표기하는 등의 정상적 절차를 거쳐 이루어지는 처리방식이다. 전결은 기관장이 위임한 사항에 대하여 최종결재를 보조기관 또는 보좌기관이 처리하는 것을 말한다. 대결은 기관장이 직접 결재할 수 없게 된 상황(휴가, 출장, 사고 등)에서 그 직무를 대리하는 자가 대신 결재를 하는 방식을 말한다.

(5) 결재문서의 시행

결재가 끝나면 효력을 발생할 수 있는 문서가 된다. 가능하면 신속히 문서작성의 목적에 맞게 효력을 발생시키는 일련의 절차가 필요한데 이를 시행이라 한다. 종전에는 기안문서와 시행문서가 별도로 되어 있었으나 2004년 1월 이후는 기안문서가 그대로 시행문서가 된다. 기안문서의 내용에 수정이 있는 경우는 그 사항을 수정하여 시행문으로 작성하고 이를 복사하여 관인 또는 직인을 날인하여 발송할 준비를 한다. 관인이나 직인은 발신명의 마지막 글자가 도장의 중앙에 오도록 날인하여야 한다. 예를 들면 '보건복지부장관'(실제로 시행문의 보건복지부장관의 글씨는 큰 글씨로 글자간 간격이 떨어져 있음)이 발신명의이면 마지막 글자인 '관'이 도장의 한가운데에 오도록 날인하여야 한다(〈그림 13-7〉 참조).

〈그림 13-7〉 관인 날인방법과 위치

보 건 복 지 부 장 [관]

(6) 시행문서의 등록

문서는 생산된 즉시 공공기관의기록물관리에관한법률시행령 10조의 규정에 의해 등록하도록 되어 있다. 등록은 처리과별로 기록물 대장에 등록하면 생산등록번호를 부여받게 된다.

(7) 시행문서의 발송

시행문서는 등록한 후 시행문 처리과에서 발송해야 한다. 종이문서인 경우는 이를 복사하여 발송하고 전자문서인 경우는 전자문서 시스템상에서 발송하여야 한다. 문서는 우편으로 발송하거나 특별한 경우 인편, 팩스, 전화 등을 이용하여 발송할 수도 있다. 전자문서는 별도의 시행문을 작성하지 않고 결재한 문서를 시행문으로 변환하여 시행한다. 문서의 발송은 기록물대장에 기록한 후 발송하여야 하고 전자문서인 경우는 발신내용과 관련대장을 컴퓨터 파일로 관리해야 한다.

5) 문서의 접수 및 배부

공공 조직이나 사회일반 조직에서와 같이 사회복지 조직에서도 문서를 기안하여 결재한 후에 발송할 뿐만 아니라 조직 외부로부터 문서를 접수하여 처리과에 배분하고 내용을 검토하여 결재를 받고 문서의 내용에 따라 적절히 회신하고 실제적으로 행동하게 된다.

문서는 처리과에서 접수하는 것이 원칙이므로 문서수발 업무 담당과(문서과 또는 총무과 등)에서 직접 받은 문서를 처리과별로 분류하여 기록물배부대장에 기록한 후 지체 없이 처리과에 이를 배부하여 접수하게 한다.

접수된 문서는 행정안전부령이 정하는 접수인을 특별한 규정이 없는 한 두문의 오른쪽 여백에 날인하고 기록물대장에 접수등록번호와 접수일시를 기재하여 등록해야 한다. 문서과에서 직접 접수한 문서의 경우는 기록물배부대장에 해당 문서의 접수 및 배부사항을 기록하고 이를 문서에 기재만 하고, 시행문에는 접수일시만 기입하고 지체 없이 이를 처리과로 보낸다. 문서과에서 처리과로 보낼 시에는 처리과의 인수자를 기재하도록 한다.

문서를 접수한 처리과의 담당자는 접수된 문서를 처리담당자에게 인계하고 처리담당자는 공람자의 범위를 정하여 그 문서를 공람하게 할 수 있다. 다만 전자문서인 경우는 공람하였다는 기록이 전자문서 시스템상에 자동적으로 표시되도록 하여야 한다. 결재권자는 공람을 결정할 수 있고 문서처리 기한 및 처리방법을 지시할 수 있고 필요한 경우 그 처리 담당자를 별도로 지정할 수도 있다.

시행문이 접수되면 공문서의 결문에 나와 있는 처리과, 일련번호 및 일자를 기록하고 적당한 여백에 공람란을 설치하여 결재받도록 하고 있다.

6) 문서의 보관, 보존 및 폐기

사회복지 조직에서도 공공 조직에서와 같이 자체 생산한 문서와 외부로부터 접수한 문서를 처리하는 것과 더불어 문서를 정리하는 것도 중요하다. 문서를 정리하는 주요 목적은 언제든지 필요한 문서를 적시에 쉽게 찾아내어 활용할 수 있도록 체계화함으로써 업무의 능률을 향상시키는 데 있다.

필요한 문서를 수집하고 분류하고 이를 보관 및 보존하는 데 관한 일련의 기술적 체계를 파일링 시스템(*filing system*)이라 한다. 파일링 시스템의 대상이 되는 것은 서류는 물론 카드, 메모, 편지, 전보, 계약서, 보고서, 의사록, 지원서, 전표나 장부, 설계도, 청사진, 팸플릿, 카탈로그, 가격표, 안내책자, 신문 및 잡지 등의 정기간행물, 마이크로필름, 광디스크 등 조직의 업무와 관련된 모든 정보자료이다.

공공기관의기록물에관한법률시행령에서는 국가기관의 기록물로 등록하여 관리해야 할 사항을 규정하고 그 포함될 항목까지 명시함으로써 공공기록물 보존의 중요성을 강조하고 있다.

문서의 경우 적절한 기준으로 구분하여 필요한 문서와 불필요한 문서를 구분할 필요가 있고, 필요한 문서는 폐기할 문서와 보관 및 보존할 문서로 구분하는 것이 바람직하다. 필요한 문서를 자체적으로 보유할 것과 다른 곳으로 이관할 것으로 분류할 필요가 있다. 문서를 자체적으로 보유하고 관리하는 것을 '보관'이라 하고 일상적 업무에는 필요없으나 폐기할 때까지 문서를 보유하고 관리하는 것을 '보존'이라 한다.

문서 중에 보존해야 할 문서는 공공기관의기록물관리에관한법률시행령의 보존기간에 따라 영구, 준영구, 20년, 10년, 5년, 3년, 1년 등 7가지로 분류하여야 한다. 전자문서의 보존은 컴퓨터 파일로 하되 보존기간이 준영구 이상인 것은 전문관리기관의 장이 마이크로필름 또는 종이문서 등 육안으로 판독이 가능한 보존매체에 수록하여 중복 보존하는 것을 원칙으로 하고 있다. 기록물을 폐기하고자 할 경우는 기록물관리 전문요원의 심사 및 기록물폐기심의회의 심의를 거쳐 관할 기록물 관리기관의 장이 폐기하도록 하고 있다.

7) 사회복지 조직에서의 문서 정보관리

앞에서도 말한 바 있지만 사회복지 조직은 어떤 의미에서 사회로부터 인가받았다는 측면에서 보면 일종의 공적 조직이라 할 수 있고, 또한 공공기관과의 밀접한 관계가 있다. 이런 면에서 공공기관에서의 문서관리에 적용되는 규정이 사회복지 조직에도 유사하게 적용될 수 있을 것으로 본다. 엄격하게 말해서 사회복지 조직은 '사무관리규정'과 '공공기관의기록물관리에관한법률'의 적용을 받지 않지만 이러한 법규에 의한 공공기관의 문서 정보관리의 방법을 융통성있게 적용한다면 사회복지 조직의 문서 정보관리는 잘 이루어질 수 있을 것으로 본다.

· 제 14 장 ·

수퍼비전과 컨설테이션

사회복지 조직은 사람을 대상으로 서비스를 제공하는 조직이기 때문에 다른 일반조직에 비하여 인건비에 훨씬 많은 예산을 배정하고 있다. 이 말은 사회복지 조직에서 서비스를 제공하는 사람을 특히 중요시하고 있다는 것을 의미한다. 사람들에게 서비스를 효과적으로 그리고 효율적으로 제공하려면 기본적 교육과정을 통하여 획득한 지식과 기술의 습득만으로는 부족하고 서비스를 제공하는 실무과정에서 스스로의 노력과 타인으로부터의 도움에 의하여 계속적으로 지식과 기술을 발전시켜 나가야 한다. 조직의 일선에서 서비스를 전달하는 업무를 담당하고 있는 직원이 업무수행에 있어 어떻게 지지를 받으며 기술을 개발하느냐는 조직의 직무에 전반적으로 영향을 미친다. 그러므로 사회복지 조직에서는 서비스 전달자의 업무수행을 발전시키기 위해서 도움을 제공하는 것, 즉 수퍼비전(*supervision*)이 필요하다고 인정되어 전문 사회복지 조직에서는 상급자가 하급자에게 수퍼비전을 주는 것이 전통이 되고 있다.

사회복지 조직의 행정가뿐만 아니라 일반 전문직원들도 조직의 내부 및 외부로부터 다양한 업무에 관련하여 자문이나 상담을 해주거나 받는 경우가 많아지고 있다. 따라서 사회복지 조직의 행정가와 일반 전문직원들도 이에 대한 전문지식과 기술을 갖출 필요가 있다. 수퍼비전은 조직내부에서 같은 전문직업적 업무수행에 있어서 직원들 간에 도움을 주는 것이라면 컨설테이션은 다른 전문직 업무나 기타 업무에 있어서 전문적 지식과 기술을 제공해 주는 자문 또는 상담활동이라 할 수 있다.

수퍼비전을 지도감독이라는 말로 번역하여 쓰고 있고 컨설테이션도 자문 또는 상담이라는 말로 번역되고 있으나 적합한 의미를 전달하는 말로 보기 어렵다고 생각하여 여기서는 영어단어인 수퍼비전과 컨설테이션을 그대로 사용하기로 하겠다. 이 장에서는 수퍼비전의 기능, 원칙, 내용 및 모델 등에 대하여 살펴보고 다음에 컨설테이션의 개념, 모델, 절차 등에 대하여 생각해 보기로 하겠다.

1. 수퍼비전

1) 수퍼비전의 개념

수퍼비전(*supervision*)이라는 말의 어원은 “위에서 내려다 보다”, “감독하다”, “통제하다”이지만 어원처럼 상급자와 하급자와의 관계에서 상급자가 감독하고 지도하는 의미는 약하다. 수퍼비전을 주는 사람인 수퍼바이저(*supervisor*)의 역할은 주로 수퍼비전을 받는 상대방(*supervisee*)을 지지하고, 용기를 돋워주고, 정보를 제공하고, 상대방의 말을 듣는 것이다(Skidmore, 1990: 206). 이러한 의미에서 보면 수퍼비전이라는 말을 지도감독으로 번역하는 것은 적합하지 못하다고 본다. 사회복지의 핵심적 활동인 사회복지 전문직(*profession of social work*)에 있어서 수퍼비전은 사회복지 조직의 직원이 서비스를 효과적이고 효율적으로 전달하기 위하여 지식과 기술을 잘 사용하도록 도움을 주는 활동을 말한다. 이와 같은 수퍼비전은 잘 훈련되고 경험이 많고 능력이 있고 전문지식과 기술을 갖추고 있으면서 전문직업적 태도를 가진 사람은 경험과 지식과 기술이 부족한 사람들에게 도움을 줄 수 있다는 전제 위에서 이루어지는 것이다.

수퍼비전의 필요성은 전통적으로 인정되어 사회복지 조직에서 행해지고 있고 실제로 수퍼비전을 주고받는 사람들이 그 유용성을 크게 인정하고 있다. 1973년에 Kadushin이 조사한 바에 따르면 수퍼바이저의 73%와 수퍼비전을 받는 사람의 약 60% 정도는 수퍼비전에 만족하고 있는 것으로 나타났다. 그런데 수퍼비전의 부작용을 내세워 필요가 없다고 주장하는 사람들도 있다. 이러한 주장의 근거로는 첫째 수퍼비전은 전문직의 자율성을 해친다는 것이고, 둘째 수퍼비전은 관료주의적 발상이라는 것이고(Coulshed, 1990: 130), 셋째 사회복지사는 일정한 전문적 훈련(석사학위 이상의 교육)을 받고 일정기간 동안 전문직에 종사하면 서비스를 잘 전달할 수 있는 능력이 갖추어지므로 수퍼비전은 받지 않아도 된다는 것이다. 결국 문제는 수퍼비전은 일률적으로 누구에게나 필요하다는 것이라기보다는 개인의 능력과 업무경험에 따라 수퍼비전의 질이 정해져야 할 것으로 본다.

2) 수퍼비전의 주요 기능

수퍼비전에는 여러 가지의 기능이 있지만 주로 다음과 같은 3가지의 기능이 가장 중요하다고 본다(Skidmore, 1990: 206~207).

(1) 교수의 기능

수퍼비전은 다른 사람을 가르쳐 주는 것(교수)을 주요 기능의 하나로 하고 있는데 교수기능의 목적은 상대방으로 하여금 전문직업적 태도를 확립하고 지식과 기술과 이해를 증진시키는 것을 목표로 하고 있다. 일반적으로 사람은 실행함으로써 배우게 되는데 수퍼비전 받는 사람이 실제로 행한 일에서 잘된 것과 어려웠던 것을 수퍼바이저와 같이 토의하면서 배우게 된다. 교수내용에 포함되어야 할 사항은 ① 사회복지 철학과 역사 및 기관의 정책, ② 사회복지적 지식과 기술, ③ 자기인식, ④ 기관 내외의 가용자원, ⑤ 서비스의 우선순위와 시간관리(Watson, 1973: 81, 재인용)를 포함하는 것이 바람직하다.

(2) 행정의 기능

수퍼바이저는 행정적으로 하급자에게 지시하고 그들을 지도하며, 업무의 질과 양에 있어서 통일성과 효율성을 기하기 위하여 봉급, 승진, 사례의 할당, 위원회의 약속 등을 포함하는 행정적 일을 돕는 역할을 한다. 행정기능에는 ① 의사소통 체계 연결, ② 직무수행의 책임성, ③ 프로그램 평가, ④ 사례의 배당 및 업무분담, ⑤ 정서적 지지, ⑥ 각 직원의 경험 활용 등이 포함되는 것이 바람직하다(Watson, 1973: 81).

(3) 업무촉진의 기능

수퍼바이저는 하급자들이 사회복지 서비스 전달업무에 있어서 맡겨진 일을 스스로 노력하여 잘 감당할 수 있도록 장애요소나 방해요소를 제거해 주고, 용기를 주고 지지해 주는 역할, 즉 업무촉진자의 역할을 한다. 즉 수퍼바이저는 하급자를 앞서서 이끌어 가는 것이 아니라 하급자가 스스로 할 수 있도록 옆에서 도와주는 역할을 해야 한다.

3) 효과적인 수퍼바이저의 조건

수퍼바이저로서 효과적인 수퍼비전을 할 수 있는 조건을 규정한다면 다음과 같은 것이 될 수 있다(Skidmore, 1990: 209~210).

① 지식구비 : 수퍼바이저는 전문직에 대한 지식과 기관에 대한 종합적인 지식을 갖추어야 한다.
② 실천기술과 경험 구비 : 수퍼바이저는 자신이 클라이언트에 대한 문제를 해결해 본 경험과 기술을 갖추고 있어야 한다. 즉 수퍼바이저는 사회복지의 일반적 실천에 대한 능력과 특별한 실천방법에 대한 능력을 갖추고 있어야 한다.
③ 개방적 접근의 허용 : 수퍼바이저는 응급시 및 필요시 하급자가 쉽게 접근하여 질문하고 어떤 지도를 받을 수 있는 기회를 마련해야 한다. 예를 들면 주 1회 정도 만나는 기회를 마련하면 하급자가 가지는 대부분의 문제를 해결할 수 있다.
④ 헌신적인 사명감 : 수퍼바이저는 기관, 하급자, 자신과의 역동적 관계에 대하여 진실하고 지속적인 관심을 가져야 한다. 진실하고 지속적인 관심은 하급자에게 적극적인 동기부여를 하고 그의 지

식과 기술을 향상시키는 데 크게 도움이 될 것이다.

⑤ 솔직한 태도 : 수퍼바이저는 하급자가 제기한 질문이나 문제해결에 대한 해답을 모르거나 제시할 수 없을 때는 자신의 입장을 솔직히 밝히고 또한 실수가 있을 때도 그것을 솔직히 인정할 수 있어야 한다.

⑥ 감사와 칭찬의 태도 : 사람은 인정받고 칭찬받기를 갈망하기 때문에 가능하면 감사와 칭찬의 태도를 가지고 하급자의 동기를 유발하고 전문직업적 발전을 도모하여야 할 것이다. 특히 하급자에게 감사하는 태도를 보이는 데 인색하면 수퍼비전의 효과가 줄어들 수 있고 하급자의 능력도 저하시킬 수 있다는 점에 유의하여야 할 것이다.

4) 수퍼비전의 기본원칙

효과적인 수퍼비전을 주기 위한 원칙으로 다음의 5가지를 제시할 수 있다(Skidmore, 1990: 211~212).

① 수퍼바이저는 그 기관과 서비스에 대한 올바른 지식, 원칙, 기술을 가르치고 사회복지사가 자율적으로 업무를 처리하도록 해야 한다. 이렇게 가르치는 것은 사회복지사가 공식적 또는 비공식적 교육에서 배운 지식과 경험을 확인하고 사회복지사의 지식과 기술을 기관에서의 실무를 통하여 증진시키도록 하기 위해서이다. 사회복지사에게 신뢰감을 갖게 하고 적절한 지침을 주고 과거의 경험과 교육을 보강해 주면 사회복지사는 스스로 업무를 잘 처리할 수 있는 능력이 있다는 점을 유의해야 할 것이다.

② 수퍼바이저는 사회복지사로 하여금 수퍼바이저가 제시한 지식과 원칙에 일치하는 목표를 설정하게 하여 자신을 스스로 관리하도록 해야 한다. 즉 수퍼바이저는 사회복지사로 하여금 기관의 직원으로서 그리고 한 개인으로 적합한 목표를 스스로 설정하도록 하고 무엇을 할 것인가를 스스로 결정하도록 한다는 것이다. 목표가 설정되면 그것에 대한 우선순위를 정하도록 하고 그러한 목표가 기관의 정책과 절차에도 일치하도록 하여야 한다.

③ 수퍼바이저는 일상적인 가르침과 학습경험을 제공하는 것 외에 수퍼비전에 대하여 준비하고, 필요할 때는 사회복지사를 도울 수 있는 시간을 마련하여야 한다. 수퍼바이저는 그 역할의 중요성을 인정하고 그 역할이 짐이 된다는 생각보다는 사회복지사와 서비스 수혜자에게 이익이 된다는 생각하에 수퍼바이저의 역할을 수행해야 할 것이다. 그러기 위해서는 수퍼바이저의 사무실 문은 항상 두드릴 수 있도록 준비되어 있어야 한다.

④ 수퍼바이저는 사회복지사와 원칙과 규칙을 정하여 필요시 사회복지사가 연락할 수 있도록 하여야 한다. 이러한 체계가 없으면 많은 문제가 악화되고 결정이 연기되는 경우가 많아 적시에 효율적으로 서비스를 제공할 수 없게 된다. 중요한 것은 사회복지사가 도움이 필요할 때 수퍼바이저에게 접촉하여 도움을 받을 수 있도록 하는 것이다.

⑤ 수퍼바이저는 사회복지사가 수퍼바이저에게 자신의 활동에 대하여 책임있는 설명을 하고 함께 상의하여 장래의 목표를 설정할 수 있도록 하여야 한다. 사회복지 서비스의 효율성과 효과성에 대한 평가와 이에 대한 책임의 문제는 사회복지 조직의 전반적인 관심사가 되고 있고 이를 중요시하는 경향으로 나가고 있다. 따라서

수퍼바이저는 사회복지사의 업무 전반에 대하여 정기적인 평가기회를 가지고(주간, 월간, 6개월간, 연간 등) 자기평가와 타인평가를 받을 수 있도록 해야 한다.

5) 수퍼비전의 절차와 주요 내용

수퍼비전에는 그 내용에 따라 다양할 수 있지만 가장 일반적으로 적용할 수 있는 단계를 생각해 본다면 다음과 같은 4가지 단계로 이루어질 수 있다(Coulshed, 1990: 137). 그러나 이러한 절차나 틀에 얽매여 충분한 토의가 제한되지 않도록 유의하여야 할 것이다.

① 문제의 서술 : 무엇이 일어났고 어떻게 되었는지를 하급 사회복지사로 하여금 설명하게 하고 이 때 수퍼바이저는 가능하면 최소한으로 관여한다.
② 문제확인 : 그것은 무엇을 의미하는지에 초점을 맞추고 수퍼바이저가 인식하는 대로의 상황을 이해하려고 노력한다.
③ 문제분석 : 하급 사회복지사로 하여금 문제가 된다고 생각되는 측면을 확인하도록 한다. 이때 도움이 된 것은 무엇이고, 그렇지 못한 것은 무엇이고, 왜 그렇게 되었는지, 그리고 학습적인 요점은 무엇인지 등의 질문을 중심으로 문제를 확인하게 한다.
④ 수행 : 현재 여기서 어디로 가야 할 것인가를 생각하여 하급 사회복지사로 하여금 다음 단계로 나가게 한다.

수퍼비전은 대체적으로 이러한 단계로 진행하지만 어떤 틀과 절차에 매여 충분한 토의가 제한되지 않도록 하는 것이 가장 중요하다.

실제의 사회복지 계속교육의 수퍼바이저와 사회복지 석사과정 학생들에 대한 조사결과에서 나타난 수퍼비전의 주요내용을 살펴보면 다음과 같다(Cohen & Rhodes, 1977: 289~290, 재인용) : ① 과업배분과 수행을 위한 개인과 집단의 목표설정, ② 공동의사결정 사항 수행, ③ 집단과정 지도(주제 설정 포함), ④ 기획업무 및 사례관리, ⑤ 의사소통망 개발, ⑥ 직무성과 평가, ⑦ 동기부여, ⑧ 사례 컨설테이션 및 전문직 업적 지지, ⑨ 팀 구성, ⑩ 사회복지사와 클라이언트의 대변, ⑪ 갈등 관리, ⑫ 직원과 클라이언트의 관심사를 수렴하여 관계의 변화 추진.

이러한 내용에 대한 교육적 효과를 높이기 위하여 역할연기, 전개연습(*development exercise* : 어떤 내용을 상정하고 그것이 전개되는 과정에 따라 수퍼비전을 주는 연습을 하는 것), 시뮬레이션(*simulation* : 모의실험이라고도 하는데 주로 컴퓨터를 이용하여 설정된 내용에 대한 수퍼비전 연습을 하는 것) 등이 사용되고 있다.

수퍼바이저는 위에서 제시한 수퍼비전의 활동을 수행하기 위해서는 영향력을 발휘할 수 있어야 하는데 그러한 영향력의 원천은 다음과 같은 것이 있다.

① 수퍼바이저의 하급 사회복지사에 대한 권위가 행정적으로 인가되어 있다.
② 수퍼바이저는 하급 사회복지사와 기관과의 관계를 중간에서 조정한다.
③ 수퍼바이저는 하급 사회복지사의 채용 및 해고에 어떤 역할을 하고 있다.
④ 수퍼바이저는 하급 사회복지사의 봉급증액과 승진을 통제하고, 여러 가지 기록목록을 결정한다.

⑤ 수퍼바이저는 반드시 하급 사회복시사보다 능력이 있는 것은 아니지만 거의 대부분의 경우 하급 사회복지사보다 잘 알고 있기 때문에 하급 사회복지사에게 영향력을 가진다.
⑥ 수퍼바이저는, 반드시 요청하는 것은 아니지만 하급 사회복지사가 자신에 대하여 더 많은 것을 털어놓기를 기대하고 있다.
⑦ 수퍼바이저는 사회복지사의 평생고용 보장에도 영향을 미친다.

6) 수퍼비전의 모형

수퍼비전은 관여자 형태, 상황관찰 여부, 형식구비 여부, 기술수준, 목표설정 여부, 장소여건 등의 기준에 따라 여러 가지 모형으로 구분될 수 있지만 실제로 수퍼비전의 모형을 구분한 것을 보면 뚜렷한 기준이 없음을 알 수 있다.

Watson(1973: 83~86, 재인용)은 ① 개인교습 모형(*tutorial model*), ② 사례 컨설테이션(*case consultation*), ③ 수퍼비전 집단(*supervisory group*), ④ 동료집단 수퍼비전(*peer-group supervision*), ⑤ 동료 2인 수퍼비전(*tandem supervision*), ⑥ 팀 수퍼비전(*team supervision*)의 6가지 모형으로 구분하였다. Skidmore(1990: 217~221)는 ① 동료 수퍼비전(*peer supervision*), ② 목표관리 수퍼비전(*supervision by objectives*), ③ 집단 수퍼비전(*group supervision*), ④ 이동식 수퍼비전(*supervision on wheel*), ⑤ 과업 수퍼비전(*task supervision*), ⑥ 적응 수퍼비전(*adaptive supervision*) ⑦ 직접관찰 수퍼비전(*live supervision*)으로 구분하고 있다. 그리고 Coulshed(1990: 132~136)는 ① 개인 수퍼비전(*individual supervision*), ② 집단 수퍼비전(*group supervision*), ③ 공식적 수퍼비전(*formal supervision*), ④ 비공식적 수퍼비전(*informal supervision*), ⑤ 직접 수퍼비전

〈그림 14-1〉 수퍼비전의 모형

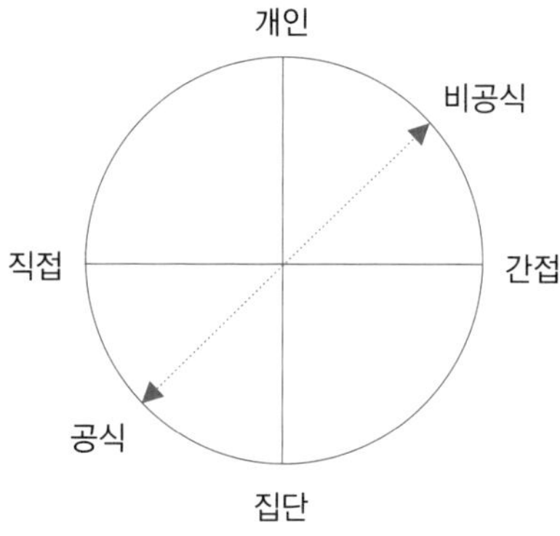

(*direct supervision*), ⑥ 간접 수퍼비전(*indirect supervision*)으로 구분하였는데 실제로는 개인/집단 및 직접/간접의 4가지 모형에 공식/비공식 모형을 결합하여 8가지 모형으로 제시하고 있다.

여기서는 Coulshed의 분류를 중심으로 수퍼비전 모형을 설명하도록 하겠다. 그는 〈그림 14-1〉에서 보는 바와 같이 수퍼비전을 4가지 모형(개인/집단; 직접/간접)으로 나누고 각각을 다시 공식적/비공식적인 것으로 나누어 8가지로 구분하고 있다. 그림에서 화살표로 되어 있는 공식/비공식의 침을 시계방향으로 돌리면 개인/집단 및 직접/간접에 번갈아 가며 합쳐져서(예를 들면 개인 모형은 다시 공식적 개인 모형/비공식적 개인 모형으로 나누어짐) 결국은 8가지 모형이 된다.

(1) 개인 수퍼비전 모형

전통적인 모형으로 1 대 1의 관계로 이루어지는 것인데 하급 사회복지사 1명이 수퍼바이저 1명을 상대하는 경우와 특별히 상급자인 수퍼바이저 없이 비슷한 수준의 사람들이 1 대 1로 상호 도와주는 경우(*tandem supervision*)도 있다. 그러나 상급의 수퍼바이저와 하급의 사회복지사가 1 대 1로 하는 경우의 모형이 가장 보편적이다. 수퍼바이저와 하급직원의 1 대 1의 모형에는 한 명의 수퍼바이저가 여러 지역을 방문하여 수퍼비전을 주는 형태도 있는데 이 경우는 서비스 장소가 지역적으로 분산되어 있고 각 사무실 내에 적절한 수퍼바이저가 없을 때 택할 수 있다. 그리고 사회복지 조직에서 흔히 있는 일로 사회복지(사회사업) 전공 학생에 대한 실습지도를 하는 상황에서 사회복지사 자격증이 없는 사람이 실습지도를 하는 경우는 실습기관에 실습을 지도하는 과업 수퍼바이저(*task supervisor*)를 정하고 학교의 교수가 공동 수퍼바이저로 되어 과업 수퍼바이저와 실습생과의 관계를 조정하고 실습에서 학습경험을 하도록 지도할 수 있다(Skidmore, 1990: 219~230). 특히 수퍼바이저와 하급직원의 1 대 1 모형은 계속 같은 수퍼바이저와 하급 사회복지사가 개별화된 상황에서 보다 많은 토의시간을 가질 수 있어 초보자에게 크게 도움이 될 수 있는 모형이다.

(2) 집단 수퍼비전 모형

이 모형은 1대 다수의 관계로 여러 명의 하급 사회복지사가 한 명의 수퍼바이저를 만나는 경우와 수퍼바이저 없이 지식과 기술 수준이 비슷한 사람들끼리 서로 경험을 나누고 도와주는 경우의 동료집단형이 있다. 1대 다수형에서는 사회복지사들이 상급자로부터 수퍼비전을 받는 것 외에 다른 사람들의 경험에서 많은 것을 배울 수 있고, 1 대 1의 관계에서 발생할 수 있는 수퍼바이저의 성격적 영향을 줄일 수 있고 또한 수퍼바이저의 생각을 일방적으로 받아들이도록 강요되는 경우도 피할 수 있는 장점이 있다. 이러한 집단모형이 적용되려면 하급 사회복지사들의 전문적 지식과 기술 수준이 비슷해야 한다. 동료집단형에서는 각자는 자신의 사례에 대한 기본적인 책임을 지고 다른 사람들에게 의견을 제시하고 자기의 경험을 이야기하는 식으로 이루어진다. 이러한 동료집단형은 참여자들이 같은 배를 타고 있다는 느낌을 가지고 서로의 문제에 더욱 많은 관심을 가지고 민감하게 반응을 보인다는 장점이 있으나 이들은 경험이 부족하고 지식과 기술 수준이 낮아 각자의 문제에 대한 해답을 잘 찾을 수 없는 경우가 있다는 것이 단점이라 할 수 있다(Skidmore, 1990: 217).

(3) 직접 수퍼비전 모형

이 모델은 수퍼바이저가 하급 사회복지사가 행하는 것을 직접 관찰하면서 필요하면 그 자리에서 수퍼비전을 주는 방법이다. 이 방법에서는 수퍼바이저는 1명 또는 2명 이상일 수 있으며 주로 수퍼바이저는 폐쇄회로 모니터나 일면경을 통하여 관찰하는데 앞으로 이러한 방법이 널리 이용될 것으로 보인다.

(4) 간접 수퍼비전 모형

이 모형은 수퍼바이저가 하급 사회복지사가 실제로 무엇을 어떻게 하는지를 관찰할 수 없었던 경우에 하급직원이 행한 것을 설명으로 듣거나 서술한 기록을 읽거나 또는 역할연기나 모의실험을 통하여 상상하고서 수퍼비전을 주는 방법이다.

(5) 공식적 수퍼비전 모형

이 모형은 하급직원이 수퍼바이저에게 공식적으로 책임을 느끼면서 다음의 3가지 조건이 구비된 것이다. 즉 ① 행정적인 의미에서 적절한 준비, 정기적 성격, 시간제한, 기록, 요점의 토의, 구체적 행동의 수행 등과 같은 구조를 갖추고, ② 분명한 목적과 목표가 있고, ③ 수퍼비전이 주어질 수 있는 조직적 여건하에서 특정 장소에서 이루어지면 공식적 수퍼비전이라 할 수 있다.

(6) 비공식 수퍼비전 모형

이 모형은 사전에 시간제약과 토의할 사항에 대한 준비없이 이루어지는 것인데 여기서는 요점이나 문제되는 것이 깊이 있게 충분히 토의될 수 없고 토의내용이 기록되지 않는다. 이와 같은 비공식 수퍼비전 모형(*informal supervision*)은 가장 바람직하지 못한 형태의 수퍼비전이다. 이러한 모형은 하급직원이 위기상황에서 즉각적 지지를 원할 경우에 도움이 될 수 있지만 전반적으로 준비가 안 된 상태에서 수퍼바이저도 수퍼비전을 받는 사람도 만족할 수 없는 경우가 거의 대부분이다.

7) 자원봉사자에 대한 수퍼비전

사회복지 서비스의 상당 부분은 사회복지(사회사업) 전문가가 아니더라도 전달할 수 있는 것이다. 그리고 자원봉사자도 적절히 훈련을 시키고 수퍼비전을 잘 주면 많은 사회복지 서비스를 전달할 수 있다. 그렇기 때문에 사회복지 서비스 전달에 있어서 자원봉사자를 이용하는 것은 중요하고 자원봉사자를 이용하는 경우가 점차 증가하고 있다. 특히 사회복지 서비스가 단순히 개인 또는 소집단 위주의 문제해결적·임상적 서비스 외에도 자원의 동원 및 연결, 정보제공, 구체적인 도움의 일 등으로 다양해짐에 따라 자원봉사자의 필요성과 참여가 계속 증가하고 있다.

자원봉사자를 이용하는 것은 여러 가지 면에서 바람직하지만 다만 이용해서는 안 될 곳에서도 이용하는 것과 더구나 특별한 훈련이나 수퍼비전도 없이 이용하고 있는 것이 문제이다. 최근에 우리나라에서는 자원봉사자를 이용하는 서비스(예를 들면 재가복지 봉사센터 프로그램, 가정봉사원 프로그램 등)를 확대하고 있어 사회복지 조직에서는 자원봉사자에 대한 수퍼비전도 중요시해야 할 시기에 이르렀다. 자원봉사자에 대한 수퍼비전도 많은 경우 위에서 말한 모형들을 이용할 수 있을 것이고 동일한 수퍼비전의 원칙을 적용할 수 있을 것이다.

자원봉사자들은 대부분의 경우 단지 누구를 돕겠다는 봉사정신을 가지고 상식적인 수준에서 사회복지 서비스 전달에 참여하고 있다. 그런데 이들에 대한 전반적인 교육도 필요하지만, 무엇보다도 중요한 것은 그들이 남을 돕는 일은 단순한 봉사정신과 상식만으로는 잘 안되며 효과성을 달성할 수 없다는 것과 전문가로부터 훈련과 지도를 받을 필요가 있다는 것을 깨달을 수 있도록 지도하는 것이다.

자원봉사자들에게도 사회복지 전문가와 같은 정도의 지식과 기술을 훈련시키고 그러한 수준에 도달하기를 바라기는 어렵지만 기관의 사회복지 전문가와 자원봉사자와의 관계도 기관 내에서의 수퍼바이저와 하급직원과 같은 전문적 관계를 가질 수 있도록 해야 한다. 따라서 사회복지 전문가는 자원봉사자들의 지식과 기술을 향상시키기 위해서 노력해야 하고, 자원봉사자도 전문직업적인 태도와 윤리를 지킬 수 있도록 노력해야 할 것이다. 어떤 형태의 수퍼비전 모형을 택하느냐는 기관의 사정과 업무의 성격에 따라 차이가 있기 때문에 일률적으로 말하기는 어렵다. 그러나 자원봉사자에 대한 수퍼비전은 위에서 말한 경우와 같은 1 대 1의 관계에 의한 개별 수퍼비전보다는 1 대 다수의 집단 수퍼비전이나 정기적 사례발표회, 특별교육, 워크숍 등의 기회를 통하여 수퍼비전을 주는 것이 적합할 것이다(Coulshed, 1990: 140). 중요한 것은 자원봉사자는 비용이 안 드는 사람들이라고 생각하고 이들을 이용하여 값싸게 서비스를 전달하겠다는 생각은 절대 금물이다. 또한 자원봉사자에 대한 인건비가 정규직원처럼 드는 것은 아니지만 훈련에는 상당한 정도의 비용과 노력을 투입하여야 한다는 것을 명심하여야 할 것이다.

2. 컨설테이션

1) 컨설테이션의 개념

컨설테이션(*consultation*)은 일반 기업분야에서 많이 사용되어 왔는데 이제는 사회복지 분야에도 많이 이용되고 있다. 이것은 수퍼비전과 밀접한 관계가 있고 때로는 수퍼비전과 혼용되고 있지만 수퍼비전과는 다른 특성이 있어 별도로 다루어야 할 행위로 본다. 컨설테이션은 어떤 업무에 있어서 능력 있고 배려가 깊은 한 전문가가 때때로 행정적 권력관계 없이 한 개인 또는 집단을 만나서 문제해결을 위한 자문을 하는 활동을 말한다. 컨설테이션에 응하여 필요한 전문지식, 기술, 아이디어 등을 제공하는 측을 컨설턴트(*consultant*)라 하고 컨설테이션을 받는 측을 컨설티(*consultee*)라고 한다. 컨설테이션은 일반적으로 그것을 받기를 원하는 측(*consultee*)으로부터 요청된다는 점, 컨설테이션을 주는 쪽과 받는 쪽이 어떤 행정적(관리적) 권력관계에 있지 않다는 점 그리고 때로는 컨설테이션은 관련된 지식과 기술이 상당히 전문화(특수화) 되어 있는 경우가 많다는 점에서 수퍼비전과 구분된다.

2) 컨설턴트의 역할

컨설턴트가 하는 역할은 다양하지만 그 중에 중요하다고 생각되는 역할을 정리해 보면 다음과 같다(Ferguson, 1969: 412~417).

① 자료의 포착
② 문제되는 부분의 검색
③ 심리적 유대 증진
④ 개인 간, 집단 간 및 개인과 집단 간의 연계
⑤ 의사소통의 매개체
⑥ 재고(再考)해야 할 인간관계 문제와 감정관련 자료의 색출
⑦ 보다 일치성 있는 의사소통을 위한 임상적 기술 사용
⑧ 환류의 권유
⑨ 탐구정신의 고취
⑩ 발전방안 수립의 산파역
⑪ 문제해결 회의의 분석
⑫ 상호지도 및 팀 구성의 기회 제공
⑬ 감정관리의 조력
⑭ 적절한 심리적 분위기 조성 조력
⑮ 계산된 위험의 부담

3) 컨설테이션 모형

컨설테이션은 사실상 많이 이용되고 있지만 이에 대한 훈련 프로그램이나 연구는 많지 않은 것 같다. 컨설테이션의 훈련 모형에 관한 연

구에서 나타난 바를 보면 컨설테이션 내용과 컨설턴트의 역할을 기준으로 한 2가지 모형이 있다(Coulshed, 1990: 141~145).

(1) 컨설테이션 내용에 따른 모형

Caplan은 컨설테이션을 내용에 따라 4가지 유형으로 나누고 있는데 이는 원래 정신건강 분야에서 사용되도록 개발되었다. 이러한 분류는 컨설테이션의 내용에 초점을 맞추고 전문가는 어떤 행동을 할 것인가를 처방하는 것이다. 4가지 모형은 ① 클라이언트 중심형, ② 컨설티 중심형, ③ 프로그램 중심형, ④ 컨설티/행정 중심형이다.

① 클라이언트 중심형(*client-centered consultation*)

이 모형은 컨설티에 의하여 제시된 문제에 초점을 맞추고, 컨설턴트는 문제의 진단을 목적으로 컨설티를 만날 수도 있지만 일반적으로는 전문가의 의견을 듣기를 신청한 사람 또는 컨설티의 조력자를 만난다.

② 컨설티 중심형(*consultee-centered consultation*)

이 모형은 컨설티의 지식, 기술, 자신감, 객관성의 부족 여부를 검토하기 위하여 컨설티에 초점을 맞춘다. 이러한 모형은 컨설테이션 초보자에게는 활용되기 어려운 것으로 보인다.

③ 프로그램 중심형(*program-centered consultation*)

이 모형은 어떤 특정 클라이언트에 대한 것이 아니라 특정 클라이언트 집단의 전체적인 욕구(예를 들면 중증장애인 집단 또는 이 집단의 권리를 옹호하기 위한 프로그램 계획수립 방법이나 실행방법)에 초점을 맞추는 것이다.

④ **컨설티/행정 중심형**(*consultee/administrative-centered consultation*)

이 모형은 가장 복잡한 모형으로 컨설티가 관련 체계와 어떻게 상호관계를 갖고 있는지(예를 들면 어떻게 팀이 운영되며 서비스의 전달에 있어서 의사전달이 어떻게 관리되고 있는가 등)에 대하여 초점을 맞춘다. 이러한 모형의 컨설테이션을 원하는 사람은 주로 상급관리층이다.

(2) 컨설턴트의 역할 및 활동에 따른 분류

Schein은 컨설턴트의 역할로서 촉진자(*facilitator*)와 촉매자(*catalyst*)의 역할을 강조하면서 컨설턴트와 컨설티의 양자 간에 상대적인 활동의 종류와 범위를 제시하고 있다. 이 모형은 궁극적으로 컨설티의 문제해결 능력을 향상시키는 것이므로 컨설턴트는 문제해결의 구체적인 방안을 제시하지는 않고 문제의 진단 및 해결을 위하여 다른 사람들의 상호작용 과정을 검토하도록 도움을 준다. 이에 따라 컨설턴트와 컨설티의 상대적인 역할과 활동을 보면 〈그림 14-2〉와 같다.

〈그림 14-2〉 컨설턴트의 역할과 활동

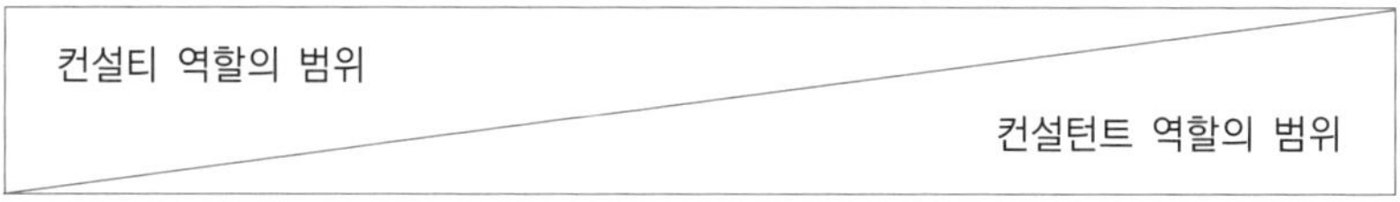

컨설티 역할의 범위

컨설턴트 역할의 범위

비지시적 (예를 들면 질문 제기)	문제해결 과정을 관찰하고 이슈가 되는 것을 제기하고 그것에 대한 반응을 봄	자료를 수집; 생각을 촉진; 상호작용을 해석함	다른 가능성 확인, 그 결과 검토	다른 가능성 제시; 의사결정에 참여	컨설티를 훈련; 정책 및 실천적 의사결정 제공	지시적 (예를 들면 지침을 제시; 문제 해결 과정을 설득 또는 지시)

〈그림 14-2〉에서 보듯이 컨설턴트의 역할은 지시적인 것에서부터 비지시적 것에 이르는 범위까지의 계속선상에서 여러 가지 역할을 다양하게 취할 수 있다. 지시적 컨설턴트의 역할은 제안하고, 지침을 제시하고, 설득하고, 지시한다. 훈련자와 교육자로서 정책과 지식을 가르치고, 공동의 문제 해결자로서 다른 대안을 제시하고, 과정의 상담자로서 문제해결 과정을 지켜보며 이슈가 되는 것을 제기하고 그것에 대한 반응에 대하여 다시 질문을 던지는 역할을 한다.

4) 컨설테이션의 과정

컨설테이션의 일반적인 과정도 모형에 따라 여러 가지 단계가 있을 수 있다. Kadushin(1977: 129~182, 재인용)은 컨설테이션 절차를 4단계로 제시하고 있는데 ① 준비단계, ② 시작단계, ③ 활동단계, ④ 종결단계이다. 효과적인 컨설테이션이 되기 위해서는 각 단계마다 컨설턴트와 컨설티가 같이 관여해야 하고, 이러한 단계들이 명확히 구분되어 진행되어야 하고, 각 단계가 전체적으로 잘 연계되고 통합되어야 한다.

Lewis와 Lewis(1983, 재인용)는 컨설테이션 과정의 단계를 6단계로 구분하였는데 ① 접촉 및 시작, ② 계약과 원조관계 확립, ③ 문제확인 및 진단적 분석, ④ 목표설정 및 기획, ⑤ 실행 및 환류 접수, ⑥ 완료, 유지 및 종결이다. 이 6개 단계는 순서적으로 취하면 편리하기는 하지만 반드시 엄격하게 따를 필요는 없다.

5) 컨설테이션에 응하기 전의 점검사항

컨설테이션이 효과적으로 되기 위해서 다음 사항을 점검하는 것이 바람직하다(Coulshed, 1990: 144).

① 컨설티의 욕구에 응하기 위해 어떤 종류의 컨설테이션이 필요한가? 그리고 컨설티가 인식하는 컨설테이션의 의미는 무엇인가?
② 컨설턴트로서 나는 어떻게 인식되고 있는가? 전문직의 전문가로, 외부의 자원으로, 촉진자로, 참여관찰자로 인식되는가?
③ 컨설티가 관련된 체계(조직)가 컨설테이션을 원하는 동기는 무엇인가? 불안, 위기감, 내적/외적 압력 또는 조직 내의 갈등인가?
④ 내가 어떻게 컨설테이션을 원하는 체계에 들어가는가? 내가 초대되었는가? 누가 컨설테이션을 허가했는가? 그 계약은 단기적인가 장기적인가?
⑤ 누가 표적인구(*target population*)인가? 전문직의 보호관리자인가 아니면 특정 하위체계인가? 그 하위체계는 다른 체계와 상호 어떤 관계에 있는가?
⑥ 목표는 무엇이며 이 목표는 누구의 목표인가? 컨설테이션의 목표는 기술향상인가, 위기해결인가, 사람의 잠재력 동원인가, 대처기술과 지식의 향상인가, 조직의 변화를 유도하는 데 도움을 주기 위한 것인가?
⑦ 전에도 그 기관은 컨설테이션을 구한 적이 있는가? 그렇다면 결과는 어떠했는가?
⑧ 내가 타협할 수 없는 상황이 제시되었는가? 그렇다면 왜 그런가?
⑨ 컨설테이션을 받아들이는 것이 시기적으로 적절한가?

· 제 15 장 ·

의사소통과 갈등관리

사회복지 조직에서 의사소통에 관심을 갖기 시작한 것은 최근의 일이다. 지금까지 의사소통은 비교적 덜 중요한 부문으로 인식되었으나 최근 이의 중요성에 대한 인식이 급상승하고 있다. 의사소통을 광의로 볼 때는 대민관계(*public relations*)도 포함하지만 본 장에서는 의사소통을 조직 내로 한정하기로 하겠다. 의사소통이 없는 조직은 생각할 수 없다. 왜냐하면 의사소통 없이는 인간의 행동에 영향을 줄 수 없으므로 협동적인 행동이 불가능하기 때문이다.

한편, 사회복지 조직에는 정도의 차이는 있지만 갈등이 언제나 있기 마련이다. 조직에 갈등이 많아지면 긴장이 증대하며, 결과적으로 조직이 효과적으로 운영되지 못한다. 반면, 조직에 갈등이 거의 없는 경우에는 구성원들이 의욕이 상실되고 정태적인 무사안일 상태로 빠지게 되며, 조직이 환경변화에 적응을 하지 못하게 되어 효과성이 떨어진다. 따라서 사회복지 조직의 효과적인 관리를 위해서는 적당한 수준의 갈등을 유지하는 것이 바람직하다고 볼 수 있다.

사회복지 조직에서 의사소통과 갈등은 상호 밀접한 관계가 있다. 의사소통이 없는 조직은 갈등도 없어서 조직이 활력을 잃고 무사안일에 빠지거나 갈등해소가 이루어지지 않아 경직되기 쉽다. 또한 의사소통이 왜곡되면 갈등이 유발되어 조직이 혼란스럽게 된다. 이 장에서는 이와 같이 밀접한 관계가 있는 의사소통과 갈등관리를 함께 다루기로 하겠다.

1. 의사소통

1) 의사소통의 개념 및 중요성

의사소통(*communication*)의 개념은 학자에 따라서 약간씩 다르게 정의하고 있다. Albers(1965: 71)는 "의사소통은 상호 이해가 되는 언어체계에 의한 표시, 신호 및 상징을 통해서 한 사람으로부터 다른 사람에게로 의미를 전달하는 것"으로 정의하고 있으며 Skidmore(1990: 166)는 "의사소통은 한 사람이 다른 사람 또는 다른 사람들에게 생각과 감정을 전달하는 쌍방의 과정(*a two-way process*)"으로 정의하고 있다. 한편 장인협·이정호(1992: 59)는 "의사소통은 두 사람 이상의 사람들 사이에 사실·생각·의견 또는 감정의 교환을 통하여 공통적 이해를 이룩하고, 수용자측의 의식이나 태도 또는 행동에 변화를 일으키게 하는 일련의 행위"로 정의하고 있다. 여기서는 의사소통의 개념을 사회복지 조직과 관련시켜 "의사소통은 조직의 한 구성원으로부터 다른 구성원에게로 상호 이해될 수 있는 언어, 기호, 동작 등을 통하여 사실이나 생각, 또는 감정 등을 전달함으로써 상대방의 생각이나 행동, 또는 태도에 영향을 미치는 쌍방의 과정"으로 정의하고자 한다.

고전적 행정이론에서는 조직의 구성원을 조직의 목표달성을 위한 수단으로만 보는 견해가 지배적이어서 의사소통을 고전적인 관점에서만 파악하려고 했기 때문에 의사소통의 중요성에 큰 관심을 두지 않았다. 그러나 인간관계적 접근이 대두되면서 조직에 있어서 의사소통은 조직의 효과성을 좌우하는 중요한 변수로 파악하게 되었다. 의사소통이 없는 조직은 생각할 수 없다. 왜냐하면 의사소통이 없이는 인간의 행동에 영향을 줄 수 없으므로 협동적인 행동이 불가능하기 때문이다. 이것은 마치 신경계통이 없는 인간을 생각할 수 없고 신경이 마비되면 인체의 기능이 마비되는 것과 같은 이치이다(안해균, 1982: 345).

Skidmore(1990: 164~165)는 사회복지 행정에서 의사소통이 중요한 이유를 3가지로 들어 설명하고 있다.

첫째, 효과성(*effectiveness*) 때문이다. 사회복지 조직에서 서비스 전달을 효과적으로 하기 위해서는 직원들이 서로 간에 의사소통을 원활히 할 수 있어야 한다. 만일 직원들 간에 의사소통이 이루어지지 않는다면 목표달성을 위한 건전한 정책이 수립될 수 없으며, 직원들이 그들의 생각, 의견, 그리고 감정을 서로 나눌 수 없다면 의미있는 의사결정이 이루어질 수 없을 것이다. 조직에서 효과성은 직원 상호간 또는 특히 윗사람과 하위직원 사이에 생각과 감정을 서로 공유하는 데 달려 있다. 무엇보다도 쌍방적 의사소통(*two-way communication*)은 민주적 과정의 일부이며 효과적인 정책을 결정하고 건전한 의사결정을 내리는 데 필수적이다.

둘째, 효율성(*efficiency*) 때문이다. 효율성은 직원들이 상호 간에 공개적으로 의사소통을 함으로써 높아진다. 의사소통의 의미가 무엇이든 간에 직원들이 절차, 방법, 사례, 정책, 목표, 또는 자신들의 열망에 대해 어떻게 생각하고 느끼고 있나 하는 것을 서로 간에 함께 나누어 보는 것은 중요하다. 서비스 개선을 위해 효율적인 기법을 습득한 직원이 그것을 다른 직원과 함께 나누게 되면 조직의 효율성은 높아진다. 또한 어떤 절차가 부적절하고 비효과적이라는 것을 발견한 직원은 다른 직원들로 하여금 그가 발견한 사실을 알게 함으로써 조직에 도움을 줄 수 있다.

셋째, 사기(*morale*) 때문이다. 사기는 조직운영에 있어 특별히 중요하다. 만약 윗사람과 하위직원들이 의사전달이 잘 됨으로써 의기투합되었다고 느끼게 되면 그들은 무엇이 어떻게 돌아가는지 알지 못할 때보다 서로 간에 훨씬 더 지지적이 되고 조직의 목표를 달성하려고 노력할 것이다. 사기는 윗사람과 하위직원들이 그들이 무엇을 생각하고 무엇을 느끼고 있으며 또 왜 그렇게 생각하고 느끼고 있는지를 서로 간에 함께 나누어 봄으로써 높아진다. 이것은 그들이 매사에 의견이 일치한다는 것을 뜻하는 것이 아니라 다른 쪽이 어떻게 느끼고 있는가를 인식하는 것을 말한다. 조직의 사기는 서비스전달에서 서로 간에 의사소통을 하고 도움을 주는 행정가와 직원 간의 이해를 바탕으로 이루어지는 것이다.

2) 의사소통의 원칙과 과정

(1) 원칙

효과적인 의사소통을 위해서 유의해야 할 몇 가지 일반적인 원칙을 살펴보면 다음과 같다(안해균, 1982: 351~352).

첫째, 의사소통은 피전달자가 정확히 이해할 수 있게 해야 한다. 따라서 간결한 문장과 평이한 용어를 사용해야 하고 내용의 구조가 체계화되어 있어야 한다. 또한 내용이 처음과 나중의 것이 모순되지 않고 일관성이 있는 동시에 조직 목표나 다른 활동과도 부합되어야 한다.

둘째, 의사소통은 그 양과 질에 있어서 적절해야 한다. 양이 너무 과다하면 피전달자에게 과중한 부담을 주게 되고 너무 적어도 곤란하다. 또한 질에 있어서 너무 상세하면 초점을 흐리게 되고 너무 간단하면 내용을 온전히 전달할 수가 없다.

셋째, 의사소통은 적시(*timeliness*)에 이루어져야 하며 동일한 피전달자에게 전달되는 동일한 내용의 정보는 동시에 이루어져야 한다. 아울러 관계없는 사람에게 전달되면 무의미함으로 피전달자가 확실해야 한다. 피전달자가 분명해야만 전달수단과 통로가 결정될 수 있다.

넷째, 의사소통은 적응성과 통일성이 조화롭게 이루어져야 한다. 적응성은 신축성, 개별성, 현실적합성을 의미하는 것으로서 의사소통의 특수성을 고려하는 것을 말한다. 통일성은 적응성과는 반대의 개념으로 일관성과도 관련이 있으며 수많은 업무에 있어서 지시와 보고의 표준화를 의미하는 것이다.

다섯째, 어떠한 의사소통이든 피전달자의 반응을 얻어야 한다. 의사소통은 피전달자가 관심을 갖고 받아들여야 한다. 피전달자의 적극적인 반응을 얻기 위해서는 조직이 의사소통의 원칙을 지키면서 피전달자의 흥미, 태도, 필요, 개인적 및 집단적인 압력, 전문기술 등을 이해하고 이용해야 한다.

한편 Trecker(1977: 145~146)는 효과적인 6가지 의사소통의 기준을 제시하고 있는데 이들은 다음과 같다.

첫째, 의사소통의 목적은 분명해야 하고 그것을 보내는 사람과 받는 사람에 의해 이해되어야 한다.

둘째, 말하여지거나 쓰여진 의사소통의 자료가 가능한 분명해야 하고 오직 한 가지 해석이 나올 수 있도록 해야 한다.

셋째, 효과적인 의사소통은 일련의 일관된 연속성을 지니고 있어야 한다. 즉 뒤의 의사소통은 처음의 의사소통과 일관성 있게 관련되어 있어야 한다.

넷째, 좋은 의사소통은 그 목적을 달성하기 위해 적절해야 한다. 즉 그것은 너무 많지도 또는 너무 적지도 않은 것이어야 한다.

다섯째, 좋은 의사소통은 수령자의 편에서 그것을 받을 준비가 되어 있을 때 시의적절하게 이루어져야 한다.

여섯째, 좋은 의사소통은 수직적 또는 수평적 통로를 통해 적격자가 그것을 받을 수 있도록 이루어져야 한다.

(2) 과정

의사소통에는 메시지를 보내고 받는 과정(*sharing*), 메시지를 이해하는 과정(*understanding*), 메시지를 명확히 하는 과정(*clarifying*) 등의 3가지 과정이 있다(Skidmore, 1990: 167~168). 이와 같은 과정은 사람 간의 쌍방행위(*two-way action*)를 통해 이루어지며 사회복지 조직에서 이들 과정은 특히 중요하다.

첫째, 메시지를 보내고 받는 과정은 언어적으로, 비언어적으로 또는 문서 등의 방법으로 다양하게 이루어지며, 수평적 또는 수직적 통로를 통해 이루어진다.

둘째, 메시지를 이해하는 과정은 말하여지는 내용과 들리는 내용이 기본적으로 같음을 뜻한다. 말하는 사람의 내용과 듣는 사람의 내용이 다르다면 그것은 의사소통이 이루어지는 것이 아니다. 이해하는 과정에는 보내는 사람의 메시지와 받는 사람의 메시지가 일치되도록 실제로 말하는 내용을 잘 들으려고 하는 노력이 포함된다.

셋째, 메시지를 명확히 하는 과정은 효과적인 의사소통을 가져오는 데에 특히 중요하다. 두 사람이 말하고 있을 때 한 쪽에서 뜻하는 것이 불확실하면 문제를 명백히 하기 위해 질문이 제기되어야 한다. 명확화의 목적은 옳고 그름을 증명하려는 것이 아니고 말하여지는 것을 이해하려는 것이다.

Redfield는 의사소통 과정에서 중요한 요소를 전달자(*communicator*), 송신(*transmit*), 메시지(*message*), 수신자(*communicatee*), 반응(*response*)으로 보고 있다. 한편 Fulmer의 의사소통 과정 설명을 보면, 생각 또는 감정을 갖고 있는 사람이 다른 사람과 그것을 공유하기로 결정하면 그것은 문서, 구두, 또는 동작과 같은 형태의 언어로 부호화되고 그 메시지는 방해하는 잡음이 차단되는 경우 송신된다. 메시지가 받는 사람의 눈, 귀, 또는 감정을 통해 수신될 때 그것은 두뇌로 가서 해독되며 결과적으로 받는 인상이 수신된 생각 또는 감정이 된다는 것이다. 원래의 내용과 받은 내용이 가까울수록 의사소통은 잘 이루어진 것이다(Skidmore, 1990: 168, 재인용).

3) 의사소통의 유형

의사소통은 제도적인 것이냐 아니냐에 따라 공식적 의사소통과 비공식적 의사소통으로 나눌 수 있고 내용의 흐름의 방향에 따라 수직적 의사소통과 수평적 의사소통으로 나눌 수 있다. 또한 언어로 하느냐 그렇지 않느냐에 따라 언어적 의사소통과 비언어적 의사소통으로 구분된다.

(1) 공식적 의사소통과 비공식적 의사소통

① 공식적 의사소통

공식적 의사소통(*formal communication*)이란 의사소통이 공식적인 조직 내에서 공식적인 의사소통의 통로와 수단을 통해서 이루어지는 것을 의미한다(박동서, 1984: 470). 공식적 의사소통의 목적은 조직의 구성원들에게 조직의 목표 및 정책결정과 지시사항을 전달하고, 관리층에 대해 직원들의 의견 및 보고내용을 전달하는 데 있다. 이러한 의사소통의 수단 및 방법으로서는 문서로서만 이루어지는 것은 아니고 구두를 통해서도 이루어진다. 문서에 의한 방법은 보다 정확하고 기록을 남겨둘 수 있으나 시간과 비용이 많이 소요되는 데 비하여 구두에 의한 방법은 정반대의 장단점을 지니고 있다.

의사소통이 공식화되면 권한관계가 명확해지고 의사소통이 확실, 편리하며 전달자와 피전달자가 명확하므로 책임의 소재가 분명하다는 장점이 있다. 그러나 공식적 의사소통은 융통성이 없고 소통이 느리며 또한 조직 내의 모든 사정을 사전에 예견하여 합리적 의사소통의 수단을 완전히 이룩하는 것은 불가능하므로 비공식적 의사소통을 통하여 보완되어야 한다(안해균, 1982: 347).

② 비공식적 의사소통

비공식적 의사소통(*informal communication*)이란 조직의 자생집단 내에서 비공식적인 방법으로 이루어지는 의사소통을 의미한다(박동서, 1984: 470). 이는 공식적 의사소통의 약점을 보완하게 되며 어느 조직에서나 정도상의 차이는 있으나 존재하게 마련이다. 왜냐하면 직원들이 말하고 싶은 것을 공식적인 것만으로는 다 표현할 수 없기 때문이다. 비공식적 의사소통이 얼마나 활발하게 이루어지느냐 하는 것은 조직 내의 공식적 의사소통이 얼마나 활발하게 이루어지느냐에 따라 결정되므로 공식적 의사소통이 제약된 조직에서는 많은 비공식적 의사소통이 발생하게 된다.

비공식적 의사소통은 풍문이나 소문의 형식으로 나타나므로 통제를 하기도 곤란하고 책임의 추궁도 어려워 때로는 정확하지도 않고 잘못된 경우도 있으나 한편으로는 직원들의 감정을 잘 나타내고 있어 관리자에게 유익한 정보를 전달하는 수단이 되기도 한다. 또한 공식적 의사소통으로서 전달될 수 없는 표현을 가능하게 함으로써 사회심리적인 만족감을 높여주는 기능을 하게 된다는 것을 망각해서는 안 되며, 비공식적 의사소통을 무조건 억제하려 하는 것은 바람직하지 않다.

(2) 수직적 의사소통과 수평적 의사소통

① 수직적 의사소통

수직적 의사소통(*vertical communication*)이란 조직의 상하계층 간에 쌍방적으로 이루어지는 의사소통을 의미하는데 이에는 윗사람이 아랫사람에게 의사를 전달하는 상의하달과 아랫사람이 윗사람에게 의사를 전달하는 하의상달이 있다.

상의하달의 방법으로서 명령과 일반정보가 있다. 명령에는 지시, 훈령, 발령, 규정, 규칙, 요강, 고시, 회람 등이 포함되며 이를 전달하는 방법에 따라 문서명령과 구두명령으로 나눌 수 있다. 문서명령은 내용이 획일적일 때, 내용을 장기적으로 보존할 필요가 있을 때, 피명령자가 지리적으로 분산되어 있을 때, 피명령자의 교육정도가 높을 때에 효과적이며 권위를 유지하는 데 유용하다는 장점이 있는 반면에 의사소통이 일방적이므로 피명령자의 의견을 참작할 수 없고 획일적이며 극비사항 등에 있어서는 누설의 위험이 있다는 단점이 있다. 구두에 의한 명령은 필요에 따라 적절히 변경시킬 수 있고 피명령자의 반응과 이해도를 알 수 있으며 피명령자에게 확인할 기회와 의견진술의 기회를 줄 수 있다는 장점이 있는 반면에 전달대상이 한정되어 있고 내용이 복잡하거나 중요한 명령에 있어서는 부적당하며 명령자에 대한 신뢰감이 적을 때는 효과가 적다(안해균, 1982: 348~349). 일반 정보는 명령과는 달리 직원들의 지식을 넓히고 사기를 높이기 위한 것으로서 이것이 신속, 정확, 풍부하게 전달될수록 조직 내의 잘못된 비공식적 의사소통이 적어지고 보다 직책에 충실해질 수 있으므로 아주 중요한 것이다. 이외에도 문서에 의한 것과 구두에 의한 것이 있다. 일반적으로 사용되는 정보에는 편람(*manual*), 핸드북(*handbook*), 뉴스레터(*newsletter*), 구내방송, 강연 등이 있다.

하의상달의 방법으로서는 일반적으로 보고, 제안제도, 의견조사 등을 들고 있다. 보고는 가장 공식적인 것이므로 진정한 하의상달로서는 제약이 많으며 더구나 권위주의적인 문화에서는 이러한 보고는 왜곡되거나 허위적인 것이 많을 수 있다. 제안제도는 품의(稟議) 제도라고도 하는 것으로 직원들의 업무개선에 관한 의견이나 착상을 접수하여 유익한 것은 채택하여 실시하고 이를 보상하는 제도이다. 의견조사는 질문서 등을 직원에게 배포하고 이것을 수집하는 방법으로서 직원들의 사기측정이나 태도조사 등에 유용하게 사용되고 있는 방법이다. 그러나 위와 같은 방법들이 조직에 따라 정도의 차이는 있겠지만 우리나라에서는 아직도 하의상달이 제대로 이루어지지 않는 것이 문제로 지적되며 또 하의상달이 되어도 그것의 타당성 등이 문제가 되고 있다.

② 수평적 의사소통

수평적 의사소통(*horizontal communication*)이란 동일계층의 사람들 또는 상하관계에 있지 않는 사람들 사이에 이루어지는 의사소통을 말한다. 대규모 조직에서 분업이 심해지면 하위조직 간에 추구하는 목표가 달라 갈등이 생기는 수가 있는데 이러한 목표 간의 조정을 위해서 수평적 의사소통이 특히 필요하게 된다. 수평적 의사소통의 방법으로서 회의, 사전심사제도, 회람 등을 들 수 있다. 회의를 통하여 정보나 의견이 교환되고 조정이 이루어진다. 사전심사 제도는 어떤 결정을 내리기 전에 전문가들의 의견을 구하거나 또는 조직의 목표와 합치성 등을 검증하려는 제도이고 회람은 결정이 이루어진 후 관계자들에게 통지하는 방법이다.

이와 같은 수평적 의사소통은 조직의 규모가 크고 전문화의 정도가 높을수록 그 필요성이 비례하여 높아진다. 그러나 유감스러운 것은 이와 같이 규모가 크고 특히 고도로 전문화된 조직일수록 수평적 의사소통이 잘 안 되는 것이 일반적인 예이다. 이의 주요한 원인은 첫째 관료제가 지니는 할거주의(*sectionalism*), 둘째 조직의 목표를 소홀히 하고 목전(目前)의 것으로 대체하려는 경향, 셋째 전문가의 편견, 넷째 수평적 관계는 상하계층 관계가 아니므로 영향력이 약한 것 등을 들 수 있다. 그러므로 이를 해소하기 위한 방안으로서 첫째 목표관리와 같은 방법의 도입으로 직원들 스스로 세운 목표와 조직 전체 목표와의 일치도를 높이며, 둘째 인사교류를 통하여 부서 간의 의사소통의 중요성을 높일 것, 셋째 회의의 소집을 활용할 것, 넷째 가급적 동료 간의 친목을 도모하는 것 등이 있다(박동서, 1984: 473~474).

(3) 언어적 의사소통과 비언어적 의사소통

① 언어적 의사소통

언어적 의사소통(*verbal communication*)은 한 사람은 말하고 다른 사람은 듣는 것, 즉 구어(口語)를 말한다. 사회복지 조직에서 언어적 의사소통은 직원회의, 위원회 모임, 인터뷰 등에서 일어난다. 언어적 의사소통은 또한 커피를 마시기 위한 휴식시간중에 홀 안에서 이루어지기도 한다. 조직에서의 언어적 의사소통에는 개인 또는 집단과 대화함으로써 교환될 수 있는 메시지들이 포함된다. 직원들이 언어를 통해서 자신들의 생각, 계획, 절차, 기법, 사례 등을 함께 나누는 것은 누구에게나 도움이 된다.

그러나 언어적 의사소통 과정에서 고려되어야 할 몇 가지 제약점이 있다. 첫째, 언어적 의사소통은 주로 생각과 사실에 강조를 두는 것이지 감정의 정확한 표현에 중점을 두는 것이 아니다. 둘째, 말하려고 선택한 것이 상황의 근사치에 불과하기 때문에 듣는 사람을 잘못된 방향으로 인도할 우려가 있다는 것이다. 셋째, 전달할 필요가 있는 내용들을 논의하기 위해 사람들을 함께 모이게 하는 것이 가끔 어려울 수 있다는 것이다(Skidmore, 1990: 166~167).

② 비언어적 의사소통

비언어적 의사소통(*non-verbal communication*)은 종종 의사소통에서 간과되기도 하나 사회사업 영역에서 이것은 특히 중요한 것이다. 비언어적 의사소통은 직원들이 상호작용뿐만 아니라 치료과정에서도 중요한 부분이 된다. 종종 생각과 감정은 언어적 의사소통에서보다도 비언어적 의사소통을 통해서 더 효과적으로 전달된다. 비언어적 의사소통엔 눈짓, 몸짓, 웃음, 말의 속도, 목소리의 높고 낮음, 입술의 경련, 뺨의 붉어짐 그리고 눈물 등이 포함된다. 조직의 장이 직원들에게 언어를 통해 "이것은 나에게 아무 의미가 없다"라고 이야기하지만 그의 표정이나 태도에서는 그 반대의 의미를 읽을 수 있는 것이다. 직원들은 다른 사람이 말하는 것을 진실로 듣기를 원한다면 그들의 눈을 가지고 들을 필요가 있다. 따라서 의사소통 중에 전달자를 조심스럽게 관찰하는 것은 생각과 의미와 감정을 주고받는 데에 큰 도움이 될 것이다(Skidmore, 1990: 167).

4) 의사소통시 고려사항

사회복지 조직에서 의사소통시 중요한 고려사항은 다음과 같다(Skidmore, 1990: 170~172).

(1) 사실과 감정

사회복지조직에 있어서 의사소통은 그것이 치료적인 것이든 행정적인 것이든 사실과 감정(*facts and feelings*)을 모두 포함한다. 이와 같이 의사소통은 사실과 감정을 모두 포함해야 한다는 것을 이해하는 일은 효과적인 사회복지 행정을 위해 필수적이다.

조직에 대한 사실 및 생각들은 직원들이 조직의 정책, 문제, 계획, 결정 및 활동을 알 수 있도록 분명히 밝힐 필요가 있다. 이와 같은 사실 및 생각들은 문서 또는 구두로 또는 둘 다 이용해서 전달될 수 있다. 직원들은 조직으로부터 기대되는 변화, 의사결정, 조직이 직면한 문제들을 포함해서 현재 조직이 어느 정도까지 발전해 왔는지를 알 필요가 있다. 행정가들 중에는 조직의 운영에 대해 너무 자주 이야기하는 사람이 있는가 하면 반대의 경우도 있다. 직원들은 행정가들이 무엇을 생각하고 있고 왜 그렇게 생각하고 있는가를 알 수 있도록 각종 자료뿐 아니라 생각이나 의견들을 함께 나눌 수 있어야 한다.

한편 사실이나 생각뿐 아니라 감정도 의사소통에서 특히 중요하다. 감정은 면담, 위원회 모임, 직원회의와 같은 대면적 관계에서 가장 분명하게 나타난다. 행정가는 직원들에게 자기가 실제로 느끼는 것을 전달할 필요가 있다.

(2) 의사소통의 길이

의사소통에서 중요한 또 다른 요소는 그 길이이다. 분명히 메시지는 너무 길어서도 또 너무 짧아서도 안 된다. 위원회, 직원회의 등에서 생각과 감정을 나누는 데 있어서 잠정적인 시간제한을 갖는 것이 도움이 된다. 가끔 예외가 있을 수 있지만 통상 생각과 감정을 전달하는 데 사전에 시간제한이 계획되어야 한다. 그러나 어려운 결정에 대해서는 충분한 시간이 할당되어야 한다. 일단 의사소통을 위한 시간이 제한된 경우는 제한된 시간 내에 생각과 감정을 효과적으로 전달할 수 있도록 치밀한 준비가 있어야 한다. 효과적인 의사소통은 치밀한 준비로부터 결과되는 것이다.

(3) 반복

많은 행정가들이 직원들에게 문서 또는 구두로 한 번 말하고 그것으로 충분하다고 생각한다. 그러나 대부분의 사람들은 기억력이 약해서 그들이 듣고 읽는 것의 대부분을 다 기억해 낼 수는 없다. 만약 정보, 계획 그리고 사건이 중요하다면 그런 것은 한번 이상 언급되는 것이 필수적이다. 종종 직원들은 그들의 책상에 놓여 있는 것을 읽지 않는다.

가끔 그들은 그밖에 무언가를 생각하고 있기 때문에 직원회의 등에서 이야기한 것을 듣지 않는다. 따라서 반복은 효과적인 의사소통을 위해 필요하다.

(4) 경청

의사소통의 또 하나의 중요한 고려사항은 효과적인 청취자가 되는 것이다. Fulmer(1988: 253~275)는 경청(*listening*)을 위한 실제적인 지침을 다음과 같이 제시하고 있다.

첫째, 말하는 것을 멈추라. 당신이 말하고 있으면 당신은 들을 수 없다.

둘째, 말하는 사람을 편하게 해주어라. 그가 자유스럽게 말할 수 있도록 도와주어라.

셋째, 말하는 사람에게 당신이 듣기를 원하고 있음을 보여주어라. 그를 바라보고 관심을 표하라. 그가 말하고 있는 동안 당신의 우편물을 읽지 말아라. 반대하기보다 이해하기 위해 들어라.

넷째, 주의산만을 제거하라. 낙서하거나 두드리거나 종이를 뒤섞지 말라. 문을 닫는다면 더 조용할 것이다.

다섯째, 말하는 사람에게 감정이입을 하라. 당신이 그의 관점을 이해할 수 있도록 그의 입장에서 생각하려고 노력하여라.

여섯째, 인내심을 가져라. 말하는 사람에게 많은 시간을 주고 그를 방해하지 말아라. 문을 열고 나가지 말아라.

일곱째, 화를 내지 말아라. 화내는 사람은 남의 말로부터 나쁜 의미만 얻게 된다.

여덟째, 논쟁하지 말아라. 가령 당신이 이긴다 해도 당신은 잃게 될 것이다.

아홉째, 질문하라. 질문은 말하는 사람을 격려하고 당신이 듣고 있음을 보여주는 것이다. 질문은 요점을 더 명백히 하는 데 도움을 준다.

열째, 말하는 것을 멈추어라. 이는 다른 모든 지침에 우선하는 것이기 때문에 첫 지침이자 또 마지막 지침이 된다. 당신이 말하고 있는 동안은 당신은 좋은 청취를 할 수가 없다.

5) 의사소통의 장애

의사소통은 그 과정에서 여러 가지 장애의 요인이 작용하여 효과적으로 소통되지 않는 경우가 많다. 사회복지 조직에서 효과적인 의사소통을 왜곡시키는 요인으로서 다음과 같은 것을 들 수 있다.

(1) 불신의 분위기

불신, 징벌, 적대 또는 공포의 조직 분위기는 정보의 흐름을 감소시킬 뿐만 아니라 의사소통을 왜곡시키는 경향이 있다. 그와 같은 분위기는 직원들로 하여금 다른 사람과 최소한의 정보만을 나누도록 하고 자신들에게 전달되는 정보를 의심을 가지고 대하도록 인도할 수 있다. 연구결과들에 의하면 의사소통과 신뢰는 밀접한 관계를 가지고 있으며 불신분위기(*climate of distrust*)의 결과는 심각한 것이 될 수 있다. 불신이 만연되어 있을 때 의사소통의 통로는 막혀 버리고 정보의 전달은 최소로 그치고 직원들은 책임감을 상실하게 된다. 따라서 행정가들은 정보를 얻기가 아주 힘들어지고 일의 수행이 아주 어렵게 된다. 불신의 분위기는 만족스러운 의사소통 관계를 이룩하는 데 거의 회복 불가능한 장애를 유발한다(Olmstead, 1973: 40~41).

(2) 계층제의 역기능

계층제(*hierarchy*)는 의사소통의 통로이자 중요한 장애가 되기도 한다. 하의상달에 있어서 아랫사람은 윗사람의 구미에 맞는 내용이나 자기의 공로에 대해서만 보고하게 된다. 또한 윗사람이 싫어하는 내용이나 자기의 과오나 실책 등은 잘 보고하려 하지 않는다. 보고는 으레 윗사람의 구미에 맞도록 조금씩 변형되어 올라가게 되는데 이러한 왜곡은 계층을 통과할 때마다 행하여지므로 계층이 많을수록 더욱 심해진다(안해균, 1982: 353). 또한 복잡한 대규모 조직처럼 계층이 많은 경우 하의상달을 지연시킨다. 일선 서비스 담당직원 수준에서 중요한 문제가 발생하였을 때 계층이 많을 경우 그 정보가 조직의 장에 도달하기까지는 며칠로부터 수 주일까지 시간이 경과될지도 모른다(Olmstead, 1973: 46).

상의하달에서 윗사람이 자기 지위를 과시하기 위해 아랫사람을 잘 만나려 하지 않는 경향이 있다거나 자기의 학식이 높은 것처럼 나타내기 위해 어려운 용어를 사용하려고 하는 것은 의사전달에 장애요인이 된다(안해균, 1982: 353). 그러나 더 중요한 문제는 윗사람이 아랫사람으로부터 올라온 정보를 독점하여 사람들을 통제하기 위한 수단으로 사용하기 위해 정보를 붙들어 두는 경우이다. 아랫사람들은 효과적으로 업무를 수행하기 위해 정보를 필요로 하기 때문에 그들은 윗사람에게 의존적이 되지 않을 수 없고 이것은 결국 아랫사람들이 주도적으로 일을 하기 위한 자유를 제한하게 될 것이다(Olmstead, 1973: 45~46).

(3) 비공식 통로

부적절하고 통제되지 않는 비공식적 의사소통의 통로가 생겨나서 발전하는 것은 효과적인 의사소통에 큰 장애요인이 된다. 사람들은 그들의 책임과 의무를 수행하기 위해 정보를 필요로 하고 이와 같은 정보를 얻으려는 욕구가 강할 수 있다. 그러나 공식적인 의사소통의 통로가 막혀 정보가 단절될 경우 공식적인 통로 밖에서 필요한 정보를 얻으려는 경향이 있다. 친구, 지기 및 기타 다른 접촉은 정보의 원천이 될 수 있다. 만약 이런 경우가 너무 자주 일어난다면 지속적으로 공식적인 의사소통을 뛰어넘는 비공식적 통로가 개발될지도 모른다. 비공식통로를 너무 강조하다보면 의사소통의 비공식망을 형성하는 파벌집단이 발달해 조직에서 영향력을 행사하는 수단으로 작용하게 되고 이렇게 될 경우 또 경쟁 파벌집단이 생겨나 갈등이 일어남으로써 사기(*morale*)와 조직의 응집력(*cohesion*)을 약화시킬 수 있다. 비공식통로는 모든 조직에서 어느 정도 발생하고 때로는 유용하기도 하지만 책임있는 직원에 의해 적절히 통제되지 않으면 조직의 효과성을 해칠 수 있으므로 비공식통로의 과도한 발달을 막기 위해 공식적 의사소통 통로를 통해 직원들에게 필요한 모든 정보를 제공해 주어야 한다(Olmstead, 1973: 43).

(4) 집단충성

어느 조직이거나 조직 속에는 다양한 집단이 존재하며 조직은 중첩된, 상호의존적인 집단들로 이루어진 체계이다. 그런데 조직 내의 일부 집단에 그 집단 구성원들이 충성함으로써 의사소통에 장애를 가져올 수 있다. 사회복지 조직도 예외가 아니다. 가장 공통적인 예를 들면 자신의 업무부서에서 일어난 좋지 않은 정보를 다른 부서에 공개하려 하지 않고 숨기려 드는 것이다. 좋지 않은 정보를 알리는 것은 자신의 부서에 대한 불충성으로 간주되는 것이다. 또 다른 중요한 문제는 각 부서의 대표들이 정보를 함께 나누려고 하지 않는 것이다. 강한 집단충성은 다른 집단에 대한 경쟁심을 불러일으키는 기초가 되며 더 나아가서는 자신이 속한 집단의 통합을 유지하기 위해 정보를 붙들어 두거나 왜곡시키는 결과를 초래한다. 일반적으로 어떤 상황에서건 강한 집단 충성은 업무집단 간 또는 조직계층 간에 의사소통을 고도로 붕괴시킨다고 말하여지고 있다. 이와 같은 붕괴는 집단 간 갈등, 부서 간 건강하지 못한 경쟁, 더 나아가서는 의사소통의 제한을 가져와 결국 전반적인 조직의 효과성을 감소시키게 된다(Olmstead, 1973: 43~44).

6) 의사소통의 개선

사회복지 조직에서 의사소통의 장애를 극복하고 의사소통을 효과적으로 촉진하기 위해서는 의사소통의 개선이 이루어져야 하는데 몇 가지 개선방안은 다음과 같다.

(1) 신뢰의 분위기

사회복지 조직 내에서 의사소통은 쌍방을 통해서 이루어져야 하며 상호신뢰에 기초한 공개적인 분위기 속에서 의사소통이 이루어질 때 가장 효과적이다. 신뢰의 분위기 속에서 이루어지는 의사소통은 행정가 및 직원들의 지식을 개선하는 데 도움을 준다. 또한 신뢰의 분위기는 직원들이 행정가를 공포의 대상이라기보다 도움의 대상으로서 인식하도록 도움을 주며 이것은 결국 직원들이 좀더 자유스럽게 행정가와 의사소통할 수 있는 결과를 가져온다(Olmstead, 1973: 47). 행정가는 조직의 분위기를 중요한 결정요소로 인식함으로써 신뢰를 창조할 수 있다. 행정가는 하위직원에게 최대한 공개적으로 모든 관련된 정보를 제공하고 자신과 하위직원 간의 접촉을 극대화시키려는 노력을 해야 한다. 또한 행정가는 문제점 및 불평을 털어놓게 하고 신뢰의 분위기를 가져올 수 있는 기타 다른 형태의 의사소통을 장려해야 한다.

(2) 민주적이고 수용적인 분위기

효과적인 의사소통을 위해서 어떤 사람도 노예처럼 취급되어서는 안 된다. 동등한 수준에서 직원들과 이야기하는 것은 정보와 감정의 흐름을 쌍방의 과정으로 만들고 의사소통을 용이하게 해준다. 권위적인 태도, 나는 항상 옳다고 하는 태도는 절대 금물이다. 예를 들면 "나는 확신하지는 못하나 이와 같은 방법이 나에게는 좋아 보이는데 당신은 어떻게 생각하느냐?"라고 말하는 것이 바람직하다. 직원들은 모든 것을 알고 있는 듯한 권위적인 행정가에게 자기의 생각과 감정을 표현하기를 주저할 것이다. 또한 의사소통할 때 다른 사람을 심리적으로나 정서적으로 감정을 상하게 해서는 안 된다. 예를 들면 "당신은 지금 이렇게 말했는데 나는 그것을 반대한다", "당신은 그것에 대해서 잘 모르고 있다", "내 말이 맞고 당신의 말은 절대로 틀렸다" 등이다. 대신 더 좋은 방법은 "확실치는 않지만 나에게는 … 같다", "내가 잘못일지 모르지만 나는 종종 이렇게 생각해 왔다", "나는 당신이 이야기하는 요점을 완전히 이해하지 못하고 있는데 내가 좀더 잘 이해할 수 있도록 도움을 주기 바란다" 등이다(Skidmore, 1990: 169~170).

(3) 조직의 의사소통체계 확립

조직의 의사소통체계가 효과적으로 기능하는 데 필수적인 원리는 다음과 같다(Barnard, 1938: 175~181).

첫째, 의사소통의 통로는 공식적으로 명시되고 명확하게 모든 직원들에게 알려져야 한다.

둘째, 조직의 모든 구성원에게는 명확한 공식적 의사소통의 통로가 있어야 한다. 이것은 모든 사람은 하의상달에서 보고할 윗사람이 있어야 하고 상의하달에서 정보를 받을 아랫사람이 있어야 한다는 것을 의미한다. 요약하면 모든 사람은 조직과 명확한 의사소통 관계를 가져야 한다.

셋째, 완전한 의사소통의 계선(*line of communication*)이 사용되어야 한다. 한 곳에서 다른 곳으로의 의사소통은 권한의 계선상의 모든 지점을 따라 통과되어야 한다. 이는 권한의 계통에 어떤 단락이 있을 경우 발생할지도 모르는 의사소통의 갈등을 피하기 위해서이다. 이것은 또한 책임을 유지하기 위해서도 필요하다.

넷째, 이상의 제약하에 의사소통의 계선은 계선손실(*line loss*)을 최소화하기 위해 가능한 한 직접적이고 짧아야만 한다. 다른 것이 동등하다면 의사소통의 계선이 짧을수록 의사소통의 속도는 빠르고 오류가 발생할 확률은 그만큼 적어진다.

다섯째, 의사소통의 계선은 항상 유지되어야 한다. 그렇지 않으면 필요한 정보는 제때에 그것을 필요로 하는 사람들에게 도달되지 못할 위험성이 있다. 이와 같은 이유로 인해서 어떤 직위에 결원이 생겼을 때에는 잠정적으로 그 직위를 대행할 수 있는 직원을 곧바로 채워야 한다. 만약 공식적인 의사소통의 계선이 파괴되면 조직은 급속히 해체된다.

여섯째, 모든 필요한 의사소통은 적절히 통제되어야 한다. 이 원리는 조직 의사소통체계의 효과성을 위해 중요한 의미를 갖고 있다. 의사소통 계통에 직위를 갖고 있는 직원은 들어오는 자료를 평가하고 그 자료를 보류해야 할지 보내야 할지 여부를 결정하고 보낼 필요가 있는 정보는 정확히 보내야 하기 때문에 유능해야 하고 직원 및 조직 관계에 관한 지식과 적절한 의사소통 기술을 갖고 있어야 한다.

(4) 사회복지 행정가의 조정책임

집단충성으로부터 생겨나는 의사소통의 장애를 극복하기 위해 업무집단 간, 조직계층 간 조정이 필요하다. 조정은 업무집단 간 수평적 조정과 조직계층 간 수직적 조정이 있다. 행정가가 의사소통의 조정을 유지하기 위하여 사용하는 두 가지 주요 방법이 있다. 그것은 위원회와 회의의 활용이다. 행정가는 이러한 두 가지 주요 방법을 통해 전체 직원들과 효과적인 의사소통의 통로를 유지한다(장인협 · 이정호, 1992: 99). 의사소통의 조정과 관련된 행정가의 주요 책임은 조직의 직원들 간의 직접적인 접촉이 가능하도록 하며 각 직원의 새로운 생각과 제안에 대하여 상호 간에 자유롭게 반응할 수 있는 분위기를 창조하며 또한 자신의 생각과 제안을 동료들과 아랫사람에게 알리는 것이다.

2. 갈등관리

1) 갈등 및 갈등연속체의 개념

갈등은 조직에서 필연적으로 나타나는 현상으로서 갈등이 발생하는 상황은 매우 복잡하고 다양하기 때문에 이에 대한 학자들의 정의도 다양하게 나타난다. Robbins(1974)는 "갈등이란 순기능과 역기능으로 나눌 수 있는 대립과 적대적인 상호작용"이라고 정의하고 Miles(1980)는 "갈등이란 조직의 한 단위나 단위 전체의 구성원들의 목표지향적인 행동이나 기대가 다른 조직단위 구성원들의 목표지향적인 행동과 기대로부터 방해를 받을 때 나타나는 상태"라고 정의한다. 한편, Rahim(1996)은 "갈등이란 개인이나 집단 또는 조직과 같은 사회적 실체 내부나 그들

〈그림 15-1〉 갈등연속체 모형

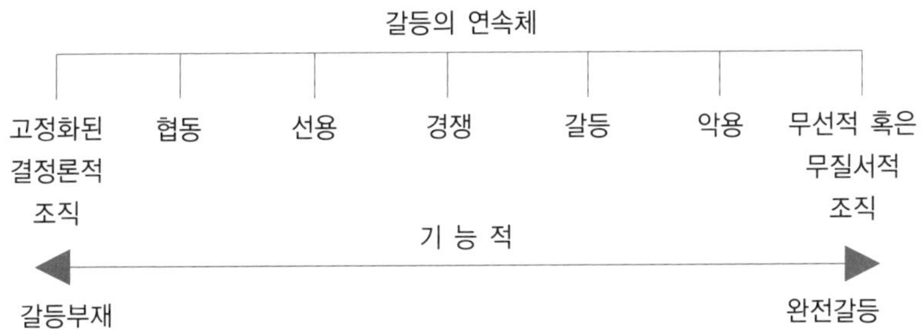

사이에서 모순, 의견불일치나 상이함에서 나타나는 상호작용적인 상태"라고 정의한다.

위와 같은 학자들의 다양한 정의를 살펴볼 때 갈등이란 개인이나 집단, 또는 조직과 같은 사회적 실체의 내부나 그들 간의 부조화에서 나타나는 순기능과 역기능으로 구분되는 상호작용적 과정이라고 정의할 수 있다.

사회복지 조직에서의 갈등은 완전한 갈등상태나 완전한 갈등부재로 존재하는 것이 아니고, 이 두 가지 상태를 연결하는 연속선상의 어느 지점에 있다고 볼 수 있다. Ackoff(1966)는 갈등연속체 모형을 〈그림 15-1〉과 같이 제시하였다(성규탁, 1933, 재인용).

오른쪽 극단은 조직의 갈등이 끝없이 계속되는 병리적 상태이며, 조직의 규제기제가 쇠퇴하여 관리자가 대안적 행동이 필요함을 인식하지만 구성원들이 너무 분리되어 적절한 행동을 취할 수 없는 경우가 이에 속한다. 이 경우 조직의 갈등은 해결되지 않고 지속되는 경향을 보이는데 이러한 갈등은 조직분화의 원인이 된다. 왼쪽 극단은 결정론적 특성을 나타내는 갈등이 전혀 없는 역기능적 상태이다. 갈등이 전혀 존재할 수 없는 상태나 갈등을 더 이상 견딜 수 없는 상태는 모두 조직에는 역기능적 또는 병리적이다. 갈등이 병리적인 양상을 띠지 않으면 기능적일 수 있다(성규탁, 1993).

갈등연속체의 왼쪽 극단 바로 다음 단계가 이른바 '협동'의 단계인데 협동은 갈등과 대조적 양상으로서, 개개 구성원이 조직화되고 협조적이고 질서 있게 문제를 해결하며 나아가는 상태이다. 협동은 조직이 목표를 달성하려는 노력에 기능적으로 작용한다. 협동과는 다소 다르게 '선용'도 기능적이다. 선용은 일부 부서나 조직의 특정한 과업수행에서 협동을 취하지만 다른 부서와 조직보다는 한쪽에 더 많은 이익이나 가치를 주는 상태이다. 그 다음 단계가 '경쟁'인데 이는 규칙이 있는 갈등이다. 이 경우 규칙의 목적은 갈등을 기능적 틀 속에서 유지하는 것에 있다. 관리자는 조직의 이익을 위해 경쟁을 하는 상황에서 발생하는 갈등을 잘 관리해야 한다. 다음 단계는 '갈등'이다. 조직의 갈등은 해결기제가 작용하는 한 기능적인 것으로 간주된다. 만일 해결기제가 와해되면 그 이후의 갈등은 역기능적인 것이 될 것이다. 예로 '악용'은 구성원들에게 언제나 불공평한 결과를 주어서 결과적으로 조직의 쇠퇴를 초래하기 때문에 역기능적이다(성규탁, 1993). 오늘날 다양한 복지조직이 생겨나고 조직이 비대해지면서 갈등이 연속적으로 발생한다. 조직에서의 갈등은 항상 부정적인 것은 아니지만 조직관리가 제대로 작동하지 않으면 역기능 현상이 나타나 조직발전을 저해하고 조직의 쇠퇴를 초래할 수 있다.

2) 갈등의 이론적 관점과 원인

(1) 갈등의 이론적 관점

조직이론에서 갈등에 대한 과학적 접근이 시도된 것은 최근의 일이며 행동과학에서 주로 연구되었는데, 갈등의 이론적 관점은 다음과 같이 요약된다(Robbins, 1978).

① 고전적 관점

조직이론에서 과학적 관리론을 제시하는 학자들을 중심으로 한 고전적 관점(*classical view*)은 갈등은 조직에 병리적인 영향을 미치는 해로운 것이기 때문에 제거해야 한다고 주장하였다. 따라서 이와 같은 관점에서 관리자들의 책임은 조직에서 갈등을 제거하는 것이었으며, 구성원들 간의 조화와 협동을 강조하는 기계적인 조직구조가 강조되었다. 이러한 관점은 19세기에 유행하였으며, 1940년대 중반까지 계속되었다.

② 행동주의적 관점

갈등에 대한 고전적 관점은 1940년대 후반과 1950년대 초에 와서 행동주의적 접근법으로 교체되었다. 이후 1970년대 중반까지 조직이론을 지배한 행동주의적 관점(*behavioral view*) 또는 인간관계론적 관점은 조직의 본질적 성격상 갈등은 불가피한 자연적 현상이라고 주장하면서 갈등의 수용을 강조하였다. 그러나 이와 같은 관점은 고전적 관점과 같이 갈등의 기능에 대해서는 부정적으로 보았고, 갈등의 불가피성을 수용은 하지만 역시 갈등은 최소화되어야 한다고 주장했다. 따라서 행동주의적 관점의 학자들은 갈등에 대처할 때, 갈등관리(*conflict management*)가 아닌 갈등해소(*conflict resolution*)의 개념을 적용하였다.

③ 상호작용주의적 관점

갈등에 대한 가장 최근의 이론적 관점은 상호작용주의적 관점(*interaction view*)으로서 1970년대 중반을 지나서 대두되기 시작하였다. 이와 같은 관점에서는 갈등이 전적으로 좋은 것도 아니고 전적으로 나쁜 것도 아니라고 생각한다. 즉, 조직목표의 달성을 지원하거나 업적향상에 도움이 되는 갈등은 순기능을 하고, 업적을 방해하는 갈등은 역기능을 한다고 주장한다. 따라서 조직을 유지하고 발전시키기 위해 높은 수준의 갈등은 감소시키고, 낮은 수준의 갈등은 자극하는 갈등관리체계가 필요하다는 것이다.

요컨대 고전적 관점은 갈등의 제거에, 행동주의적 관점은 갈등의 수용에 초점을 둔 반면에 상호작용주의적 관점은 보다 적극적으로 갈등을 자극하고 활용하며 효과적으로 관리할 것을 주장한다.

(2) 갈등의 원인

Luthans(1985)는 조직갈등이 ① 양립할 수 없는 목표들이 존재하는 상황, ② 서로 상반된 수단 또는 상반된 자원분배의 존재, ③ 부적합한 지위의 문제, ④ 인식의 차이에서 발생한다고 보았으며, Robbins(1980)는 조직에서의 갈등의 원인을 ① 의사소통의 차원, ② 조직구조의 차원, ③ 개인행동의 차원으로 나누어 설명한다. 이들을 간략히 설명하면 다음과 같다.

① 의사소통의 차원

ⓐ 언어의 차이

언어는 사용하는 사람들에 따라 다른 의미를 지니는 경우가 있다. 이와 같은 차이는 훈련, 선택적 지각의 차이, 다른 조직단위에 대한 불충분한 정보에 의해서 생긴다.

ⓑ 상대방을 완전히 알 때와 모호하게 알 때에 갈등발생

상대방에 대한 완전한 지식을 갖고 있거나, 불충분하고 모호한 지식을 갖고 있을 때 갈등이 발생한다.

ⓒ 의사소통의 채널

의사소통의 채널을 따라 정보가 통과하는 과정에서 정보여과에 의해 그 정보가 모호해지거나 왜곡이 발생한다.

② 조직구조의 차원

ⓐ 규모

조직규모가 커지면 감독 수준이 증가하고 감독 수준이 증가하면 갈등이 발생하는 원인이 된다.

ⓑ 관료적 특성

업무의 정형화, 전문화, 표준화가 관료제의 일반적 특성인데, 이 중 정형화가 덜 된 조직은 불확실성 때문에 갈등가능성이 증가한다. 전문화와 표준화는 갈등원인으로서 명확한 인과관계가 있는 것은 아니다.

ⓒ 근속기간

조직구성원들의 근속기간이 갈등의 원인변수로 밝혀졌는데, 근속기간이 증가하면 갈등은 감소하는 것으로 보고된다.

ⓓ 감독의 유형

조직구성원에 대한 민주적 방식의 감독은 구성원들로 하여금 보다 직접적으로 자신들의 업무를 계획하고 조정하게 함으로써 구조 및 권한에 의한 갈등을 감소시킨다고 보고된다.

ⓔ 참여

목표와 가치가 일치하지 않으며 이해갈등으로 대립하는 두 집단은 참여과정에서 갈등이 심화되거나 잠재적 갈등이 나타난다.

ⓕ 보상체계

각 부문의 개별적 성과를 강조할수록 갈등이 심화된다. 한 부문의 보상이 다른 부문의 보상감소를 초래하거나 적용하는 보상체계가 다를 때 갈등이 생긴다.

ⓖ 권력

권력이 적은 집단에 대한 과도한 권력행사는 갈등을 야기한다. 또한 능력과 권력의 불균형은 갈등을 조장한다.

ⓗ 상호의존성

두 집단 간 상호의존성이 커질수록 공동협력을 위한 유인이 제공될 수 있지만, 갈등이 일어날 가능성도 증가한다.

③ 개인행동의 차원

ⓐ 퍼스낼리티

조직구성원의 높은 독재의식과 독단성은 변화와 혁신을 억압하기 때문에 갈등의 원인이 되며, 낮은 수준의 자아존중감도 갈등을 유발하는 원인이 된다.

ⓑ 역할불만족과 지위불일치

조직구성원이 자신의 역할에 만족하지 않을 때, 그리고 자신이 개인적으로 기대하고 생각하는 지위와 조직에서의 공식적 지위가 불일치할 때 갈등이 생긴다.

ⓒ 목표의 차이

조직 내에서 둘 이상의 행동주체가 서로 양립할 수 없는 목표를 동시에 추구할 때 갈등이 일어나는데, 이것은 조직 내에서 하위단위가 전문화됨에 따라 조직목표가 분화되는 데서 야기되는 현상이다.

ⓓ 지각의 차이

같은 사물을 다르게 지각하는 사람들이 상호작용을 하면 갈등이 일어날 가능성이 크다.

우리나라 사회복지관 사회복지사들의 갈등원인을 조사한 연구결과에 의하면(박경일, 2001; 신복기외, 2005, 재인용), 갈등원인으로서 인력부족과 각기 다른 방법에 의한 업무수행 및 처리, 물적 자원의 불충분이 가장 높게 나타났다. 그리고 이 갈등원인들을 요인분석으로 범주화하면 직무수행 특성요인, 개인적 특성, 의사소통 특성, 공정성, 보상체계라는 5가지의 갈등 형성요인으로 나타났다. 이 5가지의 범주화된 갈등형성 요인이 사회복지사들이 느끼는 갈등수준에 어느 정도의 영향력을 미치는가를 알아보기 위하여 회귀분석을 실시한 결과, 직무수행 요인이 갈등수준에 가장 영향력 있는 변수로 나타났고, 의사소통 요인도 갈등수준에 많은 영향력을 미치는 것으로 나타났다. 그러나 공정성과 보상체계는 사회복지사의 갈등수준에 크게 영향력을 미치지 못하는 것으로 나타났다. 다시 말하면 사회복지관 사회복지사들은 업무를 수행할 때 갈등을 가장 많이 겪으며, 그것은 인적·물적 자원의 부족과 과다한 업무수행에서 오는 갈등이라고 볼 수 있다.

3) 갈등의 유형과 갈등이 조직에 미치는 영향

(1) 갈등의 유형

조직에서 갈등의 유형은 다양하게 분류된다. 조직에 이로운가 해로운가를 기준으로 ① 순기능적 갈등, ② 역기능적 갈등으로 구별하기도 하고(박현주, 2011), 갈등의 진행단계에 따라 Pondy(1967)는 ① 협상적 갈등, ② 관료제적 갈등. ③ 체제적 갈등, ④ 마찰적 갈등, ⑤ 전략적 갈등으로 분류하기도 하였다. 또한 행동주체를 기준으로 March & Simon(1977)은 ① 개인적 갈등, ② 조직상의 갈등, ③ 조직 간의 갈등으로 구분하였다.

한편 Steiner(1977)는 사회복지 조직에서 갈등상황을 다음과 같이 설명하였다(성규탁, 1993, 재인용).

① 관념적 갈등

조직이 수행하겠다고 내세운 목표와 현재 수행하는 목표 사이에 갈등이 있는 경우, 조직에서 이상, 가치, 신념 등이 흔히 긴장을 유발한다. 예를 들면 성인에게 의료서비스를 제공하는 경우, 몇 세까지 제공할 것인가? 성인들 모두를 대상으로 할 것인가? 혹은 빈민층의 성인들만을 대상으로 할 것인가? 등의 선택을 두고 갈등이 생긴다.

② 구조적 갈등

조직은 구성원들과 이들의 작업을 통제하기 위한 구조적 기제를 갖추어 조화, 일치, 질서를 요구하는 반면, 개개 구성원은 자유, 선택권 등을 요구하는 데서 갈등이 생겨나는데, 이를 구조적 갈등이라 부른다.

③ 기능적 갈등

조직 내 다양한 하위단위들 사이의 기능적 분화가 갈등을 야기하기도 한다. 조직은 어떤 공통의 목적을 달성하기 위해서 상호관계하는 여러 부서들을 만드는데, 이들이 서로 조화를 이루고 협동하기도 하지만 권력관계 등으로 서로 갈등관계를 맺기도 한다.

④ 관할권 갈등

관할권이 다른 데서 생겨나는 갈등이다. 대부분의 사회복지 조직에서 볼 수 있는 서비스 영역, 클라이언트, 자원 등의 관할권과 관계된 갈등이 이와 같은 갈등이다.

또한 Bisno(1988)와 Strom-Gottfried(1998)는 8가지 각기 다른 갈등의 형태를 다음과 같이 제시했다(Kirst-Ashman & Hull, Jr, 2009).

① 이해관계 및 헌신갈등

이와 같은 갈등은 기본적으로 이해관계, 가치, 헌신이 다른 데서 생겨나는 갈등을 말한다. 낙태에 대한 의견의 불일치가 좋은 예이다. 어떤 사람들은 자신의 신체를 통제할 수 있는 여성의 권리를 강력히 지지하고 여성들은 생산의 자유를 가져야 한다고 주장하는가 하면, 반대로 어떤 사람들은 낙태는 살인행위이며 절대적으로 폐지되어야 한다고 주장한다.

② 유인갈등

유인갈등은 그렇게 하지 않으면 직접적으로 달성할 수 없는 목표에 도달하기 위해 만들어진다. 이와 같은 갈등은 집단 구성원들 간에 나쁜 감정을 퍼뜨리기 위한 방법으로서 만들어진다. 예를 들면, 지난 10년 동안 계속교육(*continuiting education*) 받기를 소홀히 해서 그의 소속기관으로부터 상대적으로 인정받지 못한 사회복지사 Ted는 사회복지기관이 모든 사회복지사들은 매년 일정한 계속교육에 참여해야 한다는 조건을 제시하자 이를 반대하기 위해 갈등을 일으키는데, 이렇게 함으로써 그는 자신의 위치를 유지하고자 소망하는 것이다.

③ 오해에 의한 귀속갈등

이와 같은 갈등은 순전히 실수로 발생하며, 어떤 행위 또는 생각을 어떤 사람들 또는 집단의 탓으로 잘못 돌림으로써 생겨난다. 누군가가 그렇게 말했거나 그런 행위를 했을 것으로 고정관념을 갖거나 잘못 생각함으로써 갈등이 발생하는 것이다. 이런 경우 고정관념이나 잘못된 생각이 갈등의 실제적 원천임을 인식하는 것이 중요하다.

④ 자료갈등

자료갈등은 두 당사자가 불일치하거나 부적절한 자료를 갖고 의사결정을 해야 할 상황에 처해 있을 때 발생한다. 정확한 정보 없이는 그러한 갈등해결이 어렵다. 만일 양쪽이 동시에 꼭 같은 자료에 접근한다면 갈등해결은 훨씬 더 쉽다. 정확한 정보에 기초해서 의사결정을 내리는 것이 이런 성격의 갈등을 종결하는 데 필요하다.

⑤ 구조적 갈등

구조적 갈등은 권한, 시간, 또는 물리적 및 기타 환경적 장벽과 같은 요인들의 차이로부터 생기는 갈등을 말한다. 사회복지 조직에서 사회복지사들은 종종 의사결정에 대한 권한이 없어서, 자살처럼 시각을 다투는 위급상황에서, 그리고 두 당사자가 대면하기보다는 전화나 문서로 의사소통을 하면서 맞닥뜨리는 한계 등으로 갈등에 직면한다.

⑥ 착각갈등

착각갈등은 오해로 인해서 생긴다는 점에서 오해에 의한 귀속갈등과 비슷하다. 이는 실제 발생한 것이 아니라 어떤 사람 또는 집단이 어떤 행위를 했을 것으로 오해하고 비난하면서 생기는 갈등이다. 착각갈등은 상대방에 대한 혼동과 지각부족으로 인한 오해로부터 의견차이가 생긴 것이지 실제로 갈등은 존재하지 않는다.

⑦ 치환된 갈등

치환된 갈등은 실재적인 갈등의 원천 이외의 다른 사람 또는 관심에 그 갈등을 치환하는 것을 말한다. 이와 같은 갈등은 외부에서 받은 스트레스를 집에 가지고 오거나 또는 반대로 집에서 받은 스트레스를 직장에 가지고 갈 때 발생한다. 사람들은 한 영역에서의 갈등으로 불행을 느낄 수 있으나 그것과 전혀 관련 없는 영역에서 그 갈등을 환기하기도 한다.

⑧ 표출적 갈등

표출적 갈등은 주로 적대감, 공격성, 또는 그 밖에 무언가 강력한 감정을 표현하고 싶은 마음으로부터 나온다. 다른 말로, 누군가를 화나게 만들었기 때문에 갈등이 존재한다. 표출적 갈등은 단호하게 반응하지 못하던 사람들이 상당한 기간 동안 감정을 억제하다가 어떤 사소한 문제로 감정이 폭발할 때 일어날 수 있다.

(2) 갈등이 조직에 미치는 영향

갈등은 그 정도에 따라 조직에 도움이 되기도 하고 방해가 되기도 한다. 즉, 지나친 갈등은 물론 너무 갈등이 없는 것도 조직에 부정적 영향을 미치므로, 적절한 갈등이 요구된다. 즉, 갈등과 조직효과성 사이의 관계를 Gibson 외(1988)는 〈그림 15-2〉와 같이 제시한다. 조직에 갈등

〈그림 15-2〉 갈등과 조직성과의 관계

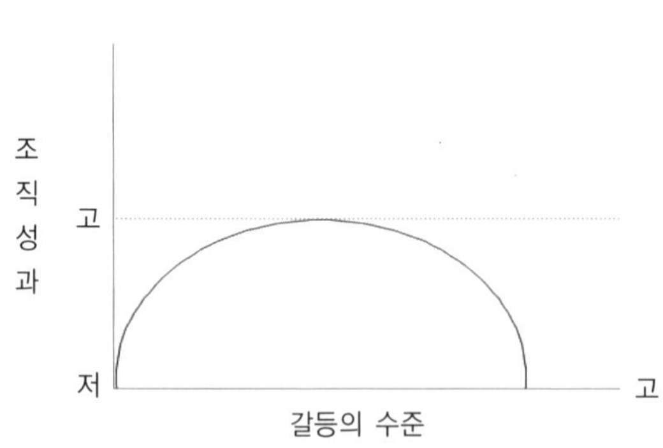

이 거의 없는 경우에는 구성원들이 의욕을 상실하고 정태적인 무사안일 상태에 빠지며, 조직이 환경변화에 적응하지 못하고 효과성이 떨어진다. 반면에 갈등의 정도가 너무 높은 경우에는 구성원들이 투쟁과 대립을 반복하며 비협력적이 되고, 조직은 혼란과 분열 속에서 목표의식을 잃게 되므로 효과성이 크게 떨어지며, 최악의 경우에는 조직의 생존 자체가 위협을 받는다(신복기 외, 2005, 재인용).

4) 갈등관리

(1) 갈등관리의 일반적 단계

갈등을 피할 수 없는 경우 관리자는 갈등을 관리하거나 대처할 방법을 찾아야 한다. 관리자의 역할은 갈등이 발생했을 때 구성원들이 갈등을 확인하도록 돕고, 이를 가능한 한 정면으로 다루는 것이다. 의견의 차이를 확인하고, 구성원들에게는 당연히 다른 의견을 가질 권리가 있다고 타당화하는 것은 이와 같은 과정의 일부이다. 갈등은 숨겨져서는 안 되고 공개적으로 다뤄져야 한다. 갈등상황에서 긍정적 결과에 도달하면 이는 하나의 성취일 수 있다. Johnson & Yanca(2007)는 갈등의 이면에 자리잡은 차이점에 대해 논의하고 교섭할 것을 권장한다. 갈등 당사자들의 견해에 귀 기울임으로써 이들을 연결하는 공통점을 찾기가 쉬워진다. 이런 과정의 일부로서 관리자는 구성원들의 주장에 들어 있는 논리를 신중히 검토하고 또 재검토해야 한다. 갈등을 관리하기 위한 일반적 단계를 요약하면 다음과 같다(Johnson & Yanca, 2007; Kirst-Ashman & Hull, Jr., 2009, 재인용).

① 갈등의 단서를 찾아라 — 갈등이 사라질 것이라는 기대감으로 갈

등을 무시하지 마라.

② 개인적 이슈로서가 아니라 집단적 이슈로서 갈등을 정의하라.

③ 갈등에 관한 모든 견해에 귀를 기울이고 유사점과 차이점을 확인하라.

④ 적극적으로 갈등을 귀담아 듣는 기술을 사용하라.

⑤ 갈등과 관련된 생각과 입장을 분명히 하라.

⑥ 이기고 지는 상황을 피하라.

⑦ 경쟁이 아니라 협력하라.

⑧ 갈등의 감정적 측면과 객관적 측면 모두를 다루어라.

⑨ 항상 합의점과 견해의 일치점을 찾아라.

⑩ 입장이 아니라 이익에 초점을 두어라.

(2) 갈등관리의 방법

사회복지 조직에서 갈등을 관리하는 방법에는 갈등을 해소하는 방법, 갈등을 예방하는 방법, 갈등을 조장하는 방법이 있다. 이들을 논의하면 다음과 같다.

① 갈등을 해소하는 방법

전통적으로 갈등을 관리하는 방법은 갈등해소방법을 의미한다. 이는 이미 발생한 역기능적 갈등을 완화 내지 제거하여 갈등을 해결하는 방법으로 이를 구체적으로 제시하면 다음과 같다(박운성, 1998).

ⓐ 문제해결

갈등의 당사자들이 공동의 노력으로 갈등의 원인이 되는 문제를 해결한다.

ⓑ 상위목표의 제시

갈등당사자들이 공동으로 취해야 할 상위목표를 제시함으로써 갈등을 완화시킬 수 있다.

ⓒ 자원의 증대

희소자원을 획득하려는 경쟁에서 초래된 갈등을 해소하는 방법이다.

ⓓ 회피

갈등을 야기할 수 있는 의사결정을 보류, 회피하거나 갈등당사자의 접촉을 피한다. 이는 항구적인 해소방법은 못 된다.

ⓔ 완화

갈등당사자들의 이견이나 상충되는 이익과 같은 차이를 얼버무리고 공동이익을 강조함으로써 갈등을 완화시키는 방법이다. 이것은 근본적 갈등원인을 제거하지 못하는 것으로 잠정적 · 단기적 해소방법이라 하겠다.

ⓕ 상사의 명령

이는 공식적 권한을 가진 상사가 명령으로써 직원들의 갈등을 해소시키는 방법으로 갈등당사자 간의 합의를 전제로 하지 않는다. 당사자는 상사의 결정에 찬성하지 않더라도 정당한 명령에 따르지 않을 수 없다. 그러나 이 방법은 원인을 제거하지 않고, 갈등행동만 해소시킨다.

ⓖ 강압

강한 압력을 가함으로써 갈등을 해소시키는 방법이다. 여기에는 강력한 힘을 가진 경쟁자를 이용하거나 보스(*boss*)와 같은 권위를 가진 사람, 또는 중재인이나 조정자를 이용한다.

ⓗ 협상

갈등당사자들이 대립되는 입장을 부분적으로 양보하여 갈등을 해결하고자 하는 타협의 형식을 취한다.

ⓘ 대면적 해결

갈등해소방법 중 가장 완전한 방법이라 할 수 있다. 이 방법은 갈등당사자가 상호 대면하여 그들이 해결가능한 수단을 이용하여 문제를 해결하는 방법이다. 이 방법은 개인 간의 오해를 푸는 데 가장 효과적이라 하겠다.

ⓙ 구조적 요인의 변화

조직구조적 요인을 의도적으로 변화시키는 것이다. 즉 인사교류, 업무배분의 변경, 조정담당 직위나 기구의 신설, 조직단위의 합병 등을 들 수 있다.

ⓚ 갈등당사자의 태도변화

갈등당사자나 앞으로 갈등을 일으킬 가능성이 있는 사람의 태도를 변화시킴으로써 역기능적 갈등을 해소할 수 있다. 갈등당사자의 태도를 변화시키는 데는 많은 시간과 경비가 소요되므로 사실상 시행이 어려운 방법 중 하나이다. 그러나 갈등의 해소나 방지에 효과적이고 확실성을 갖는 방법이라 하겠다.

사회복지 조직에서 관리자는 갈등을 해소해야 할 책임이 있으므로, 갈등의 원인을 식별하고 그에 따라 이상에서 제시한 다양한 해소방법을 선택하고 적용해 보는 것이 중요하다. 위의 갈등해소방법들 중 가장 널리 받아들여지는 것은 문제해결과 상위목표의 제시이다.

② 갈등을 예방하는 방법

갈등이 아직 발생하지 않았지만 앞으로 가능성이 있는 역기능적 갈등을 미연에 방지하는 방법으로 그 구체적 방법들을 제시하면 다음과 같다(이재규, 1985).

ⓐ 관리자는 균형된 자세를 유지한다.
ⓑ 부문조직을 편성할 때 과업의 상호의존성을 기준으로 집단화한다.
ⓒ 예산통제, 비용과 이익중심점, 성과측정 등과 같은 관리과정에 불필요한 제로섬(*zero sum*) 게임을 회피한다.
ⓓ 상위목표를 강조하는 것은 비생산적인 갈등을 사전에 예방하는 데도 매우 유용하다.
ⓔ 현실적이고 특정한 목표를 조직과 조직 내의 집단에 부여한다.
ⓕ 조직구성원 각자가 해야 할 현실적이고 특정한 작업목표와 그 방법이 규정된 포괄적이고 종합적인 업무명세표를 작성・활용한다.
ⓖ 조직의 모든 수준에서 의사결정이 이루어지고 이해되도록 지표를 명시한다.
ⓗ 정책, 절차, 규칙 등을 정형화하고, 정책과 집행과정이 충분한 정보와 동의하에 이루어지도록 함으로써 역기능적 갈등이 발생할 가능성을 최소화한다.

〈그림15-3〉 조하리 창

사회복지 조직에서 비생산적인 역기능적 갈등은 미연에 예방하는 것이 중요하다. 그러한 갈등의 예방은 고도의 상호작용을 필요로 하는 조직들에는 특히 중요하다. 조직에서의 상호작용이 클수록 조직효과성에 미치는 갈등의 바람직하지 못한 결과가 더욱 커지기 때문이다. 한편, 심리학자인 Joseph Luft와 Hary Ingham은 조하리 창(Johari Window)을 개발하였는데 〈그림 15-3〉과 같이 상대방과 자신의 관계에서 상호 간의 마음의 문을 열어 개방된 창문의 영역을 넓힘으로써 갈등의 가능성을 예방하는 기법이다(차대운, 2002).

③ 갈등을 조장하는 방법

사회복지 조직의 운영에 유익한 순기능적 갈등인 경우 갈등을 조장하는 것도 갈등을 관리하는 방법 중의 하나이다. Huse와 Bowditch(1977)는 순기능적인 갈등의 구체적인 조장방법을 다음과 같이 제시한다(정병식, 1995, 재인용).

ⓐ 의사전달의 경로변경

의사전달의 경로변경은 정보의 재분배와 그에 입각한 권력의 재분배를 초래하기 때문에 갈등을 야기할 수 있다.

ⓑ 정보전달의 조작

정보전달을 억제하거나 과도한 정보를 전달함으로써 갈등을 조장하여 의사전달을 무비판적으로 받아들이는 무관심 상태를 타파할 수 있다.

ⓒ 이질감 조성

역할갈등이나 지위부조화 등으로 인한 내면적 갈등을 조성하여 갈등을 조장하는 방법이다. 예를 들어 새로운 성원을 영입함으로써 침체된 분위기를 깨뜨리고 조직의 새로운 활력을 일으킬 수 있다.

ⓓ 경쟁유도

조직 내 단위부서나 집단들 간에 경쟁적인 상황을 유도함으로써 갈등을 조장하는 방법이다. 예를 들어 성과에 대한 포상이나 상여금 지급 등으로 경쟁을 유발할 수 있다.

한편, Robbins(1983)는 조직에 이른바 ① 'yes man'이 많이 있을 때, ② 의사결정에서 타협이 강조될 때, ③ 사람들이 다른 사람의 감정을 해치는 일을 두려워할 때, ④ 기술적 유능함보다도 인기가 더욱 중요시될 때, ⑤ 사람들이 조직변화에 커다란 거부감을 보일 때, ⑥ 새로운 아이디어가 나오지 않을 때 갈등조장이 필요하다고 제안하였다(차대운, 2002, 재인용). 사회복지 조직의 관리자들은 조직목표의 성공적인 달성을 위해 필요한 갈등을 조장해야 하는 책임도 있다. 따라서 관리자들은 갈등이 자연스럽게 현재화될 수 있는 분위기를 조성하고 갈등을 창의적이고 건설적으로 다룰 수 있어야 한다.

· 제 16 장 ·

리더십

사회복지 행정에서 리더십의 중요성이 점차로 강조되고 있다. 이 장에서는 먼저 리더십의 개념과 사회복지 조직에서의 리더십의 필요성을 간략히 정리하고 리더십이론들을 살펴보았다. 리더십이론은 역사적으로 보면 특성이론, 행동이론, 상황이론과 같은 전통적 이론을 거쳐서 신조류이론까지 발전하였다. 특성이론은 리더가 가지고 있는 보편적인 특성을 찾아내려는 노력이었으며, 행동이론은 리더가 수행하고 있는 행동에 의해 리더십을 설명하려는 노력이었다. 상황이론에서는 리더의 행동뿐만 아니라 리더십상황을 강조하고, 신조류이론에서는 리더가 비전제시와 더불어 하위자에게 강한 정서적 반응을 이끌어 낼 것을 제시한다. 마지막으로 사회복지 조직에서의 리더십의 수준을 최고관리층의 리더십, 중간관리층의 리더십, 하위관리층의 리더십 등 3가지로 구분하여 이들을 간략하게 설명하기로 하겠다.

1. 리더십의 개념 및 필요성

리더십은 이를 다루는 사람들의 관점에 따라 다양하게 정의되고 있다. Stogdill(1974: 7~16)은 리더십의 정의가 그 개념을 연구하는 사람들의 수만큼 많다고 말하면서 리더십의 정의를 열한 가지 범주로 요약하고 있는데 ① 집단과정의 초점, ② 퍼스낼리티(*personality*)와 그 효과, ③ 복종을 유도하는 기술, ④ 영향력 행사, ⑤ 활동 또는 행동, ⑥ 설득의 형태, ⑦ 권력관계, ⑧ 목표달성의 수단, ⑨ 상호작용 효과, ⑩ 분화된 역할, ⑪ 구조의 주도와 유지 등이다.

리더십을 비공식적 리더십이 아니라 공식적 조직에서의 리더십에 초점을 맞출 때 리더십은 한 사람이 집단 구성원에 대하여 사회적 영향력을 행사하는 것으로 특징지어져 있다. Terry(1960: 493)는 리더십을 "사람들로 하여금 집단의 목표를 기꺼이 달성하게끔 영향을 미치는 활동"으로 정의하고 있으며 Robbins(1984: 112)는 리더십을 "목표달성을 지향하도록 집단에 대하여 영향을 미칠 수 있는 능력"으로 정의하고 있다. 또한 Trecker(1977: 53)는 리더십을 "공동목표의 달성에 있어서 사람들이 협동하여 일하도록 영향을 주는 능력"으로 정의하고 있으며 성규탁(1987: 302)은 리더십을 "어떤 목표를 달성하기 위해 사람들에게 행사하는 영향력, 기술 혹은 이를 행사하는 과정"으로 정의하고 있다.

리더십에 관한 이상의 정의들에서 두 가지 중요한 측면을 발견할 수가 있다. 첫째, 리더십은 다른 사람들에게 영향력을 행사하는 것이고, 둘째, 리더십은 어떤 목표를 달성하기 위해 존재하는 것이라는 점이다. 그러나 최근의 상황이론에서는 리더십을 "어떤 주어진 상황에서 개개인이나 집단의 활동이 목표달성을 위한 노력이 되도록 영향을 미치는 과정"으로 정의함으로써(Hersey & Blanchard, 1982: 83) 리더십의 개념에 상황을 고려하고 있다. 이를 바탕으로 공식적 조직에 초점을 맞추어 볼 때 "리더십이란 조직의 목표달성에 있어서 조직의 구성원들이 조직과 관련된 행동에 자발적으로 종사할 수 있게끔 어떤 주어진 상황에서 공식적 직위에 있는 사람이 영향력을 행사하는 과정"으로 볼 수 있다. 이러한 영향력은 전통적으로는 리더에게만 속한 것으로 이해되었지만, 오늘날에는 리더와 하위자 모두가 영향력을 가지고 있는 것으로 본다. 따라서 리더십을 리더가 하위자에게 행사하는 일방적 과정으로만 보는 것이 아니라 이들의 상호작용으로 형성되는 쌍방적 과정으로 이해한다. 이와 같은 리더십은 단순히 위계적 지위로부터 발생하는 직권(*headship*)과 구별된다.

이상의 리더십은 조직성과에 영향을 미치는 중요한 요소의 하나일 뿐 아니라 관리자에게 있어서 조직의 목표를 달성하는 활동의 핵심인 것이다. 사회복지 조직의 경우 그 조직체가 실시하는 서비스나 프로그램은 그 조직체가 어떠한 형태의 리더십을 어떠한 방식으로 사용하느냐에 따라 그 효과성이 달라질 수 있다. 사회복지 조직에 있어서 리더십이 필수불가결한 이유는 다음과 같다(Neugeboren, 1985: 145).

첫째, 많은 전문가가 고용되어 있는 사회복지 조직에는 전문가의 자율성 욕구와 조직의 통제욕구 사이에 부단한 긴장이 존재하며 이와 같은 긴장으로 인해 구성원들은 조직의 규칙과 규정을 준수하게끔 동기부여할 리더십을 필요로 한다.

둘째, 사회복지 서비스 분야에는 끊임없이 변화하는 환경적 압력이 증가일로에 있으며 외부 요구의 이와 같은 변화를 모두 고려한 조직체계를 갖는 것은 불가능하기 때문에 이에 적절히 대응할 리더십을 필요로 한다.

셋째, 사회복지 서비스 분야에 있어서 새로운 기술 또는 새로운 구조의 도입과 같은 중요한 내부적 변화는 이와 같은 변화가 조직에 통합될 수 있도록 리더십을 필요로 한다.

넷째, 사회복지 조직에서 구성원들의 전문적 목표는 조직의 목표와 완전히 일치하지 않을 수 있다. 구성원의 목표와 조직의 목표 사이에 가능한 한 많은 일치를 가져올 수 있도록 노력하는 데 리더십이 요구된다.

2. 리더십이론

리더십에 관해서는 많은 이론들이 있는데 초기의 전통적 리더십이론으로부터 오늘날의 신조류이론에 이르기까지 모두 그 연구의 초점을 리더십의 효과성을 가져오는 요인들을 찾아내는 데 두고 있다. 이 요인들을 설명하는 4가지 주요한 접근방법은 특성이론(*trait theories*), 행동이론(*behavioral theories*), 상황이론(*situational theories*), 신조류이론(*new wave theories*)이다. 각 이론의 강조점은 〈표 16-1〉과 같다.

1) 특성이론

1940년대와 1950년대 초기의 리더십 연구들은 리더의 특성에 초점을 두었다. 특성이론은 효과적인 리더에게는 비효과적인 리더와 구별될 수 있는 보편적 특성이 존재한다고 보는 이론이다. 즉 이 이론의 기본 전제는 어떤 특정한 특성들을 갖추게 되면 효과적인 리더가 될 수 있다는 것이다. 이와 같은 분명한 자질을 지니고 있는 사람들을 리더로 선택함으로써 조직에 더 좋은 결과를 가져올 수 있다는 것이다.

Stogdill(1974: 74~75)은 1948년 이후 리더십 연구들의 검토에서 6가

〈표 16-1〉 리더십 연구의 주요 접근방법들

접근방법	강조점
특성이론 (1940~1950년대)	성공적이지 못한 리더로부터 성공적인 리더를 구별할 수 있는 분명한 일련의 특성이 존재한다.
행동이론 (1950~1960년대)	리더십의 가장 중요한 측면은 리더의 특성이 아니라 다양한 상황에서 리더가 행동하는 것이다. 성공적인 리더는 그들의 특별한 리더십 행동유형에 의해 성공적이지 못한 리더와 구별된다.
상황이론 (1970년대)	리더의 효과성은 그 자신의 행동유형에 의해 결정될 뿐만 아니라 리더십의 환경을 둘러싸고 있는 상황에 의해 결정된다. 상황요소들은 리더와 하위자의 특성, 과업의 성격, 집단의 구조, 강화의 형태를 포함한다.
신조류이론 (1980~1990년대)	리더는 비전을 지녀야 하며, 하위자에게 강한 정서적 반응을 이끌어 내야 한다. 리더십을 리더와 하위자의 상호작용으로 형성되는 과정으로 이해한다.

지 광범위한 범주에 기초를 둔 리더십 분류체계를 만들었는데 여기에서 제시된 6가지 리더의 특성의 범주는 ① 육체적 특성, ② 사회적 배경, ③ 지능, ④ 퍼스널리티, ⑤ 과업과 관련된 특성, ⑥ 사회적 특성 등이다. 연구결과에 의하면 이 중에서 지능, 퍼스널리티, 과업과 관련된 특성, 사회적 특성 등은 효과적인 리더 특성임이 발견되기도 하였다.

그러나 리더 특성이론이 타당한 것으로 입증되려면 모든 리더가 보편적으로 갖고 있는 구체적 특성들을 찾아낼 수 있어야 하나 그와 같은 특성들을 찾아내지 못하였다. 즉 리더와 하위자를 구별할 수 있고 효과적이지 못한 리더로부터 효과적인 리더를 구별할 수 있는 일련의 특성을 찾으려는 노력이 있었지만 실패하고 말았다. Filley와 House(1969: 391~420)는 리더십 특성연구를 검토한 후 "구체적인 상황에서 리더십 효과성과 관련된 구체적인 퍼스널리티 특성이 존재한다는 것을 분명히 나타내 주기는 하지만 성공적이지 못한 리더로부터 성공적인 리더를 구별해 주는 분명한 특성들이 항상 존재한다는 것을 보여주지는 못하고 있다"고 결론지었다.

그밖에도 특성이론은 하위자들의 욕구를 무시한 점, 여러 가지 특성들의 상대적 중요성을 밝히는 데 실패한 점, 리더가 하위자의 행동에 영향을 미치기 위하여 보여 줄 행동유형을 알려주지 못한 점 그리고 상황적 요소들을 무시한 점 등에 있어서 비판을 받고 있다. 특히 상황적 요소의 경우 상황에 따라 요구되는 리더십 특성이 다를 수 있는데 모든 상황에서 보편적인 특성을 추구하려는 점이 문제로서 지적되고 있다.

2) 행동이론

리더십 특성이론에 대한 불만으로 1950년대 행동과학자들은 실제적인 리더의 행동에 관심을 두기 시작하였다. 이는 효과적인 리더는 그들의 특별한 리더십 행동에 의해 비효과적인 리더와 구별된다는 이론이다. 행동이론 중에는 오하이오(Ohio) 연구, 미시간(Michigan) 연구, 관리격자(*managerial grid*) 이론 등이 있다.

(1) 오하이오 연구

오하이오 주립대학교(Ohio State University)의 연구는 리더 행동기술 질문지(*Leader Behavior Description Questionnaire* : LBDQ)라는 것을 개발하여 자료를 수집하고 분석하여 리더 행동을 구조주도(*initiating structure*) 행동과 배려(*consideration*) 행동이라는 두 가지 차원으로 요약하였다. 구조주도 행동이란 리더가 과업을 조직화하고 정의하며 업무를 할당하고 의사소통의 망을 확립하며 업무집단의 성과를 평가하는 행동을

〈그림 16-1〉 LBDQ 점수에 의한 5가지 리더십 유형

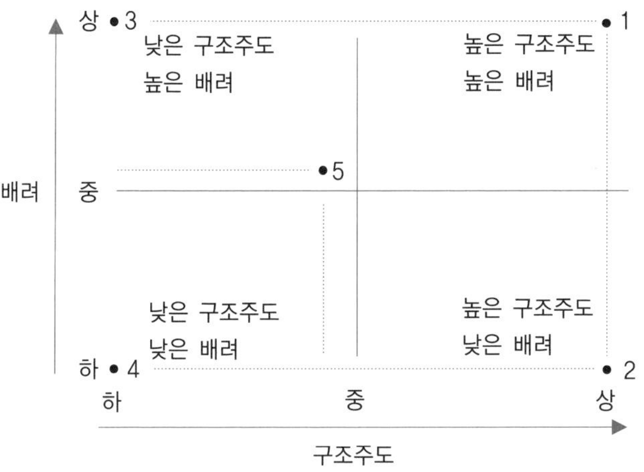

말한다. 한편 배려행동은 신뢰, 상호존경, 우정, 지원 그리고 구성원의 복지를 위한 관심을 나타내는 행동으로서 정의된다(Gutknecht & Miller, 1986: 155). 오하이오 연구는 이 두 가지 차원을 사용하여 〈그림 16-1〉과 같이 리더십 행동유형을 5가지로 분류하고 있다. 광범위한 연구결과 5가지 유형 중에 구조주도와 배려에서 높은 리더가 구조주도 또는 배려 어느 한 쪽에서 낮거나 또는 둘 다 낮은 리더보다 하위자들의 성과와 만족을 가져오는 경향이 있음을 발견하였다(Robbins, 1984: 115).

(2) 미시간 연구

오하이오 연구와 거의 비슷한 때에 미시간대학교(University of Michigan)에서도 사회조사연구소의 주도하에 리더십 연구가 이루어졌다. 미시간 연구의 주된 목적은 오하이오 연구처럼 어떤 유형의 리더 행동이 업무집단의 성과와 구성원의 만족을 가져오는가를 찾아내는 데 있

었다. 결과적으로 2가지 리더십 유형이 확인되었는데 이들은 직무중심적 리더십 유형(*job-centered leadership style*)과 구성원중심적 리더십 유형(*employee-centered leadership style*)이다. 직무중심적 리더십은 세밀한 감독과 합법적이고 강제적인 권력을 활용하며 업무계획표에 따라 이를 실천하고 업무성과를 평가하는 데 초점을 둔다. 구성원중심적 리더십 유형은 인간지향적이며 책임의 위임과 구성원의 복지, 욕구, 승진, 개인적인 성장에 대한 관심을 강조한다(Gutknecht & Miller, 1986: 156). 이 두 가지 유형은 오하이오 주립대학교의 구조주도와 배려 차원과 비슷하다고 보겠다. 미시간 연구에서 내려진 결론은 구성원중심적 리더들이 더 높은 집단 생산성과 더 높은 직무만족과 관련되어 있는 반면 직무중심적 리더들은 더 낮은 집단 생산성과 더 낮은 직무만족과 관련되는 경향을 보이고 있다는 것이다.

(3) 관리격자이론

오하이오 연구와 미시간 연구의 리더십 행동의 두 가지 차원에 기초를 두고 Blake와 Mouton(1964: 6~10)은 〈그림 16-2〉와 같이 관리격자이론을 제시하였다. 이 격자는 횡축과 종축을 따라 각각 9개의 위치가 설정되었고 결국 81종류의 합성적 리더십 유형이 된다. 특히 격자의 네 모퉁이와 중앙 등 기본적인 5개의 리더십 유형을 무기력형(1-1), 컨트리클럽형(1-9), 과업형(9-1), 중도형(5-5), 팀형(9-9)이라 하는데 Blake와 Mouton은 그들의 연구결과를 기초로 하여 팀형 리더 밑에 있는 집단들이 가장 높은 성과를 보이고 있다고 말하고 있다.

지금까지 가장 중요하고 널리 알려진 3가지 리더십 행동이론들을 살펴보았으나 이 이론들은 리더십 행동유형과 리더십 효과성 간에 일관된 상관성을 확인하는 데 실패하였다. 이 이론에 기초한 연구 결과들이

〈그림 16-2〉 관리의 격자

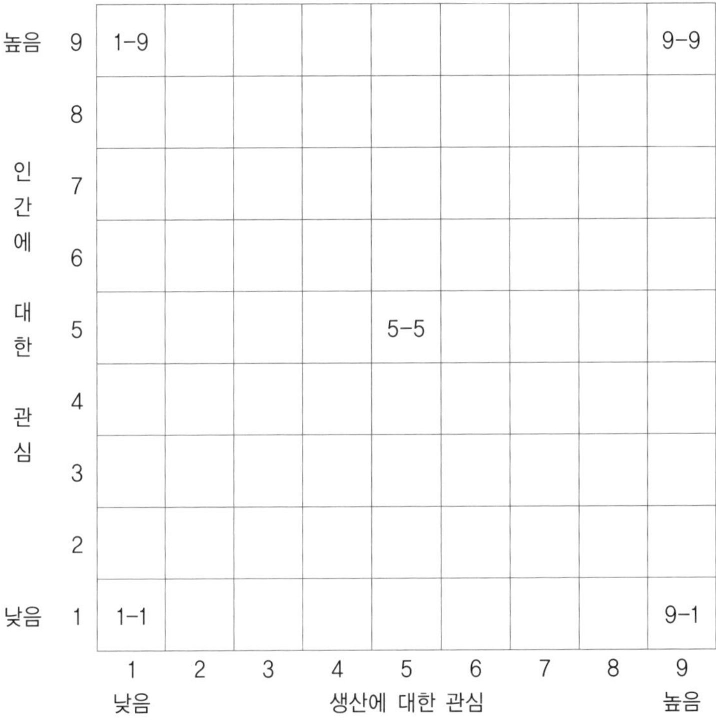

상황에 따라 달리 나타나고 있기 때문에 연구결과를 일반화할 수 없게 되었다. 리더십 행동연구에서 가장 비판을 받고 있는 부분이 바로 이 리더십 효과성에 영향을 미치는 상황적 요소를 고려하지 않고 있다는 점이다.

3) 상황이론

1960년대 말에서 1970년대에 이르면서 리더십 연구자들은 행동이론의 한계를 인식하고 리더십 연구의 새로운 접근방법을 개발하기 시작하였다. 이것이 바로 복합적인 상황이론이다. 이 이론에 의하면 리더란 상황의 산물이기 때문에 상황에 따라 효과적인 리더십 유형이 다르다는 것이다. 따라서 관리자의 직무 중 가장 중요한 것의 하나는 리더십 효과성에 영향을 미치는 많은 상황적 요소들을 진단하고 평가하는 것이다. 관리자에 의한 상황의 진단은 관리자의 특성, 하위자의 특성, 집단구조와 과업의 성격, 조직의 요소와 같은 영역의 검토를 필요로 한다. 상황이론 중에는 상황적합이론(*contingency theory*), 경로-목표이론(*path-goal theory*), 리더십대체물이론(*leadership substitutes approach*) 등이 있다.

(1) 상황적합이론

이 이론은 Fiedler와 그의 동료들에 의해 개발되었으며 리더 유형과 상황적 조건을 결합시키려는 이론이다(Fiedler, 1967). Fiedler는 리더 유형을 관계지향적 리더와 과업지향적 리더로 분류하였다. 또한 리더에게 호의적이냐의 여부를 결정하는 리더십 상황요소들은 리더-구성원 관계, 과업구조, 직위권력 등인데 첫째, 리더-구성원 관계는 구성원들이 리더에 대하여 갖고 있는 신뢰, 믿음, 존경의 정도를 말하며, 둘째, 과업구조는 직무가 절차화된 정도(구조화된 또는 비구조화된 정도)를 말하고, 셋째, 직위권력(*position power*)은 리더가 채용, 해고, 징계, 승진 및 임금인상 등과 같은 권력변수들에 대하여 행사하고 있는 영향력의 정도를 말한다.

Fiedler는 이들 각각의 상황요소들이 리더에게 호의적인가 여부를 분류한 후 이들 각각을 조합하여 가장 호의적인 상황범주로부터 가장 비호의적인 상황범주에 이르기까지 8가지 상황범주를 설정한 후 각 상황범주에 적합한 리더 유형을 찾으려고 하였다. 연구결과는 과업지향적 리더는 매우 호의적인 상황이나 또는 매우 비호의적인 상황에서 더 좋은 성과를 올리는 경향이 있으며 관계지향적 리더는 호의성이 중간 정도일 때 더 높은 성과를 올릴 수 있다는 것이다.

이 상황적합이론은 몇 가지 약점을 갖고 있다. 첫째, 상황변수들이 복잡하고 측정하기가 어렵다는 점이다. 둘째, 하위자의 특성에는 별로 관심을 두지 않았다는 점이다. 셋째, 리더나 하위자의 기술적 능력의 변화엔 관심을 두지 않았다. 넷째, 이 이론을 방어하기 위해 제시한 상관관계가 비교적 약하다. 다섯째, 리더유형을 분류하는 측정도구(*Least Preferred Co-Workers* : LPC 질문지)도 의문시된다. 이와 같은 약점에도 불구하고 이 이론은 리더십 효과성에 대한 상황조건적 설명에서 지배적인 것이 되고 있다.

(2) 경로-목표이론

House는 리더십에 관한 오하이오 연구와 동기부여의 기대이론(*the expectancy theory of motivation*)을 결합하여 경로-목표이론을 제시하였다(House, 1971 : 321~338). 그후 이 이론은 명제를 확대하고 리더행동을 재정의하고 상황요소들을 더 추가시켰다. Szilagyi와 Wallace(1983 : 285)는 경로-목표이론을 검토하면서 이 이론을 〈그림 16-3〉과 같이 요약하고 있다. 이는 하위자와 업무환경의 특성에 의해 조절된 리더 행동유형은 하위자의 유인성 및 기대인지 및 수단성에 영향을 미치고 이는 결국 더 높은 노력, 동기부여, 성과 및 만족을 가져오게 된다는 것이다. 그러나 경로-목표이론과 관련된 많은 연구들을 살펴보면 그 대다수는 다양한 과업에 대해 수단적(지시적) 리더십 및 지원적 리더십과 하위자의 행동 간의 관계에 초점을 두었다. 경로-목표이론의 핵심은 수단적(지시적) 리더 행동은 비구조화된 과업에 종사하는 하위자들을 위

〈그림 16-3〉 리더십 경로-목표이론

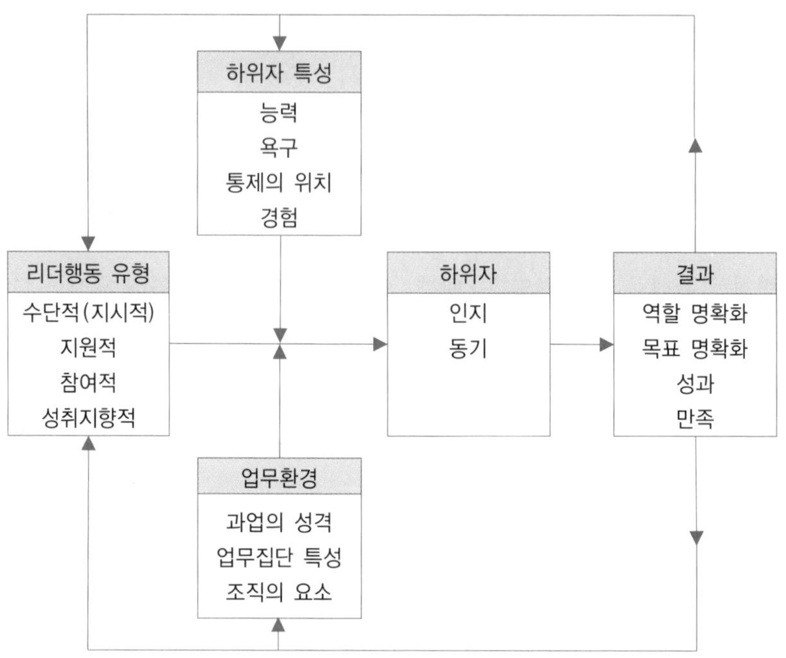

해 더 효과적이고, 지원적 리더 행동은 하위자들이 구조화된 일상적 과업을 수행할 때 높은 만족을 가져온다는 것이다. 이 이론은 특히 하위자의 만족을 예측하는 데 있어서 강한 예측력을 가지고 있다.

경로-목표이론의 약점은 첫째, 이 이론은 리더 행동의 범주가 너무 포괄적일 뿐 아니라 복잡하고 난해하다. 둘째, 서로 다른 상황변수들 간의 상호작용의 가능성을 배제하고 있다. 셋째, 이 이론은 기대이론을 많이 포함하고 있기 때문에 기대이론의 문제점에 의해 이 이론 자체도 제약을 받는다는 점이다. 넷째, 이 이론은 동기부여의 기능에 초점을 맞추고 있기 때문에 리더가 하위자의 과업에 영향을 미치는 기타 다른 방법들을 소홀히 하고 있다는 점이다. 그러나 이와 같은 비판에도 불구하고 이 이론은 핵심적인 리더의 유형과 상황요소들을 확인함으로써 리더십 연구에 많은 공헌을 하고 있다.

(3) 리더십대체물이론

Kerr(1977: 135~146)는 리더십 연구에서 리더십 행동을 대체하는 대체물로서의 상황변수를 확인하는 작업을 최초로 시도하였다. Kerr는 리더십의 영향력을 약화시키는 상황적 측면을 두 개의 변수로 대별하고 있는데 대체물(*substitutes*)과 장애물(*neutralizers*)이 그것이다. 대체물이란 리더 행동을 불필요하게 만드는 상황변수를 말하며 장애물이란 리더 행동의 유효한 기능을 방해하고 리더 행동의 효과를 약화 내지는 중화시키는 상황변수를 말한다. 또한 그 이후 Kerr와 Jermier(1978: 375~403)는 리더십대체물이론에서 하위자의 특성, 과업의 특성, 그리고 조직의 특성 등 3가지 범주의 상황변수를 확인하였다. 리더십대체물이론에 대한 이론적 틀은 〈그림 16-4〉와 같다.

Kerr와 Jermier의 아이디어는 하위자의 성과 및 만족에 대한 리더

〈그림 16-4〉 리더십대체물이론의 틀

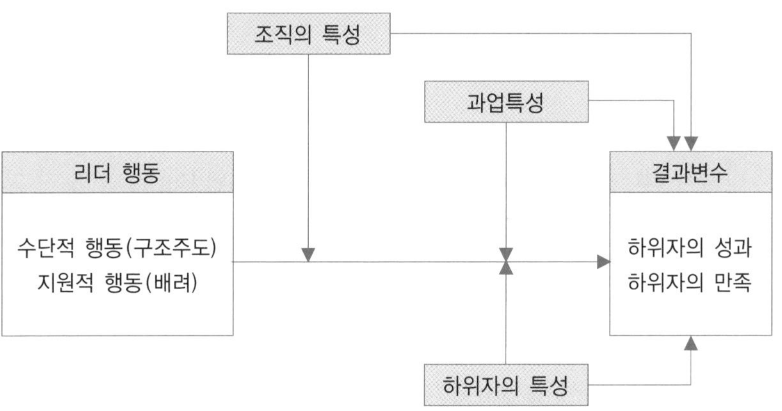

행동의 영향력이 하위자의 특성, 과업특성, 조직의 특성과 같은 리더십 상황에 의해 크게 제약을 받게 된다는 것이다. 이 리더십대체물이론은 리더십 연구에 대한 새로운 시각을 제공해 주고 있다는 점에서 높이 평가될 수 있으나 아직까지 광범위한 실증적 연구가 이루어지고 있지 않아 그 유용성이나 타당성을 평가하기 위해 더 많은 후속연구가 이루어져야 할 것으로 기대된다.

4) 신조류이론

지금까지 소개한 특성이론, 행동이론, 상황이론과 같은 전통적 리더십이론의 한계를 인식하고 조직현장에서 실제적인 리더십을 보다 타당하게 기술하고 설명할 수 있는, 어떻게 보면 특성이론적 접근의 부활이라고도 할 수 있는 신조류이론들이 개발되었는데, 이들은 공통적으로 리더십을 리더와 하위자의 상호작용으로 형성되는 과정으로 이해한다. 신조류적 리더십이론들은 1980년부터 1990년대까지 발표된 이론들로서 대표적으로 변혁적 리더십이론, 서번트 리더십이론을 들 수 있으며, 통합적인 리더십 모형으로 Quinn이 제시한 경쟁가치 모형도 이 범주에 속하는 것으로 볼 수 있다.

(1) 변혁적 리더십이론

변혁적 리더십(*transformational leadership*)은 1978년 Burns(1978)가 그의 저서 《리더십》에서 처음으로 그 용어를 사용하였으며, 그 후 Bass(1985)에 이르러 기업이나 행정조직에 적합한 모형으로 제시되었다. 변혁적 리더십이론은 변화를 지향하는 리더십과 안정을 지향하는 리더십을 구분하는 데서 출발한다. 변화지향의 리더십을 변혁적 리더십이라고 하고, 안정지향의 리더십을 거래적 리더십(*transactional leadership*)이라 한다.

변혁적 리더십은 조직구성원에게 미치는 실제적이며 강력한 영향을 강조한다. 또한 리더십의 효과성을 가늠하는 상황적 결정요인에 대해 논하며, 이론이 제시하는 리더십의 내용이 변화나 위기에 직면한 조직상황에 효과적이라고 주장한다(Bass, 1985; 남기예, 2009, 재인용).

즉, 변혁적 리더십은 리더의 카리스마적 영향력을 강조하며, 변화와 혁신을 지향하고, 기대 이상의 성과를 목표로 한다. 또한, 구성원의 장기적인 성장과 내재적 보상에 관심을 가지고, 새로운 시도에 대한 구성원의 실수를 관용한다. 반면, 거래적 리더십은 리더에게 주어진 공식적 권위에 의존하며, 조직문화 등을 바꾸기보다는 주어진 조건으로 받아들여 현상을 유지하고, 구성원의 단기적 성과와 외재적 보상에 관심을 가지며, 구성원의 실수에 대해서도 책임을 물어 재발을 방지하는 관리적 성격이 강하다(유민봉, 2015: 290).

변혁적 리더십 개념은 현재까지 모호함이 남아 있긴 하지만 경험적 연구에서는 이상적 영향력, 고무적 동기부여, 지적 자극, 개별적 배려 등 이 개념의 하위 구성요소를 널리 받아들인다(Bass & Avolio, 1990; 유민봉, 2015: 289, 재인용).

이상적 영향력(*idealized influence*)은 말 그대로 이상형에 가까운 리더의 카리스마적 요소라 할 수 있다. 즉 높은 도덕성과 가치를 중심으로 조직을 이끌며, 위기 시에도 위험을 피하지 않고 오히려 기회로 바꾸어 내는 등 조직구성원들에게 비범한 능력과 가시적인 성과를 보여주는 리더십이다. 고무적 동기부여(*inspired motivation*)는 구성원과 충분히 소통해서 함께 이루고 싶은 미래 비전에 대한 공감대와 주인의식을 형성하고, 목표달성에 강한 집중력을 보이는 리더십 측면이다. 구성원들에게는 비전을 실현시켜야겠다는 동기부여와 열정, 그리고 할 수 있다는 자신감과 영감을 불어넣으며, 조직에 대한 팀 정신을 고무시킨다. 지적 자극(*intellectual stimulation*)은 기존의 가정이나 인식에서 벗어나 혁신적이고 창조적인 관점에서 문제를 재구성하고 해결책을 구하도록 자극하고 변화를 유도하는 리더십 역량이다. 구성원의 실수나 잘못을 많은 사람들 앞에서 지적하거나 비난하지 않고 오히려 새로운 아이디어나 방식의 시도를 높이 평가한다. 개별적 배려(*individualized consideration*)는 구성원 한 사람 한 사람의 욕구에 관심을 갖고 그에 맞는 학습기회를 제공하며 잠재력을 개발할 수 있도록 돕는 행동을 의미한다. 사람마다 관심, 욕구, 적성 등의 차이가 있다는 것을 인정하고, 한 사람의 구성원이 아니라 전인으로서 개인의 성장을 돕는 코치나 멘토로서의 역할을 강조한다.

변혁적 리더십과 거래적 리더십을 상호 배타적인 관계로 볼 필요는 없다. 조직의 환경이 변화하는 전환기에 성공적 개혁이 필요한 경우 변혁적 리더십이 의미 있고 효과적일 수 있다. 반면, 조직의 환경이 안정적일 때에는 내부 관리에 관심을 가지고 보상과 처벌을 강조하는 거래적 리더십도 필요하게 된다. 그러나 오늘날 환경이 급변하고 경쟁이 치열한 가운데 놓여 있는 우리나라 사회복지 조직의 경우, 이에 능동적으로 대처하기 위해 변혁적 리더십이 보다 더 요구된다고 볼 수 있겠다. 최근 우리나라에서도 기업조직을 대상으로 변혁적 리더십에 관한 연구가 이루어졌을 뿐만 아니라 사회복지 조직을 대상으로도 이에 관해 몇몇 연구가 이루어져(엄자영, 2002; 황성철, 2002; 임재천, 2007; 남기민·남기예, 2008; 남기예, 2009) 변혁적 리더십이 조직효과성에 긍정적 영향을 미친다는 연구결과를 보고했다.

(2) 서번트 리더십이론

Greenleaf(1970)가 그의 수필집에서 처음 제시하였고 Spears(1995)가 발전시킨 서번트 리더십(*servant leadership*)은 서로 상반된 개념인 서번트(*servant*)와 리더(*leader*)를 합쳐 만든 용어로 섬김의 리더십으로 번역되어 사용되기도 한다. 서번트 리더십은 헤르만 헤세의 《동방순례》에 등장하는 순례단의 하인인 레오(Leo)라는 인물에 착안하여 고안되었는데, 그는 순례단의 욕구를 채워주는 것은 물론, 지치고 힘든 영혼을 위로하고 나아갈 방향까지 제시하는 인물이다. 서번트 리더십은 하인 레오처럼 인간의 존엄성을 바탕으로 조직구성원들을 존중하며, 그들에게 창조적인 역량을 발휘할 수 있는 기회를 제공함으로써 조직이 하나의 공동체를 이룰 수 있도록 지원하는 봉사와 섬김의 철학을 실천하는 리더십으로 정의할 수 있다(권현숙, 2014: 31~32).

Spears(1995)는 서번트 리더십의 10가지 하위 행동특성으로 경청(*listening*), 공감(*empathy*), 치유(*healing*), 설득(*persuasion*), 인지(*awareness*), 통찰(*foresight*), 비전제시(*conceptualization*), 청지기 의식(*stewardship*), 구성원 성장을 위한 헌신(*commitment to growth*), 공동체 형성(*community building*)을 제시하였다.

Barbuto와 Wheeler(2006: 318~319)는 이를 바탕으로 서번트 리더십의 하위 구성요소를 축약하여 5가지로 보았는데 이는 다음과 같다(권현숙, 2014: 33~34, 재인용).

① 이타적 소명

이타적 소명(*altruistic calling*)은 다른 사람들의 인생에서 긍정적인 변화를 만들고자 하는 리더의 뿌리 깊은 욕구를 의미한다. 이는 삶에서 박애주의적 목적과 일치하는 아량을 베푸는 정신을 뜻한다. 섬기는 것이 궁극적인 목적이기 때문에 이타적 소명이 높은 리더들은 자신들보다 다른 사람들의 이익을 앞서 생각하고, 하위자들의 욕구가 생기면 열심히 노력한다.

② 감정적 치유

감정적 치유(*emotional healing*)는 고난과 정신적 충격(*trauma*)을 당한 하위자들이 정신적으로 회복할 수 있도록 하는 리더의 헌신과 기술을 의미한다. 감정적 치유를 활용하는 리더들은 고도의 감정이입과 경청을 훌륭하게 수행하면서 치유과정을 촉진한다. 리더들은 조직구성원들이 개인적이고 전문적인 문제들을 이야기할 수 있도록 편안한 환경을 만들 줄 안다. 개인적으로 정신적 충격을 경험했던 하위자들은 감정적 치유에 탁월한 능력을 가진 리더에게 다가갈 것이다.

③ 지혜

지혜(*wisdom*)는 칸트나 플라톤과 같은 전통적 철학자들이 서술했던 것과 같이 환경에 대한 인지와 결과에 대한 예측의 결합으로 특징지어진다. 이 두 가지 특징이 결합했을 때 리더는 환경으로부터 단서를 찾아내고, 하위자들이 품고 있는 생각을 이해하는 데 숙달된다. 지혜로운 리더는 관찰력과 예측력이 뛰어나다.

④ 설득

설득(*persuasion mapping*)은 리더가 바람직한 이성과 정신적 구조를 사용하는 정도를 의미한다. 설득력이 높은 리더들은 문제를 지도화하고, 더 큰 가능성에 대한 비전을 제시하며, 기회가 나타났을 때 반응하는 데 뛰어나다. 이러한 리더들은 조직의 미래를 가시화할 수 있도록 구성원들에게 용기를 북돋아 주고, 구성원들이 일을 하면서 변명을 늘어놓는 경우 그들을 설득하는 능력을 가지고 있다.

⑤ 조직의 청지기 정신

조직의 청지기 정신(*organizational stewardship*)은 리더가 지역사회의 개발, 즉 조직이 프로그램 및 서비스 활동을 통하여 지역사회에 긍정적 기여를 하도록 준비시키는 정도를 의미한다. 조직의 청지기 정신은 지역사회의 안녕에 책임을 갖는 윤리 또는 가치를 포함하며, 성과를 지역사회에 다시 환원하고 지역사회에 긍정적인 유물을 남기기 위한 준비를 수반한다.

서번트 리더십은 주로 비영리조직 등 서비스 조직의 리더십 연구에서 많이 고려되는데 이러한 경향성이 부상하는 이유는 이러한 형태의 조직 속성 자체가 섬김과 밀접하게 연관되기 때문인 것으로 보인다. 서번트 리더십이론은 아직까지는 학문적 체계성에서 다소 미흡함을 보이나, 사회복지 조직 등과의 부합성을 고려할 때 지속적인 연구를 통해 이론적 토대를 좀더 체계적으로 구축할 필요가 있다고 생각된다(황성철 외, 2014: 158). 최근 우리나라에서도 사회복지 조직을 대상으로 서번트 리더십에 관한 몇몇 연구가 이루어졌을 뿐만 아니라(이영희, 2008; 정은주·안정선, 2009; 장원일, 2011; 권현숙, 2014) 기타 다양한 조직에서 연구가 이루어져 조직효과성에 긍정적 영향을 미친다는 연구결과를 보여주었다.

(3) 경쟁가치 모형

최근 사회복지 환경이 급변하는 상황에서 사회복지 조직에 적절할 뿐 아니라 기존의 이분법적 리더십 유형의 분류에서 탈피한 보다 통합적인 리더십 유형모형의 필요성이 제기된다. 이에 맞는 모형이 Quinn (1984, 1988)이 제시한 경쟁가치 모형(*competing values model*)으로 〈그림 16-5〉와 같다. 이 경쟁가치 모형을 사회복지 조직에 적용시켜 보면 다음과 같다(Edwards & Austin, 1991: 9~16).

〈그림 16-5〉의 모형은 사회복지 조직에서 리더십 수행의 포괄적이고 다차원적인 모형으로 사회복지 조직 관리자의 리더십 유형과 기술 및 역할을 이해하도록 도움을 준다. 이 모형은 조직상황 속에서 경쟁하는 가치들을 대표하는 두 차원에 따라 형성된 접근방법이다. 이 차원들은 융통성(*flexibility*)과 통제(*control*), 그리고 내부지향성(*internal*)과 외부지향성(*external*)이다. 이 두 차원의 조합은 리더십 수행을 4부문으로 구분한다. 그 각각의 부문은 일련의 리더십 유형, 리더십 기술 및 리더십 역할을 나타내며 조직의 성과(제공되는 서비스의 질과 조직의 계속성)를 평가하는 데 유용한 기준이 된다. 이 모형은 모든 리더십 수준(최고, 중간, 하위관리층)에 대해 4부문에서 꼭 같은 강조를 두는 것은 아니다. 리더십 수준에 따라 책임지는 부문이 다를 수 있다. 그러나 적어도 최고관리층은 4부문 모두에서 조직성과에 대한 궁극적 책임을 진다. 이 모형을 좀더 구체적으로 설명해 보면 다음과 같다.

〈그림 16-5〉의 오른쪽 위 상한(1상한)의 리더십 유형은 혁신·모험적 유형(*inventive, risk-taking style*)으로 볼 수 있으며 이 부문에서 사회복지 조직 관리자들은 경계를 이어주는 기술(*boundary-spanning skills*)을 사용하도록 요구된다. 사회복지 조직은 민간조직이든 정부의 조직이

〈그림 16-5〉 경쟁가치 모형

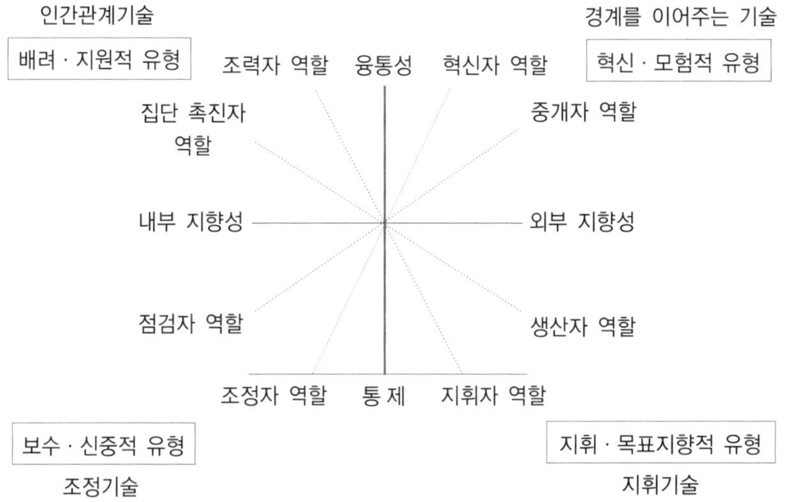

든 그 환경에 크게 의존하기 때문에 사회복지 조직 관리자는 부단히 조직의 공식적 경계를 가로지르는 리더십 활동에 관련되어 있다. 이와 같은 활동은 ① 재정자원의 획득, ② 조직의 정통성을 확립하고 유지함, ③ 환경의 변화에 반응하여 조직프로그램을 적응시키는 것, ④ 보고 및 책임성에 대한 외부 요구조건의 관리, ⑤ 조직 간 공식적이거나 비공식적 합의를 교섭, ⑥ 연합행동에 참여, ⑦ 새로운 기회를 이용하도록 조직을 자리매김하는 것 등이다.

리더십 유형모형에서 이 부문은 융통성과 외부지향성이라는 가치개념으로 정의된다. 즉 이 부문에서의 역할에서 사회복지 조직 관리자는 적응적이고 융통적일 필요가 있다. 왜냐하면 사회복지 조직 관리자는 그의 통제를 받지 않는 조직의 공식적 경계 밖에 있는 개인 및 조직을 다루는 것을 포함하는 활동에 참여할 것이기 때문이다. Quinn은 이 부문에 관련된 2가지 관리역할을 혁신자 역할(*inventor role*)과 중개자 역할(*broker role*)로 본다.

이 부문은 특히 정치적 또는 개방체계적 속성과 관계가 있다. 이 부문에서의 리더십 수행은 정치 또는 교섭기술을 포함하고 과업환경에서의 권력관계의 성격을 이해할 필요가 있다. 또한 이 부문에서의 리더십 수행은 개별적이고 단기적인 상황조건적 의사결정과 관계가 있는데 이는 체계적이고 장기적인 참여적 내부의사결정과는 대조를 이룬다. 이 부문의 활동은 리더십 역할에서 가장 위임이 덜 되는 부문이다.

〈그림 16-5〉의 왼쪽 위 상한(2상한)에서의 리더십 유형은 배려·지원적 유형(*concerned, supportive style*)으로 볼 수 있으며 인간관계 기술(*human relations skills*)을 사용하도록 사회복지 조직 관리자에게 요구된다. 이 부문의 역할에서 사회복지 조직 관리자들은 조직이 조직의 업무를 적절히 수행할 능력 있는 노동력을 가졌음을 보증할 책임이 있다. 사회복지 조직에 의해 제공되는 대부분의 서비스는 1 : 1의 상호작용을 통해 생산되고 전달되기 때문에 이와 같은 조직은 "노동집중적"이라고 말할 수 있다. 결과적으로 인간관계활동은 그런 조직의 생활에서 특별히 중요한 요소를 구성한다.

리더십 유형모형에서 이 부문은 내부지향성과 융통성이라는 가치개념에 의해 정의된다. 조직내부의 서비스 생산에 필요한 기술을 가진 자율적 개인 또는 집단으로 직접적으로 사회복지 조직 관리자에 의해 통제될 수 없는 권한과 영향력이 분권화된 개인과 집단을 다루는 사회복지 조직 관리자의 역할에 초점이 주어진다. Quinn은 이 부문에서 2가지의 구체적 역할을 조력자의 역할과 집단촉진자의 역할로 본다.

조력자의 역할 및 집단촉진자의 역할을 수행하는 데 있어서 사회복지 조직 관리자는 자질 있는 유능한 헌신적 인력을 모집하고 보유하고 동기부여하는 것을 목표로 한다. 조직의 인적자원은 그들의 일을 효과적으로 수행할 수 있는 지식, 기술 그리고 능력을 소유하여야 한다.

〈그림 16-5〉의 왼쪽 아래 상한(3상한)에서의 리더십 유형은 보수·신중적 유형(*conservative, cautious style*)으로 볼 수 있으며 이 부문에서 사회복지 조직 관리자들은 조정하는 기술(*coordinating skills*)을 사용하도록 요구된다. Quinn은 내부지향성과 통제라는 가치개념에 의해 정의되는 이 부문에서의 사회복지 조직 관리자의 역할을 점검자의 역할(*monitor role*)과 조정자의 역할(*coordinator role*)로 본다. 이 부문에 관련된 리더십 활동은 주로 조직 내부적이고 조직구조를 유지하는 데 관련된 문제에 초점을 둔다. 이 부문에서의 기술적 영역은 예산과 재정통제, 시간계획, 정보 및 의사전달체계, 인사행정체계, 기술적 교육프로그램, 보고체계, 평가 및 품질 통제·측정 그리고 기술적 장비 및 물리적 시설의 관리 등이다.

사회복지 조직이 전형적으로 아주 노동집약적이기 때문에 직원활동의 체계적 조직과 서비스 생산활동의 점검 및 조정은 아주 중요하고 리더십 수행에서 중요한 구성요소가 된다. 소규모 조직에서 사회복지 조직 관리자들은 이와 같은 많은 과업을 직접 수행하는 것이 가능할 것이다. 그러나 대규모 조직에서는 이와 같은 형태의 관리과업, 특히 인사관리와 재무관리 등은 아주 기술적 전문가가 필요한 영역이다. 최근 사회복지 조직을 포함한 모든 유형의 조직에서 컴퓨터가 광범위하게 사용된다.

〈그림 16-5〉의 오른쪽 아래 상한(4상한)에서의 리더십 유형은 지휘·목표지향적 유형(*directive, goal-oriented style*)으로 볼 수 있으며 지휘하는 기술(*directing skill*)을 사용하도록 사회복지 조직 관리자에게 요구된다. 이 부문은 외부지향성과 통제라는 가치개념에 의해 정의된다. 이 부문은 외부 지향적이고 비교적 구조화되고 정형화된 리더십 활동

에 초점을 두는 경향이 있다. 이 부문에서 사회복지 조직 관리자들은 조직의 생산물과 외부환경 사이의 상호작용 영역을 다룬다. 관련된 기술적 활동은 목표설정, 전술전략적 기획, 점검활동들을 포함한다. 이 부문에서 사회복지 조직 관리자활동은 목표지향적 과정이다. 이 과정은 환경 내에서 조직의 상대적 지위를 향상하는 것뿐만 아니라 조직의 효율성과 효과성을 개선하는 것을 목적으로 한다. Quinn은 이 부문에서의 사회복지 조직 관리자의 역할을 지휘자의 역할(*director role*)과 생산자의 역할(*producer role*)로 본다.

사회복지 조직 관리자가 지휘기술을 사용할 때 그들은 개인 및 집단적 성취를 촉진시키는 방법을 알 필요가 있다. 그들은 또한 능란하게 권한을 사용할 수 있어야 하고 위임, 기획, 목표설정의 기술에 능숙해야 한다. 사회복지 조직은 특별한 사회적 목표를 달성하기 위해 설립되었기 때문에 목표를 정의하는 과정은 필수적이다. 이런 조직은 외부환경에 크게 의존하게 된다. 따라서 이 부문에서 사회복지 조직 관리자들은 조직의 클라이언트, 인적 및 물적 자원, 기술 및 조직의 정통성에 영향을 미치는 사람들을 포함해서 환경의 발전과 변화를 인식해야 한다.

3. 사회복지 조직에서 리더십의 수준

사회복지 조직에서 리더십의 수준은 3가지가 있다. 첫째, 최고관리층의 리더십(*upper-level leadership*), 둘째, 중간관리층의 리더십(*middle-level leadership*), 셋째, 하위관리층의 리더십(*lower-level leadership*)이다. 이들을 간략하게 설명하면 다음과 같다.

1) 최고관리층의 리더십

최고관리층이라 함은 사회복지 조직을 이끌어 나갈 전반적인 책임을 지고 있는 사람들(*executive managers*)을 말한다. 최고관리층은 정책을 해석하고 정책을 조직의 목표에 맞게 전환하며 필요한 재정적·정치적 지지를 획득하는 책임을 지고 있다. 그들은 통상 정책당국 및 자금조달기관과 깊은 관련을 맺고 조직의 업적을 설명하며 자금 청구를 정당화하려고 노력한다. 또한 그들은 외부환경의 변화를 잘 파악하여 조직을 적절히 적응시킨다. 그밖에 최고관리층은 조직에 대해 전반적인 지도와 지시를 한다. 주요한 배분과 프로그램 결정, 조직구조에 관한 문제들, 조직활동의 우선순위에 관한 문제들이 최고관리층 수준에서 일반적으로 결정된다(Patti, 1983: 43).

최고관리층의 리더십은 두 가지 주요한 과업의 달성을 필요로 한다. 첫 번째 과업은 내부 운영을 지시하고 조정하는 것이고, 두 번째 과업은 환경과의 관계를 확립하는 것이다(Hasenfeld & English, 1974: 153). 이상의 과업을 수행하는 데 있어 최고관리층은 다음과 같은 5가지 형태의 중요한 의사결정 기술을 가져야 한다(Neugeboren, 1985: 150).

첫째, 조직의 기본적 임무의 설정 : 이와 같은 의사결정에는 조직이 감당할 수 있는 임무의 종류를 결정해 줄 과업환경에 대한 이해가 요청된다.

둘째, 외부의 이해관계 집단과 교섭하고 중재함으로써 조직의 정통성을 확립 : 이와 같은 의사결정에는 조직의 생존을 확보해 줄 필요한 자원의 획득이 포함되며 또한 사회적 지지와 정통성을 확보하기 위해 지역사회에 조직을 설명하고 대표하는 것이 포함된다.

셋째, 임무를 수행하기 위한 서비스 기술의 선정 : 조직의 특수한 목표를 달성하기 위해 어떤 종류의 서비스 기술이 적당한가를 결정한다.

넷째, 내부구조를 발전시키고 유지함 : 이와 같은 의사결정에는 기본 과업 수행을 쉽게 하기 위한 방법으로 조직을 설계하는 것이 포함된다.

다섯째, 변화를 주도하고 수행함 : 이와 같은 의사결정에는 변화할 환경적 요구와 새로운 혁신의 기회에 부응해서 계속적으로 프로그램을 평가하고 변화를 도입하는 것이 포함된다.

한편 위의 각각의 의사결정 기술들은 조직의 발전단계에 따라 그 중요성과 관련되는 정도가 달라지는데 이것이 바로 상황이 변하면 이에 필요한 리더십 기술과 행동도 달라지는 좋은 예가 될 수 있겠다. 조직의 발전단계에 따른 의사결정 기술들의 관련성을 설명하면 다음과 같다(Hasenfeld & English, 1974: 154~155).

첫째, 설립단계(*founding stage*) : 조직이 처음 시작될 때는 조직은 임무를 정의하고 조직을 정당화시키는 것과 관련된 결정을 내릴 수 있는 리더십 기술을 필요로 한다. 또한 이 단계에서는 조직의 임무와 이념에 헌신할 수 있는 직원의 모집이 중요하다. 이 단계에서 필요한 리더십 기술에는 지지와 정통성을 확보하기 위해 지역사회에 대해 조직을 대표할 능력을 반드시 포함시켜야 한다.

둘째, 생산단계(*production stage*) : 설립단계와 대조해 볼 때 생산단계는 특히 조직기능의 기술적 측면의 발전과 표준화되고 공식화된 절차 및 활동의 확립에 관심을 갖는다. 이 단계는 조직에서의 효과적인 서비스 전달을 위해 필요한 기술적 체계와 분업의 형태를 이해할 수 있는 리더십기술을 필요로 한다.

셋째, 확장 및 분화단계(*expansion and differentiation stage*) : 이 단계에서는 조직 내에 여러 하위집단이 생겨나고 조직이 더욱 복잡해진다. 따라서 여러 하위집단을 조정하고 하위집단들 간에 생겨나는 갈등을 해결할 리더십 기술이 필요하다.

넷째, 안정 및 예측단계(*stability and predictability stage*) : 조직의 계속적인 성장과 안정을 확보하기 위해서 최고관리층은 외부의 반대 세력으로부터 조직을 보호하는 의사결정을 내릴 수 있는 리더십 기술을 필요로 한다. 이때 이사회는 그러한 외부의 반대 세력을 완화하고 방지하는 데 도움을 제공한다.

다섯째, 혁신단계(*innovation stage*) : 조직발전의 마지막 단계는 외부의 요구에 반응해서 구조를 변화시키는 것을 포함한다. 이 단계에서 요구되는 의사결정의 리더십 기술은 체계적 관점(*systematic perspective*)을 가질 필요가 있다.

2) 중간관리층의 리더십

사회복지 조직에서 중간관리층이라 하면 조직의 주요한 프로그램 부서를 책임지고 있는 사람들(*program managers*)을 말한다. 이 수준의 관리자들은 최고관리층으로부터 내려오는 지시를 구체적인 프로그램 목표로 전환하고 이와 같은 목표를 달성하기 위해 여러 프로그램 전략 중에서 어느 것을 선택하고 그에 따르는 직원과 물자를 확보하고 내부 운영절차를 개발하며 프로그램 활동을 감독, 조정, 평가하는 일을 한다. 또한 프로그램 관리자들은 하위관리층을 포함한 일선 직원과 최고관리층 사이의 연결쇠이므로(*linking pin*) 이 두 수준을 중재해야 하는 중요한 책임을 담당하게 된다. 즉 최고관리층의 바람을 하위직원들에게 설명, 해석, 전달하는 한편 하위직원들의 생각이나 관심, 욕구 등을 대변하는 역할을 하는 것이다. 또한 중간관리층은 프로그램에 대해 최고관리층뿐만 아니라 같은 수준의 다른 부서의 책임자에게도 설명을 하고 타협해야 할 책임을 진다. 다른 부서와 수평적 관계를 유지하는 것은 자원을 놓고 경쟁을 벌일 때는 쉬운 일이 아니지만 아무튼 중간관리층의 중요한 측면이다. 마지막으로 중간관리층은 직원들의 사기(*morale*), 효율성(*efficiency*), 효과성(*effectiveness*)에 도움을 주는 제반 조건들을 개발하고 유지하는 중요한 책임을 진다. 부서 내에서 그리고 부서 간의 수직적, 수평적 의사소통을 촉진하며, 개인 혹은 집단 간의 갈등을 해소하며, 조직의 규범체계를 유지하며, 혁신을 하며, 문제를 해결하며, 성장과 발전을 촉진시켜 주는 것이 프로그램 관리자인 중간관리층에게 맡겨진 책임이다(Patti, 1983: 43~44).

중관관리층의 리더십은 두 가지 종류의 기술을 필요로 한다. 하나는 수직적, 수평적 연결쇠로서의 기술이고 다른 하나는 개개 직원들의 욕구를 조직의 목표에 통합시키는 인간관계 기술이다(Neugeboren, 1985: 156~157). 사회복지 조직에서 수직적 연결쇠의 기능은 중요하다. 사회복지 조직에는 많은 전문가들이 있고 이들은 전문가로서 조직에 기여하는 것뿐만 아니라 조직이 어떻게 돌아가고 있는가를 알 필요가 있다. 이들이 만일 그들의 생각이 최고관리층에 의해 고려되지 않고 있다고 생각한다면 그들은 최고관리층으로부터의 소외감과 이질감을 느끼게 될 것이며 사기가 떨어질 것이다. 이런 이유 때문에 중간관리층의 연결쇠의 기능은 중요하다. 한편 수평적 차원에서 통합도 또한 사회복지 조직에서 아주 필요하다. 이의 목적은 각기 다른 하위부서 간의 조정을 용이하게 하기 위한 것이다. 각기 다른 하위부서를 조정하고 통합하는 기술에는 하위부서들의 목표와 이들 하위부서들이 어떻게 협력하고 있고 또 어떻게 갈등하고 있는가에 대한 이해가 필요하다. 중간관리층은 또한 개개인의 욕구와 기대를 조직의 목표에 통합시키는 인간관계 기술이 있어야 한다. 사회복지 분야에서 이와 같은 인간관계 기술에 대한 강조는 오래 전부터 있어 왔다. 그러나 행정상의 이와 같은 인간관계 기술과 임상 훈련에서 유래한 대인 기술은 다른 것이다. 행정상의 인간관계 기술은 문제행동이나 태도를 변화시키기 위해 사용되는 것이 아니다.

3) 하위관리층의 리더십

하위관리층은 일선 직원들(사회복지사들)과 매일 매일 정상적으로 접촉하고 있는 수퍼바이저들(*supervisors*)을 말한다. 그들은 프로그램 수행을 감독하고 일선 직원들에게 업무를 위임 또는 분담시키고 서비스가 제대로 제공되고 있는가를 검토한다. 그들은 통상 케이스(*case*)를 다루는 결정에 있어서 일선 직원들을 상담하는 주요 책임을 맡고 있으며 단위 감독자, 조정자, 팀 리더의 역할을 수행한다. 하위관리층의 특징은 이들이 전문적이고 기술적인 사회복지사들과 일상적으로 긴밀한 관계를 맺고 있다는 것이다. 이들은 업무의 기술적 측면에 관해서 일선 직원들에게 충고와 지침을 제공하고 부족한 지식과 기술을 지적해 주며 개인적인 성과를 평가한다. 이와 같은 책임을 수행하기 위해 하위관리층은 일선 직원들에 의해 수행되는 방법이나 기법에 관한 지식을 갖고 있어야만 한다. 실제로 수퍼바이저들은 직접적 서비스 분야에 전문성을 갖고 있어야 하기 때문에 전문적 기술을 지닌 사회복지사 중에서 발탁되곤 한다. 따라서 이들은 일종의 고참 전문가(*senior practitioner*)로서 역할모델을 보여주는 사람이라고 볼 수 있다. 한편 중간관리층처럼 하위관리층도 연결쇠로서 역할을 수행하는데 윗사람에겐 하위직원들의 관심거리를 알려주고 윗사람들과 의사소통을 촉진시키며 윗사람들의 지시를 하위직원들에게 분명히 하거나 강화하는 역할을 수행한다(Patti, 1983: 44~45).

하위관리층의 리더십은 두 가지 종류의 기술을 필요로 하는데 하나는 전문적 기술(*technical knowledge*)이고 다른 하나는 공평에 대한 관심(*concern for equity*)이다(Neugeboren, 1985: 158). 전문적 기술은 수퍼바이저가 직원과 자원을 효율적이고 효과적으로 활용하는 데 도움을 줄 수 있다. 이와 같은 전문적 기술은 또한 수퍼바이저가 3가지 주요한 수퍼비전의 기능 — 행정적, 교육적, 지지적 — 을 수행하는 데 있어 중요하다. 전문적 기술은 수퍼바이저로 하여금 하위직원들이 업무를 조직화하고 업무집단 내에서 다른 직원들과 더불어 하는 업무의 노력을 조정하도록 도움을 제공할 수 있게 해준다. 이와 같은 전문적 기술은 수퍼바이저의 구조주도 행동에 필요한 것이다. 한편 사회복지 조직에서는 보상과 제재의 분배가 공정해야 한다. 조직의 보상구조가 공정할 때 사기는 높아진다. 많은 사회복지 조직에서 보상은 객관적으로 이루어지지 않는다. 공평을 가져오려는 하위관리층의 책임은 만약 그들이 직원들의 동기부여 및 조직에의 일체감을 발전시키려고 한다면 중요하다. 만약 승진과 보상이 윗사람에게 아첨하고 비판을 하지 않음으로써 윗사람을 위협하지 않는 등의 기준에 따라 이루어진다면 직원들은 요구되는 최소의 수준에서 일하려는 경향이 있을 것이다(Neugeboren, 1985: 158).

· 제 17 장 ·

욕구조사와 평가조사

사회복지 정책 프로그램이든 직접 서비스 프로그램이든 상식과 경험과 지혜로 시행하던 시대는 이미 지났다. 사회복지는 뜨거운 가슴만 있으면 된다는 지극히 상식적인 생각으로 우리나라에서 대부분의 사회복지사업이 구제의 수준에서 시작되었지만 그동안의 사회과학의 발전과 사회복지학의 이론적 발전으로 우리나라에 시설을 중심으로 한 사회복지사업이 대량적으로 시작된 1950년대 초에서 반세기를 지난 이제는 과학적 지식과 전문적 지식으로 훈련받은 전문가에 의한 사회복지의 시대가 도래하였다. 이제 사회복지 프로그램은 뜨거운 가슴과 더불어 냉철한 머리에 의해 기획되고 평가되고 그 평가를 반영하여 발전되어야 한다.

오늘날 사회복지는 공식적 조직과 조직체계를 통하여 전달되는 것이 하나의 특징이다. 사회복지조직체는 지역사회나 국가사회로부터 공식적 또는 비공식적 인가를 받아 개인, 가족, 소집단 및 지역사회 조직의 기본욕구 및 자기발전적 욕구충족을 위한 서비스를 전달하는 공식적 사회조직체이다. 즉 사회복지조직체는 사회구성원이 필요로 하는 서비스를 사회로부터 위임받아 전달하는 공익조직체이다. 따라서 이러한 사회복지조직체는 사회 구성원의 욕구를 파악하여 이를 충족시키기 위한 서비스를 책임성 있게 전달하는 것이 매우 중요하다.

1970년대에 들어서면서 경제성장의 저조로 선진국에서는 복지국가로의 발전을 뒷받침할 수 있는 국가재정의 한계점이 드러나게 되고 공적 및 사적 조직관리(경영 또는 운영) 기술이 발전하면서 지역사회의 주민이나 국가사회의 시민들의 욕구를 체계적으로 파악하여 이를 충족시키기 위한 서비스를 효율적이고 효과적으로 전달해야 된다는 사회적 압력이 커지게 되었다. 이로 인해 주민이나 시민의 욕구파악을 위한 욕구조사(*needs assessment*)와 서비스를 위한 노력, 서비스의 결과, 과정, 내용 등을 포함한 사회복지 조직활동의 전반적 측면을 평가하는 평가조사(*evaluation research*)는 '욕구조사-기획-실천-평가'의 순환과정으로 통합되었으며(성규탁, 1988) 사회복지 조직행정의 주요 과업이 되고 있다.

욕구조사와 평가조사는 선진 복지국가에서는 오래전부터 사회복지 조직의 주요 과업이 되어 왔고 그 중요성이 점차 크게 인식되고 있다. 우리나라에서도 이러한 사회복지 조직 서비스 평가에 대한 관심이 1990년대부터 서서히 나타나기 시작하였다. 서비스 평가의 중요성을 정부 측에서도 인식하여 1997년 사회복지사업법을 개정하여 생활시설 및 이용시설의 서비스를 3년에 한 번씩 평가하도록 할 정도에까지 이르렀다. 정부에 재정지원을 신청하거나 정부로부터 서비스기관을 위탁운영받기 위한 신청서에도 욕구에 근거한 서비스를 입증하는 것과 서비스 프로그램 평가를 중요한 내용으로 삼고 있다. 이러한 욕구조사와 서비스 프로그램 평가는 순수한 민간기관이든 정부기관이든 관계없이 중요한 과업이 되고 있다. 이러한 욕구조사와 평가조사는 이제 단순히 정부의 요청이나 프로그램을 재정적으로 지원하는 민간기관의 요청에 응하는 피동적 입장에서가 아니라, 사회복지 조직이 서비스 대상자와 사회에 대하여 책임성을 가지고 서비스를 기획하여 시행하기 위해서 그리고 사회복지 조직의 생존과 발전의 주요한 수단으로 여기는 적극적 입장에서 중요한 과업으로 생각해야 한다.

이러한 의미에서 욕구조사와 평가조사에 대한 이해는 사회복지조직체의 행정실무자에게는 물론 일선 사회복지사에게도 필수적인 것이다.

이 장에서는 먼저 욕구조사를 다루고 다음에 평가조사를 다루기로 한다. 욕구조사에서는 욕구의 개념, 욕구조사의 개념, 욕구조사의 접근방법, 욕구조사 자료수집 방법 등을 설명하고 평가조사에서는 평가조사의 개념, 평가조사의 목적, 평가조사와 일반조사와의 차이, 평가조사의 절차, 평가조사 설계자료의 출처 등을 설명하기로 한다.

1. 욕구조사

1) 욕구의 개념

욕구(*need*)는 "인간의 생존과 성장발전을 위해 필요하여 구하는 것"이라 할 수 있는데 예를 들면 적절한 음식, 주택, 소득, 지식, 사회참여, 개인의 자유 등이다. 이러한 것들이 특정 개인 또는 소수의 개인에 국한될 때는 개인적 욕구가 되고 사회의 다수인에게 확대되면 사회적 욕구가 되는 것이다. 욕구는 충족되어야 할 것, 즉 해결되어야 할 문제로 보고 많은 경우 욕구는 문제와 같은 의미로 사용되고 있다. 특히 사회적 욕구는 사회적 문제로 보는 경향이 있다.

사회복지는 사회적 욕구를 집단적 차원에서 해결하려는 노력이므로 욕구의 개념을 명확히 이해할 필요가 있다. 욕구의 개념 자체를 논하는 것은 이 책의 범위에서 벗어나는 것이므로 여기서는 욕구조사와 관련하여 두 가지 면에서의 욕구의 개념을 생각해 보기로 하겠다.

우선 인간에게 나타나는 욕구의 서열적 체계를 이해하는 것이다. 욕구를 그 내용에 따라 분류하여 개념화하는 것이 바람직한 사회복지에서는 Maslow의 욕구단계이론(서열체계론)에 의한 욕구분류가 사회복지 정책과 직접 서비스 프로그램 개발에 많은 의미를 갖는다. Maslow (1954)에 의하면 인간에게는 다섯 단계의 욕구체계가 있으며 생존을 위한 욕구에서부터 자기성장과 발전을 위한 욕구 순으로 상향적으로 만족시키기를 원한다는 것이다(〈그림 17-1〉 참조). 이와 같이 욕구단계에 따른 욕구분류로 일정 지역주민 또는 특정 인구집단의 욕구를 파악한다면 집단의 전반적 욕구수준을 알 수 있고 또한 욕구충족의 우선순위도 쉽게 정할 수 있을 것이다.

욕구의 개념과 관련하여 욕구의 종류를 이해하는 것이 중요하다. Bradshaw(1972)는 욕구인식의 기준에 따라 욕구를 다음 4가지로 정의하고 있는데 이는 ① 규범적 욕구(*normative need*), ② 감촉적 욕구(*felt need*) ③ 표현적 욕구(*expressed need*), ④ 비교적 욕구(*comparative need*)이다.

규범적 욕구는 바람직한 욕구충족의 수준을 정해놓거나 아니면 최고의 욕구수준을 정해놓았을 때, 그 정해놓은 욕구충족 수준과 실제로 충족된 상태와의 차이를 의미한다. 바람직한 욕구나 최고의 욕구수준은 전문가, 행정가 또는 사회과학자 등이 규정하는 것이 일반적이다. 전자의 예는 정상영양 기준을 설정해놓고 그 기준에 의하여 영양의 상태

〈그림 17-1〉 매슬로의 욕구단계이론

5. 자아실현의 욕구(잠재력 실현, 자아개발, 창조력 등)
4. 자존심의 욕구(자신감, 존중, 사회적 인정 등)
3. 소속과 사랑의 욕구(소속, 우정, 사랑 등)
2. 안전의 욕구(위협 또는 궁핍으로부터의 보호 등)
1. 신체적 욕구(배고픔, 갈증, 휴식, 주거, 적으로부터의 보호 등)

출처 : Maslow(1954).

를 파악하는 것이고 후자의 예는 완전한 거동기준을 정해놓고 그 기준에 의하여 노인의 거동 정도를 파악하는 것이다. 규범적 욕구는 절대적인 것이 되지 못하고 실제로 기준을 정하는 자에 따라 달라질 수 있으며 또한 지식의 발전과 사회의 가치기준의 변화에 따라 달라질 수 있다.

감촉적 욕구는 당사자의 느낌에 의하여 인식되는 욕구이다. 이 방법은 사람들이 어떤 욕구의 상태에 있는지(또는 어떤 서비스를 필요로 하는지) 물어보아서 파악하는 욕구이다. 이와 같은 감촉적 욕구는 개인의 인식 정도에 따라 차이가 나기 때문에 객관적 욕구의 측정으로 활용되기는 어려우나, 개인에 따라 차이 나는 욕구의 정도나 개인적 의미를 아는 데는 도움이 된다.

표현적 욕구는 감촉적 욕구가 실제의 욕구충족 추구행위로 나타난 것이며 욕구수요(*demand*)라고 할 수 있다. 이러한 정의에 의하면 전체적 욕구는 서비스를 실제로 받기 원하는 사람의 수로 파악된다. 표현적 욕구는 의료 및 건강의 욕구파악에 많이 이용되며 주로 대기자 명단(*waiting list*)에 의하여 파악된다.

비교적 욕구란 어떤 서비스를 받고 있는 사람들과 비슷한 특성을 갖고 있으면서도 서비스를 받지 않고 있는 사람들이 있을 때, 서비스를

〈그림 17-2〉 4가지 욕구정의의 상관관계

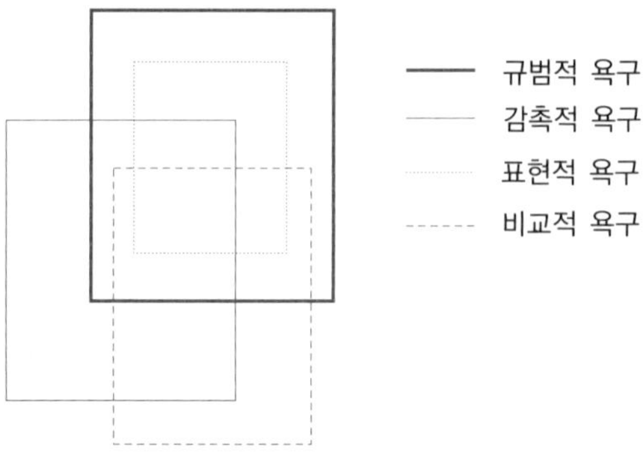

출처 : Bradshaw(1972: 293) 그림의 일부를 수정한 것임.

받고 있지 않는 사람들을 서비스를 받는 사람들과 비슷한 욕구가 있다고 규정하는 것을 말한다. 비교적 욕구는 욕구충족을 위한 급여(서비스)의 수준을 미리 정하고 그러한 수준의 급여를 받고 있는가에 따라 욕구를 파악하는 것인데, 급여수준과 욕구충족의 수준이 일치하지 못하는 경우가 많은 것이 문제이다.

인식 기준에 따른 4가지 욕구 중에서 실제의 사회복지 정책이나 서비스의 기획과 실천에 많이 활용되는 것은 규범적 욕구와 감촉적 욕구이다.

이와 같은 4가지의 욕구는 각각 다른 인식 기준에 의하여 정의한 것이므로 일치하는 경우도 많지만 일치하지 않는 경우도 많다는 데 유의할 필요가 있다(〈그림 17-2〉 참고). 이러한 4가지 욕구정의는 욕구를 어떠한 인식방법에 의하여 파악할 것인가 그리고 파악된 욕구를 어떻게 이해할 것인가와 관련시켜 생각해보면 이해에 도움이 될 것이다.

2) 욕구조사의 개념

사회복지 서비스를 계획하고자 할 때는 어디에 있는 누가 어떤 서비스를 필요로 하는지 정확히 측정해야 한다. 욕구조사(*needs assessment*)는 일정한 지역 내에서 생활하는 주민 또는 직장인들의 욕구수준을 측정하기 위한 방법이다. 욕구는 양적으로 측정하는 것이 일반적이지만 경우에 따라 질적으로 측정할 수도 있고 양적 측정과 질적 측정을 혼합할 수도 있다. 욕구조사는 다음과 같은 4가지의 목적 가운데 한 가지 이상의 목적을 달성하기 위하여 행해진다(Gates, 1980).

첫째, 주민들이 필요로 하는 각종 서비스 또는 프로그램을 식별해서 우선순위를 정한다.

둘째, 프로그램 운영에 필요한 예산할당 기준을 마련한다.

셋째, 현재 수행중인 사업의 평가에 필요한 보조자료를 마련한다.

넷째, 프로그램을 수행하는 지역사회 내의 기관들 간의 상호의존 및 협동상황을 파악한다.

이와 같은 욕구조사의 목적 중에 평가조사의 보조자료가 되는 면에 유의해야 한다. 사실 욕구조사는 필요성에 의해 독립적으로 발전했다기보다 평가조사와 연계하여 발전되었다고 할 수 있다. 사회복지 프로그램이 욕구가 있는 사람에게 전달되어야 하는 것은 상식적으로도 잘 알 수 있다. 프로그램이 잘 기획(계획)되어 실천된 상태에서 제대로 된 평가를 할 수 있기 때문에 프로그램의 계획은 누구에게 어떤 서비스를 전달할 것인가에 관한 과학적 정보에 근거하여 이루어지는 것이 바람직하다. 이러한 의미에서 서비스 전달 대상자에 대한 정보를 미리 파악하는 욕구조사는 프로그램 기획을 위한 사전 진단적 조사라 할 수 있다(Rubin & Babbie, 2001; Monette, Sullivan & Dejong, 2002). 즉 욕구조사는 서비스 전달의 대상이 되는 인구집단에 대한 정보를 미리 파악하여 효과적으로 계획을 수립하기 위한 절차라 할 수 있다. 따라서 욕구조사는 '욕구조사-기획-실천-평가'의 순환적 과정의 하나로 욕구조사와 평가조사는 연속적 과정 속에 통합된 것이라 해도 좋을 것이다.

3) 욕구조사의 접근방법

욕구조사는 그것을 행하는 사회복지기관의 형태나 프로그램의 형태에 따라 ① 클라이언트 중심(*client-oriented*)의 욕구조사, ② 서비스 중심(*service-oriented*)의 욕구조사, ③ 지역사회 중심(*community-based*)의 욕구조사로 나눌 수 있다(Gates, 1980).

클라이언트 중심의 욕구조사는 특정 인구집단(아동, 노인, 장애자 등)을 위하여 서비스나 프로그램을 제공하는 기관에 의하여 행해지는 조사이다. 이 조사에서는 먼저 특정 인구집단을 규정하고 그 집단 내에서 빈번히 나타나고 있는 문제를 확인하여야 이러한 문제를 해결하기 위하여 필요한 서비스의 수준을 정할 수 있다. 예를 들면 지역 청소년회관에서 청소년인구를 대상으로, 노인복지회관에서 노인인구를 대상으로 그들의 문제와 서비스의 수준을 조사하는 것 등이다.

서비스 중심의 욕구조사는 특수한 서비스를 제공하고 있는 기관에 의하여 행해지는 조사이다. 이 조사에서는 먼저 특정한 문제를 해결할 수 있는 서비스 기술(의료기술, 노인 기능회복 기술 등)이 있는 것을 전제로 하여 그러한 문제가 빈번히 발생할 가능성이 있는 표적인구집단을 설정하고 이들에게 필요한 서비스의 수준을 정한다.

클라이언트 중심의 욕구조사와 서비스 중심의 욕구조사는 기존 사회복지기관이나 프로그램의 기획(*planning*)이나 평가를 위하여 유용하지만 서비스에 다양한 인구집단을 통합하지 못하거나 지역사회 내의 다른 서비스기관과의 관련 속에서 서비스를 제공하지 못하기 때문에 서비스 간 및 기관 간 서비스의 중복과 결여 현상 등을 개선하는 체계적이고 통합・조정된 서비스를 계획하고 수행하는 데는 큰 도움이 되지 못한다. 이와 같은 문제점을 개선하기 위한 것이 지역사회 중심의 욕구조사이다.

지역사회 중심의 욕구조사는 클라이언트 중심의 욕구조사와 서비스 중심의 욕구조사를 통합한 것으로 지역사회 전반의 문제를 확인하여 문제해결의 우선순위, 적절한 개입대상 인구 및 적절한 서비스 수준 등을 파악하는 것이다. 이와 같은 조사는 주민 전체를 대상으로 하여 포괄적이고 많은 정보를 얻을 수 있지만 실행하는 데 어려움이 큰 것이 문제이다.

4) 욕구조사의 자료수집 방법

욕구조사의 기본절차는 일반조사의 절차와 비슷하고 설계 면에서는 비실험조사 설계형태에 속한다. 그리고 욕구조사의 자료수집 방법은 일반조사와 다른 점이 많다. 그러므로 여기서는 주요 자료수집 방법인 ① 지역사회 공개토론회, ② 주요 정보제공자 조사, ③ 초점집단 조사 ④ 사회지표 분석, ⑤ 서베이 조사, ⑥ 델파이법, ⑦ 2차적 자료조사에 대하여 간략히 설명하기로 한다.

(1) 지역사회 공개토론회

지역사회에 거주하거나 활동하는 사람들은 그들의 생활경험이나 관찰 또는 정보를 통하여 지역의 사회적 욕구나 문제 등을 잘 안다는 전제하에 조사자가 지역사회의 모든 사람들이 참여할 수 있는 공개적 모임을 주선하여 이 모임에서 논의되는 지역사회의 욕구나 문제들을 파악하는 것이 지역사회 공개토론회(*community forum*)이다.

지역사회 공개토론회의 장점은 적은 비용으로 광범위한 지역, 계층 및 집단들의 의견을 들을 수 있고, 문제에 대한 인식과 관심을 개인, 집단 또는 기관에 따라 식별할 수 있고, 지역주민의 협조와 다른 기관의 협조를 얻을 수 있는 기반을 마련하고, 지역사회의 문제를 생각할 수 있는 기회를 마련하고, 자료수집이 비교적 쉽고, 서베이 조사를 위한 사전준비의 기회가 될 수 있다는 점에 있다(성규탁, 1988; Rubin & Babbie, 2001; Reid & Smith, 1981).

지역사회 공개토론회의 단점으로는 관심 있는 사람들만 참석하여 자기선택(*self selection*)으로 인한 표본의 편의(*bias*) 현상이 나타나는 것이고(Reid & Smith, 1981), 참석자의 소수만이 의견을 발표하게 되는데 특히 목소리 크고 적극적인 사람의 의견만 반영되고 표현력이 부족한 사람들과 소수집단의 문제는 반영되지 못할 위험성이 있다는 것이다. 이러한 단점을 개선하기 위하여 특정 문제에 대한 소규모의 회의를 여러 번 개최하거나 지역사회 내의 다른 장소에서 여러 번 회의를 개최할 수 있다. 또한 여러 계층의 사람들의 의견을 고르게 듣기 위해 여러 동질적 집단을 대상으로 모임을 갖거나 비공개적 모임을 가질 수도 있다.

(2) 주요 정보제공자 이용방법

주요 정보제공자(*key informants*)는 기관의 서비스 제공자, 인접 직종의 전문직 종사자, 지역 내의 사회복지단체의 대표자, 공직자 등을 포함하는 지역사회 전반의 문제에 대하여 잘 아는 것으로 인정되는 사람들이다.

주요 정보제공자 조사방법의 장점은 비용이 적게 들고, 비교적 단시일 내에 할 수 있고, 표본을 쉽게 선정할 수 있고, 지역의 전반적 문제를 쉽게 파악할 수 있다는 점이다. 이와 같은 조사의 단점은 의도적 표집으로 표본의 편의현상이 나타날 수 있고, 주민들로부터 직접적으로 이야기를 듣지 못하기 때문에 주요 정보제공자들의 주관이 많이 반영될 수 있고, 이들이 지적하는 문제들이 정치의식에 민감한 문제들이 될 수 있고 따라서 실제적으로 많은 주민들의 문제가 제외될 가능성도 크다는 점이다(Rubin & Babbie, 2001; 성규탁, 1988).

(3) 초점집단 조사

초점집단(*focus group*)은 어떤 문제에 관련된 소수의 사람(12~15명 정도)들을 한 곳에 모아 어떤 문제에 대한 의견을 개진하게 하고 또한 참여자들끼리 토론도 가능하게 하여 보다 깊이 있게 의견을 듣는 방법을 말한다. 이들 초점집단 대상자들은 주요 정보제공자, 관련 서비스 제공단체 대표, 수혜자(서비스 소비자), 잠정적 수혜자, 지역사회 일반인들이 될 수 있다. 초점집단의 구성원은 확률적 표집으로 선정된 것이 아니기 때문에 하나의 초점집단에 의존하기보다는 여러 초점집단을 선정하여 자료를 수집하는 것이 바람직하다. 초점집단에서는 참여자 상호 간의 의견교환과 토의도 이루어지기 때문에 예상외로 유용한 자료를 얻을 수도 있다.

초점집단 조사의 장점은 문제를 보다 깊이 있게 파악할 수 있고 적은 비용으로 비교적 쉽게 자료를 수집할 수 있다는 것이다. 초점집단 조사의 단점은 초점집단 구성원이 대표성이 없어 제시된 욕구나 문제가 서비스 대상집단을 대표하는 것으로 보기 어려운 점, 이야기할 것이 없는 사람이 이야기해야 한다는 무언의 압력으로 별로 중요하지 않은 사항을 말할 수도 있고, 이야기하는 내용이 주관적이고 자료 자체가 비체계적인 것 등이다. 초점집단 조사는 다른 자료수집 방법을 보완하는 방법으로 이용하는 것이 바람직하다(Rubin & Babbie, 2001).

(4) 사회지표 분석

사회지표(*social indicator*)는 개인의 집합체의 어떤 면에 대한 계량적 측정치를 말한다. 예를 들면 소득수준, 빈곤인구 비율, 실업률, 영아사망률, 주택 보급률, 범죄율, 공적부조 수혜자 수 등이다. 사회지표 분석(*social indicator analysis*)은 일정 인구가 생활하는 지역의 지역적, 생태적, 사회적, 경제적 및 인구적 특성(사회지표)에 근거하여 지역사회의 욕구를 추정할 수 있다는 전제하에 사회지표를 분석하는 것을 말한다(Warheit et al., 1978: 240). 이러한 사회지표는 지리적 범위에 따라, 전국지표, 시지표, 군, 구, 동 또는 특정 지역지표 등으로 나누어질 수 있다.

이러한 지표는 인구조사 자료, 보건의료조사 자료, 사법·형무관계 자료, 사회복지, 교육, 교통 등에 관한 공적 통계자료집 등에서 얻을 수 있고 경우에 따라서는 사회조사를 통하여 얻을 수 있다. 이 중에 가장 신뢰도가 높은 사회지표의 출처는 5년에 한 번씩 실시하는 인구조사 보고서이다. 여기에는 인구밀도, 인구이동, 연령, 성, 교육 정도, 가족구조, 직업종류, 가족 수, 거주기간, 주택구조의 특성, 임대료 지불방식 등이 포함되어 있으나 사회복지적 지표가 될 수 있는 많은 것들이 포함되어 있지 않다. 인구조사 자료는 통계청의 협조를 얻어 지역단위별로 지표를 산정할 수 있으므로 좋은 자료가 되지만 인구조사가 자주 이루어지지 않아 매년 변화되는 추이를 파악할 수 없는 것이 문제이다.

이러한 사회지표 분석은 비용을 별로 들이지 않고 쉽게 그리고 빠른 시일 안에 할 수 있는 이점이 있지만 국가의 공식적 통계자료가 아닌 경우는 통계자료의 신뢰성에 문제가 있을 수 있는 것이 단점이라 할 수 있다.

(5) 서베이 조사

서베이(*survey*; *sample survey*)는 조사대상 전체를 대표할 수 있는 일부(표본)를 선정하여 이들로부터 질문지 또는 면접을 통하여 자료를 수집하는 방법이다. 욕구조사에서 서베이는 지역사회의 일반인구 또는 특정 표적인구의 욕구를 조사하기 위하여 이들 전체인구를 대표할 수 있는 표본을 선정하고 이들이 생각하거나 느끼는 욕구를 조사하여 조사대상 전체의 욕구를 추정하는 것이다. 표본을 추출할 수 있는 표집틀(모집단 명단)을 확보할 수 없는 경우에는 비확률적 표집으로 표본을 선정하거나 소수의 사례를 대상으로 질적 조사를 실시하는 것이 바람직하다.

표본에서 나타난 욕구가 전체 대상을 대표하는 정확성을 갖기 위해서는 표본이 확률적 표집방법으로 선정되어야 하고 표본의 크기가 적절해야 하고 조사척도인 질문지 및 면접에도 신뢰도와 타당도가 있어야 된다.

서베이 조사의 대상은 지역의 일반주민 전체가 되는 경우와 일부 특정 표적인구가 되는 경우가 있는데 전자의 경우는 지역사회 중심의 욕구조사 접근방법에서 이용되고 후자의 경우는 클라이언트 중심의 욕구조사 접근방법에서 이용된다.

서베이 조사의 장점은 실제 서비스 수혜자 또는 잠정적 수혜자가 인식하는 욕구를 직접 파악할 수 있고 표본을 통하여 대상자 전체의 욕구를 파악할 수 있다는 것이다. 서베이 조사의 단점은 비용이 많이 들고, 우송 질문지 방법을 사용하는 경우 회수율이 낮고, 사회적으로 바람직한 응답이나 내용에 관계없이 한 방향(모두 찬성 아니면 반대 등으로 응답)으로의 응답(*acquiescent response set*)을 얻게 될 문제가 발생할 수 있다는 점 등이다.

(6) 델파이 방법

델파이 방법(*Delphi techniques*)은 앞의 제8장에서 설명한 바 있지만 다시 한 번 간략히 설명하기로 하겠다. 이 방법은 고대 그리스의 신전에서 여사제들이 사자를 보내 전국의 현자들에게서 의견을 듣던 방법에서 유래한 것이다. 이는 어떤 문제에 대하여 전문가들의 합의점을 찾는 방법으로서 ① 응답이 무기명이고, ② 대면적(*face-to-face*)인 회의에서와 같은 즉각적 환류(*feedback*)를 통제하고, ③ 개인의 의견을 집단적 통계분석으로 처리하는 방법이다(Molnar & Kammerud, 1977).

델파이 방법은 다음과 같은 절차로 진행된다.

① 一團(*a group*)의 전문가를 선정한다.
② 주요 관심사에 관한 설문지를 작성한다.
③ 설문지를 우송한다.
④ 회수된 응답내용을 합의된 부분과 합의되지 않은 부분으로 나누기 위하여 통계적으로 집계한다(우선순위 빈도 또는 중요성 점수의 평균치 등을 이용).
⑤ 일차분석의 결과에서 합의도가 낮으면 그 결과를 다시 응답자들에게 보내어 1차 분석의 결과를 참조한 각자의 의견을 묻는다.
⑥ 회수된 응답을 재분석한다. 이리하여 일정한 정도의 합의점에 도달할 때까지 반복 응답케 한다.

이 델파이 방법의 장점은 익명성으로 인하여 특정인의 영향을 줄일 수 있을 뿐 아니라 집단의 의견에 개인을 순종시키려는 집단의 압력을 줄일 수 있고, 응답자의 시간을 효율적으로 이용할 수 있는 점 등이다. 반면에 반복적 과정을 거치므로 시간이 많이 걸리고 극단적 의견은 판단의 합의를 얻기 위해서 제외되는 문제 등의 단점이 있다(성규탁, 1988).

(7) 이차적 자료분석

이차적 자료분석(*secondary data analysis*)은 지역주민 및 전문가들로부터 직접 자료를 수집하는 방법이 아니고 지역사회 내의 사회복지기관의 서비스 수혜자에 관련된 기록을 검토하여 욕구를 파악하는 것을 말한다. 서비스의 전달을 치료(*treatment*)라 할 수 있으므로 이차적 자료분석을 치료수혜율(*rates-under-treatment*; RUT)이라고도 한다(Gates, 1980). 이차적 자료가 될 수 있는 것은 인테이크(접수면접) 자료, 면접상황 기록표(*face sheet*), 기관의 각 부서별 업무일지, 면접기록표(*case record*), 서비스 대기자 명단(*waiting list*) 등이다. 이러한 자료들로부터 빈번한 사회문제, 문제의 경향, 서비스의 수요 등을 알 수 있다. 예를 들어 가정복지기관의 기록을 분석한 결과 이혼문제 상담이 많이 늘어나는 경향이 발견되었다면 부부문제의 심각성을 알 수 있고 부부문제 치료 서비스의 수요를 산정할 수 있다.

이차적 자료분석법은 비용이 적게 들고 조사에 신축성을 기할 수 있는 장점도 있지만 몇 가지의 단점이 있다. 첫째, 그 자료의 비밀보장 필요성 때문에 기관 외부에서의 접근이 어렵다. 따라서 분석은 한 기관으로 제한됨으로써 여러 기관 간의 전반적 자료분석은 어렵게 된다. 둘째, 기관 간의 자료분석의 기회가 주어진다 하더라도 자료의 기록양식

등이 통일되어 있지 않아 필요한 자료를 공통적으로 얻기 힘들다. 셋째, 이차적 자료분석은 서비스 이용자 중심의 분석이므로 여기서 얻은 결과를 이용가능 인구 전체에 적용시키기 곤란하다(Gates, 1980).

2. 평가조사

1) 평가조사의 개념

평가조사는 미국에서 발전하였다고 할 수 있는데 미국에서 체계적 평가조사는 20세기 초 교육분야에서 여러 가지 교수방법의 효과를 비교하는 데서 시작되었다고 할 수 있다. 1930년대에는 노동자의 사기가 생산성에 미치는 영향을 분석하기 위하여 시행되었고, 1940년대 뉴딜정책의 많은 사회복지 프로그램의 시행효과를 알아보기 위해 시행되었다. 2차대전 중 군에서 시행되기까지 하였고 전후에는 미국의 공적 주택, 보건, 가족계획, 지역사회 프로그램에 시행되었고 이리하여 1960년대에는 프로그램 평가에 대한 교과서와 전문 학술지가 발간되고 평가회의 및 평가조사학회도 결성되었다. 1970년대 들어오면서 세계적 경제성장 저조로 정부지출예산의 압박을 받으면서 사회복지 프로그램을 위시한 제반 정부 서비스 분야에서 책임성을 강조하는 책임성의 시대(*age of accountability*)에 접어들었고 이에 따라 서비스 프로그램 평가가 더욱 크게 요구되기에 이르렀다. 그 이후 1980년대와 1990년대에는 공공 서비스 분야의 예산 압박을 받으면서 서비스에 대한 책임성 시대는 계속되었고 이에 더하여 소비자들도 적절한 서비스를 받고 있는가에 대한 관심이 높아지면서 평가조사는 서비스 프로그램 기획과 시행에서의 절차적 과정으로 정착되었다고 할 수 있다.

평가조사(*evaluation research*)는 개입의 기술과 프로그램의 효과성을 측정하기 위한 것으로 일반적 사회조사방법론을 적용하는 응용조사이다(Tripodi, 1983). 즉 평가조사는 어떤 개입기술이나 프로그램의 개선 또는 계속 수행의 여부를 결정짓기 위하여 개별적 개입기술이나 프로그램이 그 목표하는 바를 어느 정도 달성하였는지 측정하는 조사이다(Weiss, 1972).

평가의 대상에는 개인, 집단, 프로그램, 조직체 등이 다 포함될 수 있다. 개인 또는 집단에 대한 개입의 효과를 평가하는 조사를 단일사례연구조사(*single-subject study*)라 부르는 것이 일반적이고 프로그램이나 조직체의 효과를 평가하는 조사를 프로그램(사업) 평가조사(*program evaluation*)라고 부른다(Tripodi, 1983).

평가조사는 기본조사(일반조사)와 방법론상에서 차이가 없지만 다음 몇 가지 점에서 차이가 있다(Weiss, 1972; Coleman, 1972; Monette, Sullivan & Dejong, 2002).

① 기본조사는 이론적 지식을 산출하는 데 주된 목적이 있지만 평가조사는 이론적 지식을 사회적·정치적 또는 행정적으로 응용하려는 것을 주된 목적으로 한다.

② 기본조사에서는 조사자 자신의 관심에 의해 조사문제를 설정하지만 평가조사에서는 클라이언트나 행정가가 프로그램이 의도하는 목표를 달성하였는가를 알아보기 위해 조사문제를 설정한다.

③ 기본조사는 사실(*what is*)을 발견하는 데 관심을 두지만 평가조사는 사실(*what is*)과 기준(*what ought to be*)을 비교하여 판단하는 데 관심을 둔다.

④ 기본조사에서는 조사자가 조사절차를 통제할 수 있고 이로 인하여 변수 간의 인과관계를 검증할 수 있지만 평가조사에서는 조사자가 평가목적을 위해 프로그램과 조사절차를 통제하기 어려워 평가조사 결과의 인과적 관계가 불투명하게 될 수 있는 가능성이 있다.

⑤ 기본조사의 결과는 공개적으로 발표되는 것이 일반적이지만 평가조사의 결과는 공개적으로 발표되지 않는 것이 일반적이다. 그러나 점차 평가결과도 공개되는 경향을 띤다.

2) 평가조사의 목적

평가조사에서는 단일사례 조사(*single-subject study*)와 사업평가조사(*program evaluation*)를 모두 포함하는 것으로 보지만 단일사례에 대한 평가인 단일사례 조사는 최성재의 《사회복지조사방법론》(2005)을 참고하기 바라고 이 장에서는 사업평가조사를 중심으로 다루기로 한다.

사업평가의 목적은 다음과 같이 크게 3가지로 볼 수 있다(성규탁, 1988).

(1) 프로그램의 계획이나 운영과정에 필요한 환류적 정보 제공

평가는 프로그램의 중단, 축소, 유지, 확대 여부를 결정하는 데 필요한 정보를 제공하고 또한 프로그램의 내용을 수정하거나 보다 효율적 운영에 필요한 정보도 제공해 준다. 사업평가 또는 프로그램 평가는 주로 프로그램의 효과성(*effectiveness*)과 효율성(*efficiency*)을 평가한다. 효과성과 효율성이 어느 정도인지 알아서 그 정도가 낮으면 중단하거나 축소할 수 있고 그 정도가 높으면 유지 또는 확대할 수 있는 판단의 근거가 된다. 그리고 프로그램의 효과성과 효율성을 동시에 고려하여 바람직한 목표를 수정하여 설정할 수 있고 효율성을 고려하여 운영방법 등을 개선할 수 있는 것이다.

(2) 책임성의 이행

오늘날의 복지활동은 일개인이나 단체에 의한 자선적 활동이 아니라 사회적 또는 국가적 차원에서 제도화된 활동이 되고 있다. 사회복지가 사회의 제도적 활동이 되고 있다고 하는 것은 사회복지조직체가 사회로부터 사회복지활동을 할 수 있도록 인가(*sanction*)를 받았고 인가를 받은 사회복지조직체는 사회에 대하여 책임을 져야하는 것을 의미한다. 복지비용의 제한적 공급 때문에 효율성과 효과성을 기반으로 하는 책임성이 더욱 강조되고 있는 추세에 있다. 프로그램 평가는 사회복지조직체가 어느 정도 책임성을 발휘하고 있는지 평가할 수 있는 중요한 자료가 되며 이러한 평가는 프로그램 담당자로 하여금 더욱더 책임성을 다하도록 하는 자극제가 되는 것이다. 이러한 평가의 결과는 사회복지조직체의 이사회, 자금지원 기관 등에 보고되고 또한 서비스 수혜자에게도 보고되어 그 사회복지조직체가 어느 정도 책임성 있게 활동하고 있는지 증명하는 주요한 자료가 된다.

(3) 이론형성에 기여

프로그램 평가는 프로그램 운영방법에서부터 프로그램 결과에 이르는 인과경로를 검토, 확인, 검증하는 것이다. 검증결과 타당성이 있는 것으로 확인된 가설들은 이론으로 발전되고 그렇지 못한 경우는 이론을 수정하는 데 기여하게 된다.

3) 사업평가의 종류 및 내용

사업평가는 사용목적에 따라 총괄평가(*summative evaluation*)와 형성평가(*formative evaluation*)로 구분될 수 있다(Scriven, 1967). 총괄평가는 프로그램 운영이 끝날 때 행해지는 평가로서 프로그램 시행의 효과나 영향을 평가하여 프로그램의 유지, 확대, 취소 등에 대한 행정적 결정의 근거로 삼고 또한 긍정적 결과를 성질이 비슷한 다른 프로그램, 상황, 또는 대상에 대하여 일반화시키려는 데 목적을 둔다. 총괄평가는 양적 조사로 이루어지는 것이 일반적이다. 형성평가는 프로그램 운영 도중에 이루어지는 조사로서 계속되는 프로그램을 수정·보완하기 위하여 이루어지는 조사이고(Monette, Sullivan & Dejong, 2002) 양적 조사, 질적 조사 또는 양적 및 질적 조사의 결합형태로 이루어질 수 있다(Rubin & Babbie, 2001).

사업평가는 또한 평가주체에 따라 내부평가(*inside-evaluation*)와 외부평가(*outside-evaluation*)로 구분될 수 있다. 내부평가는 프로그램의 결정·집행을 담당하는 사람들 또는 같은 조직체 내의 다른 구성원이 행하는 평가이다. 외부평가는 프로그램을 수행하는 조직체가 아닌 대학의 전문분야 교수, 조사연구 기관 등의 제3자가 행하는 평가이다. 두 가지의 방법이 모두 장·단점이 있으므로 신뢰성, 객관성, 프로그램에 대한 이해, 이용목적, 자율성 등을 감안해서 적절한 것을 선택하여야 할 것이다(Weiss, 1972: 20).

사업평가 내용에 대한 여러 가지 기준이 있지만 중요한 것을 정리해 보면 ① 노력(*efforts*), ② 결과(*outcome or impact*), ③ 비용-효과분석(*cost-effectiveness*), ④ 비용-편익분석(*cost-benefit analysis*)으로 요약할 수 있다(Tripodi, 1983; Rubin & Babbie, 2001; Monette, Sullivan &

Dejong, 2002).

노력(*effort*)은 계획된 목표의 달성을 위하여 투입된 프로그램 활동의 양과 종류를 말하는데 투입시간, 금전적 및 물질적 자원의 배분 및 사용, 클라이언트의 참여, 프로그램 담당자의 제반 활동 등이 포함된다. 많은 경우 노력평가는 과정(*process*)평가 또는 수행(*performance*)평가를 포함하기도 한다.

결과(*outcome*)는 효과(*effectiveness*) 또는 영향(*impact*)과 같은 의미로 사용되고 프로그램의 목표가 실제로 달성된 정도를 말한다. 그리고 결과평가는 프로그램을 시작하였을 때 기대된 것에 비해서 프로그램 실시 후 실제로 나타난 바가 어느 정도였는가를 비교하여 달성정도를 판단하는 것이다. 사업평가조사에서 가장 핵심적인 것이 바로 결과평가이다.

비용-효과성분석(*cost-effectiveness analysis*)은 프로그램 수행에 투입된 비용을 프로그램의 효과와 비교하는 분석을 말한다. 다시 말해서 비용-효과분석은 프로그램에 투입된 물질적 및 비물질적인 것을 화폐가치로 환산하여 이것을 프로그램 시행결과로 나타난 총 단위로 나눈 값으로 계산된다. 노숙자 프로그램의 예를 들어 보기로 하자. 여러 가지 조사결과에 의하면 노숙자 상담 프로그램이 시행되기 전의 노숙자 일시 숙박시설 이용자의 평균 귀가비율은 20%이었다. 지역 A의 노숙자 일시 숙박시설인 '희망의 집'에 입소한 노숙자 100명에게 연간 2000만원의 예산을 배정하고 귀가상담 프로그램을 시행하여 70명이 귀가하였다면 2000만원은 총 투입비용이고 프로그램의 효과(결과)는 50명 {프로그램 시행 후의 귀가자 수(70명) - 프로그램 시행 전 평균 귀가율에 의한 귀가자 수(20명)} 이다. 그렇다면 이 경우 비용-효과는 40만 원(2천만 원/50 = 40만 원)이 된다. 즉 노숙자 한 사람을 귀가시키기 위한 상담

비용은 연간 40만 원이 들었다는 것이다. 비용효과분석은 주로 다른 대안적 프로그램의 시행결과와 비교하거나 다른 비슷한 프로그램과 비교평가하는 데 이용된다. 다른 지역 B에서 시행된 같은 규모의 같은 프로그램에서 노숙자 100명에 대한 귀가자가 상담 프로그램 효과(결과)가 40명(60명-20명)이었다면 비용효과는 50만 명(2천만 원/40 = 50만 명)이 된다. A지역과 B지역을 비교할 경우 A지역 프로그램의 비용효과는 40만 원이고 B지역은 50만 원이었기 때문에 비용이 적게 든 A지역 프로그램의 비용효과가 더 컸다고 할 수 있다.

비용편익분석(*cost-benefit analysis*)은 프로그램의 궁극적 효과를 현재의 화폐가치로 환산한 것(이득)과 프로그램 시행에 투입한 비용(비용)을 비교하는 것이다. A지역 노숙자 귀가상담 프로그램의 예에서 귀가하는 경우는 직업을 얻어 적어도 평균 500만 원 이상의 연봉을 받게 되고, 가정문제를 감소시켜 사회적 비용을 연간 200만 원 정도 감소시키고, (노숙자가 귀가하지 않고 남아 있었더라면) 계속적 노숙자 관리비용인 연간 1인당 300만원을 감소시켰다면 노숙자의 귀가로 얻는 이익은 1인당 천만 원(500만 원+200만 원+300만 원=1천만 원)이 되고 50명이 귀가한 경우 전체 이익은 50억 원(1천만 원×50명= 50억 원)이 된다. 이 경우 비용-편익은 전체적으로 볼 때 2천만 원을 투입하여 25배나 되는 50억 원의 이익을 보게 되는 셈이 되므로 비용-편익은 대단히 컸다고 할 수 있다.

특히 프로그램 시행의 궁극적 효과는 짧은 시간 내(몇 개월에서 1~2년 정도)에 나타나는 경우도 있지만 상당한 시간(2~3년에서 10년 이상까지)이 지난 후에 나타날 수도 있기 때문에 장래에 나타날 일을 미리 예측하기도 어려울 뿐만 아니라 미래의 어떤 사회적 사건이나 현상(예: 가족문제 상담 비용, 가정폭력 감소, 자존감 형성 등)을 화폐가치로 환산하는 것은 더욱 어려운 일이고, 비용을 비교하는 것은 미래의 가치를 현재로 할인하여 계산하는 것이기 때문에 그것도 대단히 어려운 작업이 아닐 수 없다. 비화폐적인 것을 화폐적 가치로 환산하는 데는 입장에 따라 여러 가지로 다른 기준이 적용될 수 있기 때문에 논란의 대상이 되는 경우가 많다.

비용-효과분석은 투입만 화폐가치로 환산하는 것이어서 비용-편익분석보다 비화폐적인 것을 화폐적인 것으로 환산하는 작업이 상대적으로 쉬운 편이고 어떤 프로그램을 시행한 궁극적 결과는 장래에 나타나기 때문에 현재로서 예측하기 어렵지만 프로그램 시행의 단기적 결과는 프로그램 시행 후에 즉시 측정할 수 있기 때문(보통 프로그램 기획시에 목표가 계량적으로 설정되는 경우가 많음)에 프로그램 평가에서는 비용-효과분석이 더 많이 활용되고 있다. 비용-편익분석은 전문적 기술이 필요하고 결과에 대한 논란이 있을 가능성이 높기 때문에, 비용-편익 분석이 꼭 필요하고 유용성이 크다고 생각될 때 시행하는 것이 바람직하다(Monette, Sullivan & Dejong, 2002).

4) 사업평가조사의 절차

위에서 평가기준에 따른 사업평가의 종류를 4가지로 소개하였는데 실제로 결과평가와 비용-효과분석이 가장 많이 활용되고 있다. 비용효과분석도 좀 내용이 복잡하고 사회조사 지식 외의 전문적 별도의 지식과 기술이 필요하므로 여기서는 사업평가 중에서 가장 핵심적 결과평가에 대한 절차만 설명하기로 하겠다. 사업평가조사는 사회복지조직체의 사업(프로그램)을 특별한 목적으로 평가하는 것이므로 일반조사 절차에서와는 다른 역동적이고 상호 연관된 과업과 결정사항들이 많이 있다. 사업평가조사는 다음과 같은 열 가지 절차를 거쳐서 이루어지는 것으로 볼 수 있다. ① 평가목적 및 대상의 결정, ② 프로그램의 책임자 및 담당자의 이해와 협조요청, ③ 프로그램의 목표 확인, ④ 조사대상의 변수(*variables*) 선정, ⑤ 이용 가능한 자료 및 측정도구 결정, ⑥ 새로운 측정도구의 개발, ⑦ 적절한 조사설계 형태의 선정, ⑧ 조사의 수행, ⑨ 결과의 분석 및 해석, ⑩ 결과보고 및 실제적 이용(Weiss, 1972; Tripodi, 1983; Tripodi, 1987). 그러면 이 열 가지 절차에 대하여 간략히 설명해 보기로 하겠다.

(1) 평가목적 및 평가대상의 결정

일단 사업평가를 하기로 결정했다면 무슨 목적으로(총괄평가 또는 형성평가) 어떤 프로그램을 평가할 것인지(특정 프로그램, 일부 프로그램, 전체 프로그램) 그리고 어떤 내용을 위주로 평가할 것인지(노력, 결과, 비용-효과, 비용-편익 중의 일부 또는 전체) 등을 결정해야 한다. 이러한 결정을 하는 데는 평가를 위한 비용, 인원, 시간 그리고 평가결과의 실제 이용자 등이 고려되어야 할 것이다.

(2) 프로그램의 책임자 및 담당자의 이해와 협조요청

프로그램의 평가는 그 프로그램의 운영을 책임지는 사람과 프로그램을 실제적으로 수행하는 담당자가 평가의 목적, 방법 등을 잘 이해하고 협조를 해줌으로써 가능하다. 프로그램을 평가한다는 사실은 예상치 못한 결과나 부정적 결과가 나올지 모른다는 불안감과 두려움을 프로그램 담당자에게 일으킬 수 있다. 그러므로 먼저 이들이 평가의 목적과 방법, 내용, 범위 등에 대해서 이해할 수 있도록 협의와 토의가 이루어져야 하고 조사계획과 시행과정을 통하여 긴밀히 협조해 줄 수 있도록 프로그램 관련자와 평가자 사이에 협의가 이루어져야 한다. 특히 외부인에 의한 평가 시 이러한 점에 유의할 필요가 있다.

(3) 프로그램의 목표 확인

프로그램 평가의 핵심은 프로그램의 목표에 대한 실제 달성정도를 측정하는 것이므로 프로그램의 목표를 명확히 확인하는 일은 무엇보다도 중요하다. 프로그램의 목표는 명확하고, 구체적이고 측정 가능하도록 설정되어야 한다. 많은 경우에 프로그램의 목표는 "생활을 향상시킨다", "정서적 발전에 기여한다"는 등으로 막연하고 추상적이고 측정이 어렵게 설정되고 있다. 이와 같은 목표는 사실상 그것이 목적(*purpose*)인지 목표(*objective*)인지 불분명하다. Tripodi는 목표가 명확하고 구체적이고 측정 가능하기 위해서는 다음과 같은 요건을 갖추어서 설정되어야 한다고 주장한다. 즉 "누가(*who*), 무엇을(*what*), 누구(*whom*)에게(를 위해서, 와 함께) 어느 정도의 기대되는 변화(*what expected change or changes*)를 가져올 것이다"라는 내용으로 서술되어야 한다는 것이다(Tripodi, 1983).

여기서 '누가'(*who*)는 클라이언트에게 직접적으로 서비스를 제공하는 사람의 수, 자격 및 개인적 특성을 의미한다. 서비스는 일정한 자격과 특성을 가진 사람들에 의해 제공되어야 하므로 서비스 제공자에 관한 사항이 분명히 명시되는 것이 바람직하다. '무엇'(*what*)은 클라이언트와의 접촉의 내용, 장소, 빈도, 시간 등을 의미한다. '누구에게'(*whom*)는 개입의 대상이 되는 표적인구 즉 클라이언트를 말한다. 서비스를 받기 위해서 클라이언트는 어떤 일정한 자격요건(*eligibility*)을 갖추어야 한다. '기대되는 변화(*expected change*)'는 변화의 내용, 변화의 정도, 변화 발생시기 및 지속시간 등을 의미한다. 이와 같은 4가지 요건이 갖추어진 목표의 예를 들어보면 "2명의 사회복지사가 관악구 지역에 거주하는 100명의 불량행위 청소년들에게 개별상담을 실시하여 12회 상담까지 불량행위의 회수를 30% 이하로 감소시켜 이러한 효과가 적어도 3개월 이상 유지되도록 한다"는 식으로 설정되어야 한다.

프로그램의 목표가 이상의 예에서와 같이 잘 설정되어 있지 않는 경우는 평가조사자는 프로그램 책임자 및 수행자들로 하여금 토의하여 프로그램의 목표를 명확히 설정하도록 요청하여야 한다. 프로그램 관련자들이 목표를 제대로 설정할 수 없으면 평가자와 프로그램 관련자들이 같이 토의하여 목표를 확실히 설정하는 것이 바람직하다. 많은 경우 프로그램의 목표가 불분명하거나 너무 추상적이거나 범위가 넓어 구체적으로 관찰하기 어렵기 때문에 평가조사를 시행하는 데 있어 큰 애로사항이 되는 경우가 많다. 최악의 경우, 즉 프로그램 관련자들이 목표를 제대로 의식하지 못하고 있을 때는 평가자는 일차적으로 프로그램의 관련기록, 실제의 개입과정 등을 관찰 및 검토하여 그것을 토대로 프로그램 관련자들과 토의하여 목표를 설정할 수도 있다(Weiss, 1972).

목표가 불분명할 경우 프로그램 관련자들끼리 또는 프로그램 관련자와 평가자가 같이 목표를 재검토하여 설정하는 경우 다음과 같은 점에 유의하는 것이 바람직하다(Monette, Sullivan & Dejong, 2002).

첫째, 앞에서 말했듯이 애매모호하거나 불확실한 말로 서술된 목표가 있을 경우 우선 구체적이고 계량적으로 서술하되 목표를 잘 나타낼 수 있는 구체적 사항 하나로 압축하여 서술하도록 노력할 필요가 있다. 그러나 목표로 서술된 말이 너무 추상적이거나 범위가 너무 넓으면 측면(*aspect*)이나 차원(*dimension*)으로 나누어 한 가지씩 설정하는 것이 바람직하다.

둘째, 목표는 종속변수에 해당되므로 프로그램에서 변화 대상자(클라이언트)에게 적용한 개입사항(독립변수)과 논리적으로 연결이 되도록 설정되어야 한다. 목표는 그럴듯하게 설정해 놓았지만 실제로 그 목표 달성을 위한 노력(개입)을 하지 않았거나 그러한 노력으로는 목표와 논리적으로 맞지 않는 경우도 있기 때문에 목표와 개입의 논리적 연결성을 확인하여야 한다.

셋째, 목표는 확실히 하나로 나타낼 수 있는 것이 아니면 복수로 설정하는 것도 바람직하다. 경우에 따라서는 프로그램 기획 시 설정된 것 외에 이론적으로 연결하여 나타날 수 있는 것이면 몇 개를 더 추가하는 것이 좋다. 목표가 하나로 설정되는 경우에 평가조사 결과 그 목표를 달성 못하는 것으로 되면 실제로 여러 가지 면에서 효과가 있었음에도 불구하고 프로그램이 실패한 것으로 판단되기 쉽기 때문에 복수의 목표를 설정할 수 있으면 설정하는 것이 바람직하다.

넷째, 목표는 경우에 따라 단기적인 것이 될 수도 있고 장기적인 것이 될 수도 있기 때문에 장기적 목표는 이와 연결되는 매개변수적(수단적) 역할을 하는 가까운 목표(*proximate goal*)를 설정하는 것이 바람직하다. 예를 들면 빈곤 아동에 대한 초등학교 빈곤층 저학력 아동발달 프로그램의 궁극적 목표가 빈곤에서 탈피할 수 있는 능력 있고 기능적인 성인으로 발전하는 것이라면 우선 학업성적의 향상을 중간 목표로 설정할 수 있는데 성적향상이라는 중간 목표는 논리적으로 능력 있고 기능적인 성인이 되도록 하는 데 직접적으로 기여할 수 있기 때문이다.

(4) 조사 대상자의 변수선정

결과평가 또는 효과성 평가는 개입의 구체적 과정 및 기술 그리고 그 과정을 통하여 실제적으로 클라이언트에게 나타난 변화(프로그램에서 서비스를 받은 사람들의 평균적 변화)가 프로그램에서 예상되었던 평균적 변화(목표)에 비하여 어느 정도였는지를 평가하는 것이다. 다시 말해서 개입 자체 및 이에 관련된 사항 그리고 클라이언트의 특성 등의 영향에 의하여 클라이언트의 태도, 지식, 행동, 기술, 조건 등에 변화가 생길 것으로 가설을 설정하고 이러한 가설을 검증하기 위한 경험적 조사를 실시하는 것이 평가조사의 핵심이다. 이러한 의미에서 평가조사에는 독립변수(*independent variable*), 매개변수(*intervening variable*) 그리고 종속변수(*dependent variable*)가 있게 된다.

독립변수는 변화에 영향을 미치는 변수로서 사회복지기관 또는 프로그램의 원칙, 방법 및 기술, 관계직원에 관한 특성, 위치, 크기, 서비스의 지속기간뿐 아니라 클라이언트의 성별, 연령, 태도, 사회경제적 지위 등과 같은 투입변수(*input variable*)이다. 매개변수는 〈그림 17-3〉에서 보는 바와 같이 프로그램과 바라는 결과(목표) 사이에 게재되어 실제의 변화를 촉진 또는 저해하는 요인을 말하는 것으로 프로그램 운영변수(*program operation variable*)와 연결변수(*bridging variable*)가 있다 (Weiss, 1972).

프로그램 운영변수는 프로그램을 어떻게 운영하느냐에 관계있는 변수로서 서비스 전달자의 계속성 여부(한 사람의 전달자가 처음부터 끝까지 계속적으로 책임을 지는 경우와 그렇지 못하고 전달자가 중간에 다른 사람으로 바뀌는 것), 클라이언트의 참여 빈도, 클라이언트 동료들에 의한 인정 정도(집단인 경우), 서비스 간의 협조 정도, 다른 관련 프로그램에의 참여 등이 이에 해당된다. 즉 프로그램 운영변수는 프로그램에서 규정하고 있는 서비스가 실제의 조직상황 속에서 운영되는 양태에 관련되는 변수이다. 같은 프로그램이라도 조직상황에서 어떻게 운영되느냐에 따라 다른 결과를 낳을 수 있고 이러한 변수들이 프로그램의

〈그림 17-3〉 사업평가모델 및 사업평가에서의 변수

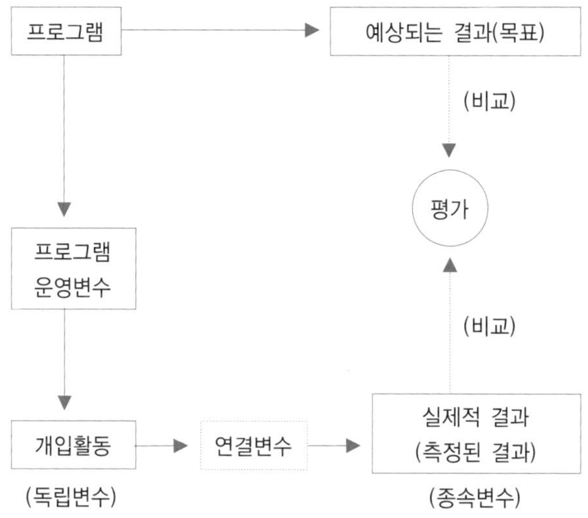

출처 : Gates(1980: 221)의 〈그림 7-2〉를 일부 변경하였음.

결과에 영향을 미칠 수 있는 것이다. 연결변수는 실제적 개입활동과 개입의 결과 사이에서 인과적 연결의 작용을 하는 변수를 의미한다. 연결변수는 개입활동에서 개입의 목표 사이에 중간 목표로 설정될 수 있는 것을 의미하며 이론상 인과적 연결을 갖는 변수이다.

〈그림 17-3〉을 참고하여 하나의 예를 들어 프로그램 운영변수와 연결변수를 설명하여 보자. "취업상담 서비스는 일에 대한 태도를 변경시켜 취업을 촉진하게 될 것이다"라는 이론적 배경에 의하여 취업상담 서비스 프로그램을 실시하였다. 여기서 '취업상담 서비스'의 활동은 개입활동이고, '일에 대한 태도'는 연결변수이고, '취업'은 예상되는 결과 또는 목표이다. 그런데 실제로 취업상담 서비스의 개입활동은 여러 가지 내용과 형태로 주어질 수 있다. 개별적 또는 단체적으로, 한 번의 서비스 또는 수차에 걸친 지속적 서비스, 위협적 또는 지지적 태도로 실시

하느냐 등은 취업상담 서비스라는 개입활동의 성격에 큰 영향을 미치게 되는데 이러한 변수들이 프로그램 운영변수이다.

종속변수는 실제적 개입의 결과, 즉 변화의 정도를 나타내는 것인데 개입대상(클라이언트)의 태도, 가치, 지식, 행동, 생산성, 상태 등이 이에 해당된다. 위의 예에서는 '취업'이라는 행동 또는 상태가 종속변수가 된다.

평가조사의 제4단계에서는 이상에서 설명한 바와 같은 독립변수, 매개변수 및 종속변수를 확인하고 사업평가의 목적 및 내용과 관련하여 어떤 변수를 선정할 것인지 결정해야 한다. 종속변수는 개입의 실제적 결과이므로 당연히 선정되어야 할 것이지만 독립변수와 매개변수는 종류가 많기 때문에 적절한 것을 택해야 할 것이다. 종속변수인 개입결과의 측정은 평가조사에 있어 가장 핵심적 유의사항이므로 후에 상세히 설명하기로 하겠다.

사업평가조사에서 개입이 예상되는 효과를 발휘할 것이라는 논리에 반드시 이론적 근거가 있어야 한다는 것은 너무나 당연한 말이지만 많은 경우 개입과 결과를 뒷받침하는 이론적 서술이 없거나 불분명하게 서술되고 있다. 즉 개입에 해당하는 독립변수와 결과(효과)에 해당하는 종속변수는 반드시 이론적 근거에 의하여 연결되어야 한다는 것을 명심하여야 할 것이다.

(5) 이용 가능한 자료 및 측정 도구의 결정

선정된 변수에 따라 그것들을 측정하기 위하여 어떤 자료들이 이용 가능한지 그리고 특정 변수를 측정하기 위하여 기존의 측정도구가 있다면 이를 이용할 수 있는지 등을 검토하여 결정하여야 한다.

(6) 측정도구의 개발

선정된 변수를 측정하기 위하여 기존의 측정도구를 이용할 수 없다면 기존의 측정도구를 일부 변경시키거나 또는 새로운 측정도구를 개발하여야 한다. 측정도구의 개발은 일반적 사회조사에서의 측정도구 개발과 같은 원칙으로 이루어지며 특히 신뢰도와 타당도가 높은 측정도구가 될 수 있도록 노력해야 할 것이다.

(7) 적절한 조사설계 형태의 결정

조사설계는 독립변수의 통제 가능성 및 종속변수에 영향을 미칠 기타 변수들의 통제 가능성 여부에 따라 실험조사 설계, 유사실험 조사설계, 전실험 설계, 비실험 설계 중의 어느 특정한 설계형태를 택할 것인지 결정해야 한다. 평가조사의 설계는 기본적으로 일반 조사설계와 다른 점이 없으므로 저자(최성재, 2005)의 《사회복지조사방법론》에서 설명한 제반 설계의 형태를 참고하기 바란다. 조사설계는 표본추출(표집; *sampling*)과 직결되므로 조사설계에 부합하는 방법으로 적절한 대상자를 선정하여 조사를 실시할 준비를 갖추어야 한다.

(8) 조사수행

앞의 7단계까지는 조사계획을 수립하는 것이라 할 수 있는데 8단계는 이 계획에 따라 실제로 자료를 수집하는 조사활동을 수행하는 것이다. 평가조사는 일반조사와는 달리 조사수행 과정에서 프로그램 관련자와의 관계, 역할 등에 있어 갈등이 있을 수 있으므로 계속적 이해와 협조체제를 유지하는 데 유의해야 할 것이다.

(9) 결과의 분석 및 해석

실제 조사활동을 통하여 자료가 수집되면 이를 편집하여 적절한 통계절차를 이용하여 분석하고 통계적 결과가 무엇을 의미하는지 명확히 해석해야 한다. 통계적 지식 없이도 조사결과를 통계전문가에게 의뢰하여 분석하고 해석할 수는 있지만 통계적 지식을 갖추면 보다 융통성 있게 자료를 분석할 수 있고 그 의미를 조사의 목적에 맞게 잘 해석할 수 있다. 자료의 분석 및 해석에 대해서는 최성재의 《사회복지자료분석론》(2005)을 참고하기 바란다.

(10) 결과의 보고 및 실제적 이용

조사의 결과는 조사 및 통계를 모르는 사람도 이해할 수 있을 정도로 서술하여 보고해야 한다. 그리고 보고서는 일반 조사보고서의 양식에 따라 보고될 수도 있지만 그것이 공개적으로 출판되는 경우가 아닌 경우는 전문적 용어가 아닌 일반적 언어로 조사보고자의 재량에 따라 적절한 양식을 택할 수도 있다. 보고서에는 프로그램 평가와 관련한 건의사항 등이 반드시 포함되어야 한다. 보고서를 실제적으로 어떻게 이용하느냐는 조사의 목적과 관련되어 있으므로 조사평가 의뢰자의 의도에 따라 사용해야 할 것이다.

5) 결과(종속변수)의 측정

3가지 조사대상 변수(독립변수, 매개변수, 종속변수) 가운데 사업평가에서 가장 중요한 변수는 종속변수, 즉 프로그램에서 개입의 결과이다. 다른 변수의 측정에 관한 사항은 일반조사에서의 측정원칙과 크게 다른 바 없고 지면도 제한되어 있으므로 이에 대한 설명은 생략하고,

종속변수인 결과의 측정에 관한 유의점만 간략히 설명하기로 하겠다.

(1) 결과 측정대상

사회복지 프로그램의 결과는 크게 나누어 두 가지로 볼 수 있다. 즉 ① 프로그램에 참여한 개인의 변화와 ② 서비스 전달체계의 운영에서의 변화이다(Gates, 1980).

개인의 변화는 3가지 형태로 나누어 볼 수 있다.

① 프로그램 참여자(서비스를 받은 사람)의 인지적(*cognitive*) 또는 감정적(정서적) 상태의 변화의 정도 : 지능검사와 태도측정의 도구들이 이용된다.
② 프로그램 참여자의 행동 또는 건강상태에 있어 변화의 정도 : 직접 관찰 또는 여러 가지 진단절차 등을 이용하여 측정할 수 있다.
③ 지역사회 내에서 서비스를 받은 개인들 전체의 변화 정도 : 예를 들면 실업률의 변화, 사망률 및 이환율(罹患率)의 변화, 결혼생활 안정도 등 사회지표를 이용하여 측정할 수 있다.

서비스 전달체계 운영에서의 변화는 서비스의 접근, 계속성, 서비스의 단편성(같은 서비스 간의 통합조정이 안 되는 상태 및 같은 체계의 서비스가 부분적으로 분화되어 연결이 잘 안 되는 상태), 서비스 이용자에 대한 책임성(*accountability*)에 관련되는 사항의 변화를 측정하는 것인데 이는 직접 관찰, 서비스 기관의 기록분석, 서비스 이용자들의 주관적 느낌, 욕구조사의 결과 등으로 측정될 수 있다.

(2) 결과 측정기준

결과를 측정하는 데는 그 결과를 비교해 볼 수 있는 어떤 기준이 있어야 한다. 결과를 측정하여 비교하는 기준으로 가장 일반적이고 중요한 것으로서 ① 절대적 기준(규범적 기준)과, ② 상대적 기준이 있다(Gates, 1980).

절대적 기준은 규범적인 것으로서 미리 정해 놓은 일정한 수준의 결과이다. 프로그램에서 미리 예견해 놓은 결과는 목표가 된다. 그러므로 절대적 기준은 프로그램의 목표가 된다. 프로그램의 목표는 가장 많이 이용되는 절대적 기준이 되고 있다. 목표를 기준으로 하는 결과의 측정은 범위가 좁고, 예상하지 못한 결과에 대한 관심을 소홀하게 만들고, 때때로 현실성 없이 높이 설정되어 실제의 결과가 상대적으로 저조해지는 문제점이 있다는 것을 유의해야 할 것이다.

상대적 기준은 평가대상 프로그램과 비슷한 기관 내의 다른 프로그램 또는 기관 외의 다른 프로그램의 결과가 된다. 즉 평가대상 프로그램의 결과를 특성이 비슷한 다른 프로그램의 결과와 비교해서 상대적으로 평가하는 것이다. 프로그램 실천가의 과도한 의욕, 예산확보를 위한 전략적 이유 등으로 프로그램의 목표를 현실성 없이 높이 설정하는 일은 흔히 있는 일이다. 예를 들어 직업훈련 및 취업알선 서비스의 목표를 "직업훈련 및 취업알선 서비스를 받은 사람들의 75%를 서비스를 받은 1년 이내에 취업하게 한다"로 설정하였는데 실제 결과는 40%밖에 취업하지 못했다. 그렇다면 절대적 목표인 75%의 취업에 비하여 40%의 취업은 목표의 53%(40÷75×100)밖에 달성하지 못했으므로 성공하지 못했거나 실패한 것으로 판단될 수 있다. 그러나 비슷한 규모, 자원, 비슷한 운영전략, 비슷한 사회경제적 조건의 비슷한 대상자가 참여하는 프로그램을 찾아 그 프로그램에서의 취업상황을 살펴보았더

니 25% 정도밖에 취업하지 못한 것으로 나타났다. 그렇다면 40%의 취업이라는 결과는 다른 비슷한 프로그램 또는 일반적·평균적 결과에 비해서는 충분히 성공적인 것으로 판단할 수 있다는 것이다. 상대적 기준은 의미있는 기준이지만 그러한 비교기준이 되는 것을 찾기 힘들고 더구나 비슷한 여러 프로그램을 찾아 평균적 결과를 산출하는 것이 어렵다는 점에 유의해야 할 것이다.

(3) 측정자료의 출처

측정의 대상이 되는 변수에 관한 자료를 누구에게서 또는 어디에서 수집하느냐는 결과를 평가하는 데 있어서 지대한 영향을 미친다. 여기서는 프로그램 평가조사에서 핵심이 되는 종속변수인 결과를 측정할 수 있는 여러 자료출처와 그러한 자료출처에 관련된 유의점이 무엇인지 살펴보기로 하겠다. 자료의 출처는 ① 클라이언트(또는 서비스를 받은 사람), ② 프로그램 실천가, ③ 클라이언트 주위의 사람, ④ 기록된 자료, ⑤ 판정자(*judge*) 등이다(Reid & Smith, 1981).

① 클라이언트

클라이언트는 거의 대부분의 프로그램 평가조사에서 자료의 궁극적 출처이고 가장 중심적 출처이다. 클라이언트에 대한 직접 관찰, 질문지, 면담 등에 의하여 클라이언트로부터 자료가 직접적으로 얻어지는 것이다. 자료가 클라이언트의 기억이나 판단에 의존해 있는 경우 왜곡되거나 편견이 개입될 가능성이 상당히 있다는 점을 유의해야 한다. 클라이언트는 일반 사람들과 마찬가지로 과거의 일을 기억해내는 데 한계가 있고 그의 기억은 프로그램의 관여 정도에 의해서도 영향을 받는다. 도움에 대한 기대감과 자신이 열심히 참여했다는 것을 정당화시키기 위하여 프로그램의 효과에 대해서 실제보다 호의적으로 판단하는 경향이 있다. 또한 사회적으로 바람직한 응답 또는 예의적 응답으로 프로그램의 효과를 긍정적 편견으로 평가하게 되는 경우도 많다. 즉 예의적으로 겸손한 거짓말(*polite lying*)을 함으로써 결과가 보다 긍정적으로 왜곡될 가능성이 있다는 것이다. 그리고 끝까지 서비스를 받은 클라이언트는 중간에 그만둔 클라이언트보다 긍정적 판단을 할 가능성이 높음으로 결과가 왜곡될 수도 있다.

이와 같은 이유 등으로 질문지나 면접 등에 의해서 클라이언트로부터 자료를 수집하는 경우 결과의 평가는 긍정적 방향으로 과장되는 경향이 있다. 그러므로 이러한 경우에 있어 자료의 해석은 좀더 엄격하고 신중하게 하는 것이 일반적 규칙이다. 클라이언트의 20%가 '매우 만족하였다', 50%가 '만족하였다', 나머지 30%가 '만족스럽지 못했다'고 대답했다면 70%나 만족하였다고 해석하기보다는 거의 3분의 1이나 만족하지 못했다는 데 중점을 두고 해석하는 것이 바람직하다('만족했다'는 응답 카테고리 이외에 '매우 만족했다'는 카테고리가 있을 경우는 '만족했다'에 응답한 사람은 만족도 불만족도 아닌 중립적 판단을 한 것으로 보는 것이 좋다).

클라이언트의 행동을 자연적 상황이나 통제된 상황 속에서 관찰하는 경우도 어느 정도 결과의 왜곡은 있지만 그 왜곡은 면접, 질문지 등과 같은 경우보다는 덜하다고 본다. 관찰자는 클라이언트 자신이 관찰되거나 테스트당한다는 것에 민감한 반응을 보일 수 있다는 데 대해서도 유의할 필요가 있다. 하지만 그보다는 실제로 관찰되거나 테스트되는 것이 전형적이고 대표적인 현상이나 행동인지 아닌지에 더 주의를 기울이는 것이 바람직하다.

② 프로그램 실천가

프로그램 실천가(*practitioner*)는 프로그램에서 실제로 개입활동을 하는 사람을 말한다. 클라이언트의 변화에 대한 자료를 실천가로부터 수집하는 경우도 흔히 있는 일이다. 실천가는 클라이언트의 변화에 관련된 지식을 일차적으로 갖고 있는 사람이므로 클라이언트 대신에 클라이언트의 변화에 개입한 실천가로부터 자료를 수집할 수 있다. 실천가로부터의 자료수집은 질문지, 면담, 사전에 규정된 기록표, 케이스 레코드(*case record*) 등을 통하여 이루어질 수 있다.

프로그램 실천가로부터의 자료수집의 제한점은 객관성을 엄격히 유지하기 힘들고 따라서 자기의 개입결과를 긍정적 방향으로 평가하려는 경향이 있다는 것이다. 다른 제한점은 실천가의 지식은 클라이언트와의 임상적 상황에서 대화 및 관찰에 국한되는 경우가 대부분이므로 전반적으로 클라이언트의 변화내용을 충분히 알 수 없다는 점이다.

③ 클라이언트 주위사람

결과에 관한 자료는 클라이언트의 개입에 관련이 있는 주위의 사람들(*collaterals*), 즉 가족, 친척, 교사, 친구 등으로부터 수집될 수도 있다. 이들은 클라이언트의 문제해결과 관련성은 있어도 그 개입의 정도가 약하므로 어느 정도 객관적 입장에서 변화의 상황을 판단할 수 있다. 클라이언트 주위사람들로부터의 자료수집은 클라이언트의 일정한 상황의 변화를 평가자가 직접 관찰할 수 없는 경우에 이용될 수 있다. 예를 들면 클라이언트의 학교 수업시간의 행동, 환자의 병동 안에서의 행동, 클라이언트 가정의 식사시간 동안의 행동 등을 관찰하는 경우 이들과 자주 또는 계속적으로 접촉하는 주위사람들로부터 자료를 수집하는 것이 훨씬 용이하다. 그러나 이와 같은 방법에도 제한점이 있다. 주위사람들의 관찰이 클라이언트의 특정 상황에서의 특정 행동에 국한되는 경우가 대부분이므로 어떤 특정 행동의 변화에 관한 자료수집을 하는 경우에는 상당히 적절할 수 있으나 전반적 변화의 정도를 판단하는 경우에는 좋은 자료의 출처가 되지 못한다.

④ 기록된 자료

클라이언트와의 개입에 직접 관여하지 않는 사람들로부터의 자료도 클라이언트의 변화를 판단할 수 있는 주요한 자료가 될 수 있다. 경찰관과의 접촉, 병원 또는 시설에 입원 또는 퇴원, 복지 서비스 이용빈도 등의 기록은 객관적으로 클라이언트의 행동변화에 관련된 자료를 제공할 수 있는 것이다. 이러한 자료들을 이용하는 데 있어서는 자료의 기록기준이 일관성이 있어야 하고, 누가 어떤 상황에서 어떻게 기록한 자료인지에 대한 충분한 검토가 있어야 한다.

⑤ 판정자

판정자(*judge*)는 자료에 대한 상당히 복잡한 판정을 하도록 요청된 자를 말한다. 판정자는 클라이언트, 실천가, 기록된 자료, 클라이언트 주위사람 등으로부터 수집된 자료에 의해서 종합적 판단을 할 수 있는 사람이므로 판정자는 일정한 자격을 갖춘 사람이어야 한다. 판정자가 되기 위해서는 전문가로서의 자격과 실무경험이 있어야 하고 경우에 따라서는 이들도 특정 자료의 판정에 대한 훈련이 필요하다.

참고문헌

강혜규. “국민기초생활보장법의 시행과 사회복지전문요원의 역할”. 《한국사회복지행정학회 추계학술대회 자료집》. 1999.

강흥구. “조직문화가 조직유효성에 미치는 영향에 관한 연구: 의료사회복지사의 인식을 중심으로”. 〈한국사회복지학〉 통권 제 47호. pp. 7~33. 2001.

권현숙. “아동복지시설 사회복지사의 조직스트레스 요인이 조직몰입 및 이직의도에 미치는 영향: 소진의 매개효과와 서번트 리더십의 조절효과를 중심으로”. 청주대학교 대학원 박사학위논문. 2014.

김규정. 《신고 행정학원론》. 제 2보정판. 법문사. 1986.

김영정. “국가균형발전의 추진방향과 주요쟁점: 신구정부정책의 비교평가 및 세부실천과제의 제안”. 《새 정부와 국가균형발전 정책세미나 자료집》. 지방분권운동 대전본부. 2003.

김영종. “한국사회복지조직들의 혁신을 위한 과제와 조건”. 《한국사회복지 행정학회 추계학술대회 자료집》. 1999.

______. 《사회복지행정》. 개정 1판. 학지사. 2001.

______. 《사회복지행정론》. 제 3판. 학지사. 2010.

김태성. “사회복지에서 공공부문과 민간부문의 역할분담에 관한 연구”. 〈사회복지연구〉 제 4호. 한국사회복지연구회. 1992.

김태성 · 성경륭. 《복지국가론》. 나남출판. 1993.

김통원. 《사회복지 프로그램 개발과 평가》. 학지사. 2003.

남기민. “사회복지조직에서의 리더십에 관한 연구”. 서울대학교 대학원 박사학위 논문. 1989.

______. “중앙정부와 지방정부 간의 사회복지 역할분담”. 남세진 편. 《한국사회복지의 선택》. 나남출판. 1995.

______. “한국 사회복지 행정의 발달과정과 향후과제”. 〈한국사회복지 행정학〉 창간호. 1999.

______. “사회복지조직 관리자의 리더십에 관한 연구”. 〈사회과학논총〉 제 22집 1호. 청주대학교 사회과학연구소. 2000.

______. 《사회복지정책론》. 제3판. 학지사. 2015.
남기민·조명희·조영희·윤혜미·김영석·전정애·안종태·이화정. 《충북복지론》. 충북개발연구원. 2006.
남기예. "노인복지관 관장의 변혁적 리더십과 조직효과성 간의 관계: 임파워먼트 및 팔로어십의 매개효과를 중심으로". 청주대학교 대학원 박사학위논문. 2009.
남상오. 《회계원리》. 제2판. 다산출판사. 1990.
남세진·최성재. 《사회복지조사방법론》. 서울대학교 출판부. 1989.
박경숙·강혜규. 《사회복지사무소 모형개발》. 한국보건사회연구원. 1992.
박경일. "지역사회복지관 사회복지사의 갈등수준과 갈등원인에 대한 요인분석". 《한국사회복지학회 추계학술대회자료집》. 2001.
______. "사회복지기관의 TQM 진단평가". 한국사회복지행정학회 편. 《한국의 사회복지행정》. 현학사. 2003.
박동서. 《한국행정론》. 법문사. 1987.
박운성. 《현대조직행동》. 박영사. 1998.
박현주. "사회복지조직에서의 갈등이 조직몰입과 이직의도에 미치는 영향". 청주대학교 대학원 박사학위논문. 2011.
백종만. "사회복지조직관리의 과제와 전략". 《사회과학연구》 제17권. pp. 139~163. 1990.
______. "국가와 민간간의 사회복지의 역할분담". 남세진 편. 《한국사회복지의 선택》. 나남출판. 1995.
보건복지부. 《사회복지전문요원 업무편람》. 보건복지부. 1993.
______. 《사회복지법인 업무편람》. 보건복지부. 2003.
______. 《사회복지사무소 시범사업 안내》. 보건복지부. 2004.
______. 《시범사업 운영효과 및 우수사례 발표》. 보건복지부. 2005.
삼성복지재단. 《사회복지관의 기능 및 역할정립에 관한 연구》. 삼성복지재단. 1993.
서상목·최일섭·김상균. 《사회복지전달체계의 개선과 전문인력 활용방안》. 한국개발연구원. 1989.
성규탁. 《사회복지행정론》. 법문사. 1988.
______. 《사회복지행정론》. 증보개정판. 법문사. 1990.
______. "사회복지 서비스 전달체계의 개념적 틀과 분석방법의 예". 〈사회복지〉 제115권 겨울호, pp. 73~102. 1992.
______. 《사회복지행정론》. 제2판. 법문사. 1993.

______. "21C 한국 사회복지 행정의 방향". 《한국사회복지 행정학회 창립기념 학술대회 자료집》. 1999.

소영진. "지방분권을 위한 정책과제". 《지역균형발전과 NGO의 역할》. 대통령 자문정책기획위원회. 2001.

송근원 · 김태성. 《사회복지정책론》. 나남출판. 1995.

신경식. 《신 행정사무관리론》. 형설출판사, 2006.

신두범. 《행정학원론》. 유풍출판사. 1980.

신복기. "사회사업행정의 발달과정에 관한 연구". 〈사회과학논총〉 제3권 제1호. 부산대학교 사회과학대학. 1984.

신복기 · 박경일 · 장중탁 · 이명현. 《사회복지행정론》. 양서원. 2005.

안광호 · 하영원 · 박흥수. 《마케팅 원론》. 학현사. 2004.

안해균. 《현대행정학》. 다산출판사. 1982.

양용희 · 김범수 · 이창호. 《비영리조직의 모금전략과 자원개발》. 아시아 미디어 리서치, 1997.

엄자영. "사회복지관 관장의 변혁적 리더십이 직무만족, 조직몰입에 미치는 영향: 팔로어십의 조절효과를 중심으로". 이화여자대학교 대학원 석사학위논문. 2002.

오세조 · 박충환 · 김동훈. 《고객중심과 시너지 극대화를 위한 마케팅 원론》. 박영사, 2005.

유민봉. 《한국행정학》. 제5판. 박영사. 2015.

유종해. 《현대행정학》. 박영사. 1992.

유진석. "사회복지의 지역간 형평성: 정부 간 사회복지 재정 배분체계의 재구조화". 《지방분권과 사회복지행정의 과제》. 한국사회복지행정학회. 2003.

이봉주 · 이선우 · 백종만. 《사회복지행정론》. 나남출판. 2012.

이수동 · 박상준 · 김주영 · 이형재. 《전사적 관점의 마케팅》. 제2판. 학현사. 2006.

이영희. "사회복지 기관장의 서번트 리더십이 사회복지사의 직무만족 및 조직몰입에 미치는 영향". 청주대학교 대학원 박사학위논문. 2008.

이정호. "한국 사회복지 행정 조직체계의 개선방안에 관한 연구". 경희대학교 박사학위 논문. 1987.

______. "지방자치의 의의와 사회복지에 미치는 영향". 〈사회복지〉 통권 124호. 한국사회복지협의회. 1995.

이정호 외. 《사회복지시설, 기관, 단체 및 종사자 실태조사 연구보고서》. 한국사회복지협의회. 1986.
이정호·김성이. 《지방자치제 실시에 따른 정부와 민간단체의 사회복지 기능 분담에 관한 연구》. 한국사회복지협의회. 1990.
인하대학교 행정대학원. 《지방자치발전전략》(제 1회 학술세미나). 인하대학교 행정대학원. 1989.
임재천. "변혁적/거래적 리더십이 조직효과성에 미치는 영향에 관한 연구: 경기도 노인복지생활시설을 중심으로". 강남대학교 사회복지 전문대학원. 석사학위논문. 2007.
장원일. "사회복지 조직에서 서번트 리더십이 직무만족과 고객지향성에 미치는 영향에 관한 연구: 리더 신뢰의 매개효과를 중심으로". 한영신학대학교 대학원 박사학위논문. 2011.
장인협·이정호. 《사회복지 행정》. 증보판. 서울대학교 출판부. 1993.
장인협·이혜경·오정수. 《사회복지학》. 서울대출판부. 1999.
장지호. 《지방행정론》. 대왕사, 1982.
전남진. 《사회정책학강론》. 서울대학교출판부, 1987.
정경배. "IMF시대의 정부와 민간의 사회복지 역할분담". 〈사회복지〉 통권 제 139호. 한국사회복지협의회. 1998.
정무성. 《사회복지 프로그램 개발론》. 학현사. 2005.
정병식. 《조직행태론강의》. 세창출판사. 1995.
정세욱. "지방자치제의 운영방안". 〈국책연구〉 겨울호. 민주자유당 국책연구소. 1990.
정원오. "21세기 사회복지의 전망". 한국사회복지학연구회. 〈상황과 복지〉 2호. 인간과 복지. 1997.
정은경. "사회적 기업가의 리더십 역량, 조직문화 및 조직성과 간의 관계". 청주대학교 대학원 박사학위논문. 2012.
정은주·안정선. "서울지역 사회복지관의 서번트 리더십과 직무만족과의 관계: 내부 서비스 질의 매개효과". 〈한국사회복지행정학〉 11권 제 3호. pp. 339~369. 2009.
정익준. 《비영리 마케팅》. 형설출판사, 2005.
정철현. 《행정정보체계론》. 서울경제경영. 2006.
조창현. "지방자치의 기본방향". 〈국책연구〉 겨울호. 민주자유당 국책연구소. 1990.
지은구. 《사회복지 프로그램 개발과 평가》. 학지사. 2005.
차대운. 《신체계 경영행동조직》. 대명. 2002.

최각규. “지방선거제도와 선거법”. 〈국책연구〉 겨울호. 민주자유당 국책연구소. 1990.

최봉기 · 박종선 · 성영태. 《지방자치의 이해와 전략》. 법문사. 2015.

최성재. “교환이론적 관점에서 본 노인문제”. 〈사회복지학회지〉 제 7호, pp. 147~165. 1985.

______. “사회문제의 정의와 접근방법”. 최일섭 · 최성재 편. 《사회문제와 사회복지》. 나남출판. 2000a.

______. “사회문제의 접근이론 및 분석의 틀”. 최일섭 · 최성재 편. 《사회문제와 사회복지》. 나남출판. 2000b.

최성재 · 남기민. 《사회복지행정론》. 나남출판. 1993.

______. 《사회복지행정론》. 개정판. 나남출판. 2000.

최승아. “조직문화와 사회복지사의 임파워먼트에 관한 연구: 서울시 사회복지관을 중심으로”. 연세대학교 사회복지대학원 석사학위논문.

최영욱 · 권도용 · 김범수 · 김수영 · 김형길 · 박석돈 · 박태영 · 이종복 · 전광현. 《사회복지시설론》. 범론사. 1990.

최일섭. “21세기 한국, 복지사회로의 도전”. 《제 10회 전국 사회복지대회 자료집》. 한국사회복지협의회. 1999.

최일섭 · 이현주. 《지역사회복지론》. 서울대출판부, 2006.

최재성. “총체적 품질경영기법(TQM)의 적용 가능성에 관한 고찰: 사회복지조직 관리 및 평가를 위한 새로운 패러다임”. 〈연세사회복지연구〉 제 4호. pp. 55~72. 1997.

최창호. 《지방자치제도론》. 삼영사. 1989.

한국지방행정연구원. 《지방행정기능분석에 관한 연구》. 한국지방행정연구원. 1985a.

______. 《지방자치단체단위사업목록》. 한국지방행정연구원. 1985b.

______. 《주민생활행정기능의 강화, 발전》. 한국지방행정연구원. 1987a.

______. 《지방정부 기능모형에 관한 연구》. 한국지방행정연구원. 1987b.

______. 《지방자치제 실시에 따른 지방정부의 사회복지기능에 관한 연구》. 한국지방행정연구원. 1988.

행정개혁위원회. 《행정개혁에 관한 건의》. 행정개혁위원회. 1989.

황성동. “사회복지 행정에 있어서 중앙정부와 지방자치단체 간의 역할분담에 관한 연구—미국의 경우”. 〈사회과학연구〉 제 4집. 건국대학교 사회과학연구소. 1994.

황성철. “임파워먼트(*empowerment*) 모델과 사회복지조직관리”. 〈한국사회복지 행정학〉 제6호. pp. 65~90. 2002.

______. 《사회복지 프로그램 개발과 평가》. 공동체. 2005.

______. "사회복지관 조직문화와 사회복지사 임파워먼트". 〈한국사회복지학〉 제9호. pp. 113~135. 2003.

황성철 · 강혜규. 《사회복지관 운영평가 및 모형개발》. 한국보건사회연구원. 1994.

황성철 · 정무성 · 강철희 · 최재성. 《사회복지행정론》. 학현사. 2003.

______. 《사회복지행정론》. 제3판. 정민사. 2014.

Ables, P. & Murphy, M. J. *Administration in the Human Services: A Normative Systems Approach*. Englewood Cliffs. NJ: Prentice-Hall. 1981.

Ackoff, R. L. *Scientific Method: Organizing Applied Research Decisions*. New York: Wiley. 1966.

Albers, H. H. *Principles of Organization and Management*. 2nd ed. New York: John Wiley & Sons. Inc. 1965.

American Association of Social Workers. *Social Casework: Generic and Specific*. New York: American Association of Social Workers. 1929.

Anderson, R. E. & Carter, I. *Human Behavior in the Social Environment: A Social Systems Approach*. 4th ed. New York: Aldine de Gruyter. 1990.

Andreasen, A. & Kotler, P. *Strategic Marketing for Nonprofit Organizations*. Upper Saddle River, NJ: Prentice-Hall, 2003.

Anthony, R. N. "Planning and Control Systems"(unpublished paper). Graduate School of Business Administration. Harvard University. 1965.

Argyris, C. *Personality and Organization*. New York: Harper and Row. 1957.

______. *Integration the Individual and the Organization*. New York: Wiley. 1984.

______. *On Organizational Learning*. 2nd ed. Malden, MA: Blackwell Publishing. 1999.

Austin, M. J. *Supervisory Management for the Human Services*. Englewood Cliffs. NJ: Prentice-Hall. 1981.

Azfar, O. et al. "Decentralization, Governance and Public Services, The Impact of Institutional Arrangement: A Review of the Literature". IRIS Center Paper. University of Maryland. 1999.

Barber, B. "Some Problems in the Sociology of Professionals". in *Professions in America*. Edited by K. S. Lynn. Boston: Houghton Mifflin. 1965.

Barnard, C. I. *The Functions of the Executive*. Cambridge, Mass. : Harvard University Press. 1938.

Bass, B. M. *Leadership and Performance beyond Expectation*. New York: The Free Press. 1985.

Bass, B. M. (ed). *Stogdill's Handbook of Leadership*. New York: The Free Press. 1981.

Bass, B. M. & Avolio, B. J. *Full Range Leadership Development: Manual for the Multifactor Leadership Questionnaire*. Palo Alto, CA: Mindgarden. 1997.

Bell, D. *The Coming of Post-Industrial Society*. New York: Basic Books, 1973.

Benson, J. K. "The Interorganizational Network as a Political Economy". *Administrative Science Quarterly* 20(1975). pp. 229~289.

Bisno, H. Managing Conflict. Newburg Park, CA: Sage. 1988.

Blake, R. R. & Mouton, J. S. *The Managerial Grid*. Houston: Gulf Publishing Co. 1964.

Blau, P. & Scott, R. *Formal Organizations*. New York: Chandler. 1962.

Bolman, L. G. & Deal, T. E. *Modern Approaches to Understanding and Managing Organizations*. San Francisco, CA: Jossey-Bass Inc. 1984.

Bradshow, J. "The Concept of Social Need". in *New Society*, 30(March, 1972), pp. 640~643.

Brody, R. *Effectively Managing Human Service Organizations*. 3rd ed. Thousand Oaks, CA: Sage. 2005.

Brown, J. C. *Public Relief: 1929~1939*. New York: Henry Holt and Co., 1940.

Braun, J. & Grote, U. "Does Decentralization Serve the Poor?". Center for Development Research Paper. University of Bonn.

Burns, J. M. *Leadership*. New York: Harper & Row. 1978.

Calisle, H. M. *Management Essentials* : *Concepts for Productivity and Innovation*. 2nd ed. Chicago: Science Research, Inc. 1987.

Cameron, J. G. "Defining and Measuring Organizational Effectiveness for the Personal Social Services". Unpublished Doctoral Dissertation. Columbia University. 1983.

Carlson, R. O. "Environmental Constraints and Organizational Consequences : The Public School and Its Clients". in *Bahavioral Science and Educational Administration.* pp. 262~276. Chicago: National Society for the Study of Education. 1964.

Cherin, D. & Meezan, W. "Evaluation as a Means of Organizational Learning". *Administration in Social Work* 22(2) (1998), pp. 1~21.

Cohen, A. C. & Rhodes, G. B. "Social Work Supervision : A View Toward Leadership Style and Job Orientation in Education and Practice". *Administration in Social Work* 1(Fall 1977). pp. 289~290.

Cohen, B. J. & Austin, M. J. "Organizational Learning and Change in a Public Child Welfare Agency". *Administration in Social Work* 18(1) (1994). pp 1~19.

Coleman, J. *Policy Research in the Social Sciences.* Morristown, NJ: General Learning Corporation. 1972.

Coser, L. *The Functions of Social Conflict.* New York: The Free Press. 1956.

Coulshed, V. *Management in Social Work.* London: Macmillan Publishing Co. 1990.

Daft, R. L. *Management.* 8th ed. Mason, OH: South-Western. 2008.

Delbecq, A. L. & Van De Ven A. H. "Problem Analysis and Program Design: Nominal Group Process Technique". in *Planning for Social Welfare.* pp. 333~348.

Denton, R. T. "The Effects of Differing Leadership Behaviors on the Job Satisfaction and Job Performance of Professional Mental Health Workers". Unpublished Doctoral Dissertation. Ohio State University. 1976.

DiMaggio, P. & Powell, W. "The Iron Cage Revisited: Institutional Isomorphism and Collective Rationality in Organizational Fields". *American Sociological Review* 48(1983). pp. 147~160.

Donelly, J. H. et al. "Management by Objectives: Research Findings and Implementation". In H. Lazarus et al. (ed). *The Process of Management: Process and Behavior in a Changing Environment.* 2nd ed. 1972.

Dror, Y. "The Planning Process: A Fact Design". in *Planning-Programming-Budgeting.* pp. 153~157. Edited by F. J. Lyden & E. G. Miller. Chicago: Markham Publishing Co. 1967.

Drucker, P. *The Practice of Management.* NY: Harper & Brothers. 1954.

Dunham, A. *The New Community Organization.* New York: Thomas Y. Crowell Co. 1970.

Edwards, R. L. & Austin, D. M. "Managing Effectively in an Environment of Competing Values". In R. L. Edwards and J. A. Yankey (eds). *Skills for Effective Human Services Management.* MD: NASW Press. 1991.

Ehlers, W. H. et al. *Administration for the Human Services.* New York: Harper & Row. 1976.

Emerson, R. M. "Power-Dependence Relationship". *American Sociological Review* 25 (April, 1960). pp. 31~41.

Etzioni, A. *Modern Organizations.* Englewood Cliffs, NJ: Prentice-Hall, 1964.

______. *Social Problems.* Englewood Cliffs, NJ: Prentice-Hall, 1976.

Ewell, Jr., C. M. "Setting Objectives : First Step in Planning". *Hospital Process* 53 (Sept., 1972). pp. 60~72.

Ferguson, C. K. "Concerning the Nature of Human Systems and the Consultant's Role". in *The Planning of Change.* pp. 412~417. Edited by W. G. Bennis, K. D. Benne, & R. Chin. New York: Holt, Rinehart and Winston. 1969.

Fiedler, F. E. *A Theory of Leadership Effectiveness.* New York: McGraw-Hill, 1967.

Field, S. "Leadership Style and Job Satisfaction Among Human Service Workers". Unpublished Doctoral Dissertation. University of Illinois at Chicago, 1984.

Filley, A. C. & House, R. J. *Managerial Process and Organizational Behavior.* Glenview, Ill. : Scott, Foresman and Company. 1969.

Friedlander, W. A. & Apte, R. Z. *Introduction to Social Welfare.* 5th ed.

Englewood Cliffs, NJ: Prentice-Hall. 1980.

Friesen, B. J. "Organizational and Leader Behavior Correlates of Line Worker Job Satisfaction and Role Clarity". Unpublished Doctoral Dissertation. University of Washington. 1983.

Fulmer, R. M. *The New Management.* 2nd ed. New York: Macmillan Publishing Co. 1978.

______. *The New Management.* 4th ed. New York: Macmillan Publishing Co. 1988.

Furst, R. W. *Financial Management for Health Care Institutions.* Boston: Allyn and Bacon. 1981.

Gardner, J. W. "How to Prevent Organizational Dry-Rot". *Harper's Magazine* (Oct., 1965). pp. 20~26.

Garvin, Charles D. *Social Work in Contemporary Society.* Englewood Cliffs, NJ: Prentice Hall. 1992.

Gates, B. L. *Social Program Administration: The Implementation of Social Policy.* Englewood Cliffs, NJ: Prentice-Hall. 1980.

Gelman, S. R. "Board of Directors". in *Encyclopedia of Social Work.* 18th ed. pp. 206~211. Edited by National Association of Social Workers. Silver Spring, MD: National Association of Social Workers. 1987.

Gibb, J. R. *Trust: A New View of Personal and Organizational Development.* Los Angeles: The Guild of Tutors Press. 1978.

Gibson, J. L. et al. *Organizations: Behavior, Structure, Process.* 6th ed. Texas: Business Publication Inc. 1988.

Gilbert, N. & Specht, H. *Planning for Social Welfare.* Englewood Cliffs, NJ: Prentice-Hall, 1977.

Gilbert, N. & Specht, H. *Dimensions of Social Welfare Policy.* 2nd ed. Englewood Cliffs, NJ: Prentice-Hall. 1986.

______, Specht, H. & Terrell, P. *Dimensions of Social Welfare Policy.* 3rd ed. Englewood Cliffs, NJ: Prentice-hall. 1993.

Gouldner, A. W. *Patterns of Industrial Democracy.* New York: The Free Press. 1954.

Granvold, D. K. "Supervisory Style and Educational Preparation of Public Welfare Supervisors". *Administration in Social Work* 1 (1977). pp. 7 9~88.

Greenleaf, R. K. *The Servant as Leader*. Indianapolis, IN: The Robert K. Greenleaf Center. 1970.

Gross, M. J. "The Importance of Budgeting". in *Social Administration*. pp. 231~245.

Gruber, B. "A Three-Factor Model of Administrative Effectiveness". *Administration in Social Work* 10(3) (1986). pp. 1~14.

Gruenfeld, L. & Kassum, S. "Supervisory Style and Organizational Effectiveness in a Pediatric Hospital". *Personnel Psychology* 26(1973). pp. 531~544.

Gulick, L & Urwick, L. (eds). *Papers on the Science of Administration*. New York: Institute of Public Administrators. 1937.

Gunther, J. & Hawkins, F. *Making TQM Work: Quality Tools for Human Service Organization*. NY: Springer Publishing Company.

Gutknecht, D. B. & Miller, J. R. *The Organizational and Human Resources Sourcebook*. Lanham: University Press of America. Inc. 1986.

Hall, R. H. *Organizations: Structure and Process*. 2nd ed. Englewood Cliffs, NJ: Prentice-Hall. 1977.

Hanlan, A. "From Social Work to Social Administration". in *Social Administration: The Management of the Social Services*. Edited by S. Slavin, New york: The Haworth Press. 1978.

Hasenfeld, Y. *Human Service Organizations*. Englewood Cliffs, NJ: Prentice-Hall. 1983.

Hasenfeld, Y. & English, R. A. *Human Service Organizations*. Ann Arbor: The University of Michigan Press. 1983.

Hersey, P. & Blanchard, K. H. Management of Organizational Behavior: Utilizing Human Resources. 4th ed. Englewood Cliffs, NJ: Prentice-hall. 1982.

Herzberg, F. *The Managerial Choice: To Be Efficient and To Be Human*. Homewood, Ill.: Dow Jones-Irwin. 1976.

Hildreth, W. B. & Hidreth, R. P. "Budgeting and Financial Management". in *Handbook on Human Services Administration*. pp. 70~107. Edited by J. Rabin & M. B. Steinhauer. New York: Marcel Decker Inc. 1988.

Horton, P. B., Leslie, G. R. & Larson, R. F. *The Sociology of Social*

Problems. Englewood Cliffs, NJ: Prentice Hall, 1991.

Howell, J. P. "The Characteristics of Administrators and the Effectiveness of Community Mental Health Centers". *Administration in Mental Health* 7(1979). pp. 125~132.

Humble, J. W. *Management by Objectives.* London: Industrial Education and Research Foundation. 1967.

Huse, E. F. & Bowditch, J. L. *Behavior in Organization: Developing Managerial Skills.* New York: Harper and Row, Publishers. 1977.

Ives, B. D. "Decision Theory and the Practicing Manager". *Business Horizons* 16(38) (1973). pp. 35~46.

Jablonskey, S. F. & DeVries, D. L. "Operant Conditioning Principles Extrapolated to the Theory of Management". *Organization Behavior and Human Performance* 7(1972). pp. 340~358.

Jackson, S. R. "The Effects of Leader Behavior on Subordinate Job Satisfaction in a State Agency Administering Human Services". Unpublished Doctoral Dissertation. The University of Wisconsin-Madison. 1986.

Johnson, D. P. *Sociological Theory: Classical Founders and Contemporary Perspectives.* New York: John Wiley & Sons. 1981.

Johnson, L. C. & Yanca, S. J. *Social Work Practice: A Generalist Approach.* 9th ed. Boston: Allyn & Bacon. 2007.

Julian, J. *Social Problems.* 3rd ed. Englewood Cliffs, NJ: Prentice Hall. 1980.

Kadushin, A. *Consultation in Social Work.* New York: Columbia University Press. 1977.

Katz, D. & Kahn, R. *Social Psychology of Organizations.* rev. ed. New York: Wiley. 1978.

Kerr, S. "Substitutes for Leadership: Some Implications for Organizational Design". *Organization and Administrative Sciences* 8(1977). pp. 135~146.

Kerr, S & Jermier, J. J. "Substitutes for Leadership: Their Meaning and Measurement". *Organizational Behavior and Human Performance* 22(1978). pp. 375~403.

Kettner, P. K., Moroney, R. M. & Martin, L. L. *Designing and Man-*

aging Programs. Thousand Oaks, CA: Sage Publications, 1999.

Kirst-Ashman, K. K. & Hull, Jr., G. H. *Generalist Practice with Organizations and Communities*. 4th ed. Belmont, CA: Brooks/Cole. 2009.

Klepinger, B. W. "The Leadership Behavior of Executives of Social Service Organizations as Related to Managerial Effectiveness and Employee Satisfaction". Unpublished Doctoral Dissertation. University of Minnesota. 1980.

Klinger, D. E. "Personnel Management". in *Handbook on Human Services Administration*. Edited by J. Rabin & M. B. Steinhauer. New York: Marcel Dekker, Inc. 1988.

Koestler, A. Janus, *A Summing Up*. New York: Random House. 1979.

Koontz, H. & O'Donnell. *Management*. 6th ed. New York: McGraw-Hill. 1976.

Kotler, P. & Andreasen, A. *Strategic Marketing for Nonprofit Organizations*. 4th ed. Englewood Cliffs, NJ: Prentice-Hall, 1991.

Kramer, R. *Voluntary Agencies in the Welfare State*. Berkeley : University of California Press. 1981.

Kurtz, P. D. "A Case Study of a Network as a Learning Organization". *Administration in Social Work* 22(2) (1998). pp. 57~73.

Lauffer, A. *Social Planning at the Community Level*. Englewood Cliffs, NJ: Prentice-Hall. 1978.

______, *Understanding Your Social Agency*. 2nd ed. Beverly Hills, CA: Sage Publications. 1985.

Lewis, J. A. & Lewis, M. D. *Management of Human Service Program*. Belmont, CA: Brooks/Cole. 1983.

Lewis, J. A. et al. *Management of Human Service Programs*. 3rd ed. Belmont, CA: Brooks & Cole. 2001.

Likert, R. *New Patterns of Management*. New York: McGraw-Hill. 1961.

Litvack, J. et al. *Rethinking Decentralization in Developing Countries*. Washington D. C. : World Bank. 1998.

Litwak, E. "Models of Bureaucracy That Permit Conflict". *American Journal of Sociology* 67(1961). pp. 173~183.

______, "Organizational Constructs and Mega-Bureaucracy". in *The Man-*

agement of Human Services. pp. 123~162. Edited by R. Saari & Y. Hasenfeld. New York: Columbia University Press. 1978.

Lohmann, R. A. Breaking Even. 신섭중 · 부성래 역. 《사회복지기관의 재무관리》. 서울: 대학출판사. 1989.

Loomba D. & Levey, S. *Health Care Administration*. Philadelphia: J. B. Lippicott Company. 1973.

Lorsch, J. W. & Lawrence, P. R. *Organization and Environment: Managing Differentiation and Integration*. Boston: Harvard Business School. 1969.

Lubove, R. *The Professional Altruist: The Emergence of Social Work As a Career, 1880~1930*. Cambridge, MA: Harvard University Press. 1965.

Lundstedt, S. "Consequences of Reductionism in Organization Theory". *Public Administration Review* 32(1972). pp. 328~333.

Luthans, F. *Organizational Behavior*. New York: McGraw-Hill. 1985.

Mangum, S. L. "Recruitment and Job Search: The Recruitment Tactics of Employer". *Personnel Administrator* 27(1982). pp. 93~101.

March, J. G. & Simon, H. A. *Organizations*. New York: Wiley. 1958.

Martin, L. L. *Total Quality Management in Human Service Organization*. Newbury Park, CA: Sage Publications. 1993.

Maslow, A. H. "A Theory of Human Motivation". *Psychological Review* 50(1943). pp. 370~396.

______. *Motivation and Personality*. New York: Harper & Row, 1954.

McFarland, D. E. *Management: Principles and Practices*. 3rd ed. New York: Macmillan Publishing Co. 1970.

McGregor, D. *The Human Side of Enterprise*. New York: McGraw-Hill. 1960.

Meenaghan, T. M., Washington, R. O. & Ryan, R. M. *Macro Practice in the Human Services*. New York: The Free Press. 1982.

Meller, Y. "Structural Contingency Approach to Organizational Assessment of Social Service Organizations". Unpublished Doctoral Dissertation. University of Illinois at Chicago.

Merton R. K. *Social Theory and Social Structure*. rev. ed. New York: The Free Press. 1957.

Milakovich, M. E. "Total Quality Management for Public Service Productivity Improvement". In Marc Holzer(ed). *Public Productivity Handbook.* NY: Marcel Dekker. 1992.

Miles, R. Macro-Organizational Behavior. Pacific Palisades: Goodyear Publishing. 1980.

Molnar, D. & Kammerud, M. "*Problem Analysis : The Delphi Technique*". in *Planning for Social Welfare.* pp. 324~332. Edited by N. Gilbert & H. Specht. Englewood Cliffs, NJ: Prentice-Hall. 1977.

Mouzelis, N. P. *Organization and Bureaucracy.* Chicago: Aldine. 1968.

Monette, D. R., Sullivan, T. J. & Dejong, C. R. *Applied Social Research: Tools for the Human Sciences.* 5th ed. Orland, FL: Harcourt College Publishers, 2002.

Naisbitt, J. *Megatrends: The New Directions Transforming Our Life.* Clayton: Warner Books, 1982.

National Association of Social Workers. *Encyclopedia of Social Work.* 18th ed. Silver Spring, MD: National Association of Social Workers. 1987.

Neugeboren, B. *Organization, Policy and Practice in the Human Services.* New York: Longman. 1985.

Odiorne, G. S. *Management by Objectives.* NY: Pitman Publishing Co. 1965.

Olmstead, J. A. *Organizational Structure and Climate: Implications for Agencies.* Working Papers No. 2. Department of Health, Education, and Welfare in the U. S. A. (Social and Rehabilitation Service). 1973.

Patti, R. J. *Social Welfare Administration: Managing Social Programs in a Developmental Context.* Englewood Cliffs, NJ: Prentice-Hall. 1983.

______. *Social Welfare Administration: Managing Social Program in a Developmental Context.* 성규탁·박경숙 역. 《사회복지사업관리론》. 서울: 법문사. 1988.

______. "Management". in *Encyclopedia of Social Work.* 20th ed. Edited by National Association of Social Workers. Washington, DC: NASW Press. 2008.

Perlman, R. *Consumers and Social Services.* New York: Wiley. 1975.

Phyrr, P. A. "The Zero-Base Approach to Government Budgeting". *Public*

Administration Review(January-February, 1977). pp. 1~7.

Pierson, D. S. "Organizational Characteristics and Individual Social Worker Satisfaction". Unpublished Doctoral Dissertation. University of California, Los Angeles. 1984.

Piven, F. & Cloward, R. *Regulating the Poor: The Functions of Public Welfare.* New York: Pantheon. 1971.

Pondy, L. R. "Organizational Conflict: Concepts and Models". *Administrative Science Quarterly,* 12. 1967.

Quinn, R. E. "Applying the Competing Values Approach to Leadership: Toward an Integrative Framework". In J. G. Hunt, D. Hosking, C. Schriesheim & R. Stewart(eds). *Leader and Manager: International Perspectives on Managerial Behavior and Leadership.* Elmsford, NY: Pergamon Press. 1984.

Quinn, R. E. *Beyond Rational Management: Mastering the Paradoxes and Competing Demands of High Performance.* San Francisco: Jossey-Bass. 1988.

Rahim, M. A. *Managing Conflict in Organizations.* New York: Praeger Publishers. 1996.

Rapp, C. A. & Poertner, J. *Social Administration: A Client-Centered Approach.* NY: Longman Publishing Group. 1992.

Reid, W. J. & Smith, A. D. *Research in Social Work.* New York: Columbia University Press. 1981.

Robbins, S. P. *Managing Organizational Conflict: A Nontraditional Approach.* New Jersey: Prentice-Hall, Inc. 1974.

______. "Conflict Management and Conflict Resolution Are Not Synonymous Terms". *California Management Review* 21(2). 1978.

______. *Organizational Behavior.* 5th ed. New Jersey: Prentice-Hall, Inc. 1983.

______. *Essentials of Organizational Behavior.* Englewood Cliffs, NJ: Prentice-hall. 1984.

______. *Personnel: The Management of Human Resources.* Englewood Cliffs, NJ: Prentice Hall. 1990.

Ross, M. G. *Community Organization: Theory, Principles and Practice.* 2nd ed. New York: Harper & Row. 1967.

Rubin, A. "Case Management". in *Encyclopedia of Social Work*. 18th ed. Edited by National Association of Social Workers. Silver Spring, MD: National Association of Social Workers. 1987.

Rubin, A. & Babbie, E. *Research Methods for Social Work*. 4th ed. Belmont, CA: Wadswoth/Thompson Learning. 2001.

Saari, R. "Effective Social Work Intervention in Administration and Planning Roles: Implications for Education". *Facing the Challenge*. New York: Council on Social Work Education. 1973.

Scott, W. R. *Organizations: Rational, Natural, and Open Systems*. 2nd ed. Englewood Cliffs, NJ: Prentice-Hall. 1987.

Scriven, M. "The Methodology of Evaluation". in *Perspective of Curriculum Evaluation*, AERA Monograph Series on Curriculum Evaluation, No. 1. pp. 39~83. Edited by R. W. Tyler, R. M. Gagne, & M. Scriven. Chicago: Rand McNally. 1967.

Simon, H. A. "Decision Making and Organizational Design". in *Organization Theory*. pp. 189~214. Edited by D. S. Pugh. New York: Penguin Books. 1971.

Skidmore, R. A. *Social Work Administration: Dynamic Management and Human Relationships*. Englewood Cliffs, NJ: Prentice-Hall. 1983.

______, *Social Work Administration: Dynamic Management and Human Relationships*. 2nd ed. Englewood Cliffs, NJ: Prentice-hall. 1990.

Skidmore, R. *Social Work Administration: Dynamic Management and Human Relationships*. 3rd ed. Englewood Cliffs, NJ: Prentice-Hall. 1995.

Slavin, S. *Managing Finances, Personnel, and Information in Human Services*. 2nd ed. New York: The Haworth Press. 1985.

Smith, G. *Social Work and the Sociology of Organizations*. 장인협 역. 《사회복지 조직론》. 서울: 집문당. 1984.

Spears, L. C. *Reflections on Leadership: How Robert* K. Greenleaf's *Theory of Servant Leadership Influenced Today's Top Management Thinkers*. New York: John Wiley & Sons, Inc. 1995.

Spencer, S. *The Administration Method in Social Work Education*. New York: Council on Social Work Education. 1959.

Steiner, R. *Managing the Human Service Organization from Survival to*

Achievement. Beverly Hills, California: Sage. 1977.

Stogdill, R. M. *Handbook of Leadership.* New York: The Free Press. 1974.

Strauss, A. Psychiatric Ideologies and Institutions. New York: The Free Press. 1964.

Strom-Gottfried, K. "Applying a Conflict Resolution Framework to Disputes in Managed Care". *Social Work.* 43(5) (1988).

Swiss, K. E. Adapting Total Quality Management to Government. *Public Administration Review* 52(1992). pp. 356~362.

Szilagyi, A. D. & Wallace, M. J. *Organizational Behavior and Performance.* 3rd ed. Glenview, Ill.: Scott, Foresman and Company. 1983.

Taber, M. & Finnegan, D. A. *Theory of Accountability for Social Work Programs.* Unpublished Paper. University of Illinois School of Social Work at Urbana. Illinois.

Taylor, F. W. *The Principles of Scientific Management.* New York: Harper, 1923.

Ter-Minassian, T. "Decentralizing Government". *Finance and Development* 34(3). pp. 36~39.

Terry, G. R. *Principles of Management.* 3rd ed. Homewood, Ill.: Richard D. Irwin Inc. 1960.

Thompson, V. A. *Modern Organizations.* New York: Knopf. 1961.

Trecker, H. B. *Social Work Administration: Principles and Practices.* New York: Association Press. 1977.

______. *New Understanding of Administration.* 장인협 편역. 《사회복지 행정》. 서울: 한국사회개발연구원. 1982.

Tripodi, T. *Evaluative Research for Social Workers.* Englewood Cliffs, NJ: Prentice-Hall. 1983.

______. "Program Evaluation". in *Encyclopedia of Social Work.* 18th ed. pp. 366~379. Edited by *National Association of Social Workers.* Silver Spring, MD: National Association of Social Workers. 1987.

United Way of America. *Budgeting: A Guide for United Ways and Non-for-Profit Human Service Organizations.* Alexandria, Virginia: United Way of America. 1975.

Warheit, G. J., Joanne, M. B., & Roger, A. B. "A Critique of Social Indicators Analysis and Key Informants Survey as Needs Assessment

Methods". *Evaluation and Program Planning* 1(March 1978). pp. 239~247.

Watson, K. W. "Differential Supervision". *Social Work* 18(Nov. 1973). pp. 78~89.

Weber, M. *The Theory of Social and Economic Organization.* Edited and translated by A. M. Henderson & T. Parsons. New York: The Free Press. 1947.

Weinbach, R. W. *The Social Worker as Manager: Theory and Practice.* New York: Longman. 1990.

Weiner, M. E. *Human Service Management: Analysis and Applications.* Homewood, IL: The Dorsey Press. 1982.

______. *Human Service Management: Analysis and Applications.* 2nd ed. Belmont, CA: Wadsworth Publishing Company. 1990.

Weiss, C. H. *Evaluation Research: Methods of Assessing program Effectiveness.* Englewood Cliffs, NJ: Prentice-Hall. 1972.

Wiehe, V. "Management by Objectives in a Family Service Agency". In S. Slavin(ed). *Managing Finances, Personnel and Information in Human Services.* 2nd ed. NY: The Haworth Press. 1985.

Wilensky, H. & Lebeaux, C. *Industrial Society and Social Welfare.* New York: The Free Press. 1965.

Wilson, T. D. "Information Management" In *International Encyclopedia of Information and Library Science.* 2nd ed. Edited by J. Feather and P. Sturges. London: Routledge, 2002.

York, R. O. *Human Service Planning: Concepts, Tools & Methods.* Chapel Hill, NC: The University of North Carolina Press. 1982.

York, R. O. & Hastings, T. "Worker Maturity and Supervisory Leadership Behavior". *Administration in Social Work* 9(1985/1986). pp. 37~47.

Zastrow, C. *The Practice of Social Work.* 4th ed. Belmont, California: Wadsworth Publishing Company. 1992.

찾아보기 (용어)

ㄱ

ㄴ~ㅂ

ㅅ

ㅇ

ㅈ

ㅊ~ㅌ

ㅍ~ㅎ

기타

찾아보기 (인명)

국내

국외

저자약력

최성재 (崔聖載)

서울대학교 사회복지학과(문학사)
미국 워싱턴대학교 사회사업대학원(사회사업학 석사)
미국 케이스웨스턴 대학교 응용사회과학대학원(사회복지학 박사)
미국 서던캘리포니아대학교(USC) 객원교수
미국 캘리포니아주립대학교 로스앤젤레스 캠퍼스(UCLA) 객원교수
한국사회복지학회 회장, 한국노년학회 회장, 국제노년학회 아태지역 회장
대통령직속 저출산・고령사회 위원회 위원
한양대학교 공공정책대학원 석좌교수
대통령(제 18대 박근혜 대통령) 비서실 고용복지 수석비서관
현재 서울대학교 사회복지학과 명예교수
한국노인인력개발원 원장
국제노년학・노인의학회 부회장 겸 사무총장

• 주요 저서 및 논문
《사회복지조사방법론》, 《사회복지자료분석론》, 《노인복지학》(공저)
"미국의 노인복지에 있어서 사회복지와 실버산업의 역할" 등

남기민 (南基旻)

서울대학교 사회복지학과(문학사)
서울대학교 행정대학원 행정학과(행정학 석사)
서울대학교 대학원 사회복지학과(문학박사)
미국 미시간대학교, 위스콘신대학교 메디슨 캠퍼스 객원교수
캐나다 브리티시컬럼비아대학교 객원교수
한국사회복지행정학회 회장, 사단법인 충청노인복지개발회 회장
한국사회복지학회 회장
현재 청주대학교 사회복지학과 명예교수
청주복지재단 이사장

• 주요 저서 및 논문
《사회복지정책론》, 《사회복지학개론》, 《사회복지법제론》(공저)
"한국 사회복지조직의 분석" 등

사회복지개론

가장 널리 쓰이는 사회복지학 입문서

누구나 쉽게 사회복지학의 핵심 개념과 기초적·보편적 이론 등 기본지식을 쌓을 수 있도록 안내해 주는 사회복지학 입문서이다. 개정4판에는 제 11장 '사회복지와 노후 소득보장' 부분을 추가하여 고령·초고령사회로 나아가는 한국의 상황을 담았다.

조흥식·김상균·최일섭·최성재·김혜란·이봉주·구인회·홍백의·강상경·안상훈(서울대)

크라운판 | 560쪽 | 24,000원

사회복지실천론

20년간 꾸준히 사랑받아온 사회복지학 핵심 교재

국가시험과목인 사회복지실천을 대비할 수 있으며 실제 사회복지실천 현장의 변화발전상도 담겨 있어 학생 및 현장의 사회복지사 모두에게 많은 지지와 성원을 받아온 책. 개정5판은 임파워먼트를 중심으로 책의 전체 내용을 재구성하였다. 사회복지실천 개관부터 임파워먼트 중심의 통합적 실천까지를 포괄적으로 다룬다.

양옥경(이화여대)·김정진(나사렛대)·서미경(경상대)·김미옥(전북대)·김소희(대진대)

신국판 | 580쪽 | 26,000원

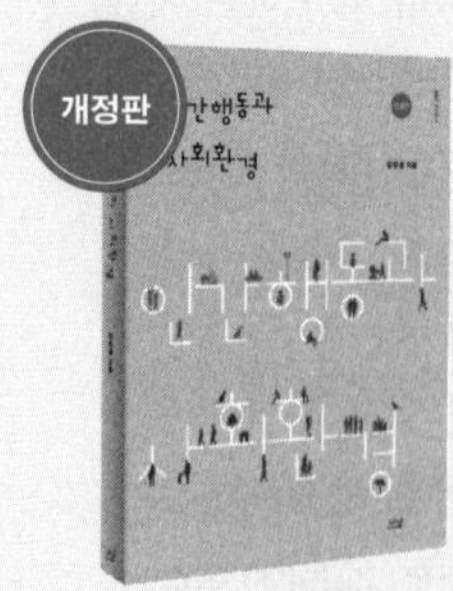

인간행동과 사회환경

사회복지학의 뼈대, 인간행동과 사회환경

인간과 사회의 상호작용을 정신분석이론, 갈등론, 생태체계론 등 다양한 이론을 통해 탐구한 책이다. 사회환경 속에서 인간행동을 입체적으로 고찰할 수 있도록 다양한 도표, 요약, 토론과제 등을 제시하여 독자의 이해를 돕는다.

강상경(서울대)

크라운판 변형 | 564쪽 | 26,000원